資本・業務提携の実務

Capital and
Business Alliance

第2版

西村あさひ法律事務所
太田　洋
森本大介 編著
石川智也

中央経済社

第2版 はしがき

　本書の初版は2014年12月に刊行されたが，幸いなことに読者の好評を博し，増刷することができた。しかし，初版刊行後に会社法・金融商品取引法などの法改正が相次ぎ，これに対応する必要が生じていたこと，さらに，企業法務の実務において近時関心が高まっている分野（①パーソナル・データの利活用と業務提携，②技術提携と独禁法との交錯（ライセンス拒絶，FRAND等），③クロスボーダーの資本提携・業務提携）についても加筆を望む声を多数いただいたこと，等々に鑑み，このたび版を改めることにした。

　第2版においても，資本・業務提携の実務において問題となる事項を，なるべく平易な表現を用いつつ，幅広く整理するという初版執筆時における方針には何ら変わりはなく，初版刊行後に公表された裁判例や学説等についても，わかりやすさに配慮しながら可能な限り盛り込むことを心掛けたつもりである。

　また，ビッグデータのビジネスにおける利用に代表されるようなパーソナル・データの利活用のための業務提携について概説するため第7章を，技術提携と競争法との交錯について概説するため第9章を，クロスボーダーの資本提携ないし業務提携について概説するため第11章を，それぞれ追加した。このうち，パーソナル・データの利活用や技術提携と独禁法との交錯の問題については，米国やEUにおける規制環境がわが国企業グループのビジネスに直接影響し，また，わが国における今後の法制度整備の動向にも影響を与える可能性があることから，新たに章を立てて論じることとしたものである。

　さらに，第2章「資本・業務提携の検討の開始から実行まで」のうち秘密保持契約と基本合意書に関する記述と，第5章「業務提携契約」のうち技術提携

に関する記述については，実務上の重要性に鑑み，版を改めるに際して，大幅にその内容を加筆している。

なお，近時のわが国企業グループの活動のグローバル化に伴い，資本・業務提携に際して外国の諸法令が問題となる場面も増加していることを考慮して，全体に，必要に応じて関係する外国の諸法令についての記述を追加している。

本書第 2 版がこうして刊行に漕ぎ着けたのは，初版と同様，細部まで緻密な編集作業を行って下さった株式会社中央経済社会計編集部の奥田真史氏の多大な尽力の賜物である。

この場を借りて，執筆者一同を代表して改めて心から御礼申し上げたい。

2016年 8 月吉日

執筆者を代表して

西村あさひ法律事務所

太田　　洋

森本　大介

石川　智也

目　次 ————————————————●資本・業務提携の実務●

第2版 はしがき

第1章　資本・業務提携とは ———————————————— 1

①　資本提携とは ……………………………………………… 2

(1) 資本提携の目的　2

(2) 資本提携の態様　3

(3) 資本提携の手法　3

②　業務提携とは ……………………………………………… 6

(1) 業務提携の類型　6

(2) 業務提携の方法　6

第2章　資本・業務提携の検討の開始から実行まで —— 9

①　資本・業務提携の検討の開始から実行までのプロセス ……10

②　秘密保持契約の締結 …………………………………………12

(1) 秘密保持契約の必要性　12

(2) 秘密保持契約を検討するに際して留意すべきポイント　13

　　① 全体を通じての検討のスタンス／17

　　② 秘密情報の定義／17

　　③ 秘密保持義務とその例外／21

　　④ 目的外使用の禁止／25

ii ■目　次

⑤　秘密情報の複製／26

⑥　秘密情報の破棄または返還／26

⑦　有効期間／28

⑧　誠実協議条項／29

⑨　紛争処理条項／29

⑩　その他の条項／30

③ 基本合意書の締結 ………………………………………… 33

(1)　基本合意書を締結するメリット・デメリット　33

(2)　基本合意書の類型　34

(3)　基本合意書を検討するに際して留意すべきポイント　35

①　取引の概要およびスケジュール／38

②　DDへの協力義務／39

③　独占交渉権等／39

④　法的拘束力／47

⑤　有効期間／48

⑥　準拠法が日本法でない場合の注意点／49

④ フィージビリティ・スタディ ………………………………… 50

⑤ DD（デューディリジェンス）……………………………… 51

(1)　いかなる場合にDDを実施するか　51

(2)　DDの範囲・ポイント　51

⑥ 資本業務提携契約の締結・実行 ……………………………… 53

(1)　資本業務提携契約の締結　53

(2)　資本業務提携契約の実行　53

目　次　■　*iii*

第3章　資本提携契約 ——————————————— 55

1　資本提携契約の概要　……………………………… 56

2　資本の取得・資本関係の構築に関する合意　……………… 59

(1)　契約の構成　*59*

(2)　クロージング（第三者割当増資の実行）　*60*

(3)　表明保証　*61*

　　①　表明保証とは／*61*

　　②　表明保証の対象／*62*

　　③　表明保証事項の限定または拡大／*64*

　　④　引受人の主観的事情による責任の制限／*65*

　　⑤　表明保証の除外事項の追加・アップデート／*66*

(4)　誓約事項　*66*

　　①　誓約事項とは／*66*

　　②　クロージング前の発行会社の誓約事項／*67*

　　③　クロージング前の引受人の誓約事項／*69*

　　④　努力義務／*69*

(5)　クロージングの前提条件　*70*

(6)　補　　償　*72*

　　①　補償とは／*72*

　　②　手続的制限／*74*

　　③　金額的制限／*74*

　　④　時期的制限／*75*

(7)　解　　除　*76*

3　資本の取得・資本関係構築後の提携等に関する合意　……… 78

(1)　契約の構成　*78*

(2)　払込後の誓約事項　*80*

iv ■目　次

　　①　発行会社のガバナンスに関する条項／80
　　②　引受人が取得した株式の譲渡に関する条項／86
　　③　引受人による株式の追加取得に関する条項／89
　　④　その他の条項／89
　(3)　補　償　等　89
　(4)　資本提携契約の終了　90
　　①　資本提携契約の終了／90
　　②　資本提携契約の解除／90
　　③　資本提携契約の終了後の存続効／91

第4章　合弁契約　93

① 合弁契約の概要　94

② 合弁会社の組成に関する合意　96

③ 合弁会社の運営等に関する合意　97

　(1)　合弁の目的　98
　(2)　合弁会社のガバナンス体制　98
　　①　機関設計／99
　　②　取締役の選解任権／102
　　③　代表取締役の選定権・解職権／105
　　④　持株比率が変動した場合の対応／107
　(3)　合弁会社の意思決定（拒否権事項等）　107
　　①　拒否権を確保するための手法／108
　　②　拒否権事項の範囲／110
　　③　事前協議事項・事前通知事項／114
　(4)　合弁会社の事業運営　114
　　①　事業計画／114
　　②　合弁会社と合弁当事者との間の契約／115

目　次 ■　*v*

　③　資金調達／*116*

　④　剰余金の配当／*121*

　⑤　競業避止義務／*122*

(5)　財務情報等の提供　*123*

　①　連結財務諸表作成等への協力／*123*

　②　一般的な情報提供／*123*

(6)　合弁会社株式の譲渡　*124*

　①　株式の譲渡制限／*124*

　②　合弁会社株式の譲渡に関する合弁契約における約定／*126*

　③　合弁契約上の地位の承継／*130*

(7)　デッドロック　*130*

　①　デッドロックの解消方法／*131*

　②　デッドロックが解消されない場合の取扱い／*131*

(8)　契約違反　*132*

　①　補　　償／*132*

　②　解　　除／*133*

(9)　合弁契約の終了　*134*

　①　合弁契約の終了事由／*134*

　②　合弁契約の終了の方法／*134*

　③　合弁契約の終了後の取扱い／*135*

第5章　業務提携契約 —————————————— *137*

① 業務提携契約の概要 ……………………………………… *138*

② 生産提携 …………………………………………………… *139*

(1)　生産提携の意義　*139*

(2)　主な検討項目　*140*

　①　製品の品目・品質・数量・価格／*140*

② 原材料の種類・品質・調達先，生産方法／141

③ 納期・納入場所・納入方法／141

④ 品質保証・品質管理／142

⑤ 提携期間／143

(3) OEM 供給契約　143

3 販売提携 ……………………………………………145

(1) 販売提携の意義　145

(2) 主な検討項目　146

① 販売権の範囲・販売区域／146

② 最低取引数量／147

③ 製品の取引条件／148

④ 販売促進／149

⑤ 競争品の取扱い／150

⑥ 提携期間／150

4 技術提携 ……………………………………………151

(1) 技術提携の意義　151

(2) 特許権ライセンスとノウハウライセンスの違い　152

(3) 主な検討項目　153

① 対象の特定／154

② 実施権の種類・範囲・態様／155

③ 実　施　料／158

④ 技術指導／160

⑤ 保証条項・侵害排除義務／161

⑥ ライセンスの対象である特許等の実施義務／165

⑦ 特許不争義務／166

⑧ 改良発明の取扱い／166

⑨ 秘密保持義務・競業避止義務／168

⑩ 当事者が倒産した場合の処理／168

5 共同開発に関する提携 ………………………………171

(1) 共同開発の意義　*171*

(2) 主な検討項目　*173*

① 開発対象・開発目的の特定／*173*

② 開発業務の遂行に関する規定（業務の分担・情報交換）／*173*

③ 開発費用の分担／*174*

④ 開発成果の帰属／*175*

⑤ 開発成果の利用／*175*

⑥ 秘密保持／*176*

⑦ 他の研究開発・第三者への業務委託の禁止／*177*

⑧ 契約期間／*177*

6 その他包括的な業務提携 ……………………………………*179*

(1) 包括的な業務提携の意義　*179*

(2) 包括的業務提携契約に見られる条項　*179*

① 提携事業の具体的な実施内容／*179*

② 委員会（ステアリング・コミッティー）の設置／*180*

③ 人材の派遣／*180*

④ 収益の分配および費用の分担／*180*

7 業務提携を実効性あるものとするための実務上の工夫 ……*182*

(1) 実効的なプロジェクトチームの組成　*182*

(2) 業務提携による成果をより確実に上げるための仕組み作り　*182*

(3) 担当者の異動リスクへの配慮　*183*

8 親子会社間の取引をめぐる問題点 ………………………………*185*

9 会計・税務上の問題点 …………………………………………*187*

(1) 移転価格税制　*187*

(2) 印　紙　税　*188*

(3) ライセンス契約における税務　*189*

第6章 資本・業務提携における手続上の留意点 ———— 191

1 資本・業務提携における手続の概要 ……………………192

2 第三者割当とは ……………………………………193

(1) 株式による第三者割当 194

(2) 新株予約権・新株予約権付社債による第三者割当 199

3 第三者割当増資に関する会社法上の手続 ………………202

(1) 会社法上の手続の概要 202

(2) 募集事項 205

(3) 法定公告 207

(4) 引受人の申込み・割当手続 208

(5) 払込手続 210

(6) 株主・新株予約権者となる時点 212

(7) 登記事項 213

(8) 社振法の問題 219

4 第三者割当増資に関する会社法上の規制 ………………222

(1) 数量規制 222

(2) 現物出資規制 223

(3) 有利発行規制 227

(4) 不公正発行 243

5 第三者割当増資に関する金商法上の手続 ………………245

(1) 発行者側の開示 245

① 第三者割当に必要な法定開示／245

② 開示書類の様式／250

③ 第三者割当の特記事項／252

目　次　■　*ix*

④　種類株式についての開示／*258*

⑤　MSCB 等についての開示／*259*

(2)　引受人側の開示　*262*

①　引受人の大量保有報告書，変更報告書の提出義務／*262*

②　インサイダー取引規制／*269*

6　発行開示・継続開示に係る責任 ……………………………*271*

(1)　民事上の責任　*271*

①　発行市場における民事責任／*272*

②　流通市場における民事責任／*273*

(2)　刑事上の責任　*276*

(3)　行政処分　*276*

①　行政調査／*276*

②　開示書類の提出者に対して行政上の義務を課すための行政処分／*277*

③　課徴金制度／*277*

(4)　種類株式の発行と臨時報告書　*278*

(5)　金融商品取引所の手続　*279*

①　上場取引所への提出書類／*279*

②　適時開示／*279*

(6)　その他の規制　*286*

①　外　為　法／*286*

②　業法上の主要株主規制／*286*

第7章　資本・業務提携と個人情報保護法 ―――― *289*

1　個人情報保護法の改正 ……………………………………*290*

2　個人情報・個人データの意義 ……………………………*292*

(1)　改正前個人情報保護法　*292*

x ■目　次

　　　(2)　改正個人情報保護法　*294*

　　　　　①　個人情報等の範囲の明確化／*294*

　　　　　②　要配慮個人情報の新設／*295*

　　　　　③　匿名加工情報の新設／*297*

　③　個人情報等の取得・取扱いに関する義務 ……………………*299*

　　　(1)　改正前個人情報保護法　*299*

　　　　　①　利用目的の特定・変更および利用目的による制限／*299*

　　　　　②　適正な取得／*299*

　　　　　③　個人情報の取得に際しての利用目的の通知等／*300*

　　　(2)　改正個人情報保護法　*300*

　　　　　①　利用目的の変更／*300*

　　　　　②　要配慮個人情報の取得／*301*

　④　国内における個人情報等の譲渡・委託 ……………………*302*

　　　(1)　改正前個人情報保護法　*302*

　　　(2)　改正個人情報保護法　*306*

　　　　　①　オプトアウト手続の見直し／*306*

　　　　　②　第三者提供に係る記録の作成および保存／*306*

　⑤　デューディリジェンスにおける留意点 ……………………*309*

　⑥　海外への個人情報等の譲渡・委託 …………………………*310*

　⑦　海外企業との業務提携・海外からの個人情報等の取得 ……*312*

第8章　業務提携における独禁法上の留意点　　　315

　①　業務提携と独禁法 ……………………………………………*316*

　②　業務提携に関する問題 ………………………………………*319*

目　次　■　*xi*

(1)　企業結合規制の対象となる業務提携　*319*

(2)　業務提携による水平的競争制限　*327*

(3)　業務提携による垂直的競争制限　*333*

(4)　企業結合規制の対象とならない場合の手続　*334*

③　業務提携に伴う情報交換に関する問題 …………………*336*

(1)　競争事業者間における情報交換　*336*

(2)　業務提携における情報交換　*339*

第9章　資本・業務提携における知的財産法と独禁法の交錯 ── *343*

①　知的財産権に係る資本・業務提携と独禁法 ………………*344*

(1)　知的財産権に係る資本・業務提携　*344*

(2)　知的財産制度と競争政策の関係　*345*

①　知的財産制度が競争に与える影響／*345*

②　知的財産権の行使に係る独禁法の適用／*345*

③　知的財産法と独禁法の交錯に関する海外の法制の重要性／*347*

(3)　独禁法への抵触に関する検討の視点　*348*

①　市場における競争に与える影響（競争減殺の有無）／*348*

②　知的財産制度の趣旨・目的からの逸脱（正当化理由の有無）／*351*

②　技術ライセンスに係るカルテル …………………………*353*

(1)　ライセンス契約の締結・実施によるカルテル　*353*

①　商品・役務の価格・数量についての制限／*353*

②　実施地域についての制限／*354*

(2)　パテントプール　*355*

(3)　標準規格の策定　*356*

③　技術ライセンスの拒絶等による他事業者の排除 …………*358*

xii ■目　次

(1) ライセンスの拒絶に係る基本的な考え方　*358*

(2) 横取り・買い集め行為後のライセンス拒絶　*360*

(3) 差別的なライセンス拒絶　*360*

(4) パテントプールの構成事業者によるライセンス拒絶　*361*

(5) ロックイン後のホールドアップ行為　*361*

(6) 標準必須特許によるホールドアップ行為　*362*

① 独禁法違反該当性／*362*

② 標準必須特許の特許権者による差止請求の可否をめぐる各国の議論／*363*

④ 技術ライセンスに係る条件による競争減殺 ·················*365*

(1) ライセンスの範囲に係る条件　*365*

(2) ライセンスに伴うその他の条件　*365*

(3) 知的財産に係るライセンス契約の作成に際して　*368*

第10章 事業再生の場面における資本・業務提携 —— *371*

① 事業再生の場面における資本・業務提携の概要 ··············*372*

(1) 企業の倒産とスポンサーの重要性　*372*

(2) スポンサー選定の実務　*374*

② スポンサーによる支援方法等 ·····················*378*

(1) 事業再生で用いられるスキーム　*378*

(2) 再建型の法的整理手続において出資が行われる場合の特則　*382*

(3) 改正会社法における大規模な第三者割当増資の留意点　*388*

(4) 私的整理手続において出資が行われる場合の留意点　*389*

(5) 100%減増資スキームにおける会計・税務　*391*

目　次　■　*xiii*

③ 種類株式による出資について ……………………………397

(1) 種類株式の設計　*397*

(2) 事業再生の場面で特に問題となる開示規制　*401*

④ スポンサー契約 ………………………………………402

(1) スポンサー契約の内容　*402*

(2) スポンサー契約の主な条項　*403*

(3) その他の留意点　*409*

第11章　クロスボーダーの資本・業務提携 ——— *411*

① 総　　論 ………………………………………………412

② 交渉開始過程の問題 …………………………………413

(1) フィージビリティースタディー　*413*

① 外資規制／*413*

② 強制公開買付け（Mandatory Offer）／*419*

③ 競　争　法／*419*

(2) 基本合意書の締結　*421*

(3) Ｄ　　Ｄ　*422*

③ 契約の締結 ……………………………………………425

(1) 契約に関する一般的な問題　*425*

① 約　　因／*425*

② 損害賠償額の予定（Liquidated Damages）／*426*

③ Privity of Contract と第三者権利保護法／*426*

④ サイン権限者の確認／*426*

(2) 準拠法をどうするか，紛争解決方法をどうするか　*427*

① 準拠法の選び方／*427*

xiv ■目　次

　　　② 裁判と仲裁の選択／427

　　　③ 裁判を選択するにあたっての留意点／428

　　　④ 仲裁を選択するにあたっての留意点／429

　　(3) 株式取得に関する契約　430

　　　① 株式の種類／430

　　　② 発行・譲渡手続の違い／431

　　(4) 資本・業務提携契約　432

　　　① 組織体の違い／432

　　　② 支配権の考え方の違い／433

4 関係の終了 ……………………………………………………………434

　　(1) 清算の難易　434

　　(2) 紛争が生じた場合の問題　434

5 弁護士の選び方・付き合い方 ……………………………………436

第12章　資本・業務提携の解消 ───────────── 439

1 資本・業務提携の解消に関する問題点の概要 ……………440

2 資本提携の解消に際して考慮するべき留意点 ……………441

　　(1) 資本提携の解消の方法　441

　　(2) 第三者に株式を譲渡する方法　441

　　(3) 自社株買いによる方法　450

　　(4) 税務上の取扱い　456

　　(5) 会計上の取扱い　458

　　(6) 連結・持分法適用の解消　460

　　(7) ま と め　460

3 業務提携の解消に際して考慮するべき留意点 ……………462

目　　次 ■　*xv*

- (1)　商品・製品の在庫，瑕疵担保責任等　*462*
- (2)　従業員・設備等の処理　*463*
- (3)　知的財産権等の処理　*464*
- (4)　紛争解決の方法　*466*
- (5)　清算条項，完全合意条項　*470*

4　**業務提携の解消に対する法的制約** ··*472*

- (1)　継続的契約関係の解消制限法理　*472*
- (2)　業務提携契約における対応　*474*

第13章　資本・業務提携に際して留意すべき裁判例 ───── *479*

1　**資本・業務提携に関連する裁判例** ···································*480*

2　**交渉過程において合意の成否・内容等が問題となった裁判例**
··*481*

- (1)　法的拘束力のある合意を締結する前における交渉決裂に関する
　　裁判例　*481*
- (2)　合意の法的拘束力の有無が問題となった裁判例　*485*

3　**募集株式の発行差止めに係る仮処分** ·····························*489*

- (1)　不公正発行　*490*
- (2)　有利発行　*496*

4　**有利発行に係る差額塡補責任に係る裁判例** ····················*500*

5　**有利発行に係る受贈益課税に関する裁判例** ····················*503*

6　**資本提携契約・合弁契約上の各種条項に係る裁判例** ········*506*

- (1)　取締役選任等に関する合意に係る裁判例　*506*

(2) 拒否権条項を無視してなされた行為の有効性　*512*

(3) 株式譲渡の制限に係る合意を無視して行われた株式譲渡の
有効性　*517*

(4) 合弁会社の終了または継続に係る経営判断に関する裁判例　*520*

(5) M&A 契約に関する裁判例　*525*

(6) 上場協力義務に関する裁判例　*540*

7 提携過程で開示された情報と不正競争防止法の営業秘密に関する裁判例 ……………………………………………………*542*

8 1つの包括的な契約の一部または複数の契約のうちの1つに債務不履行があった場合における契約の全体またはほかの契約の解除の可否に関する裁判例 ……………………………………*545*

法令等略語表

略語	正式名称
1　会社法関連	
社振法	社債，株式等の振替に関する法律
商登法	商業登記法
商登規	商業登記規則
2　金融法関連	
金商法	金融商品取引法
金商法施行令	金融商品取引法施行令
定義府令	金融商品取引法第二条に規定する定義に関する内閣府令
開示府令	企業内容等の開示に関する内閣府令
他社株府令	発行者以外の者による株券等の公開買付けの開示に関する内閣府令
自社株府令	発行者による上場株券等の公開買付けの開示に関する内閣府令
大量保有府令	株券等の大量保有の状況の開示に関する内閣府令
取引規制府令	有価証券の取引等の規制に関する内閣府令
開示ガイドライン	企業内容等の開示に関する留意事項について
3　租税法関連	
租特法	租税特別措置法
租特令	租税特別措置法施行令
租特規	租税特別措置法施行規則
4　労働法関連	
労基法	労働基準法
労契法	労働契約法
5　その他	
独禁法	私的独占の禁止及び公正取引の確保に関する法律
一般指定	不公正な取引方法（昭和57年公正取引委員会告示第15号）
外為法	外国為替及び外国貿易法
財務諸表等規則	財務諸表等の用語，様式及び作成方法に関する規則
連結財務諸表規則	連結財務諸表の用語，様式及び作成方法に関する規則

主な判例集・文献の略語一覧

略語	名称
民集	大審院・最高裁判所民事判例集
民録	大審院民事判決録
高民集	高等裁判所民事判例集
下民集	下級裁判所民事裁判例集
集民	最高裁判所裁判集民事
行集	行政事件裁判例集
刑集	大審院・最高裁判所刑事判例集
労民集	労働関係民事裁判例集
訟月	訟務月報
東高民時報	東京高等裁判所民事判決時報
新聞	法律新聞
法学	法学（東北大学）
判決全集	大審院判決全集
判例拾遺	大審院判例拾遺
評論	法律〔学説・判例〕評論全集
判時	判例時報
判タ	判例タイムズ
判タ臨時増刊	判例タイムズ臨時増刊
金法	金融法務事情
金判	金融・商事判例
交民集	交通事故民事裁判例集
商事	旬刊商事法務
資料版商事	資料版商事法務
別冊商事	別冊商事法務
判評	判例評論
ジュリ	ジュリスト
別冊ジュリ	別冊ジュリスト
ジュリ臨時増刊	ジュリスト臨時増刊
法時	法律時報
法協	法学協会雑誌
法セ	法学セミナー
最判解民	最高裁判所判例解説民事篇
曹時	法曹時報
労判	労働判例
労経速	労働経済判例速報

第 **1** 章

資本・業務提携とは

1

資本提携とは

⑴　資本提携の目的

　「資本提携」とは，法律上定義された用語ではないが，複数の企業が独立しながら相互協力関係を構築する企業提携のうち，資本の移動を伴うものをいう。もっとも，一口に資本提携といっても，その目的は一様ではない。たとえば，①発行体が，資金調達を目的として新株発行または自己株式の処分により第三者に株式を引き受けてもらう場合，②発行体と相手方との業務提携に際し，相手方が当該業務提携から得られる経済的利益を享受することを目的として発行体の株式を引き受ける場合，③発行体が安定株主の確保を目的として親密先に株式を引き受けてもらう場合（発行体の大株主が保有する株式を取得する場合を含む），④発行体（海外子会社）が，海外での業務展開に際し，現地における外資規制を免れ，あるいは現地における円滑な業務体制の構築を図るために，現地の企業に一定の割合の株式を引き受けてもらう場合等，さまざまな目的が考えられる。さらには，広い意味でいうと，⑤ほかのパートナーと合弁会社を設立し，合弁会社の株式を引き受ける場合も資本提携の一形態といえる。

　また，ある資本提携の目的が複数存在する場合も少なくない。たとえば，ある者が大株主の保有する株式を取得する際に，発行体との間で業務提携を行うことを合意する場合には，②の目的が存在し，さらには，発行体にとっては安定株主の確保にも繋がり得るため，③の目的も併存し得るのである。

　なお，株式の取得者と発行体との間で資本提携が行われる場合，株式の取得

者において発行体の情報にアクセスする権利を確保し，あるいは持株比率に
よっては発行体の経営に一定程度関与することに合意することが多いが，これ
は株式の取得者におけるリスクのコントロールのためのものであるから，合意
内容もリスクの度合いによって自ずと異なることになる。

⑵　資本提携の態様

　資本提携の態様についてもさまざまな態様がある。たとえば，発行体の株式
を保有した上で発行体との間で当該株式または発行体の経営に関して合意する
場合もあれば，ほかのパートナーと一緒に合弁を組み，合弁会社の株式を引き
受けた上で，合弁会社の経営に関与する場合もある。

　また，これらの提携関係に至る際に取得する株式の保有比率については，3
分の2を超えて取得する場合，過半数を取得する場合（なお，過半数を取得する
場合にも，60％，51％，50.1％，50％＋1株等さまざまな態様があり得る），ちょうど
半数を取得する場合，半数に満たない株式を取得する場合，10％に満たない株
式を取得する場合等，さまざまな保有比率があり得る。多数派株主は，少数派
株主がある保有比率の下で法律上どのような権利を行使できるのかを確認する
必要があり，他方で，少数派株主は，ある保有比率の下で法律上どのような権
利が自己に確保されているのかを確認するとともに，多数派株主との間の合意
により法律上自身に確保されていない権利の確保を目指すこととなる。なお，
持株比率が高いほど，発行体への経営の関与の程度が強い合意がなされるのが
通常である。

　さらに，資本提携に際しては，発行体との間で業務提携を行う旨をあわせて
合意する場合もある。

⑶　資本提携の手法

　資本提携の手法は，発行体における資金調達や安定株主確保の必要性，大株

主における保有株式を売却する必要性等の，資本提携の目的との関係で決定されるのが通常である。具体的には，前者の場合には，①発行体が新株発行または自己株式の処分を行う方法が採用され，後者の場合には，②大株主が発行体の株式を譲り渡す方法が採用されることになる。あるいはその組み合わせという方法も考えられる。そして，その際に発行・処分されたり，譲り渡されたりする株式は，発行体と提携先が議決権の有無や経済的条件に関していかなる希望を有しているかによって，普通株式であることもあれば種類株式であることもある。なお，資本提携に際しては相互に株式を持ち合う例も少なくなく，2005年前後から，三角合併の解禁に伴う外国資本による買収懸念への対応や事業提携等を理由にいったん株式の持ち合いは上昇傾向に転じていたが，2009年頃からは，IFRS（国際会計基準）における「包括利益」の導入により持ち合い株式の時価変動が損益に反映されるようになる懸念があったことや，有価証券報告書における株式の保有状況の開示に関する規制強化に伴い，再び株式の持ち合いは減少傾向に転じている。

　2015年6月に導入された「コーポレートガバナンス・コード」においては，上場会社が政策保有株式として上場株式を保有する場合には，①政策保有に関する方針の開示，②取締役会における，主要な政策保有についてそのリターンとリスクなどを踏まえた中長期的な経済合理性や将来の見通しの検証およびそれを反映した保有のねらい・合理性についての具体的な説明，③政策保有株式に係る議決権行使について適切な対応を確保するための基準の策定・開示をすべきであるとされている（原則1-4）。この原則は政策保有株式の保有を禁止するものではなく，提携等を通じて事業上の利益に繋がるということが投資家に対して説明できるものであれば資本・業務提携を抑制・禁止するものではないが，資本・業務提携の検討に際しては，自社が採用している政策保有株式に関する方針と矛盾・抵触しないかという点を確認する必要があるものと考えられる。2016年3月末までに提出されたコーポレートガバナンス報告書に照らすと，政策保有に関する方針としては，原則不保有または解消の方向性まで打ち出す企業は多くなく，保有の目的や，自社にとっての保有の合理性について記載す

る企業が多いが，そういった企業においては，保有の目的・合理性が検討している資本・業務提携と矛盾するものでないかを検証することになると考えられる。他方で，原則不保有の方向性を打ち出している企業においては，検討している資本・業務提携がその例外にあたることを説明できなければならないと考えられる。

次に，資本提携の一形態として，ほかのパートナーと一緒に合弁を組む場合にもさまざまな手法が存在する。大きく分けると，①初めからほかのパートナーと共同で合弁会社に出資を行う手法と，②すでに事業が行われている会社から新株発行または自己株式の処分を受ける方法や，当該会社の既存の出資者から合弁会社の株式を譲り受ける方法により，合弁会社において営まれている既存の事業について合弁に参加する手法とが存在する。さらに，①の手法の中でも，合弁会社において新規の事業を立ち上げる場合と，合弁パートナーの全部または一部がそれぞれ既存の事業を合弁会社に承継させて事業を継続する場合とで手法が異なる。後者の場合には，たとえば，各合弁当事者から合弁会社に対して会社分割により事業を承継させ，その対価として合弁会社から合弁会社株式を引き受けたり，さらには，その後に必要に応じて合弁当事者間で株式譲渡を行う等して，合弁会社に対する株式保有比率を調整することもある。

これらの資本提携の手法の検討に際しては，さまざまな法規制が存在することに留意が必要である。会社法上の手続はもちろんのこと，上場会社の株式を取り扱う場合には，金商法上の各種規制（発行開示規制，継続開示規制，大量保有規制，インサイダー取引規制等）や，金融商品取引所の諸規則が適用され得る。その他にも，発行体が有している許認可，発行体が営んでいる事業および取得する株式数との関係で，当該発行体の株式の取得に際して官公庁に対する事前・事後の届出が必要となることもある。また，海外の会社の株式を取得し，資本提携・合弁を行う場合には，当該国における外資規制を初めとする法令についても検討が必要であり，国によっては，手続・スケジュールの予測が立てにくいこともあるため，余裕を持って現地の専門家に確認・相談することが重要である。

2 業務提携とは

(1) 業務提携の類型

　「業務提携」にも資本提携と同様に法律上明確な定義はなく，業務提携についての企業間の合意は，その性質上，極めて多種多様である。

　敢えて分類すると，技術・生産・販売等の各業務に関する提携により各企業の人的資源・物的資源を効率的に組み合わせ，経済的なメリットを得るという契約法的提携の側面と，各企業の組織法上の手続によって行われる組織法的提携の側面とが存在する。一般的には，組織法的提携の側面を伴う資本業務提携契約は，資本参加・企業運営に関する条項や資本解消に関する条項が規定される点で複雑なものとなることが多い。

(2) 業務提携の方法

　業務提携について，どこまで契約で合意するかについてはバリエーションが存在し，契約の締結に至ったからといってただちに具体的な取引関係に入ることが想定されているとは限らない。たとえば，①契約の締結をもって提携内容が完全に合意される場合のほか，②契約では基本的な内容だけが合意され，個別の取引条件はその後の個別契約や発注書・請書のやりとりをもって決定される場合も少なくない。また，③契約の締結に至ったとしても，一部の事項については契約の締結をもって検討が開始されるにすぎない場合も存在する。

そして，業務提携契約では，当事者間で合意に至ったとしても，担当者の異動等をきっかけに両者の関係が希薄化し，提携関係が自然消滅・頓挫してしまうことが十分にあり得る。具体的には第5章において述べるが，実のある提携関係の実現を目指すべく，契約の締結後も引き続き提携関係を継続・発展させていくためのビジネス上の努力を行うのみならず，かかる努力を行うための仕掛けを契約に入れておくことがある。

第 **2** 章

資本・業務提携の検討の
開始から実行まで

1

資本・業務提携の検討の開始から実行までのプロセス

　一般的な資本・業務提携の検討の開始から実行までのプロセスを概観すると，図表2－1のフローのとおりとなる。

　もっとも，秘密保持契約，基本合意（資本）業務提携契約の順ですべての契約を締結するかについては事案ごとに異なり，たとえば，秘密保持契約を締結

（図表2－1）　資本・業務提携の検討の開始から実行までのプロセス

- ・初期接触・交渉

秘密保持契約

- ・提携事業に関する基本的情報の交換
- ・基本的な取引条件の交渉

基本合意

- ・提携事業に関する本格的なフィージビリティ・スタディ
- ・対象会社に関するデューディリジェンス
- ・正式契約の交渉
- ・正式契約締結・実行の授権（取締役会決議）

調印　──　（資本）業務提携契約

実行　──　（資本提携を伴う場合）株式引受けまたは株式譲渡の実行

- ・業務提携の実施

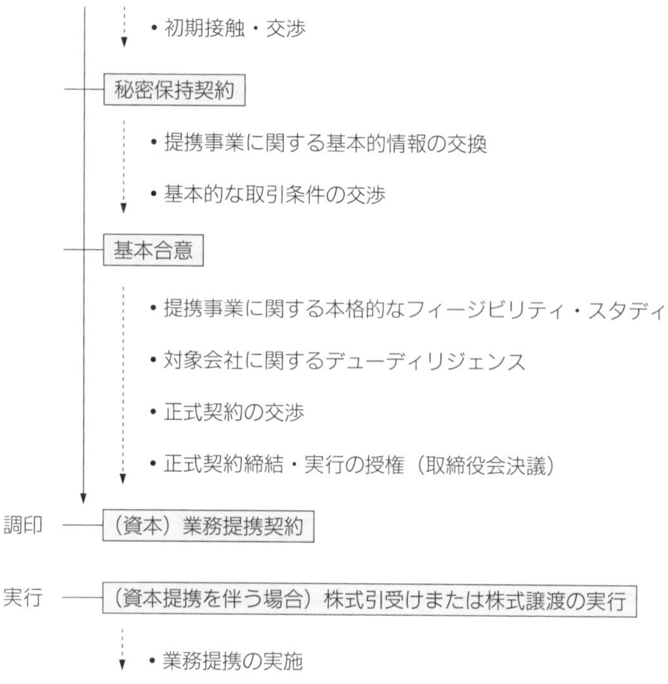

して検討を開始した後，基本合意を締結することなく（資本）業務提携契約の締結に至ることも少なくない。また，複合的な業務提携を行う場合には，（資本）業務提携契約を包括的な形で締結した上で，個別の提携分野においてそれぞれ具体的な業務提携契約（提携の内容に応じて，仕入れ・販売のための取引基本契約や研究開発契約など）を締結したり，共同開発を行う場合には（資本）業務提携契約とは別に共同開発契約を締結したりする場合もある。

　契約の締結過程においても，たとえば，業務提携を伴わない資本提携を行う場合には，事業に関する本格的なフィージビリティ・スタディは必要ないことが多いほか，資本提携を伴わない業務提携を行う場合，または，資本提携を行う場合であっても，株式の取得・引受けに要する金額がそれほど多額でなく，特段の懸念も見込まれない場合には，対象会社に関する法務・財務のデューディリジェンス（後掲 5 参照）を限定的とすること，または実施しないことも少なくない。

　さらに，検討開始から（資本）業務提携契約の締結・実行までに要する期間についても事案ごとにさまざまである。たとえば，事案によっては株式の取得に際して公正取引委員会等に事前に届出を行い，待機期間が経過するのを待つ必要が生じることもある。特に，企業グループが海外で事業を営んでいる場合には，日本だけでなく海外の競争法当局への事前届出が必要となることがあり，その場合には，国によってスケジュールの見通しが容易でないことも少なくないため，留意が必要である[1]。なお，業務提携における独禁法上の留意点については，第 8 章を参照されたい。

---

(1)　特に中国当局による競争法（独禁法）審査の遅延がしばしば指摘されている。実際に審査の遅れによって合併等の延期を余儀なくされた比較的最近の事例として，大和ハウス工業によるフジタの買収（2012年），ソニーとオリンパスによる共同出資会社の設立（2012年），電通による英イージスの買収（2013年），HOYA によるセイコーホールディングスからの子会社株式の譲受け（2013年），住友金属鉱山と日立電線との事業統合（2013年）などがある。

2 秘密保持契約の締結

　秘密保持契約は，資本・業務提携の検討に際して最初に締結される契約であり，NDA（Non-disclosure Agreement）やCA（Confidentiality Agreement）などとも呼ばれる。

　以下では，秘密保持契約につき，資本・業務提携契約との関係で重要と考えられる条項に絞って説明する。なお，以下に記載している事項を含め，秘密保持契約の留意点全般については，森本大介＝石川智也＝濱野敏彦編著『秘密保持契約の実務』（中央経済社，2016年）に和文・英文を併記して詳細に解説しているので，そちらを参照されたい。

(1) 秘密保持契約の必要性

　資本・業務提携の検討にあたり，企業は，自己の保有する重要な秘密情報を相手方に対して開示する必要がある。

　しかし，企業の技術・ノウハウ・個人情報等を含む秘密情報は，相手方が資本・業務提携の検討以外の目的で使用した場合には，開示当事者の競争力の低下に繋がるおそれがある。また，相手方が，秘密情報を第三者に流出させてしまった場合には，当該情報の開示当事者の競争力のみならず，社会的信用力の低下にも繋がるおそれがある。この点に関し，取締役は，会社法上，情報保存管理体制の整備義務を負っている（会社法348条3項4号・4項，362条4項6号・5項，同法施行規則98条1項1号，100条1項1号）ため，これらの競争力・社会的信用力の低下により会社の企業価値が毀損した場合には，上記義務の違反を理

由に，株主から代表訴訟により責任を追及されるリスクもある（会社法847条，423条1項）。また，情報漏洩によって第三者が損害を被った場合には，開示当事者が当該第三者より不法行為に基づく損害賠償責任を追及されるリスクもある（民法709条）。

さらには，秘密保持を約束することなく第三者に秘密情報を開示した場合，開示当事者は，当該情報について，不正競争防止法による「営業秘密」の保護の恩恵（具体的には，明文での差止請求（同法3条），損害額の推定（同法5条），信用回復措置（同法14条））を受けられなくなるリスクが高まる点にも留意が必要である。すなわち，不正競争防止法上の「営業秘密」として保護されるためには，①秘密管理性，②有用性，③非公知性の3要件を満たすことが必要であるところ（同法2条6項），秘密保持契約を締結せずに第三者に秘密情報を開示した場合には，上記の①秘密管理性および③非公知性の要件が認められなくなり，当該秘密情報が「営業秘密」に該当しなくなるおそれがあるからである。

以上のようなリスクがあることから，資本・業務提携を検討する企業は，その検討に先立って相手方と秘密保持契約を締結し，自らが開示する秘密情報について契約による法的な保護を図った状態で秘密情報の開示を行う必要がある。

⑵　秘密保持契約を検討するに際して留意すべきポイント

以下では，秘密保持契約のサンプルを掲げた上で，実際に秘密保持契約を検討するに際して留意すべきポイントを概観する。

なお，秘密保持契約には，ⅰ）当事者の一方のみが秘密保持義務を負うもの（誓約書・差入書方式）と，ⅱ）当事者の双方が秘密保持義務を負うもの（契約書方式）とが存在する。秘密情報の受領当事者としては，開示当事者から，誓約書・差入書方式のものを差し入れるよう求められた場合には，自らが開示当事者に対して開示する秘密情報がないかを検証し，そのような秘密情報がある場合には，開示当事者に対して，双方が秘密保持義務を負う契約書方式のものを締結するよう求めることが望ましい。また，そのような秘密情報がない場合で

あっても，両者の間で取引を検討している事実それ自体について開示当事者に秘密を保持させる必要がある場合には，契約書方式のものを締結するよう開示当事者に求めることも考えられる。

　以下では，ⅱ）の契約書方式のサンプルを掲げるが，ⅰ）の誓約書・差入書方式についても，各条項の考え方は基本的に同一である。

秘密保持契約書

　株式会社●（以下「甲」という。）及び株式会社●（以下「乙」という。）は，甲乙間の資本・業務提携（以下「本件取引」という。）の可能性を検討することを目的（以下「本件目的」という。）として，互いに開示する情報の秘密保持に関して，以下のとおり秘密保持契約（以下「本契約」という。）を締結する。

第1条（秘密情報）

　　本契約において「秘密情報」とは，一方当事者（以下「開示当事者」という。）が他方当事者（以下「受領当事者」という。）に対して，本件目的のために，文書，口頭，電磁的記録媒体その他開示の方法及び媒体を問わず，また，本契約締結の前後を問わず，開示した一切の情報，本契約の存在及び内容，並びに，本件取引に関する協議・交渉の存在及びその内容をいう。但し，以下のいずれかに該当する情報は，秘密情報には含まれないものとする。

① 開示された時点において，受領当事者が既に了知していた情報
② 開示された時点において，既に公知であった情報
③ 開示された後に受領当事者の責に帰すべき事由によらずに公知となった情報
④ 開示当事者に対して秘密保持義務を負わない正当な権限を有する第三者から，受領当事者が秘密保持義務を負うことなく適法に取得した情報
（⑤は研究開発を提携して行う場合）
⑤ 受領当事者が独自の開発活動を行った結果取得した情報

第2条（秘密保持）

1．受領当事者は，秘密情報について厳に秘密を保持するものとし，開示当事者の事前の書面による承諾なしに第三者に対して開示又は漏洩してはならないものとする。但し，受領当事者は，本件目的のために必要な範囲のみにおいて，受領当事者の役員及び従業員，並びに，本件取引に関して受領当事者が依頼する弁護士，公認会計士，税理士，コンサルタント，証券会社その他のアドバイザー及び資金提供者（総称して以下「役員等」という。）に対して，秘密情報を開示することができるものとする。

2．受領当事者は，前項の規定に基づき秘密情報の開示を受ける第三者が法律上守秘義務を負う者でないときは，本契約に定める秘密保持義務と同等の秘密保持義務を当該第三者に課して，その義務を遵守させるものとし，且つ，当該第三者においてその義務の違反があった場合には，受領当事者による義務の違反として，開示当事者に対して直接責任を負うものとする。

3．第1項の規定にかかわらず，受領当事者は，法令又は裁判所，監督官庁，金融商品取引所その他受領当事者を規制する権限を有する公的機関の裁判，規則若しくは命令に従い開示する場合には，当該法令又は裁判，規則若しくは命令に従うために必要な範囲において秘密情報を公表し，又は開示することができる。但し，受領当事者は，かかる公表又は開示を行った場合には，その旨を遅滞なく開示当事者に対して通知するものとする。

第3条（目的外使用の禁止）

受領当事者は，開示当事者から開示された秘密情報を，本件目的以外のために使用してはならないものとする。

第4条（複製）

受領当事者は，本件目的のために必要な範囲において秘密情報を複製（文書，電磁的記録媒体，光学記録媒体及びフィルムその他一切の記憶媒体への記録を含む。）することができるものとする。なお，上記複製により生じた情報も，秘密情報に含まれるものとする。

第2章　資本・業務提携の検討の開始から実行まで

第5条（破棄又は返還）

1．受領当事者は，本契約の有効期間中であるか，本契約終了後であるかを問わず，開示当事者からの書面による請求があった場合には，自らの選択及び費用負担により，受領当事者及び受領当事者より開示を受けた第三者が保持する秘密情報を速やかに破棄又は返還するものとする。

2．受領当事者は，開示当事者が要請した場合には，速やかに前項に基づく受領当事者の義務が履行されたことを証明する書面を開示当事者に対して提出するものとする。

第6条（有効期間）

　　本契約の有効期間は，本契約の締結の日より3年間とする。但し，第5条，第7条及び第8条の規定は，本契約終了後も有効に存続するものとする。

第7条（誠実協議）

　　本契約に定めのない事項及び本契約の解釈に関して疑義が生じた事項については，当事者は誠実に協議の上，信義誠実の原則に従って解決するものとする。

第8条（紛争処理）

　　本契約に起因又は関連して生じた紛争については，当事者が誠実に協議することによりその解決に当たるものとするが，かかる協議が調わない場合には，東京地方裁判所を第一審の専属的合意管轄裁判所として裁判により解決するものとする。

　以上を証するため，本契約書2通を作成し，各当事者が記名捺印の上，各1通を保有する。

平成●年●月●日

　　　　　　　　　　　甲：
　　　　　　　　　　　乙：

①　全体を通じての検討のスタンス

　秘密保持契約を検討するにあたっては，自らが情報を開示する側であるのか，それとも情報を受領する側であるのかによって，秘密保持契約の各条項に対するスタンスが変わり得るため，自らがどちらの立場にあるのかを強く意識することが重要である。秘密保持契約の作成作業にあたっては，その過程で過去に作成したサンプルなどを参考にすることもあるが，その際には，当該サンプルが情報を開示する側と情報を受領する側のいずれに有利な立場で作成されたものであるのかに留意しなければならない。

　一般的には，情報を開示する側にとっては，秘密情報の範囲は広く，利用目的の範囲や受領当事者が秘密情報を例外的に開示できる第三者の範囲は狭く，かつ，秘密保持の期間は長くするというのが有利な契約であるといえる。他方で，情報を受領する側にとってはその反対であり，秘密情報の範囲は狭く，利用目的の範囲や受領当事者が秘密情報を例外的に開示できる第三者の範囲は広く，かつ，秘密保持の期間は短くするというのが有利な契約であるといえる。

　また，各当事者が，情報を開示する側であると同時に情報を受領する側でもあるという場合も少なくないと考えられる。その場合には，まずは情報を開示する側の立場として自らの情報を守ることに検討の主眼を置きつつも，情報を受領する側の立場として自らが相手方から受領する情報の管理について不可能を強いられることのないように留意する必要がある。

②　秘密情報の定義（1条）

　秘密保持契約においては，契約で定義された秘密情報について，秘密の保持

を義務づけるとともに，目的外使用を禁止することができる。したがって，秘密情報をいかに定義するかが，秘密保持契約においては重要である。

秘密情報は，ⅰ）原則として秘密情報に含まれるものの定めと，ⅱ）その例外の定めによって定義されるのが通常である。

このうち，ⅰ）原則として秘密情報に含まれるものには，以下の内容が規定されることが一般的である。

---

① 開示情報
② 秘密保持契約の存在および内容，取引に関する協議・交渉の存在および内容

まず，①開示情報については，開示当事者からすれば，秘密保持契約により保護される秘密情報の範囲をできるだけ広くするため，「文書，口頭，電磁的記録媒体その他開示の方法及び媒体を問わず開示した一切の情報」といった形で，できるだけ包括的に規定することが望ましい。このような提案に対して，受領当事者としては，元々自らが保有している秘密情報と混ざり合い（いわゆる情報のコンタミネーション），意図せずに開示当事者の情報を利用してしまうことにより結果として秘密保持契約に違反してしまうような事態（あるいは，そのような秘密保持契約違反を回避するため，自らの情報が利用できなくなってしまう事態）が想定されなければ，このような包括的な秘密情報の定義を受け容れることができる場合もあるだろう。

もっとも，受領当事者としては，自らが受領する情報のうち，秘密情報として秘密保持や目的外使用の禁止の対象となる情報が特定されていることが望ましい場合がある。たとえば，前記のように，受領した情報と，自らがもともと保有している情報との間に情報のコンタミネーションのリスクがある場合には，両者の情報を区別して管理するために秘密情報を具体的に特定することを希望すると考えられる。また，典型的には競合他社の情報を受け取る場合等，開示を受けた情報が契約の目的外に転用可能な情報である場合には，秘密保持契約

違反となるリスクを減らすために，秘密情報を具体的に特定することを希望する場合もあると考えられる。それらの場合には，たとえば，紙媒体については「秘密である旨を当該媒体に明示した情報」，電磁的記録媒体については「パスワードの設定，暗号化等の保護措置のなされた情報」，口頭によるものについては「別途秘密情報である旨を通知した情報」というように，秘密情報として取り扱う情報を具体的に特定することが考えられる。受領当事者からこのような提案がなされた場合には，開示当事者は，そのような提案に従って秘密情報として取り扱うべき情報を特定することが現実的に可能か，本来秘密情報として取り扱うべき情報が秘密情報として取り扱われなくなるおそれがないかを，慎重に検討する必要がある。たとえば，a）紙媒体においては，秘密である旨の表示のために「厳秘」や「㊙」を押印する等の方法が考えられるが，そのような作業が量的に負担とならないか，また，b）電磁的記録媒体においてはパスワードを設定する方法が考えられるが，そのようなパスワードを忘れるリスクがないか等を検討する必要がある。さらに，c）口頭により提供される情報を書面化して通知することが求められた場合（ときには，書面化に期限が設けられる場合もある）には，書面化を怠ったり，書面化の際に記載できなかった情報が秘密情報として取り扱われなくなるリスクがあるほか，書面化に手間が生じることに伴って，事業の検討・業務提携の進捗に悪影響が生じ得る点，加えて，書面化の書式，期限，方法を制限した場合には，それらの制限に違反した場合にも，秘密情報として取り扱われなくなる点に配慮する必要がある。

　また，②秘密保持契約の存在および内容，取引に関する協議・交渉の存在および内容については，両者の間で取引を検討している事実それ自体について秘密を保持する必要がある場合に，秘密情報に含める実益がある。

　次に，ⅱ）秘密情報の例外については，少なくとも以下の内容が規定されるのが一般的である。

① 開示された時点において，受領当事者がすでに了知していた情報
② 開示された時点において，すでに公知であった情報

③ 開示された後に受領当事者の責めに帰すべき事由によらずに公知となった情報

④ 開示当事者に対して秘密保持義務を負わない正当な権限を有する第三者から，受領当事者が秘密保持義務を負うことなく適法に取得した情報

　この他にも，前掲契約書サンプル１条に記載のとおり，特に研究開発契約において，受領当事者が，開示当事者から開示を受ける情報の周辺領域において独自に開発を行っている場合には，受領当事者としては，開示当事者から開示を受ける情報に基づかない自らの開発活動が制約されることを防ぐため，⑤「受領当事者が独自の開発活動を行った結果取得した情報」という例外条項を規定することもある。これに対して，開示当事者としては，後知恵で独自開発を行った旨の抗弁が受領当事者によってなされるリスクをできる限り排除するべく，独自に開発した旨の立証を，人証またはそれに代わる陳述書によらない書面に限定したり，あるいは，情報に接する受領当事者の役職員が周辺領域のプロジェクトにも関与し得る場合には，「開示当事者から開示を受けた情報に接したことのない者が独自に開発活動を行った結果取得した情報に限る」等と，独自開発の範囲に限定を加えたりすることが考えられる。

　また，⑥「開示当事者が同意した情報」という例外条項が規定されることもある。もっとも，秘密情報として取り扱わない旨を当事者が個別に同意することにより当該情報を秘密情報の定義から除くのであれば，敢えて秘密保持契約にその旨を規定しなくても，都度同意することによって対処することは可能であり，かつそれで足りると考えられるため，かかる例外条項は必ずしも必要ではないであろう。

　さらに，⑦「従業員の記憶に無形的に残留した情報」についても，秘密情報の例外とすることを受領当事者が求めたいといった場合もある。従業員が受領当事者から他の会社に転職して何かを開発した場合，開示当事者が，受領当事者に開示した情報が使われたものであるとして，受領当事者が開示当事者から責任を問われることを避けたいといったケースである（そのようなケースでは，明

確なものではないにせよ，開示された情報が当該従業員の記憶に無形的に残留し，かつそれが用いられたものであると主張されるリスクは否定できない）。もっとも，このような条項は，開示当事者にとっては，秘密情報が受領当事者の従業員を通じて外部に流出するリスクを高める点で不利益であり，かつ，それほど雇用が流動化していないわが国では，このような条項の必要性も理解されにくく，開示当事者としては受け容れがたい場合も多いのではないかと考えられる。また，最終的にこの例外条項を受け容れざるを得ない場合には，資料やメモなどに頼らずに記憶に残っている情報に限定して，秘密情報が外部に流出するリスクを限定することが考えられる。

　なお，前掲契約書サンプル１条の①〜⑤の例外事由につき「受領当事者が立証できた場合」と限定を付すこともある。これは，開示当事者が受領当事者に対して秘密保持義務違反を根拠とする差止めや損害賠償を請求するときに，ある情報が秘密情報の例外事由に該当することについての立証責任が受領当事者にあることを明確にするための規定である。このような限定を付さなかった場合に，秘密情報の例外事由該当性について，受領当事者と開示当事者のいずれに主張・立証責任があるかについては，例外事由に該当することを主張する受領当事者の側が主張・立証責任を負うのが原則と考えられるが，必ずしも明確ではない。そのため，開示当事者としては，かかる限定を付し，自らが主張・立証責任を負担しないことを明確にしておくのが望ましいといえる。

③　秘密保持義務とその例外（２条）

　秘密保持義務は，秘密保持契約の中核となる規定である。

　もっとも，何ら例外のない秘密保持義務を課すことは，受領当事者に不可能を強いることになりかねない。具体的には，第一に，秘密保持契約に定める目的を遂行するために，受領当事者が自らのグループ会社およびその役職員やアドバイザー等に秘密情報を開示することが必要な場合がある。第二に，秘密保持義務を根拠に，常に法令等に基づく情報開示の要請を拒絶できるわけではないため，かかる法令等に基づく情報開示の要請があったことを秘密保持義務の

例外として定めておかないと，受領当事者は，情報を開示して秘密保持契約に違反するか，情報を開示せずに法令等に違反するかの二択を迫られることになる場合がある。そこで，これらの場合を含め，秘密保持契約においては，秘密保持義務の例外として情報開示を認める事由と，開示の際の手続・条件等を定めるのが一般的である。

第一の例外については，①受領当事者の役職員，②受領当事者のグループ会社（親会社，子会社，関連会社）とその役職員，③アドバイザー（弁護士，公認会計士，税理士，司法書士，コンサルタント，フィナンシャル・アドバイザー等，契約の種類にもよる），④その他の関係者（共同研究者，資金提供者など）のうち，秘密情報を開示する必要のある者を列挙する形で規定するのが通常である。また，これらの第三者に秘密情報を開示するにあたっては，当該開示先との間で，当事者間の秘密保持契約と同程度の内容の秘密保持契約を締結することを要請し（ただし，法律上の守秘義務が課されている第三者については，当該法律上の守秘義務の方が刑事罰があり得る等厳格であることに鑑み，秘密保持契約の締結を要請しないことも少なくない），かつ，開示当事者との関係では，受領当事者が情報を開示した第三者における情報漏洩等の責任は，受領当事者が開示当事者に対して直接負う旨が合意されることが多い。

そして，この第一の例外を検討する際に特に留意すべきポイントは，次の3点である。第一に，グループ会社への開示に際しては，主に受領当事者側において，秘密情報を開示することができる受領当事者のグループ会社の範囲を検討することが必要である。具体的には，秘密情報を開示することができる受領当事者のグループ会社に，子会社に加えて，関連会社，親会社，兄弟会社等を含めることを希望する場合には，それらが含まれる文言であるかを確認する必要がある（英文の秘密保持契約においては，"Affiliate"の定義が重要になる）。第二に，法令・社内規則等に基づいてグループ会社としての管理を受けることが要請される会社においては，当該グループ管理との関係で，情報を親会社等のグループ会社に開示することがあり得ることから，秘密保持契約に定める目的の遂行に加えて，当該グループ管理の遂行のためにも情報を開示することが必要

となるグループ内の開示先の範囲をも検討することが必要となる。第三に，開示当事者側においては，秘密保持契約を締結する時点において，受領当事者が主張する，秘密保持契約に定める目的を遂行するために情報を開示することが必要な者すべてを例外として認めて良いかは慎重に検討する必要がある。具体的には，開示当事者としては，秘密保持契約の締結時点において，秘密保持義務の例外として，一律に一定の第三者への開示を認めるのではなく，契約締結後，都度書面による通知・承諾のプロセスを経ることを通じて，開示を認める第三者を具体的に把握することも考えられる。また，資本・業務提携の遂行に際して資金提供者に情報を開示する必要がある場合には，当該案件についての情報管理の観点から，当初は資金提供者への開示を認めずに，案件の進捗に応じて開示を認めるといったアレンジもあり得る（この場合には，まずは秘密保持義務の例外としては，資金提供者は規定しないという対処になる）。

　第二の例外については，基本的には，法令，裁判所，監督官庁，金融商品取引所その他受領当事者を規制する権限を有する公的機関の裁判，規則または命令を規定するのが一般的である。これらには，それぞれ**図表2−2**に記載のものが含まれると考えて良いのではないかと考えられる。

　なお，第二の例外については，上記の他にも，受領当事者が保有している許認可や受領当事者が行っている業種等によっては，許認可の取得・更新等に関

（図表2−2）　秘密保持義務の例外として開示が認められる事由とその具体例

法令	法律，政令，府令，省令，各官庁の長官や各委員会が定める規則，条例・規則その他地方公共団体が定める自治法規等
裁判所等による裁判	裁判所による判決，決定，命令
裁判所等による規則	裁判所が定める規則（民事訴訟規則，刑事訴訟規則，破産規則，家事事件手続規則等） （一部重複するが）官庁が定める府令・省令，各官庁の長官や各委員会が定める規則，受領当事者を規制する権限を有する公的機関における規則・会則，金融商品取引所の規則等
裁判所等による命令	（一部重複するが）裁判所による命令，監督官庁による処分，金融商品取引所による処分等

して行われる監督官庁の事実上の「要請」や，随時行われる監督官庁の行政指導（行政手続法2条6項）等，法令等に基づく要請でない場合にも秘密情報を開示しなければならないこともあり得る。また，将来的に業務提携に関して第三者から受領当事者を相手方とする訴訟が提起された場合，受領当事者としては，（裁判所からの提出命令や提出要請はないものの）訴訟を有利に進めるために証拠として秘密情報を開示したいということもあり得る。したがって，これらの場合についても，秘密保持義務の例外として定める必要があるかどうかにつき検討しておくべきである。

　第二の例外について，法令等に基づいて開示する場合の手続としては，開示当事者の同意の取得または開示当事者に対する通知が受領当事者に義務づけられるのが一般的である。開示当事者の同意の取得を開示の要件とした場合には，受領当事者は，同意が得られない場合に，情報を開示して秘密保持契約に違反するか，情報を開示せずに法令等に違反するかの二択を迫られ得る。そのため，受領当事者としては，常に開示当事者に対して事前に同意するよう打診できるか（たとえば，監督官庁による検査の性格上，開示当事者に対して開示する旨を連絡することができない場合もあり得る），また事前に打診できるとして，最終的に開示当事者の同意が得られずに二択を迫られたときに，受領当事者が重大な損害を被る事態に陥るおそれがないかを検討しておく必要がある。交渉の結果，開示当事者が開示当事者の同意の取得を開示の要件とすることにこだわる場合には，その点は受け容れた上で，不合理に同意を留保・拒絶しない旨を追記することにより，前記の二択を迫られる事態を避ける余地を設けておくことも考えられる。

　さらに，開示当事者の同意・開示当事者への通知の時期をどうするかも検討する必要がある。事前・事後のいずれかを定める例のほか，原則として事前であるが，やむを得ない場合には事後と定める例もある（事後と定める場合には「ただちに」「遅滞なく」「速やかに」といった文言が挿入されることが多い）。受領当事者としては，法令および実務に照らし，不可能を強いられることがないようにする必要がある。

④　目的外使用の禁止（3条）

目的外使用の禁止も，秘密保持契約の中核となる条項である。

不正競争防止法に定める「営業秘密（同法2条6項）」に該当しない情報については，目的外使用の禁止を定めない限り，受領当事者が，第三者に開示することなく（秘密保持義務に違反することなく），秘密保持契約に定める目的以外のために受領した情報を使用することは通常妨げられないと考えられる。

また，不正競争防止法に定める営業秘密に該当する情報についても，不正の手段によらずに取得した情報を使用することは，不正の利益を得る目的，または，その保有者に損害を加える目的で使用する場合を除き，禁止されていない（同法2条1項7号参照）。この点，秘密保持契約において仮に目的外使用の禁止を定めない場合，受領当事者が，第三者に開示することなく（秘密保持義務に違反することなく），秘密保持契約に定める目的以外のために受領した情報を使用することは，前記の「不正の利益を得る目的」[2]または「保有者に損害を加える目的」[3]に該当すると評価される可能性は低いと考えられる。そのため，秘密保持契約上，秘密保持義務に関する条項のみを規定し，目的外使用の禁止に関する条項を規定し忘れた場合には，受領当事者が，第三者に開示することなく（秘密保持義務に違反することなく），秘密保持契約に定める目的以外のために受領した情報を使用することは何ら妨げられないことになる。

---

(2)　「不正の利益を得る目的」とは，競争関係にある事業を行う目的のみならず，広く公序良俗または信義則に反する形で不当な利益を図る目的をいうが（経済産業省知的財産政策室編著『逐条解説不正競争防止法〔平成23・24年改正版〕』（有斐閣，2012年）73頁），秘密保持契約に目的外使用の禁止が規定されていない場合には，受領当事者が開示当事者の意図していた取引とは別の取引のために社内で秘密情報を使用したとしても，受領当事者が不当な利益を図る目的で情報を使用したと評価される可能性は低いと考えられる。

(3)　「保有者に損害を加える目的」とは，営業秘密の保有者に対し，財産上の損害，信用の失墜その他の有形無形の不当な損害を加える目的をいうが（前掲注(2)・経済産業省知的財産政策室編著73頁），受領当事者が開示当事者の意図していた取引とは別の取引のために社内で秘密情報を使用していたとしても，通常，営業秘密の保有者に対し，財産上の損害，信用の失墜その他の有形無形の不当な損害を与える目的で情報を使用したと評価される可能性は低いと考えられる。

⑤ 秘密情報の複製（4条）

まず，秘密情報の複製（リバースエンジニアリングなどを含む）を禁止・制限する場合には，その旨を規定しておく必要がある。

また，秘密情報の複製を認める場合にも，少なくとも，前掲契約書サンプルのように秘密保持契約に定める目的の遂行に必要な範囲内に限定するべきである。その他，原則として複製は禁止するが，必要性がある場合には例外を認める余地があるという場合には，「開示当事者の書面による承諾がある場合に限り複製を認める」旨の条項を規定するべきである。

⑥ 秘密情報の破棄または返還（5条）

開示当事者としては，秘密保持契約の目的が達成され，または不達成が確定した場合に，受領当事者から秘密情報が漏洩することを防ぐため，秘密情報の破棄または返還に関する条項を秘密保持契約に規定すべきである。検討すべきポイントとしては，ⅰ）破棄または返還の時期，ⅱ）破棄と返還のいずれを選択するか，ⅲ）破棄証明書・返還証明書の要否があげられる。

第一に，ⅰ）破棄または返還の時期については，契約終了時と定める例もあるが，開示当事者としては，自らの請求によって，契約期間中であるか否かにかかわらず破棄・返還を求めることができるように規定しておくのが望ましく，また，そのような規定が一般的であるように思われる。契約終了時とのみ定めた場合には，契約期間が満了する前に資本・業務提携に向けての検討が事実上終了したときに秘密情報の破棄・返還を求めることができない点で，開示当事者にとって望ましくない。他方，受領当事者としては，資本・業務提携に向けての検討が進んでいる中で，意図しないタイミングで開示当事者から情報の返還を求められては困るため，契約終了時または秘密保持契約の目的となった提携が実現されないことが確実になった時点，というように限定することが考えられる。もっとも，資本・業務提携に向けての検討が進んでいる限り，受領当事者の意図しないタイミングで情報の返還を求められることは通常は想定されず，この点については開示当事者の要求を受け容れても，大きな問題は生じな

いのが通常であるように思われる。

　第二に，破棄と返還のいずれを選択するかについては，情報の性質，重要性，返還可能性に照らして検討されるべきである。開示当事者としては，たとえば，試作品やサンプルなど，複製を作成することが想定されない情報については，返還を求める方が秘密管理の実効性があるように思われる。それに対して，複製が容易な文書を写しで交付していた場合には，それらの文書の返還を求めたとしても，複写を作成できる以上，破棄と返還のいずれを求めるかで，秘密管理の実効性にはさほど差がないように思われる。また，メールやその添付資料などのように，情報の性質上「返還」が不可能な情報も存在する。開示当事者としては，①情報の性質上返還できるものは返還させ，返還できないものは破棄させるよう要請するか，②特に返還してほしいものは返還させ，それ以外は受領当事者の選択に委ねる旨を規定するのが現実的であるといえよう。これに対して，受領当事者としては，開示当事者からの破棄・返還の要請が実務上対応不可能なものではないかを検討する必要がある。たとえば，会社によっては，法令等または社内規則上，一定期間秘密情報を継続的に保管しなければならない旨が定められていることがあり，その場合に合意に基づいて情報の破棄または返還を行うと，法令等または社内規則に違反してしまうことになる。また，秘密情報に基づいて社内資料（たとえば取締役会での説明資料や稟議書等）を作成していた場合，法令等または社内規則上，それら社内資料について破棄または返還を行うことが実質的に不可能となることも考えられる。そのため，検討にあたっては，このような事態が想定されるかどうかにつき留意することが必要である。

　第三に，破棄証明書の要否については，実務上，破棄・返還を実行した旨の破棄証明書・返還証明書の発行義務を受領当事者に課す条項を設ける秘密保持契約も多く見られる。もっとも，秘密保持契約上の破棄・返還の規定に違反した場合と，破棄証明書・返還証明書において証明した事項が実は虚偽であった場合とでは，違約金の定め等，違反の効果を具体的に規定しない限り，法的効果に違いはないように思われる。この点は，破棄証明書・返還証明書を要請す

ることにより，受領当事者に破棄・返還を慎重に行わせるきっかけとなり，また，開示当事者においても情報の破棄・返還が完了した旨を破棄証明書・返還証明書の受領により確認し，記録化できるという事実上のメリットにすぎないといえよう。

⑦ 有効期間（6条）

契約の有効期間は，秘密情報の開示および開示された秘密情報の保持等について期間を設けるためのものであり，秘密保持契約において必ず規定される条項である。

まず，有効期間の始期については，通常は契約締結時が有効期間の始期になる。もっとも，契約締結前に情報を開示している場合には，それらの情報についても秘密保持契約による保護を及ぼすために，契約締結前に授受した情報についても秘密情報の定義に含めるか，あるいは契約の有効期間の開始日を情報開示日に遡及させる等の対応を行う必要がある。

次に，有効期間の終期については，開示当事者は，情報が陳腐化して利用価値がなくなる程度の年数を有効期間として希望するのが通常である。もし，相当長期にわたって陳腐化が想定されない情報であれば無期限ということも理論的にはあり得る。他方で，受領当事者は，当該情報を秘密情報として管理できる範囲で受け容れ可能な年数を検討するであろう。

有効期間の定めがある場合，受領当事者は，当該有効期間中，継続して秘密情報の保持義務を負うことになる。そのため，たとえば，秘密情報が陳腐化して利用価値が低下した後であっても，受領当事者は当該情報を利用したビジネスを展開することができず，結果として第三者に出遅れる等の事態が生じるリスクがあることには留意するべきである。また，秘密情報の種類・内容や秘密保持義務の範囲等，他の要素との総合考慮ではあるものの，秘密保持義務をあまりに長期間設定することが合理性を欠く場合については，当該有効期間を定めた規定の効力が合理性を欠くものとして否定される場合もあり得る。

また，有効期間の定めがない場合，秘密保持契約は，期間の定めのない契約

として，当事者の一方があらかじめ合理的な期間をおいて解約の申入れを行うことにより，将来に向かって一方的に終了させることができるものと解するべきである。なお，資本・業務提携の検討に際して締結される秘密保持契約には自動更新条項は付されないのが一般的であろうが，その場合であっても当事者の合意により有効期間を都度延長することは可能である。

　有効期間を定める場合，有効期間が満了した後も効力を残すべき条項がないかの確認も重要である（なお，このような効力のことを余後効という）。たとえば，破棄・返還，損害賠償・差止め，誠実協議，紛争解決といった条項は，秘密保持契約が終了した後も引き続き問題となり得るため，有効期間が満了した後も引き続き効力を有する旨を規定する必要がある。

⑧　誠実協議条項（7条）

　誠実協議条項を設ける場合には，契約に定めのない事項と契約の解釈に関して疑義が生じた事項について誠実協議を行う旨を定めるのが一般的である。当事者間で争いが生じた場合に訴訟や仲裁に訴えることは，膨大な費用と手間が生じることがあるため，まずは協議を行うことにより解決を目指すことにも一定の意味があるといえる。

⑨　紛争処理条項（8条）

　秘密保持契約に関連して当事者間に争いが生じた場合に備えて，紛争処理に関する条項を定めることもある。

　この点に関し，国内の関係者しか関与しない事案では，何も規定しないか，規定する場合も裁判での解決を前提に，専属的合意管轄に関する条項が置かれることが多いように思われる。これに対して，海外の関係者が関与する場合であって，その者の所在国がニューヨーク条約（外国の仲裁判断を国内で承認し，これに基づき強制執行することを許可する要件を定めた「外国仲裁判断の承認及び執行に関する条約」の通称）の加盟国である場合には，紛争処理を仲裁に付託する旨の条項が置かれることも多い。外国判決と比較して，仲裁判断の方が，強制執

行が容易であること，かつ，非公開での審理が期待できること等の点で，このような条項にはメリットがあるように思われる(4)。特に，秘密保持契約との関係では，受領当事者が秘密情報を漏洩した場合に日本の裁判所で日本法に基づいて差止めが認められたとしても，それが海外の裁判所で承認されて執行できるとは限らないため，開示する情報の重要性によっては，差止めを実効化するべく，仲裁を選択した方が良い場合もあると考えられる。ただし，仲裁を選択する場合であっても，業務提携の性質上，緊急で使用・開示を仮に差し止めるべき状況が起こり得る場合には，裁判所に仮の差止めを申し立てる権利を別途留保することを検討すべきである。

なお，海外の関係者が関与する場合や，海外での事業活動が見込まれる場合には，準拠法についてもあわせて規定する必要がある。

⑩　その他の条項

その他の条項としては，第一に，提供する情報の内容によっては，その提供が，知的財産権の付与やライセンスには該当しない旨を確認する条項を設けることが慎重な対応といえる場合がある(特に，日本法以外の法律を準拠法とする契約では，このような条項が置かれることも少なくない)。

第二に，受領当事者が，受領した秘密情報について善良なる管理者の注意をもって管理する義務を負う等，受領当事者における情報管理に関する条項を規定する例がある。このような条項は，受領当事者に情報管理体制の強化を促す点で事実上の効果があるほか，情報漏洩自体を立証できない場合であっても，受領当事者が情報管理体制を整えなかったことを理由に債務不履行に基づく損害賠償請求を行い得る点でメリットを有するといわれることがある。しかしながら，後者については，情報管理体制が具体的に合意されている場合を除き，情報の開示・漏洩が証明できない場合に情報管理体制の不備を主張・立証する

---

(4)　海外の企業との取引における紛争解決手段選択の視点について，森本大介＝前田葉子「米国・中国・台湾企業との国際取引契約における紛争解決手段選択の視点〔上〕」商事2014号（2013年）28頁。

ことは容易でない。また，仮に不備が立証できたとしても，情報の開示・漏洩が証明できない場合に，情報管理体制の不備と損害との間の因果関係を立証することも容易ではなく，結局のところ，法的に大きな意味を見出すことまでは難しいと考えられる。

　第三に，ⅰ）損害賠償請求やⅱ）差止請求を行うことができる旨の条項を規定する例も，実務上は多く見られる。しかしながら，少なくとも日本法が準拠法となり，紛争解決が日本で行われる場合においては，ⅰ）損害賠償請求については，秘密保持契約に明記せずとも，民法上は債務不履行（民法415条）や不法行為（民法709条）に基づく請求が可能であるため，このような条項は必須でないものと考えられる。ただし，（情報漏洩に基づく責任を追及される立場の）受領当事者としては，逸失利益を排除したい，あるいは特別事情に基づく損害を排除したいと考えることもあり，その場合には，損害賠償請求について規定を置いた上で，逸失利益や特別事情については明確に除外しておくといった対応もあり得る。また，（情報漏洩に基づく責任を追及する立場の）開示当事者としては，なるべく広い範囲の損害賠償を確保するため，「本契約の違反に起因または関連して」「直接損害・間接損害を問わず」といった文言を用いて損害賠償の規定を設けることも実務上見受けられる（なお，「直接損害」「間接損害」といった用語は日本法の概念に基づくものではない。そのため，これに対して，受領当事者としては，損害の概念が不明確になる等と主張して，前記の文言を削除することを求めていくと考えられる）。さらに，損害賠償請求を行う場合，不正競争防止法の損害額の推定規定（同法 5 条）を用いることができる場合は別段，そうでない場合には，秘密保持義務の違反によって生じた損害の立証が容易でないため，違約金または損害賠償額の予定を定めておくことには意味がある。もっとも，実務的には，資本・業務提携の検討の開始前に違約金や損害賠償額の予定についてまで合意に至ることはあまりないのではないかと思われる。

　また，ⅱ）差止請求については，不正競争防止法が適用される場合（同法 3 条参照）は格別，秘密保持契約に明記していない場合には，民法上，債務不履行に基づいて差止めを請求することも可能であると解されているものの，損害の賠

32 ■ 第2章　資本・業務提携の検討の開始から実行まで

償によっては救済が困難な場合しか認められないのが通常であるため，秘密保持契約において差止請求の根拠規定を明記しておくことは有益であると考えられる。

その他，企業を買収する場面において，買収する側が一方的に秘密保持義務を負うタイプの秘密保持契約書（誓約書・差入書方式）の場合，開示当事者は秘密情報の正確性を担保しないといった旨の条項が設けられることもあるが，少なくとも業務提携の場面においては，このような条項を設けることは一般的ではない。

3 基本合意書の締結

(1) 基本合意書を締結するメリット・デメリット

資本・業務提携の検討・交渉過程においては，前記②で述べた秘密保持契約の締結に留まらず，その時点における当事者間の了解事項や検討事項を確認し，重要な基本的項目等について合意すること等を目的として，基本合意書（名称は，覚書，基本覚書等の他の名称のこともある）を締結することがある。英文契約の場合には，Letter of Intent（LOI）や Memorandum of Understanding（MOU）等の名称が付されることが多い。

資本・業務提携を検討する当事者が基本合意書を締結する際のメリットとしては，①両当事者で資本・業務提携の概要を確認し，実現に向けて期待を高めることができること，②両当事者で重要な問題を認識・共有できること，③両当事者での認識の齟齬をなくすことができること，④実施前にデューディリジェンス（Due Diligence。以下「DD」という）の方法・項目を合意できること，⑤資本・業務提携に際して金融機関等の資金提供先の協力を要する場合には，当該資金提供先に案件の進捗を示すことができること，⑥競争法等の届出を行う前提として法的拘束力のある基本合意書が必要とされている場合にその要件を満たすことができること，⑦独占交渉権を獲得できること，⑧（基本合意書の締結と同時に開示を行った場合には，）インサイダー取引規制上の問題を解消できることが多く，また，案件公表後は案件への関与当事者を増やすことができること等が挙げられる。他方で，基本合意書を締結する際のデメリットとしては，

①法的拘束力のある基本合意書の場合には，その違反が損害賠償・差止めの対象となり得ること，②金融商品取引法・金融商品取引所の規則に定める開示義務を生じさせる場合があること，③開示が必要な場合には，開示した後にディールブレイクした場合のレピュテーションリスク等を負うことになること，④基本合意書の交渉それ自体に時間とコストを要すること等が挙げられる。

⑵　基本合意書の類型

　前記⑴で述べたメリット・デメリットは，立場によっても異なり得る。取引の側面に当てはめてみると，まず，株式の引受先・買主（以下「引受先等」という）の側としては，取引を検討するに際してDDにはそれなりのコストを要することから，そのステージに入る以上は，発行体等が他の候補者との取引に乗り換えたり，第三者に検討中の取引を妨害されたりしないよう，独占交渉権を確保したいと考えることが少なくない。他方で，発行体等の側としては，DDに際して情報を提供する前提として，発行体等が許容できる条件で取引が成立する見込みであることを確認し，さらには，その確度をできるだけ高めておきたいと希望することもあると考えられる。

　このような両者の思惑と力関係の中で，実際に現れる類型の基本合意書の1つが，引受先等がDDを開始する前に，独占交渉権を確保することを主目的とする基本合意書である。このタイプの基本合意書においては，引受先等の独占交渉権については法的拘束力が付与される一方で，資本・業務提携の内容・基本条件については，ほとんど規定されないか，仮に規定されたとしてもその時点での当事者間の理解を相互に確認する程度の記載に留め，法的拘束力を有しないことを明記した上で合意がなされることが多い。また，このタイプの基本合意書の目的からすれば，独占交渉権を確保したとしても発行体等がDDに対して非協力的であった場合には，取引の検討が費用倒れに終わってしまうリスクがあることから，引受先等の側としては，発行体等のDDへの協力義務を規定し，当該義務に法的拘束力を及ぼすのが有利であるといえる。他方で，発行

体等の側としては，協力することを強制されることに対する心理的な抵抗も
あってか，DDへの協力義務については法的拘束力を付与しないことを希望す
ることがある。この点については，法的には，発行体等がDDに対して非協力
的であったために十分に検討ができず，取引を断念せざるを得なくなった場合
に，引受先等が検討に要した費用を発行体等に請求できる可能性が高まるかと
いう点において違いが生じるに留まるように思われる。もっとも，事実上の効
果として，DDへの協力義務に法的拘束力を及ぼすことによって，発行体等の側
に資料開示・回答を要請しやすくなる側面はあると考えられる。

　もう1つの類型が，独占交渉権のみならず，資本・業務提携の内容・取引条
件の一部についても法的拘束力が付与された形で合意がなされる例である。
もっとも，どの程度まで合意がなされるかは事案次第であり，予定されていた
機関決定・公表のタイミングとの関係で，最終契約の締結を断念したにすぎず，
ほとんど最終契約と変わらない内容の基本合意書となることもあれば，今後
DDの結果によって変動する可能性があることを前提としつつも，今後の交渉
の基礎となる現時点での条件を合意する内容の基本合意書となることもある。

⑶　基本合意書を検討するに際して留意すべきポイント

　以下では，基本合意書のサンプルを掲げた上で，実際に基本合意書を検討す
るに際して留意すべきポイントを概観する。

基本合意書

　株式会社●（以下「甲」という。）及び株式会社●（以下「乙」という。）は，
甲乙間の資本・業務提携（以下「本件取引」という。）に関し，以下のとおり基本
合意書（以下「本基本合意書」という。）を締結する。

第1条（本件取引の基本的内容）

1．甲は，平成●年●月を目途として，乙の発行する普通株式●株（乙の発行済株式総数の●％）を1株あたり●円で引き受けて取得するものとし，また，かかる資本提携を前提に，甲及び乙は，●の開発及び●の販売等に関する業務提携を行うものとする。

2．本件取引の具体的方法，条件，及び内容等に関しては，第3条に定める本デューディリジェンスの結果に基づき，甲及び乙の協議により最終決定するものとする。

第2条（本最終契約の締結）

1．甲及び乙は，本件取引の具体的方法，条件，及び内容等を定めた最終契約（以下「本最終契約」という。）の締結に向けて誠実に協議することに合意する。

2．甲及び乙は，以下の本最終契約締結及び本件取引の日程を実現するべく誠実に協議することに合意する。
　① 本最終契約締結　平成●年●月●日
　② 本件取引の実行　平成●年●月●日

第3条（本デューディリジェンスの実施）

　　甲は，本基本合意書締結後，本最終契約締結までの間に，乙並びにその子会社及び関連会社に対するデューディリジェンス（以下「本デューディリジェンス」という。）を実施することができるものとし，乙は，合理的な範囲で本デューディリジェンスに協力するものとする。

第4条（第三者との協議・交渉等の禁止）

1．乙は，本基本合意書が終了するまでの間は，いかなる第三者に対しても，又はいかなる第三者との間においても，直接又は間接に，本件取引と矛盾し又は本件取引の実行に支障を生じさせる取引（以下「競合取引」という。）に関連して，情報提供，提案，勧誘，協議，交渉又は取引の実行を一切行わない

ものとする。

2．前項の規定にかかわらず，本基本合意書が終了するまでの間に，乙が提案や勧誘等を行っていないにもかかわらず，第三者から競合取引に係る提案を受けた場合，甲と乙はその対応について誠実に協議するものとし，乙が当該競合取引に係る提案に応じないことが乙の取締役の善管注意義務に違反するおそれが高いと合理的に判断される場合には，乙は当該競合取引に係る提案に応じることができるものとする。但し，その場合には，乙は甲に対して，金●円の違約金を支払うものとする。

第5条（法的拘束力）

　　本基本合意書は，本基本合意書締結日以降，当事者に対して法的拘束力を有するものとする。

第6条（終了）

1．本基本合意書は，本基本合意書の締結日から効力を生じ，以下の各号に定める日のうち，最も早い日をもって終了するものとする。
　　①　平成●年●月●日（但し，甲及び乙が別途その他の日とする旨を合意した場合には，当該その他の日とする。）
　　②　本最終契約の締結日
2．本基本合意書の終了にかかわらず，第5条（法的拘束力），第7条（公表），第8条（誠実協議）及び第9条（紛争処理）の効力は存続するものとする。

第7条（公表）

　　法令等に基づき公表する場合を除き，甲及び乙は，本基本合意書，本最終契約又は本件取引に関する公表を行う場合には，事前に相手方と協議するものとし，相手方と合意した時期，方法及び内容に従って，これを行うものとする。

第8条 （誠実協議）

　本基本合意書に定めのない事項及び本基本合意書の解釈に関して疑義が生じた事項については，当事者は誠実に協議の上，信義誠実の原則に従って解決するものとする。

第9条 （紛争処理）

　本基本合意書に起因又は関連して生じた紛争については，当事者が誠実に協議することによりその解決に当たるものとするが，かかる協議が調わない場合には，東京地方裁判所を第一審の専属的合意管轄裁判所として裁判により解決するものとする。

　以上を証するため，本基本合意書2通を作成し，各当事者が記名押印の上，各1通を保有する。

平成●年●月●日

　　　　　　　　甲：
　　　　　　　　乙：

① 取引の概要およびスケジュール

　基本合意書においては，当事者が企図している取引内容を規定することが多い。その内容は，当事者が特に重要視している事項を中心に，資本・業務提携の範囲やストラクチャー等，案件によってさまざまである。

　また，基本合意書において，DD の実施から資本・業務提携に係る最終契約の締結，取引実行に至るまでの日程に関する規定を定めることも多い。もっとも，記載される日程はあくまでもその時点における当事者間の理解を確認するにす

ぎないものであるのが通常であり，当該日程で取引実行に至ることについての法的拘束力を有しない形で規定することが多い。

② DD への協力義務

効率的に DD を行って十分な成果をあげるためには，発行体等の協力が必要不可欠である。そこで，基本合意書において，発行体等が引受先等による DD に協力する義務を規定する場合がある。

もっとも，資本提携を受け入れる発行体等が真剣に案件を検討していれば，このような義務を定めなくても DD に協力するのが通常であり，また，発行体等が案件を中止することを決定したような場合にまで DD のための情報開示を強いるのは困難であることから，基本合意書において DD への協力義務を定めることの意義は限定的である。

また，前記(2)で述べたとおり，DD への協力義務に法的拘束力を及ぼすことの意義は，事実上の効果として，発行体等の側に資料開示・回答を要請しやすくなる側面はあるものの，法的には，発行体等が DD に対して非協力的であったために十分に検討ができず，取引を断念せざるを得なくなった場合に，引受先等が検討に要した費用を発行体等に請求できる可能性が高まるという効果に留まるように思われる。このような観点から，DD への協力義務については，法的拘束力のない義務として規定することも少なくないし，DD に協力する発行体等の立場からは，仮に法的拘束力のある義務として規定する場合にも，協力義務の内容や期間について，合理的な範囲に限定する必要があろう。

③ 独占交渉権等

(i) 独占交渉権等の必要性

資本・業務提携に際して出資を行う引受先等は，DD その他の検討に相当の時間と費用をかけたにもかかわらず，もし交渉が途中で一方的に打ち切られてしまった場合には，不測の損害を被ることになる。そこで，資本・業務提携が実行できなかった場合における DD その他の検討に要する実費や，資本・業務提

携の実行により得られる機会費用の保障の観点から，引受先等は，発行体等が他の候補者との間の交渉に切り替えないように，DD を開始する前に独占交渉権等の合意を要求することがある。

引受先等の側にとっては，前記の費用保障の観点のほかにも，独占交渉権等を定めることにより，発行体等が第三者からより有利な提案を引き出すために自らを当て馬候補として利用する事態を回避することができるとともに，特に同業者間の提携の場合においては，これから資本・業務提携を行おうとする発行体等の企業秘密が第三者に流出することを防ぐことができるというメリットもある。

他方で，発行体等の側としては，複数の候補者から提案を受け，最も有利な条件を提示した候補者を選ぶ形で交渉を進めることができる場合には，当該最も有利な条件を提示した候補者を選ぶ時点までは，特定の候補者に対して独占交渉権等を与えないのが有利である場合が多いと考えられるが，他に好条件を提示する候補者が現れる可能性が低い場合には，機会をより確実なものとしてさらに良い条件を引き出すべく，当該候補者に独占交渉権等を付与した上で交渉を進めることが有利である場合も少なくない。

(ii) 独占交渉権等の内容

前記(i)でも述べたとおり，引受先等の側としては，発行体等が他の候補者との間の交渉に切り替えにくくすることを目的として，独占交渉権等を要求することがある。基本合意書においてこのような独占交渉権等が設けられる場合，実務上，(a)他の候補者との間の協議・交渉を禁止し，または第三者への情報提供を禁止することにより，他の候補者との交渉を(事実上)不可能にする条項(No Talk 条項)や，(b)他の候補者を積極的に勧誘・誘因する行為を禁止する条項(No Shop 条項または No Solicitation 条項) のいずれかの形で規定されることが多い(5)。

もっとも，発行体等の側としては，特に他の候補者からより有利な提案がなされる可能性がある場合等には，無期限の独占交渉権等を付与することはでき

ないため，仮に独占交渉権等を受け容れる場合でも，独占交渉の期間を限定することを検討する必要がある。実務上は，交渉に要する期間や，発行体等の置かれた状況が変動する期間を踏まえて，期間は3か月から6か月程度に留まる例が多いように思われる。また，発行体等の側としては，独占交渉権等を設けることを受け容れるとしても，資本・業務提携が実行できなかった場合の実費や機会費用を金銭的に補償させることにより引受先等の安易な取引離脱を防止することを目的として，引受先等に対し，取引離脱時の一定の違約金（Reverse Break Up Fee）を支払う義務を課すことも考えられる。

(iii) Fiduciary Out と Break Up Fee

発行体等の側としては，独占交渉権等を定める場合には，他の候補者から好条件の提案があった場合に，当該提案に応えることをあきらめるか，独占交渉権等を定める契約に違反するかの二択を迫られてしまうため，そのような合意をしたことについて，取締役の善管注意義務・忠実義務違反が問題となり得る（後記(iv)で述べるとおり，独占交渉権等の有効性についても問題となり得る）。

そこで，他の候補者からより有利な提案がなされる可能性がある場合等には，発行体等の側において，契約上の義務と取締役の善管注意義務・忠実義務との衝突を回避する観点から，一定の場合には他の候補者とも交渉等が可能となるように，独占交渉権等の例外（Fiduciary Out 条項）を定めておくことが考えられる。

Fiduciary Out 条項を定める場合の内容や構成はさまざまであるが，たとえば，独占交渉権等として前記(ii)(a)の No Talk 条項が定められる場合には，発行体等の側において他の候補者から競合する他の取引提案を受けた際に，これに対して協議や交渉等に応じないことが取締役の善管注意義務・忠実義務に違反

---

(5) 独占交渉権等を含むさまざまな種類の取引保護条項を紹介するものとして，石綿学ほか「取引保護条項の法的枠組みの検討（上）」金判1304号（2008年）4頁以下，高橋聖「M&A取引における取引保護措置と取締役の善管注意義務」商事1773号（2006年）47頁以下。

するおそれがあるときには，例外的に当該提案に係る協議や交渉等に応じることができる旨を規定することが考えられる（前記基本合意書サンプルの4条2項参照）。また，独占交渉権等として前記(ii)(b)の No Shop 条項または No Solicitation 条項が定められる場合には，他の候補者を積極的に勧誘・誘因する行為については禁止しつつも，最終契約の締結に至る前に他の候補者から競合する他の取引提案を受けたときには，当該候補者との間で協議や交渉等を行うための一定の期間を設ける条項（Window Shop 条項）を規定すること等が考えられる[6]。一方，引受先等の側としては，仮にこのような Fiduciary Out 条項を規定することを受け容れるとしても，他の候補者から競合する取引提案がなされた場合には，引受先等の側においてそれと同等の提案を行えば自ら取引を行うことができる権利を付与する旨の条項（Matching Right 条項）を規定するよう求めることが考えられる。このような条項が存在すると，対抗提案を行った他の候補者においては，先行する引受先等の側が提示し得る最高の条件を超える提案をしない限り取引に入ることができないため，引受先等の側としては有利な立場を確保することができるメリットがある。なお，これらの条項を有効に機能させるためには，発行体等の側に対して他の候補者から競合取引の提案があった時点で，当該事実および内容について引受先等の側に速やかに通知するよう発行体等の側に対して義務を課しておく等，手続面についても詳細な規定を設けておくことが必要になる。

　また，引受先等の側としては，仮に独占交渉権等の例外として前記のような Fiduciary Out 条項を規定することを受け入れる場合には，資本・業務提携が実行できなかった場合の実費や機会費用を金銭的に補償させることにより，発行体等の側による安易な例外適用を防止することを目的として，発行体等の側に対し，当該例外に基づく取引離脱時の一定の違約金（Break Up Fee）を支払う義務を課すことが考えられる。米国における実務上は，取引金額の1％〜5％

---

[6]　発行体等の側にとっては，このような条項を規定しておくことにより，他の候補者との取引を検討したことを明確にすることができ，最終的な提携先を選択したことに対する正当性を説明しやすくするメリットもある。

程度の違約金が設定されることが多いようである[7]。

(iv) 独占交渉権等の効力

前記(iii)で述べたとおり，独占交渉権等を定める場合には，発行体等の側において，そのような合意をしたことについて，取締役の善管注意義務・忠実義務違反が問題となり得るところ，学説においては，独占交渉権等を含む契約を締結することが取締役の善管注意義務・忠実義務違反となる場合には，当該条項それ自体が無効となり，または当該契約締結に係る取締役会決議が無効となって条項の効力にも影響を及ぼすとする見解や，一定の場合には強行法規や公序良俗に違反して条項が無効になるとする見解等が唱えられている[8]。

この点，独占交渉権等を付与される引受先等の側としても，条項それ自体が無効となり得るような条項を定めることは望ましくない。独占交渉権等を含む契約を締結することが取締役の善管注意義務・忠実義務違反となるか否かは，マーケット・チェックの実施の有無やその態様，他の候補者からより有利な提案がなされる可能性があったかといった状況を踏まえて，合理的な範囲を超えて，過度に会社を拘束するものであるか否かによって判断されると考えられる

---

(7) 米国における事例も踏まえて違約金（Break Up Fee）について検討を加えたものとして，岩倉正和＝大井悠紀「M&A 取引契約における被買収会社の株主の利益の保護－Fiduciary Out 条項を中心に－」岩倉正和＝太田洋編著『M&A 法務の最先端』（商事法務，2010年）89頁以下。また，米国実務における状況については，アメリカ法律家協会（American Bar Association）が，会員向けに米国における実際の M&A 契約書の実例調査を行った結果をまとめた報告書を公表しており（脱稿時点における最新の報告書は，2015 Private Target Mergers & Acquisitions Deal Points Study である），参考になる。2011年版の当該報告書において，Fiduciary Out 条項や Break Up Fee 条項の具体的な規定方法等について報告された内容を紹介しているものとして，渡辺直樹「米国公開企業 M&A 条項のマーケット・トレンド」NBL987号（2012年）26頁以下。

(8) 最決平成16・8・30民集58巻6号1763頁（住友信託銀行対旧 UFJ ホールディングス事件）を契機として，米国における議論も参照しつつ検討を加えたものとして，手塚裕之「M&A 契約における独占権付与とその限界－米国判例からみた UFJ グループ統合交渉差止仮処分決定の問題点－」商事1708号（2004年）12頁がある。この点，各見解の詳細については，石綿学ほか「取引保護条項の法的枠組みの検討（下）」金判1305号（2008年）6頁以下。また，独占交渉権等に係る規定を定めた後に取締役が自らの善管注意義務を果たすべく第三者と交渉した場合には，会社は債務不履行責任を負わないと解する余地があるとの議論もなされている（金丸和弘「企業提携交渉をめぐる法的諸問題」現代企業法研究会編『企業間提携契約の理論と実務』（判例タイムズ社，2012年）328頁等）。

ため，状況によっては Fiduciary Out 条項を設ける等，工夫する必要があると考えられる[9]。

(v) 独占交渉権等に違反した場合の効果

法的拘束力を有する形で規定された独占交渉権等に当事者が違反した場合には，当該当事者は民法415条に基づく債務不履行責任を負うことになる。ただし，賠償の対象となる損害については，義務違反と相当因果関係にある範囲に限られ，裁判例においては，最終契約の成立を前提とする履行利益相当額の損害賠償は否定されている[10]。独占交渉権等に係る義務の履行は，その後に締結される予定であった最終契約による取引の履行を意味するものではなく，かかる義務の違反による損害賠償も，少なくとも最終契約の履行利益（当該資本・業務提携に係る取引が実行された場合の履行利益）とは異なるものと考えられる[11]。したがって，信頼利益に留まらない補償を求めたいと考える場合には，違約金等の金額について，あらかじめ具体的な規定を設けておくことが必要であるし，

---

[9] Fiduciary Out 条項を定めている場合においても，対応する違約金条項が過度な拘束力を付与するものであると評価される場合には，取締役の善管注意義務・忠実義務に違反する無権限取引にあたるものとして違約金条項が無効となる可能性があると指摘するものとして，野村修也「(1)業務提携を企図した協働事業化に関する本件基本合意の法的性質，(2)本件協働事業化に関する最終契約が成立した場合の履行利益は独占交渉義務違反および誠実協働義務違反と相当因果関係があるとは認められないとされた事例」金法1780号（2006年）78頁。

[10] たとえば，東京地判平成18・2・13判時1928号3頁（住友信託銀行対旧 UFJ ホールディングス事件）は，基本合意書において定められた独占交渉義務および誠実協議義務への違反に基づく債務不履行責任を認めたものの，相当因果関係にある損害の額については，「最終契約が成立していない上，…独占交渉義務及び誠実協議義務を履行していたとしても，同契約の成立が確実であったとはいえず，また，同契約の内容も具体的に確定していなかった本件においては，…最終契約が成立した場合の得べかりし利益（履行利益）は，独占交渉義務違反及び誠実協議義務違反と相当因果関係があるとは認められない」として，最終契約の成立を前提とした履行利益相当額の損害賠償を否定している。

[11] 他方で，独占交渉権等に係る義務違反による損害賠償の対象が常に信頼利益に限られるとすれば，合意した当事者意思に反し妥当でないとして，個別具体的な事実関係次第では，基本合意書における法的拘束力を有する条項に定める義務の履行によって，最終契約の締結，ひいてはその履行がもたらされる関係にあったといえるような場合には，例外的に損害賠償の範囲に企図された取引の履行利益まで含まれることも否定されるべきではなく，そのような場合には，民事訴訟法248条を活用する等して，個別事案の事情を総合的に考慮した裁判所の裁量による損害額算定によることが望ましいと指摘するものとして，森・濱田松本法律事務所編『M&A 法大系』（有斐閣，2015年）191頁，302頁。

信頼利益についても，立証を容易にする観点から，あらかじめ具体的な規定を設けておくことが考えられる。なお，法的拘束力を有しない形で条項を規定していた場合であっても，いわゆる「契約締結上の過失」に基づく責任が生じる可能性があるが，この点については後記④で述べる。

また，法的拘束力を有する形で規定された独占交渉権等に当事者が違反した場合には，定められている独占交渉権等の内容に応じて，当該違反に係る他の候補者への情報提供や交渉等について差止めを求めることも考えられる[12]。このような差止請求は，仮の地位を定める仮処分命令の申立てによって行われることになるが，同命令が発令されるためには，「争いがある権利関係について債権者に生ずる著しい損害又は急迫の危険を避けるためこれを必要とするとき」という保全の必要性の要件（民事保全法23条2項）を満たす必要がある。この点，協働事業の実施へ向けた基本合意書に定められた同計画と抵触し得る取引等に係る第三者への情報提供や協議を禁止する独占交渉権に基づく差止仮処分の可否が争われた最決平成16・8・30民集58巻6号1763頁（住友信託銀行対旧UFJホールディングス事件）においては，(a)債権者（住友信託銀行）が被る損害は最終合意に対する期待が侵害されることによる損害に留まり，事後の損害賠償で償えないほどのものではないこと，(b)最終合意が成立する可能性は相当低い状況にあること，(c)（約2年間もの）長期間にわたる差止めが認められた場合に債務者（UFJホールディングス）が被る損害は相当に大きいと認められること等を理由に，保全の必要性を否定し，申立てを却下した原審の判断が是認されている。かかる判例によれば，保全の必要性は，前記(a)〜(c)の観点から，個別の事案における事情を総合的に勘案してその有無が判断されることになるものと考えられる。

---

(12)　独占交渉権等に基づく差止請求の可否については，学説上は見解が分かれており，独占交渉権等の目的は信頼利益の補償にあるとの解釈や，差止請求権を認めると市場機能の著しい阻害になることを理由に，実体法上の差止請求権を否定する見解もある（田山輝明「契約締結過程での独占交渉権等の合意の効力」中東正文編『UFJ vs. 住友信託 vs. 三菱東京 M&Aのリーガルリスク』（日本評論社，2005年）103頁，江頭憲治郎『株式会社法〔第6版〕』（有斐閣，2015年）63頁）。

(vi) 誠実協議義務

基本合意書においては，独占交渉権等とあわせて，またはこれに代えて，最終契約の締結に向けて誠実に協議する義務が規定されることも少なくない。

このような誠実協議義務については，法的拘束力のある義務といえるのか，また，違反が生じた場合の損害賠償請求・差止請求の可否が問題となるが，東京地判平成18・2・13判時1928号3頁（住友信託銀行対旧 UFJ ホールディングス事件）は，両当事者において誠実に協議の上で可能な限り速やかに協業事業化に関する最終契約を締結する旨を定めていた基本合意書中の条項について，その法的拘束力については，基本合意書中には法的拘束力の有無について定めた規定はなかったもののこれを認めつつ，一方で，住友信託銀行側の最終契約の締結義務を定めたものというべきであるとの主張については排斥し，賠償の対象となる損害については信頼利益相当額についてのみ認められるものとしている。この点，後記④で述べるとおり，法的拘束力のある義務が課されていない場合であっても，いわゆる「契約締結上の過失」に基づいて一定の損害賠償請求が可能になる場合もあるが，根拠となる信義則上の義務の内容は裁判例によってまちまちであり，その内容は必ずしも明確でない。これに対し，明確に法的拘束力を及ぼす形で誠実協議義務を定めていた場合には，仮に違反が生じれば，債務不履行責任に基づく損害賠償請求が容易になる可能性があると考えられる。なお，法的拘束力を及ぼさない形で誠実協議義務を定めていた場合であっても，後記④で述べるとおり，いわゆる「契約締結上の過失」に基づいて一定の損害賠償請求がなされる可能性は否定されないのではないかと考えられる。

他方で，誠実協議義務の強制履行については，同義務は当事者に対していわゆる為す債務を課すものであるところ，作為義務を強制するのは実際上容易でなく，義務を強制したところで予定された交渉が進むわけでもないことから，実効性がないとの指摘がある[13]。もっとも，誠実協議義務の規定内容によって

---

[13] 中東正文「住友信託銀行 vs 旧 UFJ 事件【本案・第1審判決】－独占交渉義務違反に基づく損害賠償請求－」野村修也＝中東正文編『M&A 判例の分析と展開』（経済法令研究会，2007年）223頁。

は，たとえば実質的に排他的交渉義務等の独占交渉権等類似の義務を定めたものと認められる可能性もあり，そのような場合には，理論上は，第三者との協議等の差止めが認められる余地もあるものと考えられる[14]（ただし，差止めが認められるためには民事保全法上の保全の必要性が認められる必要がある点については，前記(v)で述べたとおりである）。

④　法的拘束力

　基本合意書については，案件ごとに，さまざまな意図に基づいて，各条項について法的拘束力を有する形で締結する場合と，そうでない場合とがあることは，前記(2)で述べた。

　各条項の法的拘束力について明確な条項が存在する場合には，当該条項の効力は原則としてその条項に従うことになる。他方で，各条項の法的拘束力について条項が存在しない場合には，個別具体的な事案における当事者の合理的な意思解釈によって法的拘束力の有無が検討されることになる。たとえば，独占交渉権等に係る条項は，最終契約の締結へ向けて当事者に法的義務を課すためのものであり，特段の事情がない限りは法的拘束力を有すると考えられる場合が多いと考えられるが，一方で，資本・業務提携の内容や基本条件に係る条項については，その時点での当事者間の理解を相互に確認するに留まり，法的拘束力を付与することまでは想定されていないと考えられる場合が多いと考えられる。

　この点に関し，独占交渉権等に係る条項を法的拘束力を有する形で規定したにもかかわらず当事者がこれに違反した場合には，当該当事者において債務不履行責任等を負うことになることについては前記③(v)で述べたが，一方で，法的拘束力を有しない形で独占交渉権等に係る条項を規定していた場合であっても，契約交渉段階に入った当事者間においては，相手方に損害を被らせないよ

---

[14]　茂木鉄平「企業間契約における協議条項の法的効力」伊藤眞ほか編『石川正先生古稀記念論文集　経済社会と法の役割』（商事法務，2013年）656頁。

うにする信義則上の義務が生じる場合があり，そのような義務に違反して相手方に損害を生じさせた場合には，いわゆる「契約締結上の過失」に基づく責任[15]として，債務不履行責任等を負う可能性がある。たとえば，東京地判平成17・7・20判時1922号140頁は，株式譲渡による企業買収の基本合意書を一方的に撤回して株式譲渡契約の締結を拒否した事例について，株式譲渡契約の成否の鍵である金融機関からの融資の見込みに関して「根拠のある見解を示し，その見込みが何らかの事情により変化したときには，時期を逸することなく，その情報を伝えるなどの配慮をすべき」であり，そのような「信義則に基づく契約法上の注意義務があった」にもかかわらず，当該注意義務に違反したとして，基本合意書を撤回した当事者に対して，相手方が適切な情報提供を受けていれば講じられたであろう保全措置の機会を失わせたことにより生じた株式価値の下落に伴う経済的損害について，賠償責任を認めている。

　このように，法的拘束力を有しない契約の破棄に関して損害賠償責任を負担することになるのを回避するための方策としては，当事者間において，あくまでも契約交渉中であって，検討・交渉の結果によっては，交渉打切りもあり得る旨を提案書その他の書面に明記する等して明確にしておくことが考えられる。また，契約を破棄しなければならない事態が生じた場合には，速やかに破棄に向けて相手方と協議することが求められる。

⑤　有効期間

　基本合意書においては，発行体等の側が他の候補者との取引を検討する機会を失わないよう，有効期間を定めるのが通常である。引受先等としては，有効期間の経過後も取引を検討することを希望する場合には，有効期間の延長を求めるべきである。

　なお，基本合意書の有効期間の経過後であっても，交渉を継続して，新たな

---

[15]　学説や裁判例の詳細については，谷口知平＝五十嵐清編『新版注釈民法(13)債権(4)〔補訂版〕』（有斐閣，2006年）90頁以下〔潮見佳男執筆部分〕，加藤新太郎編『判例Check 契約締結上の過失〔改訂版〕』（新日本法規，2012年）等。

合意が成立したと解される状況がある場合には，当該合意に基づいて法的拘束力のある義務を負担する可能性があると考えられるため，交渉に際しては注意が必要である[16]。

⑥ 準拠法が日本法でない場合の注意点

基本合意書の準拠法が日本法でない場合には，特に誠実交渉義務に違反した場合の効果（たとえば，差止めが認められる可能性）および損害賠償の範囲（たとえば，履行利益まで認められる可能性）等について，日本法と考え方が大きく異なり得るため，現地の専門家による助言を受けるべきである。

---

[16] わが国の事案ではないが，たとえば，LOI の有効期間の経過後に交渉が行われ，売手の CEO が契約を締結すると表明し，その後に契約書のドラフトが交換される等した事案において，LOI が要求していた書面での契約締結は要求されず，口頭で合意が成立すると判断された裁判例として，Turner Broadcasting System, Inc. v. McDavid, 693 S. E. 2d 873（Ga. Ct. App. 2010）がある。

4

フィージビリティ・スタディ

　フィージビリティ・スタディとは，業務提携を行った場合の費用対効果その他の影響について検討し，業務提携の実現可能性を検討することをいう。業務提携契約においてしばしば起こるのは，提携後になって「想定していた内容とは違った」ことが判明することであり，フィージビリティ・スタディは，このような事態を回避する観点から非常に重要である。

　フィージビリティ・スタディにはさまざまな方法があり，たとえば，相手方の役職員との面談，工場等の現地視察や製品等の製造ラインの確認等を通じて行われることが一般的である。役職員との面談を通じて企業の風土や文化等を正しく理解することができ，また，工場等の現地視察を通じて従業員の習熟度，設備の状況，生産能力等を把握することができ，これらの情報を踏まえて議論・検討を行っていくことになる。

5

DD（デューディリジェンス）

⑴　いかなる場合に DD を実施するか

　資本・業務提携に際して，いかなる場合に DD を実施するかはケースバイケースである。もっとも，資本提携を伴う場合には，発行体に出資して株式を引き受ける，または売主に対価を支払って発行体の株式を譲り受けることになり，金銭的な出えんを伴うとともに，保有する株式を通じて今後の発行体の経営に係るリスクを負担することとなるため，投資金額が大きい場合や株式保有割合が高くなる場合には，取引に入るか否か，または，取引に入る場合の取引条件を決定することを目的として，DD が実施されることが多い。

　また，業務提携に際して JV（ジョイント・ベンチャー）を設立する場合には，JV を設立するために JV パートナーが承継させる資産・契約について，承継できるか否か，承継できるとして問題点がないかを確認するために DD が実施されることもある。

⑵　DD の範囲・ポイント

　DD の範囲については，資本提携を伴わない業務提携の場合にはフィージビリティ・スタディの一環として提携対象事業に関する契約関係を確認する程度のチェックで十分な場合も多いであろう。

　他方で，発行体の株式を取得する場合には，取得した株式を通じて発行体に

生じるリスク全般を引き受けることになるため，その取得金額・保有割合によっては発行体のリスク全般について広範にDDを実施する必要があることが多い。また，既存株主から株式譲渡によって提携先の株式を取得する場合には，売主が当該株式を適法かつ有効に保有しているか，株式に担保権その他の権利制限が付着していないかの確認が最も重要である。さらに，当該株式譲渡により大株主の変更が生じる場合には，当該大株主の変更が提携先の事業に及ぼす影響を確認する必要がある。たとえば，大株主の変更が提携先の重要な契約の解除事由になっていないか，許認可との関係で大株主の変更が届出事由になっていないか（法文上，株主の変更が届出事由である旨が正面から規定されていない場合であっても，株主の氏名・名称が届出内容に含まれており，かつ，届出内容に変更がある場合には変更届出が必要と規定されている場合にも留意する必要があろう）などである。

　また，提携先の株式を第三者割当増資により引き受ける場合であって，事後に提携先に偶発債務が存在することが判明した場合には，表明保証違反に基づく補償請求によって十分な救済がなされない（提携先に対して補償請求を行うことが事実上容易ではない上に，補償請求した分だけ自らが保有する提携先の株式の価値が下落する）ため，DDに際しては慎重な検討が必要である。

6 資本業務提携契約の締結・実行

(1) 資本業務提携契約の締結

　DD で発見された問題点を踏まえて，資本業務提携契約の交渉が行われ，契約が締結される。具体的な契約の内容については，第3章～第5章を参照されたい。

(2) 資本業務提携契約の実行

　業務提携契約については，契約の締結をもってただちに契約の効力を発生させることができる場合も少なくない。

　これに対して，資本提携契約については，契約を締結してから，実際に株式を引き受けたり，第三者から株式を取得したりするまでの間に，図表2－3に記載の期間が必要となる場合がある。

（図表2－3）　資本業務提携契約の締結から実行までの間に一定の日数が必要となる場合

① 第三者割当増資の通知に要する期間
② 有価証券届出書の提出から効力が発生するまでの期間
③ 独禁法に係る株式取得の事前届出の待機期間
④ その他の法令に基づく待機期間
⑤ DD で発見された問題点を解決する期間
⑥ 資金調達や社内調整に要する期間

54 ■ 第2章　資本・業務提携の検討の開始から実行まで

逆に，同図表にあげるような事情がないときには，資本提携契約であっても，契約締結と株式の取得を同日に行うことも可能である。

第 **3** 章

資本提携契約

1

資本提携契約の概要

「資本提携」とは，複数の企業が独立しながら相互協力関係を構築する企業提携のうち，資本の移動を伴うものをいい（第1章1(1)参照），資本提携契約とは，そのような資本提携を行う際に複数の企業間で締結される契約をいう。

一般的には，資本提携契約は，大きく，①資本の取得・資本関係の構築に関する合意と②資本の取得・資本関係構築後の提携等に関する合意の2つに分けられる。たとえば，発行会社が新株発行または自己株式の処分を行い，第三者が株式を引き受ける場合においては，新株発行または自己株式の処分に関する合意（①）およびその実行後における発行会社と第三者との提携等に関する合意（②）を交わすことが多い。

①の合意は，通常のM&A取引と同様に，表明および保証，誓約事項，前提条件，補償等の条項を規定することが多いが，具体的な条項の中には資本提携特有のものも存在する（詳細は，後記2参照）。②の合意は，資本提携実行後の両者間の具体的な提携等の内容を定めるものであり，資本提携契約の核となる部分である。具体的には，資本提携後における提携の方針・目的に関する条項，ガバナンスに関する条項，事業提携等に関する条項，契約の終了に関する条項等を定めることが多い。また，提携自体が一定の資本関係を有することを前提としていることが多いため，株式の保有・譲渡等に関する条項を定め，保有している株式の譲渡を制限すること等を定めることが多いのも特徴の1つである。

なお，実務上は，これらの①および②の合意を1本の契約として締結する場合もあれば，別個の契約として締結する場合もある。たとえば，新株発行または自己株式の処分により第三者が株式を引き受ける場合においては，①に関す

る契約として「株式引受契約」または「資本提携契約」等の名称の契約を締結し，②に関する契約として「資本業務提携契約」等の名称の契約を締結するというように，2本の契約を締結することもあれば，①および②の両方の性質を備える「株式引受契約」，「投資契約」または「資本業務提携契約」等の名称の契約を1本のみ締結することもある。もっとも，契約が1本であっても，2本であっても，契約の内容については実質的に大きく変わらないことが多い。また，2本の契約を締結する場合においても，これらは同時に締結されることが多く，その場合には，②の契約の効力発生は，①の契約に定められる資本の取得・資本関係の構築が完了することを停止条件とするのが通常である(1)。

②の資本の取得・資本関係構築後の提携等に関する合意に関しては，当事者間で単に契約を締結するだけではなく，種類株式等を利用することにより定款によってその仕組みを担保することも考えられる。たとえば，株主総会において決議すべき事項のうち一定の事項について，株主総会決議だけではなく，当該種類株式の株主を構成員とする種類株主総会の決議を必要とする種類株式（拒否権付種類株式，会社法108条1項8号参照）や当該種類株式の株主を構成員とする種類株主総会によって一定数の取締役または監査役を選任することができる旨の種類株式(2)（同項9号参照）を第三者に割り当てることが考えられる(3)。

また，他のパートナーと合弁関係を組むことも，広い意味では資本提携の一形態といえ（第1章[1](1)参照），そのような合弁関係を組む際に当事者間で締結する契約を合弁契約という（実務上，特に，特定の株主で企業の全株式や総株主の議決権の3分の2以上を保有する等して，企業を実質的にコントロールしている株主

---

(1) ただし，秘密保持条項等の一部の条項については，契約締結と同時に効力が発生する建付けにすることも多い。最終的に，各条項につき，どの時点で効力を発生させるかについては，当事者間の交渉等によって定まる事項である。

(2) ただし，公開会社および指名委員会等設置会社は，当該種類株式を発行することはできない（会社法108条1項但書）。

(3) たとえば，拒否権付種類株式を保有する種類株主がいるにもかかわらず，種類株主総会の決議を経ないで行われた行為は原則として無効である（会社法323条）。また，当該種類株式の株主を構成員とする種類株主総会によって一定数の取締役または監査役を選任することができる旨の種類株式を保有する種類株主がいるにもかかわらず，発行会社が，種類株主総会の決議を経ない場合には，当該種類株主自らが種類株主総会の招集を請求することが認められることもある（会社法325条，297条）。

間の合意が合弁契約と呼ばれることが多い）（合弁契約の詳細は，第4章参照）。

　なお，ベンチャー企業の株式を，第三者が新株発行または自己株式の処分により引き受ける場合には，当該ベンチャー企業の代表取締役等の役員兼株主も当事者となり，ベンチャー企業と連帯して引受人に対して責任を負うことも多い。引受人からすれば，代表取締役等のベンチャー企業の運営に関与する者が義務を負うことにより，ベンチャー企業が将来的にも適切に運営されることを担保でき，さらには，契約違反等があった場合や業績目標が未達となった場合等において，引受人が，代表取締役等が保有する株式を買い取ることができる旨を定めておくことによって，契約違反等があった場合において金銭による賠償以外での解決や業績等に応じた効果的な株式の買増し等を可能にすることもできる。

　以下では，典型的な資本提携の手法の1つである普通株式の第三者割当増資（新規発行）の場合を主に念頭において，①資本の取得・資本関係の構築に関する合意と②資本の取得・資本関係構築後の提携等に関する合意のそれぞれについて説明する。

2

資本の取得・資本関係の構築に関する合意

⑴　契約の構成

　資本の取得・資本関係の構築に関する合意は，概要，以下のような構成となることが多い。以下の条数は便宜のために付しているものであり，事案に応じて順番を入れ替えることや1つの章にまとめることもある。

第1章　定　　義[4]

第2章　第三者割当増資

第3章　クロージング（第三者割当増資の実行）

第4章　表明および保証

　第4.1条　発行会社の表明および保証

　第4.2条　引受人の表明および保証

第5章　誓約事項

　第5.1条　発行会社の誓約事項

　第5.2条　引受人の誓約事項

第6章　第三者割当増資の実行の前提条件

　第6.1条　発行会社の義務履行の前提条件

---

[4]　M&A契約等においては，実務上，分かりやすさの観点等から，定義を冒頭にまとめて規定することも多い。

第3章　資本提携契約

> 第6.2条　引受人の義務履行の前提条件
> 第7章　補　　償
> 第8章　解除・契約の終了
> 第9章　一般条項

　後記(2)以下では，契約書の各条項のうち，契約書の作成過程，または，相手方との交渉において，特に留意が必要となる，クロージング（第三者割当増資の実行），表明および保証，誓約事項，前提条件，補償，解除・契約の終了について順に説明する。

⑵　クロージング（第三者割当増資の実行）

　クロージング（Closing）とは取引の実行のことを指す。また，クロージングが行われる日のことをクロージング日といい，第三者割当増資の場合は，払込期日とクロージング日が同義であるのが通常である。

　クロージングの条項においては，両当事者がクロージングにおいて行うべき義務を定めるのが一般的であり，第三者割当増資の場合は，引受人が，クロージング日に，発行会社の口座に払込金額を払い込む旨を定めるのが通常である。第三者割当増資の場合，払込みがなされて初めて株式が発行され，または自己株式の処分がなされたことになるためである（会社法209条，208条5項参照）。

　なお，資本提携契約において，クロージング日に，発行会社が引受人に対して株式を発行する旨を定められている場合もあるが，払込金額の払込みがなされれば自動的に株式が発行されるため，かかる規定により何らかの具体的な行為が必要となるわけではなく，かかる規定は，引受人による払込みがなされれば，株式が発行される旨を両者で確認する趣旨のものと考えられる。

　また，会社法上は，株式を発行した後，すなわち，第三者割当増資のクロージング後に，引受人の名称等所定の事項を株主名簿に記載しまたは記録しなければならないため（会社法121条），株式の発行の効力を生じさせるために，株主

名簿への記載または記録が必要となるわけではない。もっとも，実務上は，払込み後速やかに，発行会社は株主名簿に引受人の名称等所定の事項を記載または記録しなければならない旨を，クロージングの条項に定めることが多い[5]。

また，株券発行会社においては，株式を発行した日以後遅滞なく株券を交付しなければならないこととされているものの（会社法215条1項），株式の発行の効力を生じさせるために，株券の交付は必要ではない。もっとも，実務上は，株券の重要性等に鑑みて，発行会社が，引受人に対して，株券を遅滞なく[6]交付しなければならない旨をクロージングの条項に定めることも多い。他方で，株主は，株券の所持を希望しない旨を申し出ることができるため（会社法217条1項），引受人が不所持申出をする旨を定めることや，引受人から不所持申出があった場合には株券を発行しなくても足りる旨をクロージングの条項に定めることもある。

⑶ 表明保証

① 表明保証とは

表明保証（Representations and Warranties）とは，英米法の概念に由来するもので，契約当事者が相手方当事者に対して，ある時点における自身や子会社等に関する事実関係や法律関係を表明した上で，その真実性および正確性を保証するものであり，契約締結時点およびクロージング時点の事実関係や法律関係が対象とされることが多い。

表明保証の機能としては，取引に伴うリスクを当事者間で分配する機能や情報開示を最大限促進する機能等があるとされている[7]。すなわち，M&A契約

---

[5] 株主名簿管理人が存在する場合には，株主名簿管理人に引受人の名称等所定の事項を記載または記録させなければならない旨を定めることもある。また，非上場会社による第三者割当増資の場合には，引受人の名称等所定の事項を記載または記録された後の株主名簿の写しを引受人に交付することが発行会社の義務として定められることも多い。

[6] 実務上は，払込み後「ただちに」株券を発行しなければならない旨を定めることや，遅くともクロージング日中に発行しなければならない旨を定めることもある。

においては，相手方当事者の表明保証違反があった場合で，かつ，さらに一定の要件を満たした場合には，クロージングの前提条件の不充足となりクロージングの義務の履行を回避できること，契約を解除することができること，および，当該相手方当事者に対して補償請求できることにより，買主側(第三者割当増資の場合においては，引受人)のリスクを，一部売主側（第三者割当増資の場合においては，発行会社）に負担させることが一般的であり(8)，この意味で表明保証にはリスクを当事者間で分配する機能がある。また，このように，表明保証により，売主側も一定のリスクを分担することになるため，売主側としては，表明保証違反になる事実を知っている場合には，表明保証違反にならないよう，契約交渉の段階で，当該事実を表明保証の対象から除外することを求めることが合理的に期待されるなど，この意味で表明保証には，情報開示を最大限促進する機能がある。

②　表明保証の対象

　引受人による表明保証の内容は，事案によってさまざまであるが，一般的には，引受人が自らの事業全体について表明保証する必要性は低いため，発行会社による表明保証の内容と比較するとシンプルなものになる場合が多い。引受人による表明保証としては，設立および存続，契約締結権限の存在，反社会的勢力との関係の不存在等の項目が入ることが多いが，たとえば，引受人の払込能力に関する表明保証が規定されることもある。

　発行会社による表明保証は，設立および存続，契約締結権限の存在，株式，財務諸表，公租公課，契約，資産，偶発債務，知的財産，労働関係，許認可，法令遵守，反社会的勢力との関係の不存在，訴訟紛争等の項目ごとになされることが多い(9)。たとえば，訴訟紛争であれば「発行会社を当事者とし，または

---

(7)　藤原総一郎編著『M&Aの契約実務』（中央経済社，2010年)148頁，150頁，金丸和弘＝森田恒平「M&A取引における説明義務と表明保証責任（中）」判タ1354号（2011年）13頁，辰巳郁「表明保証と当事者の主観的事情〔上〕」商事1998号（2013年）89頁等参照。
(8)　前掲注(7)・辰巳89頁参照。

発行会社の事業に関連して，現在係属している訴訟等は存在せず，そのおそれ
もない」，法令遵守であれば「発行会社は，適用ある法令等，定款その他社内規
則を遵守している」等の規定が定められることがある(10)。そのままの表明保証
をすると違反になってしまう場合には，違反に該当する事実を別紙(11)に記載
し，当該事実については，表明保証の対象から除外することを発行会社が希望
することも多い(12),(13)。

---

(9)　ただし，当然のことながら，どのような項目を規定するかは当事者間の交渉により決
せられるものであり，具体的な項目の内容等は案件ごとに異なる。実務上は，偶発債務
の不存在やその他の項目に関する表明保証について，財務諸表の正確性に関する表明保
証を抽象的に設けることによってカバーすることもある（中山龍太郎「表明保証条項の
デフォルト・ルールに関する一考察」『会社・金融・法〔下巻〕』（商事法務，2013年）6
頁脚注10参照）。

(10)　契約の締結後に当事者が想定していなかった事象が判明した場合，当事者間で表明保
証違反の有無をめぐって争いになることも多く，表明保証条項の規定に関しては，具体
的な文言を含め十分な検討が必要である（表明保証条項をめぐる裁判例については，第
13章⑥(5)③参照）。

　たとえば，各項目の表明保証の内容が一部重複する場合があり，具体的には訴訟紛争
の項目において，「発行会社を当事者とし，または発行会社の事業に関連して，現在係属
している訴訟等は存在せず，そのおそれもない」という表明保証が規定されており，他
方で，労働関係の項目において，「発行会社とその従業員との間に，発行会社の事業に
重大な影響を及ぼすおそれのある訴訟等は係属しておらず，そのおそれもない」という
表明保証が規定されている場合がある。この場合において，契約締結日時点において，
発行会社とその従業員との間に，事業に重大な影響を及ぼすおそれがあるとまではいえ
ない訴訟等が1件係属していたことが契約締結後に判明した場合には，文言上は，労働
関係の表明保証には抵触しないが，訴訟紛争の項目の表明保証には抵触することになる
ため，（当事者の契約交渉の経緯に照らして，裁判所が異なる判断を下す可能性はあるも
のの，）発行会社が，交渉時の意図に反して，表明保証違反の責任を負うと解される可能
性がある。当事者は，このような点で紛争になることを避けるため，原則として，契約
上の規定が文言どおりに解釈されることを想定した上で，契約書のドラフトや交渉を行
うことが必要である。

(11)　当該別紙は，実務上，Disclosure Scheduleと呼ばれている。

(12)　別紙において表明保証の対象から除外された事項については，引受人は発行会社に対
して，表明保証違反に基づく補償請求はできないことになるため，そのリスクの程度等
を勘案して，発行価格の算定において考慮する必要がないか，義務違反や表明保証違反
にかかわらず，一定の事実が発生した場合に，相手方当事者に生じた損害を填補する旨
の条項（特別補償条項）を規定する必要がないか等を検討することになる（宍戸善一監
修『会社法実務解説』（有斐閣，2011年）135頁〔佐藤丈文執筆部分〕参照）。

(13)　包括的に「引受人が開示を受けた情報を除く」などの文言を規定することもある（こ
の場合，開示を受けたか否かが争いになることを防ぐ観点から，当該開示の方法等を限定
することもある）。この場合には，引受人が当該情報を実際に把握しているか否かにかか
わらず，表明保証の対象から除外されることになるため留意が必要である（実質的に，
引受人が知り得た事実を表明保証から除外するのと類似した効果を有することになる。
引受人の主観的事情による責任の制限については後記④参照）。

また，資本提携契約の場合には，業務提携の前提となる事実についても表明保証の対象とすることがある。たとえば，引受人が発行会社と資本提携後に機械装置の共同開発を行うことに合意している場合においては，当該機械装置の共同開発の基礎となる知的財産権の適法かつ有効な保有または使用等に関しても，発行会社による表明保証の対象とすることもある。さらに，第三者割当増資の場合には，差止請求が法定されていることから（会社法210条），実務上は，第三者割当増資の実行を制限または禁止する旨の裁判所による判決等が存在しないことについて，具体的に表明保証の対象として規定することも多い(14)。

③　表明保証事項の限定または拡大

発行会社の表明保証違反は，資本提携契約の定めによっては引受人の義務の履行の前提条件が不充足となり，引受人に契約の解除権が発生し，発行会社に補償義務が生じる等の可能性があるため，発行会社はその対象をより限定的に，引受人はその対象をより広くすることを希望することが多い。

このような交渉の過程において，表明保証自体に，重要性や重大性等の限定を付すことにより範囲を限定する場合がある（たとえば，「重大な訴訟等は存在しない」，「法令等を重要な点において遵守している」等)(15)。ほかにも，発行会社の「知る限り」や「知り得る限り」等の限定を付すことにより，発行会社が認識していなかったまたは認識し得なかった事項を表明保証の対象から除外する場合がある(たとえば，「発行会社の知り得る限り訴訟等は存在しない」，「発行会社の知り得る限り法令等を遵守している」等)(16),(17)。なお，この点に関して，わが国の裁判例の中には，契約上の規定の有無にかかわらず，表明保証違反に関する発行会社の主観的事情を考慮することや重要性等の限定がないにもかかわらず重要性等の限定を付して解釈しているものもあるので留意が必要である(18)。これらの裁判例や当該裁判例を踏まえた契約上の規定については，第13章 6 (5)③を参

---

(14) 実務上は，表明保証の対象とすることに加え，前提条件とすることも多い。
(15) 重大性の限定と類似するが異なるものとして，「重大な悪影響」の限定を付すこともある（たとえば，「事業に重大な悪影響を及ぼす訴訟等は存在しない」等)。

照されたい。

他方で，表明保証の対象を広げる観点から，「おそれ」や「可能性」といった文言を入れることも多い（たとえば，「訴訟等は存在せず，それに発展する可能性のある事実はない」，「法令等を遵守しており，法令等の違反のおそれもない」等）。

④　引受人の主観的事情による責任の制限

わが国の裁判例の中には，契約上の規定の有無にかかわらず，引受人が表明保証違反の事実を認識していた場合や，認識していなかったことについて重大な過失が存在した場合においては，表明保証違反を理由とした補償請求について否定的な立場を示唆しているものがあるため留意が必要である。これらの裁判例や当該裁判例を踏まえた契約上の規定については，第13章 6 (5)③を参照されたい。

---

(16) 「知り得る限り」は，具体的な状況下において，通常であれば知ることができたことを意味し，合理的な調査を行うことまでは前提としていないと考えるのが通常と思われるが，異なる解釈の余地もあるため（藤田友敬ほか「M&A 契約研究会　第 2 回　表明・保証」論究ジュリスト（2015年秋号）127頁～128頁〔藤田友敬発言〕参照），この点を明確にする観点から，「通常の業務上の注意をもって知り得る限り」などの文言が用いられることもある。他方で，合理的な調査を行うことを前提とする場合には，その趣旨を明確にするため，「合理的な調査を行ったことを前提として知り得る限り」などの文言を用いることもある。後者の文言を用いる場合，合理的な調査を行っていたとすれば把握できた事実について，表明保証をした者が責任を負うことになるのに対し，前者の文言を用いる場合は，そのような調査を前提としないため，合理的な調査を行っていたとすれば把握できたとしても，それだけをもって，表明保証をした者が責任を負うとは限らないと考えられる。

(17) なお，発行会社の誰を基準に「知る限り」や「知り得る限り」を判断すれば良いかが不明確となることを避けるべく，具体的な役職や氏名等によって，特定の者が「知る限り」または「知り得る限り」という規定にすることもある。

(18) このような裁判例については，表明保証のリスク分配の機能の観点から，契約の明文の規定なくこのような解釈を認めることには慎重であるべきであるとの批判も強い（前掲注⑿・宍戸監修140頁脚注94〔佐藤丈文執筆部分〕，江平亨「表明・保証の意義と瑕疵担保責任との関係」弥永真生ほか編著『現代企業法・金融法の課題』（弘文堂，2004年）88頁，中東正文「資本提携契約と業務提携契約の解釈と表明保証責任－ライブドアオート事件」判例評論595号（2008年）188頁，岡田昌浩「M&A 契約において表明・保証条項が置かれなかった場合の責任（ライブドアオート事件）」商事1965号（2012年）94頁等）。なお，特に後記(6)①のとおり，表明保証違反の場合の補償の法的性質を損害担保契約と考えるならば，少なくとも，発行会社の主観的事情を考慮することは，否定的に考えることになると思われる。また，実際の交渉の過程に照らしても，当事者は，敢えて契約において，「知る限り」等の制限を付しているのであるから，契約上の規定の有無にかかわらず，発行会社の主観的事情を考慮することには，慎重であるべきであろう。

⑤ 表明保証の除外事項の追加・アップデート

前記①のとおり，表明保証は，資本提携契約の締結時点およびクロージング時点の事実関係や法律関係が対象とされることが多い。そのため，契約締結時点では，表明保証に違反していなかったものの，その後に生じた状況の変化によって，クロージング時点においては表明保証違反となる場合がある。このような場合に，当事者が表明保証違反の責任を問われることを回避するための仕組みとして，契約締結後クロージングまでの間，契約当事者に，表明保証からの除外事項の追加やアップデートを認めることにより，補償責任を免れる旨の条項を規定することがある（なお，この場合においても，表明保証違反による前提条件の充足性の判断には影響を与えないこととすることが多いようである[19][20]。この場合，相手方当事者としては，前提条件不充足を主張できる場合には取引を実行しないことを選択する権利を有するが，補償請求権は有さないため取引実行を選択した上で補償請求を行うことはできないことになる[21]。

⑷ 誓約事項

① 誓約事項とは

日本のM&A取引においては，一般的に当事者の義務のことを誓約事項（またはコベナンツ（Covenants））と呼んでおり，取引の主たる義務をクロージングの条項で定め，その他の義務を誓約事項として定めるのが一般的である。誓約事項については，クロージング前の両当事者の誓約事項とクロージング後の両当事者の誓約事項とがあるが，資本提携契約の場合，クロージング後の義務は，

---

[19] 他方で，当事者が，取引が実行されることを特に重視する場合には，前提条件充足との関係では表明保証違反を構成しないこととし，相手方当事者には，補償請求のみを許容する（すなわち，取引を実行しないことを選択する権利は認めずに補償請求をする権利のみを認める）ことも考えられる。

[20] その他にも，契約締結までに表明保証違反の有無を精査する時間がなかった場合などにおいても同様の規定が設けられることがある。

[21] 相手方当事者にクロージングするかどうかの検討時間を付与する観点から，追加やアップデートに一定の期限を設けることもある。

提携等に関する合意と重なることが多い。

② クロージング前の発行会社の誓約事項

資本提携契約の性質上，クロージング前においては，引受人よりも発行会社の誓約事項が定められることが多い。また，誓約事項として具体的にどのような内容の条項が規定されるかはその事案や当事者間の交渉により左右されるものの，一般的には，①企業価値を毀損するような行為を禁止することを主な目的として，発行会社の財務・事業の状態を維持することを発行会社に義務づける条項，②取引や提携を実行するために法令や契約上必要な行為を行うことを発行会社に義務づける条項，③法令等に抵触している状態を改善すること等を義務づける条項，④クロージング後の事業運営の円滑化や引受人の前提条件充足性判断のために必要な行為を義務づける条項等が規定されることが多い。

①としては，発行会社が，契約締結日から払込期日までの間，善良なる管理者の注意をもって通常の業務の範囲内で事業を行うことを発行会社の義務とする条項や，発行会社が，自らの事業または財務状態に影響を及ぼす特定の行為（配当，借入れ，組織再編やM&A等）を禁止する条項が規定されることがある。

②としては，第三者割当増資に必要な法令上の手続を遵守することが義務として規定されることがあり，具体的には，法令上必要な機関決定を行うこと，（上場会社が発行会社で提出が必要になる場合において）有価証券届出書を提出すること，（第三者割当増資後の発行済株式総数が発行可能株式総数を超えてしまう場合において）発行可能株式総数の拡大のための定款変更を行うことを発行会社の義務とする条項が規定されることがある。また，第三者割当増資の実行が発行会社の重要な契約の解除その他終了事由となっている場合や相手方の事前同意を要する事由となっている場合（いわゆるチェンジ・オブ・コントロール（Change of Control）条項が入っている場合）において，当該契約の相手方から同意を取得することや第三者割当増資の実施がローン契約上貸主である金融機関の承諾事項とされている場合に当該金融機関から承諾を取得することを，発行会社の義務とする条項が規定されることもある。

68 ■ 第3章 資本提携契約

　さらに，発行会社が上場会社である場合等，引受人以外の株主が複数存在する場合には，引受人が，社外役員を派遣するにあたり，定款に責任限定契約を締結することができる旨の規定を追加するための定款変更を実施することを発行会社の義務とする条項が規定されること（責任限定契約については，後記 ③(2)①参照）(22)や，買収防衛策を導入している上場会社が発行会社である場合には，当該買収防衛策を発動しない旨の取締役会の決議を行うことを発行会社の義務とする条項が規定されることもある(23),(24)。

　③としては，発行会社が法令等に抵触しているような場合において，それをクロージングまでに改善・是正することを発行会社の義務とする条項が規定されることがある。たとえば，発行会社が，労働基準法36条に定める時間外勤務および休日勤務に関する労使協定書（いわゆる三六協定）を労働基準監督署に届け出ずに，従業員に対して，時間外勤務および休日勤務を命じていた場合に，クロージングまでに，当該労使協定書を労働基準監督署に届け出ることを発行会社の義務とする条項を規定することが考えられる。

　④としては，クロージング後の事業運営の円滑化や引受人の前提条件充足性判断のために，引受人が発行会社の財産や帳簿等の調査を行うことを許容し(25)，発行会社が引受人の求めに応じて情報提供を行うことを発行会社の義務とする条項が規定されることがある。このような規定は，発行会社にとって負担となり，事業に支障を来す場合もあり得るので，引受人の同意があることを前提とする場合や時間，場所および方法等を限定する場合もある。

---

(22)　この場合，引受人の派遣する社外役員が選任された場合には，実際に責任限定契約を当該社外役員との間で締結することも発行会社の義務とされることが多い。

(23)　上場会社の買収防衛策の場合，一般的に，取締役会の決議により，買収防衛策の対象外とすることが可能になっていることが多い。

(24)　そのほかにも，優先株式を発行するような場合においては，クロージング後の剰余金の配当を確保するため，払込期日までに資本金や資本準備金等を減少させることを発行会社の義務とする条項等が規定されることがある。

(25)　役員や従業員への質問やインタビューを許容する旨を規定することもある。

③ クロージング前の引受人の誓約事項

独禁法や海外の競争法の手続が必要となる場合には，これらの手続の履践やクリアランス（許可・承認等）の取得（またはそれに向けて努力すること）が引受人の誓約事項として定められることがある。

また，競争法当局が当該提携に関し競争上の問題や懸念があると判断した場合には，引受人が保有する事業や子会社の売却等の競争問題解消措置を当局から要請されることがあるが，このような要請があった場合に，発行会社との関係で，引受人がそれに従わなければならないか否か（どのような場合に発行会社に対する義務違反となるか）を明確にするために，競争法上の懸念があるような提携の場合には，クリアランス取得の義務やその努力義務の内容をより具体的に定めることも少なくない[26],[27]。

④ 努力義務

誓約事項については，誓約事項の主体となる当事者の行為だけで結果を実現できるか否か等を勘案した結果，努力義務として規定されることも多い[28]。たとえば，「努力する」，「（実務上）合理的な範囲で努力する」，「商業上合理的な範囲で努力する」，「（実務上）合理的な範囲で最大限努力する」，「最大限努力する[29]」等の文言が用いられることがある。このうち，「最大限努力する」につい

---

(26) たとえば，当局から要請された問題解消措置の内容が，売上等への影響に照らして，一定の規模の範囲内であれば要請に従う義務を負うこととする場合や，特定の地域や事業領域に限定して要請に従う義務を負うこととする場合などがある。

(27) なお，海外の競争法においては，発行会社が競争法上の手続を履践しなければならない場合もあり，その場合には，発行会社の誓約事項として同様の条項の要否を検討することになる。また，引受人が競争法上の手続を履践するにあたっては，発行会社の協力が必要となることが多いため，発行会社の協力義務が定められることもある。

(28) なお，実務上は，当事者が，結果については努力義務すら負うことを避けたいと考え，当該結果を導くために自らが行うことができることのみを誓約事項とすることを求めることもある。たとえば，第三者割当増資を行うに際し，引受人において独禁法上の届出が必要になる場合には，引受人が，公正取引委員会により排除措置命令等の発令等が行われないようにすることについて努力義務を負うこととすることが考えられるが，引受人としては，このような結果について努力義務を負うことを避けたいと考え，自らが行うことができること，すなわち，独禁法上の届出を行うことのみを誓約事項とすることを求めることが考えられる。

70 ■ 第3章　資本提携契約

ては，目的を達成するために多額の費用がかかる場合において，それを負担してでも遂行しなければならないといった趣旨に解される可能性も否定できないことから(30)，当該文言を使用する際には留意する必要がある。

⑸　クロージングの前提条件

　前提条件（Condition Precedent(31)）とは，クロージングを実行する義務の履行の前提条件に掲げられている条件を充足しない場合，クロージングを行う義務から解放される旨の規定である(32)。引受人のクロージングの義務を履行するための前提条件としては，たとえば，発行会社の表明保証が（重要な点において）真実かつ正確であること，発行会社が払込期日までに履行すべき義務を（重要な点において）履行または遵守していることが規定されることが多い。些細な表明保証や義務の違反があったことを理由に前提条件不充足であるとして，取引を実行しない権利を相手方に与えることは実質的に妥当でないことも多く，実務上は，前提条件においては，「重要な点において」や「重大な」等の限定を入れて前提条件が充足されない場面を限定していることも多い(33),(34)。

---

(29)　なお，「最善の努力をする」旨が規定されている場合もあるが，最大限努力するという趣旨とほぼ同義であると思われる。

(30)　前掲注(7)・藤原編著233頁参照。原秋彦『ビジネス契約書の起案・検討のしかた』（商事法務，2011年）91頁脚注1は，「英米で，『best efforts』という表現を用いるときは，『reasonable efforts（合理的な努力）』という表現に比べて明らかに要求水準の高い，ときには採算性を度外視してでも，能力の範囲内で可能な限りのことを試みるという内容の努力を意味している。」とする。

(31)　CP と略して呼ばれることもある。

(32)　ただし，第三者割当増資の場合，払込期日に払込みを行わない場合は，引受人はただちに失権するため，払込義務の強制履行の問題は生じず，もっぱら補償義務を負わないという点にその意義が認められることになる（篠原倫太郎＝青山大樹「出資契約における前提条件と表明保証の理論的・実務的諸問題（上）」金判1370号（2011年）9頁）。

(33)　前記 ② (3)③のとおり，表明保証自体に，重要性や重大性等の限定が付されている場合がある。この場合には，二重に重要性や重大性等の限定がかかっているようにも読め，前提条件不充足の場面が限定されすぎる可能性があることを勘案して，資本提携契約において，重要性や重大性等による限定が重複して適用されるものではない旨を明記することもある。

(34)　義務の違反については表明保証事項と異なり自らの行為により回避可能であることが多いため，重要性等の限定を付さないこともある。

また，そのほかにも第三者割当増資の実行に必要な法令等に定められている関係当局の許認可が取得されていること，発行会社において第三者割当増資に関し有価証券届出書の提出が必要な場合には当該届出の効力が発生していること，引受人において独禁法上の届出が必要な場合には当該届出が行われ待機期間が満了したこと等が，引受人のクロージングの義務履行の前提条件として規定されることが多い。

さらに，引受人が予定されていた借入れ等による資金調達ができなかったことを，引受人がクロージングの義務を履行するための前提条件とする条項（Financing Out 条項）が規定されることがある[35]。これは，引受人が金融機関からの借入金をもって払込金に充てることを想定している場合において，金融機関からの借入れが実行されなかった場合に，引受人としてクロージングの義務を果たすことができず契約上の義務違反になることを避けるための規定である。当該規定がある場合，発行会社側の事情にかかわらず，引受人がクロージングの義務から解放される可能性があり，クロージングの確実性も相対的に低くなることから，前提条件の規定の中でも重要な交渉ポイントになることの多い条項である。

また，発行会社に重大な悪影響を及ぼす事象（Material Adverse Change (MAC)[36]）が発生していないことを，引受人がクロージングの義務を履行するための前提条件とする条項（MAC 条項）[37]が規定されることもある。当該条項も，Financing Out 条項と同様の理由で，前提条件の規定の中でも重要な交渉ポイントになることの多い条項である。また，MAC 条項は，「発行会社の事業または財務状態に重大な悪影響が生じる事象（またはそのおそれのある事象）が発生していないこと」というように抽象的な条件のみを定めることも多く，どのような場面において適用されるのかについての予測可能性が立ちにくい。その

---

[35] たとえば，手元資金の少ないプライベート・エクイティファンドが引受人になろうとする場合には，Financing Out 条項を規定することを求めることが多い。

[36] Material Adverse Effect（MAE）と呼ばれることもある。

[37] なお，「発行会社の直近の決算期の末日以降において MAC が発生していないこと」を表明保証の対象とすることも多い。

72 ■ 第3章 資本提携契約

ため，契約締結時における経済情勢や交渉経緯等を勘案して，MACの対象となる事象（前記の例の場合，「事業または財務状態」）を詳細に規定すること，MACに該当しないこととする事象（一般的な市況の変化等）を例外として具体的に規定することや重大な悪影響に関して具体的な金額要件を設定すること等を検討することが望ましい場合もあると考えられる[38],[39]。

⑹ 補　　償

①　補償とは

補償（Indemnification）とは，当事者に義務違反または表明保証違反等があった場合に，相手方当事者に生じた損害を塡補する旨の条項である[40]。発行会社による義務違反または表明保証違反等を理由に，クロージング後に発行会社が補償をする場合，発行会社の金銭が流出することになるため，引受人の保有す

---

[38]　原田充浩ほか「MAC条項を巡る実務対応に関する一考察（下）」金判1381号（2012年）8頁参照。なお，米国のM&A実務においては，一般的な市況の変化や発行会社の属する業界における市況の変化等，重大な悪影響が生じる事象の例外となる事象を具体的に規定することが多い点について，原田充浩ほか「MAC条項を巡る実務対応に関する一考察（上）」金判1380号（2011年）2頁以下参照。また，米国では，一般的な市況の変化のほか，対象会社（資本提携の発行会社）の属する業界における市況の変化，法律・会計原則の変更，政治的状況の変化，戦争・テロリズム，天災地変，取引の公表，経営目標の不達成等を例外として規定することが多いことについて，同「MAC条項を巡る実務対応に関する一考察（上）」3頁以下，渡辺直樹＝根本鮎子「米国の非公開企業を対象とするM&A条項のマーケットトレンド2」NBL1023号（2014年）61頁参照。

[39]　米国においては，①買い手（資本提携における引受人）が認識していなかった事情により，②長期間にわたり収益力に重大な脅威が及ぼされることが必要であるとの判断基準が，デラウェア州を中心とした裁判実務で定着していることが指摘されている（前掲注[38]・原田ほか5頁以下，前掲注[38]・原田ほか「MAC条項を巡る実務対応に関する一考察（下）」10頁以下）。①の点については，日本の裁判例においても，表明保証に関し，契約条項にかかわらず，買い手の認識を問題にすることを前提としている判示をしているものもある（第13章⑹⑸③参照）。

[40]　前記⑸のとおり，実務上，前提条件においては，表明保証や義務の違反について，「重要な点において」や「重大な」等の限定をしていることが多いが，補償条項においては，そのような限定が付されることは必ずしも多くはなく，実務上は，後記の金額的制限を付すことによって，実質的妥当性を確保していることが多い。なお，補償条項に重大性の限定が入っており，かつ，後記の下限（Basket）の条項も存在する場合には，重大性は，定量的なものではなく，事業に重大な悪影響を与えるものに限る等，定性的なものとして解釈される可能性がある旨を指摘するものとして，金丸和弘＝森田恒平「M&A取引における説明義務と表明保証責任（下）」判タ1370号（2012年）57頁がある。

る株式の割合が大きいほど経済的な効果は小さくなる。

補償責任の法的性質については，義務違反の場合に関しては民法上の債務不履行責任の特約であり[41]，表明保証違反の場合に関しては，一定の事実の存在または不存在を保証し，存在しないものとされた事実が存在したとき，または存在するものとされた事実が存在しなかったときに，損害を補償することを合意した一種の損害担保契約と考えるのが一般的であると思われる[42]。また，義務違反や表明保証違反にかかわらず，一定の事実が発生した場合に，相手方当事者に生じた損害を塡補する旨の条項を特別補償条項というが，これも一種の損害担保契約と考えることになろう。

補償請求については，実務上，書面によって行うこと等の手続的な制約のほかにも，損害額および請求可能期間について一定の制限を付すことも多い（これらの手続的制限，金額的制限，時期的制限については，後記②以下参照）。もっとも，義務違反については当事者自身が回避可能な問題であることや，モラルハザードの問題を引き起こすことを根拠に，そのような制限の対象外とすることも多い。また，特別補償については，金銭的制限や時期的な制約を設けないまたは緩和することも少なくない。

なお，補償条項に基づく補償義務の履行が，会社法上禁止される出資の払戻しに該当するか否かが問題になるが，発行会社により定められた金額が実質的に会社に払い込まれ，会計上，資本金・資本準備金に積まれたことをもって，資本充実の原則は達成されており，禁止される出資の払戻しには該当しないと

---

[41] 前掲注(12)・宍戸監修151頁〔佐藤丈文執筆部分〕，前掲注(7)・藤原編著250頁。なお，このような整理をする場合，義務違反に基づく補償請求については，過失相殺（民法418条）が適用される可能性があることになる（前掲注(12)・宍戸監修151頁〔佐藤丈文執筆部分〕）。

[42] 潮見佳男「消費者金融会社の買収に際しての表明・保証違反を理由にする売主の損害塡補義務」金法1812号（2007年）69頁，前掲注(12)・宍戸監修151頁〔佐藤丈文執筆部分〕，前掲注(7)・藤原編著156頁，250頁，前掲注(7)・金丸＝森田15頁，青山大樹「英米型契約の日本法的解釈に関する覚書（下）」75頁，渡邊博己「M&A契約における表明保証と契約当事者の補償責任－損害担保契約の一類型としての整理」NBL903号（2009年）66頁。なお，瑕疵担保責任の特約と解するものとして，堂園昇平「表明・保証をめぐる東京地判平18．1．17」金法1772号（2006年）5頁。

74 ■ 第3章 資本提携契約

考えられていることから[43]，実務上も補償条項が定められていることが多い[44]。

②　手続的制限

手続的制限としては，補償請求は書面で行わなければならない旨が規定されることが多い。また，当該書面に具体的に何を記載するかについても，規定されることが多く，補償請求を行うにあたっては，請求の根拠となる事実および具体的な損害額（確定していない場合にはその見込額）を書面に記載しなければならない旨が規定されることもある。なお，「請求の根拠となる事実」については，根拠となる事実の「詳細」を規定しなければならない旨が規定されている場合等もあり，実際に補償請求を行う場合には，契約の文言等に照らして，具体的にいかなる事実を記載すべきかについて，個別の事案ごとに検討を要する場合もあるので留意が必要である。

③　金額的制限

金額的制限としては，①個別の事由に基づく損害が一定の金額を超える場合に限り補償する義務を負うこととする条項（de minimis），②個別の事由に基づ

---

[43]　大杉謙一「新株引受けに係る契約を巡る法律関係」金判1371号（2011年）20頁，21頁，篠原倫太郎＝青山大樹「出資契約における前提条件と表明保証の理論的・実務的諸問題（下）」金判1371号（2011年）8頁，9頁。なお，西村総合法律事務所編『M&A法大全』（商事法務研究会，2001年）100頁〔内間裕＝佐藤理恵子執筆部分〕，前掲注(12)・宍戸監修188頁〔岩本健太郎執筆部分〕も参照。

[44]　なお，補償義務の履行が実質的に払込金額の減額に該当し，有利発行規制（有利発行の該当性は，新株発行の時点，厳密に言えば，募集事項の決定時に判断される）に抵触するかが問題になるが，契約締結時やクロージング時において，将来的に補償がなされることを具体的には予想できていない限り，基本的には有利発行規制への抵触が問題になる場面は限定的であると考えられる。前掲注[43]・大杉21頁以下，前掲注[43]・篠原＝青山9頁以下も参照。

　なお，税務上の観点を考慮し，M&A契約において，補償条項は，価格調整の趣旨であることを明示する場合もあるが（大石篤史＝小山浩「税務上の留意点を踏まえた株式譲渡契約の実務」商事2004号（2013年）7頁以下，大石篤史「相談室　課税関係を踏まえた表明・保証の実務」企業会計61巻9号（2009年）157頁参照），第三者割当に関していえば，補償条項と払込金額とを一体とみればみるほど，有利発行規制の問題を惹起しやすいともいい得る点に留意が必要である。

く損害を合算して総額で一定の金額（下限）を超える場合に限り補償する義務を負うこととする条項（補償総額の下限（basket）），③総額で一定の金額（上限）を超えた部分については一切補償する義務を負わないとする条項（補償総額の上限（cap））が規定されることが多い。たとえば，①および②として，「発行会社は，(i)個別の事由[45]に基づく請求の額が●円以下である場合にはすべて免責され，(ii)当該請求の合計額が▲円以下である場合もすべて免責され，▲円を超える場合には，その全額について補償義務を負うものとする。」旨を定めるとともに，③として，「発行会社の補償義務は，総額で■円を上限とし，これらの上限を超えた部分について，発行会社は一切補償する義務を負わないものとする。」旨を定めることが考えられる。①および②は些細な請求がなされるのを防止するものであり，③は補償義務の最大値を画するものである。なお，これらの具体的な金額は交渉により決定されるものであり，案件ごとにより異なるが，実務上は，特に重要な表明保証事項については，金額的制限を付さない等，表明保証の項目ごとに異なる金額を設定することもある。

　また，①の de minimis，②の補償総額の下限（basket）については，その基準となる金額を超えた場合に，超えた部分についてのみ補償する義務を負うこととする場合と，超えた部分だけでなく基準までの部分を含めた全額について補償する義務を負うこととする場合がある。前記の規定例は，基準までの部分を含めた全額について補償する義務を負う場合のものである。

④　時期的制限

時期的制限として，補償請求が可能な期間を限定する条項が規定されることが多い。具体的な期間は交渉により決定されるため，案件ごとに異なるが，ク

---

[45]　なお，具体的に何をもって「個別の事由」に該当するかが明確でない場合も想定される。たとえば，発行会社が，クロージング時において，賃金の未払いはないという表明保証をしたにもかかわらず，従業員数十名に対して，賃金の未払いがあったことが発覚した場合，当該従業員数十名への未払いをもって個別の事由と捉えるのか，それとも1名ずつへの未払いをもって個別の事由と捉えるのかにつき，争いが生じる可能性もあるため，契約書上，賃金の未払いに起因して発生した損害に関しては，個々人に対する未払額の合計額を基準として免責の有無を判定する旨を明確化しておくことも考えられる。

ロージング日を含む当該事業年度に係る決算手続の過程の中で，表明保証違反の事実が判明する可能性があることに鑑みて，引受人としては，少なくとも，クロージング日の属する事業年度が終了し，当該事業年度の決算手続が完了するまでの期間を確保できるよう交渉していくことが多いように思われる。また，問題となる表明保証の項目ごとに異なる期間を設定することもある[46]。

⑺ 解　　除

M&A 契約においても，通常の契約と同様に，解除（Termination）の条項が規定されることが多いが，M&A 契約においては，クロージング後は解除できない旨を定めるのが一般的であり，補償条項やその他の方法により解決を図ることが前提とされていることが多く，資本提携契約においても同様である（クロージング後の資本提携の解消については，後記 ③ ⑷を参照されたい）。なお，資本の取得・資本関係の構築に関する契約（①）と資本の取得・資本関係構築後の提携等に関する契約（②）が別に締結されている場合，①がクロージング前に解除された以上，②を存続させておく必要がないのが通常であるため，②の契約において，①が解除された場合には，②も当然に終了する等の規定をおくことが多い。

発行会社の表明保証が（重要な点において）真実または正確でなかったことが判明したとき，発行会社が払込期日までに履行すべき義務を（重要な点において）違反したとき，相手方に倒産等が生じたとき，特定の日（Long Stop Date）までにクロージングがなされなかったとき，MAC が発生したとき等が解除事由とされることが多い。表明保証違反や義務違反に重要性の限定が付されることが多いのは，前提条件の場合と同様である（前記⑸参照）。

---

[46] 実務上は，たとえば，税務上の除斥期間（国税通則法70条）を勘案し，税務に関する表明保証違反に基づく補償請求については比較的長期に設定する場合もある。また，環境問題はクロージング後時間を経て発覚することも多いことから，環境に関する表明保証違反に基づく補償請求についても，その請求可能期間を比較的長期に設定する場合もある。

なお，前提条件の不充足があった場合であっても，当然には契約は終了せず，当事者がクロージング日を後にずらすことや前提条件を放棄することによって，なお契約に基づくクロージングの余地が残されているが，解除をすることによってその可能性は消滅することになるため，その点で解除条項の意義が認められ，当事者は，未成就の条件を放棄して履行を選択するか解除をするかを選択できることになる[47]。

また，当事者のいずれか一方または双方が国外当事者であるようなM&A契約においては，（特に自らの事情により）解除権を行使する場合に違約金を支払う義務を負う旨の条項[48]を設けることもある。当該条項は，設定する金額によっては，契約の拘束力を強める場合もあれば，弱める場合もあるため，留意が必要である。

---

[47] 前掲注[43]・西村総合法律事務所編541頁〔新川麻執筆部分〕参照。

[48] 米国においては，売り主による違約金をブレークアップ・フィー（Break Up Fee）と呼び，主に買い主側の事情により契約が解除に至った場合に，買い主側が売り主側に支払うことになる違約金をリバース・ブレークアップ・フィー（Reverse Break Up Fee）と呼ぶことが多い。

78 ■ 第3章 資本提携契約

3 資本の取得・資本関係構築後の提携等に関する合意

⑴ 契約の構成

　資本の取得・資本関係構築後の提携等に関する合意は，概要，以下のような構成となることが多い。前記①のとおり，発行会社が新株発行または自己株式の処分を行い，第三者が株式を引き受ける場合においては，新株発行または自己株式の処分に関する合意（①）およびその実行後における発行会社と第三者との提携等に関する合意（②）を交わすことが多いが，以下の構成は，①および②を別の契約として締結することを前提としている(49)。前記①のとおり，①および②を別の契約として締結する場合には，②の契約の効力発生は，①の契約に定められる資本の取得・資本関係の構築が完了することを停止条件とするのが通常である（たとえば，次頁の「第2章　資本提携」においてその旨を規定することになる）(50)。

　なお，以下の条数は，便宜のために付しているものであり，事案に応じて順番を入れ替えることや1つの章にまとめることもある。

---

(49)　そのため，①および②の合意が，1つの契約で締結される場合には，それに伴い構成も変わり得る。

(50)　ただし，秘密保持条項等の一部の条項については，契約締結と同時に効力が発生する建付けにすることも多い。最終的に，各条項につき，どの時点で効力を発生させるかについては，当事者間の交渉等によって定まる事項である。

第1章　定　　義(51)

第2章　資本提携(52)

第3章　業務提携(53)

第4章　払込後の誓約事項

※　提携後の誓約事項としては，たとえば，以下のような事項が規定されることがある。

　　1　事前承諾事項（拒否権事項）等に関する事項

　　2　役員を指名する権利に関する事項

　　3　重要な会議体への出席権に関する事項

　　4　発行会社の情報等の取得に関する事項

　　5　取得した株式の譲渡に関する事項

　　　(1)　譲渡禁止等

　　　(2)　株式譲渡に関する権利

　　　　①プット・オプション／コール・オプション

　　　　②発行会社の先買権

　　6　株式の追加取得に関する事項

　　7　その他

第5章　補　償　等

第6章　資本提携契約の終了

第7章　一般条項

---

(51)　前掲注(4)のとおり，M&A契約等においては，実務上，分かりやすさの観点等から，定義を冒頭にまとめて規定することも多い。

(52)　資本提携の内容を明確にするため，資本提携の概要を独立の章として規定するとともに，資本提携の目的等を規定することもある。

(53)　資本提携を行う場合，事業上のシナジーを追求するため，業務提携が行われる場合も多い。詳細は第5章に譲るが，資本提携契約においても，業務提携の目的，内容，条件や実施時期等の詳細について別途誠実に協議の上決定する旨，業務提携の詳細について検討するための委員会の設置について定めることがある。また，引受人の従業員を発行会社に出向させることや引受人と発行会社との間で従業員を相互に出向させる等して，人事交流を行うこと等を定めることもある。

80 ■ 第3章 資本提携契約

後記(2)以下では，契約書の各条項のうち，契約書の作成過程，または，相手方との交渉において，特に留意が必要となる，払込後の誓約事項，補償等および資本提携契約の終了について順に説明する。業務提携についての詳細は，第5章を参照されたい。

なお，資本提携を行う場合に，同時に発行会社の株主間で株主間契約を締結することもあるが，合弁契約の条項と類似することが多いため，ここでは，発行会社と引受人との間で合意がなされる場合に特有の条項について述べることとする。

⑵　払込後の誓約事項

引受人が株式を取得した後の誓約事項としては，①発行会社のガバナンスに関する条項（たとえば，事前承諾事項（拒否権事項），引受人の役員を派遣する権利等，引受人の重要な会議体への出席権等），②引受人による発行会社の情報等の取得に関する条項，③引受人が取得した株式の譲渡に関する条項，④引受人による株式の追加取得に関する条項，⑤その他の条項が定められることが多い。これらのうち，②の条項は，合弁契約において定められる条項とその目的および内容は実質的に同様であるため，詳細な説明は，第4章にその説明を譲り（第4章③(5)参照），それ以外のものについて順に説明する。

①　発行会社のガバナンスに関する条項
ア　概　　要

第三者割当増資により，引受人が，発行会社の相当程度の割合の株式を保有することになる場合においては，引受人が，株式価値の毀損等を防ぐ目的や提携の実効性を高める等の目的で，発行会社の重要事項について関与することを求める場合が多い。たとえば，発行会社が一定の行為を行う場合には，事前に引受人の承諾を得なければならないこととする条項（実務上は，事前に承諾を得なければならない事項のことを，「事前承諾事項」または「拒否権事項」と呼ぶことが

多い）や引受人と事前に協議をしなければならないこととする条項（実務上は，事前に協議をしなければならない事項のことを，「事前協議事項」と呼ぶことが多い）[54]，引受人が役員候補者を指名することができることとする条項[55]，引受人が指名する者の重要な会議体への出席権を認める条項等が定められることがある。取締役を派遣することや引受人の指名する者の重要会議体への出席権の条項等を定める場合，派遣取締役の具体的な役職・役割や引受人が指名する者が出席する重要な会議体の名称等についても定められることもある[56]。

　ガバナンスに関する条項は，特に上場会社が発行会社である場合等，発行会社に多数の株主が存在する場合には，発行会社としては，引受人以外の株主の利益にも配慮する必要があることや発行会社の事業運営の迅速性を害する可能性があること等の理由により，特に重要な交渉ポイントの1つになることが多い[57],[58]。また，ガバナンスに関する条項は，上場会社である発行会社の独立

---

[54]　引受人が発行会社の親会社になる場合など，引受人が経営をコントロールする立場となる場合には，事前承諾事項や事前協議事項が定められないこともある。もっとも，これらの条項の要否については，引受人が派遣する取締役等の権限の内容等を踏まえて，総合的に判断する必要がある。

[55]　発行会社が上場会社である場合で，引受人が発行会社に役員を派遣する場合には，取締役会などを通じて，当該発行会社の重要事実を認識する機会が多くなるため，引受人による株式の売却や追加取得に関し，インサイダー取引規制に抵触する可能性がある点に留意が必要である（この点を回避するための条項例については，後記②および③参照）。

　　また，引受人と発行会社が競争事業者である場合には，発行会社における一定の情報（たとえば，個別の需要者に対する価格等の取引条件に係る情報や，現在または将来の売上予測やマーケティング戦略等に関わる情報などの競争上センシティブな情報）を引受人が入手すること自体が独禁法上問題となる可能性があることにも，留意が必要である（競争事業者間の情報交換に伴う独禁法上の留意点に関する詳細は，第8章③(1)参照）。

[56]　仮に契約に規定しない場合においても，引受人と発行会社の認識に齟齬が生じることのないよう，契約締結の際に，引受人と発行会社との間で十分な協議をしておくことが望ましい。

[57]　たとえば，資本提携契約において，発行会社の上場会社としての独立性を引受人が尊重する旨の条項を入れること等を発行会社が求めることもある。

[58]　なお，東京証券取引所の規則は，株主の権利内容およびその行使が不当に制限されていると東京証券取引所が認めた場合（東証有価証券上場規程601条17号），または，公益もしくは投資家保護のため，東京証券取引所が上場廃止を適当と認めた場合（同規程601条20号）には，当該会社の株式は上場廃止になるとされていることから，ガバナンスの条項が極めて引受人に有利な形になり，上場会社が実質的に独立性を失った場合には，これらの条項により，上場会社である発行会社の株式が上場廃止とされる可能性がある点には特に留意が必要である。

82 ■ 第3章　資本提携契約

性の観点から，株主および投資家にとって重要な情報であることから，発行会社が公表する資本提携等に関するプレスリリースにおいて，条項の概要を記載することが必要になることも多い点に留意が必要である(59)。

　ガバナンスに関する条項は，合弁契約において定められるガバナンスに関する条項とその目的および内容は実質的に同様であるため，詳細な説明は，第4章に譲ることにするが(事前承諾事項等については第4章3(3)を，役員の選解任に関する事項は第4章3(2)を参照)，後記イでは，引受人が発行会社に社外役員や独立役員を派遣する場合に留意すべき会社法および東京証券取引所の上場規程の概要を説明し，後記ウでは，特に上場会社が発行会社である場合において重要となる派遣役員の責任に関する条項について説明する。

イ　社外役員・独立役員に関する規律

　前記アのとおり，資本提携契約においては，引受人が役員候補者を指名することができる旨の条項が規定されることが多いが，この場合，会社法および(必要に応じて，)東京証券取引所における有価証券上場規程における社外役員および独立役員における規律に留意する必要がある。

　会社法上，公開会社でかつ大会社である監査役会設置会社(有価証券報告書提出会社に限る)においては，社外取締役を置いていない場合，社外取締役を置くことが相当でない理由を株主総会で説明しなければならない(会社法327条の2)(60)，また，監査役会設置会社においては，監査役は3名以上でなければならないこととされ，そのうち半数以上が社外監査役でなければならない(同法335条3項)(61)。このような会社法上の規制を踏まえて，発行会社が，引受人に社外

---

(59)　たとえば，第三者割当増資の適時開示を行う場合には，「その他投資者が会社情報を適切に理解・判断するために必要な事項」を記載することとされており(東京証券取引所上場部『会社情報適時開示ガイドブック〔2015年6月版〕』(東京証券取引所，2015年)72頁)，具体的な内容次第ではあるが，資本提携契約における発行会社たる上場会社のガバナンスに関する条項の概要もこれに含まれると解される可能性があるため，留意が必要である。

(60)　2014年6月20日に成立し，同月27日に公布された会社法の一部を改正する法律(平成26年法律第90号)により，規定が追加された。

役員の派遣を求めることも多いが，社外役員の社外性の要件には，①親会社の取締役，監査役もしくは執行役または支配人その他の使用人でないことや②兄弟会社の業務執行取締役もしくは執行役または支配人その他の使用人でないことなどが定められているため（会社法2条15号・16号），引受人が親会社に該当する場合で，引受人がその関係者を社外取締役または社外監査役として発行会社に派遣する場合には，この点に注意が必要となる。

　また，東京証券取引所の有価証券上場規程上，上場会社は，一般株主保護のため，独立役員（一般株主と利益相反が生じるおそれのない社外取締役または社外監査役）を1名以上確保しなければならず（有価証券上場規程436条の2），かつ，取締役である独立役員を少なくとも1名以上確保するよう努めなければならない（同規程445条の4）[62],[63]。東京証券取引所は，「上場管理等に関するガイドライン」において，東証が一般株主と利益相反の生じるおそれがあると判断する場合の判断要素（独立性基準）[64]を規定しており，その中で，最近において[65]，①親会社の業務執行者もしくは業務執行者でない取締役，②親会社の監査役[66]ま

---

[61]　指名委員会等設置会社においては，各委員会の委員（取締役）の過半数が社外取締役でなければならない（会社法400条3項）。また，監査等委員会設置会社においても，監査等委員会の委員（取締役）の過半数は，社外取締役でなければならない（同法331条6項）。

[62]　上場会社は，独立役員に関して「独立役員届出書」の提出が必要となる（同規程436条の2）。

[63]　さらに，2015年6月1日より，有価証券上場規程の別添として，コーポレートガバナンス・コードが上場会社に適用されることとなり，上場会社は，コーポレートガバナンス・コードの趣旨・精神を尊重してコーポレート・ガバナンスの充実に取り組むよう努めるものとされた（同規程445条の3）。コーポレートガバナンス・コードの原則4-8においては，「独立社外取締役は会社の持続的な成長と中長期的な企業価値の向上に寄与するように役割・責務を果たすべきであり，上場会社はそのような資質を十分に備えた独立社外取締役を少なくとも2名以上選任すべき」とされ，「業種・規模・事業特性・機関設計・会社をとりまく環境等を総合的に勘案して，自主的な判断により，少なくとも3分の1以上の独立社外取締役を選任することが必要と考える上場会社は，上記にかかわらず，そのための取組み方針を開示すべき」とされている。
　　また，上場会社は，コーポレートガバナンス・コードの各原則を実施するか，または，実施しない場合にはその理由を上場会社が提出するコーポレート・ガバナンスに関する報告書において説明しなければならない（マザーズおよびJASDAQ上場の会社以外の上場会社は，コーポレートガバナンス・コードにおける「基本原則」，「原則」，「補充原則」のすべてが対象とされ，マザーズおよびJASDAQ上場の会社は，「基本原則」のみが対象とされる。）（同規程436条の3）。

84　■　第3章　資本提携契約

たは③兄弟会社の業務執行者などに該当していたか否かを判断要素の1つとしている。そのため，引受人が親会社に該当する場合で，引受人がその関係者を独立役員として発行会社に派遣する場合には，この点にも同様の注意が必要である。

ウ　派遣役員の責任に関する規定

前記アのとおり，資本提携契約においては，引受人が役員候補者を指名することができる旨の条項が規定されることが多く，このような条項が規定される場合には，資本の取得・資本関係構築後に，引受人の役職員が発行会社の役員を兼任することになることが多い[67]。

引受人は，派遣する役職員から，発行会社の株主や第三者からの責任追及に対する不安を除去し，萎縮することなくその職務を遂行できるようにするため，

---

[64]　具体的には，以下の事項が判断要素として規定されている。
　　a　当該会社を主要な取引先とする者もしくはその業務執行者または当該会社の主要な取引先もしくはその業務執行者
　　b　当該会社から役員報酬以外に多額の金銭その他の財産を得ているコンサルタント，会計専門家または法律専門家（当該財産を得ている者が法人，組合等の団体である場合は，当該団体に所属する者をいう。）
　　c　最近において次の(a)から(c)までのいずれかに該当していた者
　　　(a)　aまたはbに掲げる者
　　　(b)　当該会社の親会社の業務執行者（業務執行者でない取締役を含み，社外監査役を独立役員として指定する場合にあっては，監査役を含む。）
　　　(c)　当該会社の兄弟会社の業務執行者
　　d　次の(a)から(f)までのいずれかに掲げる者（重要でない者を除く。）の近親者
　　　(a)　aからcまでに掲げる者
　　　(b)　当該会社の会計参与（社外監査役を独立役員として指定する場合に限る。当該会計参与が法人である場合は，その職務を行うべき社員を含む。以下同じ。）
　　　(c)　当該会社の子会社の業務執行者（社外監査役を独立役員として指定する場合にあっては，業務執行者でない取締役または会計参与を含む。）
　　　(d)　当該会社の親会社の業務執行者（業務執行者でない取締役を含み，社外監査役を独立役員として指定する場合にあっては，監査役を含む。）
　　　(e)　当該会社の兄弟会社の業務執行者
　　　(f)　最近において(b)，(c)または当該会社の業務執行者（社外監査役を独立役員として指定する場合にあっては，業務執行者でない取締役）に該当していた者
[65]　東京証券取引所の作成に係る【独立役員の確保に係る実務上の留意事項】によれば，「最近において」とは，実質的に現在これらに該当している者と同視できるような場合をいうこととされている。
[66]　親会社の社外監査役を独立役員として指定する場合に限る。

以下に説明するような責任限定契約に関する条項や役員賠償責任保険（D&O保険）[68]に関する条項を資本提携契約に規定することを求めることがある。特に，発行会社が上場会社である場合等，引受人以外の株主が複数存在する場合や会社の事業規模が比較的大きい場合には，発行会社の役員は，善管注意義務違反の事実があったこと等を理由に，株主から責任を追及されることや第三者から責任を追及されることが十分にあり得るため，これらの規定が重要になる。

　会社法は，会社は，取締役（会社法363条1項各号に掲げる取締役（すなわち，代表取締役と業務執行取締役）および当該会社の業務を執行したその他の取締役もしくは執行役または支配人その他の使用人である者を除く）ならびに監査役との間で，これらの役員の会社に対する任務懈怠責任（会社法423条1項）について，当該役員が職務を行うにつき善意でかつ重大な過失がないときは，(i)定款で定めた額の範囲内であらかじめ株式会社が定めた額と(ii)会社法に定める最低責任限度額（当該役員の過去の年間最高報酬額の2倍）とのいずれか高い額を限度とする旨の契約を締結することができる旨を定款で定めることができることとしている[69]（会社法427条1項）。そのため，引受人が，役員を派遣するにあたり，定款に責任限定契約に関する規定がない場合には，当該規定を追加するための定款

---

[67]　なお，発行会社が上場会社等である場合のように，発行会社に複数の株主が存在する場合には，発行会社が役員選任議案を上程したとしても，当該議案が承認されるか否かは，最終的には株主総会の判断に委ねられることになる。このような点を踏まえて，引受人が指名する役員候補者を役員に選任する旨の議案を株主総会に上程することを発行会社の義務とするとともに，当該議案が株主総会において承認されるよう努力することを発行会社の義務とすることを内容とする規定を入れることが多い。

[68]　なお，D&O保険については，従前，株主代表訴訟担保特約（代表訴訟に敗訴した場合における損害賠償金と争訟費用を担保する特約）部分の保険料を役員個人の負担とする実務が一般的であったが，経済産業省に設置されたコーポレート・ガバナンス・システムの在り方に関する研究会が取り纏めた報告書「コーポレート・ガバナンスの実践～企業価値向上に向けたインセンティブと改革～」（平成27年7月24日公表）において，一定の手続（具体的には，(i)取締役会の承認および(ii)社外取締役が過半数の構成員である任意の委員会の同意または社外取締役全員の同意の取得）に従えば，会社が当該保険料を会社法上適法に負担することができるとの解釈が示された。かかる解釈を踏まえ，税務上も，会社が，上記手続を経て，会社法上適法に負担した株主代表訴訟担保特約部分の保険料については，役員個人に対する給与課税を行う必要はないことが明確になった（国税庁平成28年2月24日付「新たな会社役員賠償責任保険の保険料の税務上の取扱いについて（情報）」と題する公表資料）。

変更を発行会社の義務とする条項を入れるとともに[70]，実際に引受人が指名する役員が選任された場合には，当該役員と責任限定契約を締結することを発行会社の義務とする条項を入れることを求めることがある。

また，責任限定契約は，役員の会社に対する責任範囲を限定するものであり，第三者に対する責任については対象外であることや一定の範囲でのみ責任を限定するにすぎないものであることから，引受人が，指名する役員候補者が選任された場合には，速やかに，引受人が満足する内容の役員賠償責任保険（D&O保険）に加入することを発行会社の義務とする規定を入れることを求めることもある。

② 引受人が取得した株式の譲渡に関する条項

資本提携契約においては，(i)引受人が取得した株式の譲渡を禁止または制限する条項，(ii)引受人が取得した株式を譲渡する場合に，発行会社（または発行会社が指定する第三者）が当該株式を取得することにつき優先交渉権を有することとする条項，(iii)引受人が株式を第三者に譲渡しようとする場合において，発行会社にとって好ましくない第三者に株式が譲渡されることを避けるため，自らまたは自己の指定する第三者が優先的に当該株式を取得することができる権利（先買権（First Refusal Right））を発行会社に付与した上で，当該先買権が行使されなかった場合に限り，第三者に対して株式を譲渡することを認める条項，(iv)一定の事由が生じた場合に，引受人が，その保有する株式を，発行会社に買い取らせることができる権利（プット・オプション）を有することとする条項，(v)一定の事由が生じた場合に，発行会社または発行会社の指定する第三者が，

---

[69] 改正前の会社法では，責任限定契約を締結することができるのは，社外取締役，社外監査役，会計監査人および会計参与に限定されていたが，2014年6月20日に成立し，同月27日に公布された会社法の一部を改正する法律（平成26年法律第90号）により，それらの者に加えて，新たに(i)業務執行取締役でない取締役（執行役または使用人を兼務している者を除く）および(ii)常勤監査役を含む社内監査役についても，責任限定契約を締結することが認められることとなった（会社法427条1項）。

[70] 当該義務は，資本の取得・資本関係構築に関する合意と整理されることもある（前記 ②(4)②参照）。

引受人が保有する株式を，買い取ることができる権利（コール・オプション）を有することとする条項が規定されることがある。

これらの条項は，合弁契約において定められる条項とその目的および内容は実質的に同様であるため，詳細な説明は，第4章に譲ることにするが（第4章3(6)①，②参照），発行会社と引受人との間の合意においては，発行会社が引受人の保有する株式を取得する場合があること，発行会社が上場会社であることが多いこと等の事情により，株式の譲渡等に，法令等に基づく制約があり得る点に留意が必要であり[71]（株式の譲渡等に関する法令等上の制約の詳細は，第12章2(2)，(3)参照），資本提携契約においては，以上のような法令等に基づく制約が存在することを念頭においた上で，どのような条項を設けるのが望ましいかを検討する必要がある。

たとえば，実務上は，資本提携契約において，インサイダー取引規制に対応するための条項を入れることがある。すなわち，引受人が発行会社における重要事実を知っているにもかかわらず，当該重要事実が公表される前に，第三者に株式を売却すれば，インサイダー取引規制に抵触し，処罰される可能性があり（引受人が，重要事実を認識する可能性が類型的に高い役員や幹部クラスの従業員を発行会社に派遣している場合等には，この点に特に留意が必要となる。インサイダー取引規制の詳細は，第12章2(2)②(i)(b)参照），当該規制により，引受人による株式譲渡が，相当程度制約され，機動的な投下資本の回収が行えなくなる可能性があるため，実務上は，資本提携契約上に，引受人が第三者に株式を譲渡する場合には，引受人の要請に応じて，発行会社が重要事実の公表義務を負う旨を定める場合や発行会社が重要事実の公表等の対応について引受人と協議する義務を負う旨を定めることがある。

---

[71] たとえば，発行会社が引受人が保有する発行会社株式を取得しようとする場合においては，発行会社の分配可能額の範囲内でしか行うことができない（会社法461条）等，法令等上の制約が存在する。したがって，引受人のプット・オプションの条項，発行会社の先買権やコール・オプションの条項に基づき，発行会社が引受人が保有する発行会社株式を取得しようとする場合において，法律上の制約により，取得が制限される可能性がある。

なお，上場会社が発行する株式等の譲渡に関する条項に際しては，金融商品取引法上の大量保有規制にも留意する必要がある（大量保有規制については，第12章 ②(2)②(i)(e)参照）。引受人の株券等保有割合が５％を超えたことにより，引受人が大量保有報告書を提出しなければならない場合，当該報告書においては，「当該株券等に関する担保契約等重要な契約」を記載しなければならないこととされており，「保有株券等に関する貸借契約，担保契約，売り戻し契約，売り予約その他の重要な契約又は取決めがある場合には，その契約の種類，契約の相手方，契約の対象となっている株券等の数量等当該契約又は取決めの内容を記載すること」とされている（大量保有府令第一号様式，記載上の注意(14)）。かかる記載が求められているのは，大量保有者の保有株券等の保有状況に変動を生じる可能性があることは，投資者にとって重要な情報であると考えられるためと説明されており，たとえば，引受人と発行会社との間の譲渡禁止の約定も「当該株券等に関する担保契約等重要な契約」に該当すると考えられている[72]。かかる趣旨に照らせば，プット・オプションやコール・オプション等の条項を含め，引受人が取得した株式の譲渡に関する条項については，基本的に，「当該株券等に関する担保契約等重要な契約」に該当し，これらの内容を公表しなければならない可能性が高い点に留意する必要がある[73]。

　また，引受人が取得した株式の譲渡に関する条項も，株主および投資家にとって重要な情報であり，発行会社が公表する資本提携等に関するプレスリリースにおいて，条項の概要を記載することが必要になることも多い点に留意が必要である（前記①ア参照）[74]。

---

[72]　町田行人＝森田多恵子編著『大量保有報告の実務』（商事法務，2009年）76頁。

[73]　なお，法令の文言上は，「当該株券等に関する…」とされているため，上記条項は，これに該当しないと考えるのが素直であるが，実務上は，前記①の発行会社のガバナンスに関する条項や後記③の引受人による株式の追加取得に関する条項についても，当該条項の重要性等に鑑みて「当該株券等に関する担保契約等重要な契約」として記載をしている例もある。

[74]　なお，ほかにも，株主および投資家にとって重要な情報がある場合には，公表されるプレスリリースに記載しなければならないが，個別の条項内容によって，重要性が異なるため個別の検討が必要になる点には留意が必要である。

③ 引受人による株式の追加取得に関する条項

　発行会社として，上場会社の独立性等の観点で，特定の株主が一定の比率以上の株式を保有することを避けることや引受人が将来的に敵対的買収を行うことを防止すること等を目的として，引受人による株式の追加取得を禁止する条項が規定されることがある。

　また，引受人と発行会社の間で今後の追加取得があり得ることを前提にしている場合には，追加取得について，発行会社が協力する義務（たとえば，インサイダー情報を発行会社が適時に公表する義務（株式を処分する場合のインサイダーに関する規定については前記②参照））を定める条項や追加取得に関し買収防衛策を適用しないことにあらかじめ発行会社が同意する旨の条項が定められることもある。

④ その他の条項

　その他の引受人が株式を取得した後の誓約事項としては，発行会社の資金使途に関する条項がある。仮に，引受人が出資した資金が，資本提携の目的や当初予定していた資金使途以外に使用される場合には，業務提携を伴う場合には当該提携の達成に影響を与える場合があり得るため，このような条項が定められることがある。ほかにも，引受人や発行会社が，発行会社または引受人の競合他社と提携することを禁止する競業避止義務等を定めることがある。資本提携契約の誓約事項は，合弁契約に定められる誓約事項と同様のものが多いため，その他の義務については，第4章を参照されたい（たとえば，事業運営に関する義務については，第4章 ③(4)参照）。

⑶ 補　償　等

　いずれかの当事者が資本提携契約上の義務（払込後の誓約事項等）に違反した場合には，他方当事者が，補償請求を行うことができる旨を資本提携契約に規定することが多い。補償条項の基本的な内容は，資本の取得・資本関係構築に

関する合意の補償条項で述べたことと同様であるため，前記②(6)を参照されたい。具体的事案においては，資本提携契約の違反があったとしても，損害およびその額を立証することには，実務上困難が伴う場合も多いと考えられるため，補償請求権に実効性を持たせるため，損害賠償額の予定を規定しておくこともある。

　もっとも，たとえば，資本契約上，引受人が一定数の取締役の指名権を有するとされているにもかかわらず，発行会社が当該指名を無視する株主総会の議案を提出し，引受人が指名する取締役が選任されなかった場合等，金銭での補償を受けたとしても引受人にとって十分な救済とならないことがあるため，契約違反があった場合に引受人が，その保有する株式を，発行会社に買い取らせることができる権利（プット・オプション）が発生する旨を定め（なお，発行会社による自己株式の取得に関する法令等上の制約の詳細は，第12章②(3)参照），資本提携契約を解消することとする場合も多い。

⑷　資本提携契約の終了

①　資本提携契約の終了

　資本提携契約の終了事由としては，当事者が終了につき合意した場合，資本提携契約が解除された場合のほか，引受人が発行会社の株式を譲渡することにより，発行会社の株式を一切保有しなくなった場合または一定割合以下になった場合が規定されることが多い。

②　資本提携契約の解除

　発行会社または引受人において資本提携契約に定める義務の違反があった場合に，他方の当事者に解除権が発生することとする場合が一般的であり，解除後の引受人が保有する株式の処理方法として，たとえば，義務違反を行った当事者が発行会社である場合には，引受人にプット・オプションを付与し，義務違反を行った当事者が引受人である場合には，発行会社にコール・オプション

を付与することもある(なお, 発行会社による自己株式の取得に関する法令等上の制約の詳細は, 第12章②(3)参照)。もっとも, 発行会社が上場会社である場合には, 引受人は, 資本提携契約の終了後に市場等で売却することが可能であるため, 発行会社が上場会社である場合の資本提携契約においては, 契約が解除された場合にプット・オプションまたはコール・オプションを付与することは, 発行会社が非上場会社である資本提携契約や合弁契約の場合と比較すると多くない(合弁契約の解除ならびに解除した場合のプット・オプションおよびコール・オプションの内容については, 第4章③(8)②参照)。

解除事由としては, ㈜相手方に破産, 民事再生, 会社更生, 特別清算その他の法的整理もしくは私的整理の申立てまたはこれらに準ずる行為がなされた場合, ㈱相手方に資本提携契約上の義務の違反があった場合[75], ㈼相手方に対する支配権の異動が生じた場合等に解除権を認める例がある。

③ 資本提携契約の終了後の存続効

契約の解消後に関する規定として, 契約の終了後も存続する当事者の競業避止義務や秘密保持義務等について定める場合もある。

---

[75] 契約上の義務の違反については, 資本提携の解消という効果は重大であるため, ㈜重大な違反があった場合に限る, ㈱催告後一定期間違反状態が是正されなかった場合に限る, ㈼違反がありかつ信頼関係が破壊された場合に限る等の限定が付される場合もある。

第 **4** 章

合弁契約

1

合弁契約の概要

　特定の企業に対して出資するなどして資本関係を構築しているまたは構築することを予定している複数の当事者が，当該企業の運営等に関して締結する契約として株主間契約があり，株主間契約の中でも，実務上，特定の株主で企業の全株式や総株主の議決権の3分の2以上を保有するなどして，企業を実質的にコントロールしている株主間の合意が合弁契約と呼ばれることが多い。

　合弁契約に関しても，一般的な資本提携契約と同様に，広義の意味では，①合弁会社の組成に関する合意と②合弁会社の組成後の合弁会社の運営等に関する合意の2つに分けられる（第3章 [1] 参照）。たとえば，複数の企業が合弁会社を新たに設立し，それぞれが株式を保有するとともに，複数の企業の双方または一方が行っている既存の事業を会社分割により承継させる場合には，会社の設立および会社分割に関する合意（①）と会社分割の実行後における合弁会社の運営等に関する合意（②）を交わすことが多い。実務上，これらの①および②の合意を1本の契約として締結することもあれば，別個の契約として締結する場合もある点も，一般的な資本提携契約と同様である。

　合弁契約は，一般的な資本提携契約のように発行会社と株式を保有する者との間の契約ではなく，合弁会社の実質的なコントロール権を有する合弁当事者間の合意であるため，②の運営等に関する合意に若干の特色がある[1]。

　すなわち，一般的な資本提携においては，原則として経営に関する責任を負

---

[1]　もっとも，既存の企業について，その発行済株式の一部譲渡により合弁会社化する場合等には，発行会社自体についても，合弁契約の当事者となる場合もあるが，本章では，原則として，株主たる合弁当事者間の合弁契約を前提とすることとする。

うのは発行会社であるが，合弁会社においては，支配権を有している株主等が
その実質的な責任を負う場合もある。たとえば，通常の資本提携の場合であれ
ば，発行会社に資金調達の必要があれば，（それが株主の事前承諾事項となって
いたとしても，基本的には，）発行会社の責任において借入れを行うのが通常である
が，合弁会社の場合は，合弁当事者の信用力で事業を運営している側面が強い
場合も多いため，合弁会社が資金調達を行う場合においても，合弁当事者が第
三者からの借入れについて株式保有比率に応じた債務保証をすることなどが合
意されることがある（後記 ③(4)③参照）。

　また，合弁当事者が合弁事業から撤退する（Exit）に際しても，他の合弁当事
者が事業の継続を希望するような場合に備え，他の合弁当事者に株式を売却す
る方法等が定められることが多い。さらに，議決権の過半数の株式を保有して
いる合弁当事者（多数派株主）が第三者に株式を売却する場合に，ほかの議決権
の過半数を有しない合弁当事者（少数派株主）が保有する株式についても強制的
に売却することができる権利（Drag Along Right）や，逆に少数派株主である合
弁当事者が，多数派株主である合弁当事者が当該第三者に株式を売却する場合
に，自らが保有する株式についても一定の条件で第三者に売却するよう要求す
ることができる権利（Tag Along Right）が定められる場合もある（詳細は，後
記 ③(6)参照）。

　なお，合弁会社の運営等に関しては，単に合弁契約に規定するだけではなく，
種類株式を利用することなどにより，定款によってその仕組みを担保すること
も考えられる点は通常の資本提携の場合と同様である（前記第 3 章 ① 参照）[2]。

　以下では，①合弁会社の組成に関する合意と②合弁会社の組成後の合弁会社
の運営等に関する合意のそれぞれについて説明する。

---

[2] 　なお，合弁会社の場合には，合弁当事者が合弁会社の実質的なコントロール権を有し
ており，通常の資本提携の場合に比べ，定款上の株主総会や取締役会の決議要件を加重
すること（会社法309条 2 項，369条 1 項参照）などの対応をとりやすいため，これらの
方法をとることも考えられる。

2

合弁会社の組成に関する合意

　合弁会社の組成に関する合意に係る契約の構成は，第3章2に記載したものと基本的に同様であり，クロージング，表明および保証[3]，誓約事項，前提条件，補償，解除等が定められることが多い[4]。これらの条項の意義等については，第3章2を参照されたい。

　また，クロージングと同時に合弁会社の運営が始まるため，あらかじめ合弁会社の機関設計等について合意しておくことが多いのが特徴である。具体的には，合弁会社の法形式(合弁会社を株式会社とするか合同会社とするかなど[5])，商号や本店所在地等の基本的事項，機関設計(取締役等の人数，取締役会，監査役もしくは監査役会の設置の有無等)，その他具体的な定款の内容等を合意することが多い。

---

[3] 特に合弁当事者が会社分割，事業譲渡または現物出資等により自己の事業や資産の一部を合弁会社に移転する場合や，合弁当事者が合弁会社に対して知的財産権のライセンスを付与する場合には，かかる事業や資産，知的財産権に関して表明保証が行われることがある。

[4] ただし，合弁会社の組成の手法ごとに，各規定の具体的な内容は異なる。

[5] 本章では，合弁会社が日本において設立された株式会社である場合を念頭に以下説明しているが，近時は，利益配当，出資の払戻しに関する制約の少ない合同会社が利用される場合もある。

3 合弁会社の運営等に関する合意

合弁会社の運営等に関する合意は，概要，以下のような項目を含むことが多い。

---

1 合弁の目的

2 合弁会社のガバナンス体制

  (1) 機関設計

  (2) 取締役等の選解任権

3 合弁会社の意思決定（拒否権事項等）

4 合弁会社の事業運営

  (1) 事業計画

  (2) 合弁会社と合弁当事者との間の契約

  (3) 資金調達

  (4) 剰余金の配当

  (5) 競業避止義務

5 財務情報等の提供

6 合弁会社株式の譲渡

  (1) 株式の譲渡制限

  (2) 合弁会社株式の譲渡

  (3) 合弁契約上の地位の承継

7 デッドロック

8 契約違反

9　合弁契約の終了

10　一般条項

　以下では，合弁契約の条項のうち，その中心となる，合弁の目的，合弁会社のガバナンス体制，意思決定，合弁会社の事業運営，財務情報等の提供，合弁会社株式の譲渡，デッドロック，契約違反，合弁契約の終了について順に説明する。

(1)　合弁の目的

　実務上，合弁当事者間で合弁の目的を明確にするために，合弁契約の冒頭において目的を記載することも多いが，これにより，当事者の具体的な権利義務の内容がただちに影響を受けるものではない。もっとも，たとえば重大な契約違反がなされたか否かを判断するにあたり，当該違反により合弁の目的が阻害されたかを考慮するなど，個別の条項を解釈する際に合弁の目的が斟酌される場合もあり，合弁契約における各条項の解釈の指針ともなり得る[6]。

　また，合弁契約においては，後記(4)⑤のとおり合弁当事者の競業避止義務について定める場合があり，競業禁止義務の範囲を明確化するために，合弁の目的とあわせて，合弁会社が行う事業の範囲についても合意しておくことが多い。

(2)　合弁会社のガバナンス体制

　後記(3)のとおり，合弁契約においては，合弁会社の意思決定について定める場合が多い。本章では合弁会社が日本で設立された株式会社である場合を想定しているが，たとえば取締役会を設置するか否かにより株主が会社の意思決定

---

[6]　江頭憲治郎編『会社法コンメンタール１－総則・設立(1)－』（商事法務，2008年）247頁〔武井一浩執筆部分〕。

に関与できる度合いが異なるなど[7]，会社法上，機関設計によって会社の意思決定方法が異なるため，意思決定方法を定める前提として，機関設計についても合意することが必要となる[8]。

また，会社法の原則に従えば，取締役および監査役の選任は株主総会の普通決議事項であるため（会社法329条1項，309条1項），合弁会社の多数派株主は，単独で合弁会社のすべての取締役および監査役を選任することが可能であるが，合弁会社の少数派株主も，自ら合弁会社の経営に参画するとともに，多数派株主の指名に従って選任された取締役を監督するため，取締役や監査役を指名する権利を確保することを求める場合が多い。

以下では，合弁会社における意思決定方法の原則を画することとなる機関設計と取締役等の選解任権について説明する。

① 機関設計

合弁契約においては，合弁会社にいかなる機関を設置するかを規定する場合が多いが，会社法上の機関のみならず，会社法に定めのない任意の機関が設けられる場合もある。

(i) 会社法上の機関

合弁契約においては，取締役会や監査役等の会社法上の機関の設置の有無について規定することが多いが，前述のとおり，取締役会を設置するか否かにより株主が合弁会社の意思決定に関与できる度合いや合弁会社における意思決定方法が異なってくるため，特に取締役会の設置の有無が重要である。

---

[7] たとえば，取締役会非設置会社では，株主総会は一切の事項について決議することができるのに対し（会社法295条1項），取締役会設置会社では，株主総会は原則として法律上定められた事項に限り決議することができるものとされている（同法295条2項）。
[8] なお，合弁会社の法形式として株式会社を選択した場合，会社法上，合弁会社を監査等委員会設置会社（会社法2条11号の2）や指名委員会等設置会社（同法2条12号）とすることも可能である。もっとも，実務上，合弁会社においてこれらが選択される例は多くはないように思われるため，本章では対象としていない。

(a) 取締役会の設置の有無

合弁会社が公開会社及び監査役会設置会社のいずれにも該当しない場合には取締役会を設置しないことができる（会社法327条1項）。取締役会を設置しない場合には，①株主総会において，会社に関する一切の事項を決議することが可能であり（同法295条1項），また，②取締役の人数は1名で足り（同法331条5項参照），③大会社でない場合には監査役の設置も必須ではないため（同法327条2項，328条1項），機関設計を簡素なものにすることが可能である。

もっとも，合弁会社の運営に関するあらゆる事項を株主総会で決定することが実務上困難と考える場合や，簡素な機関設計とすることを特段重視しない場合には，取締役会を設置することが多い(9)。

(b) 監査役・監査役会の設置の有無

取締役会設置会社を選択した場合には，監査役の設置が必要となる（会社法327条2項）。

他方で，監査役は，大会社でない取締役会非設置会社（公開会社を除く）においては設置が義務づけられていない（会社法327条2項，328条1項）。もっとも，監査役の設置が義務づけられていない場合であっても，特に少数派株主が取締役の選解任権を有しない，または少数派株主が選解任権を有する取締役の数が限定されている場合など，少数派株主が取締役の職務の執行を自ら十分に監視できないと考える場合には，取締役の職務の執行を監査する機関である監査役を任意に設置する場合もある。しかし，各合弁当事者が取締役の選任権を有する場合には，各合弁当事者が選任した取締役を通じて他の取締役の職務の執行を監査することが可能であり，株主自ら取締役に対して指示することが実務上可能である場合も多いため，監査役を設置しないという判断がなされることも

---

(9) なお，取締役会非設置会社では，各取締役が業務執行権限を有するが，業務の決定に関しては，取締役が2人以上いる場合は，定款で別段の定めをした場合を除き，過半数で決定することとされており（会社法348条2項），他方で，株主総会はあらゆる事項について決議することができるため，株主総会の決議と取締役の決定が重複または矛盾してしまう可能性もある（ジョイント・ベンチャー研究会編著『ジョイント・ベンチャー契約の実務と理論－会社法制の改正を踏まえて〔補訂版〕』（判例タイムズ社，2007年）51頁〔勝間田学執筆部分〕）。

想定される。

　また，大会社で公開会社である会社は，監査役会の設置が義務づけられている（会社法328条１項）が，それ以外の場合でも任意に監査役会を設置する場合もある。監査役会を設置する場合には，監査役は３人以上で，かつ，その半数以上は社外監査役でなければならない（同法335条３項）。

(ii)　会社法に定めのない任意の機関

　合弁契約において，会社法に定めのない任意の機関として，運営委員会や「ステアリング・コミッティー（Steering Committee）」等の会議体を設置することを合意する場合がある（以下単に「運営委員会」という）。かかる任意の機関を設置する目的としては，①合弁会社の重要な意思決定を行うために設置される場合と，②意思決定自体を行うのではなく，現場担当者同士で意見のすり合わせ等を行うために設置される場合があるとされる[10]。

　このうち前記①の，合弁会社の重要な意思決定を行うために設置される運営委員会には，(a)合弁会社の取締役会の委任を受けて意思決定を行うものと，(b)株主総会または取締役会で意思決定を行うにあたり参考にするため，合併会社の株主総会または取締役会が意思決定を行うのに先立ち協議・決定するものがある。

　前記(a)の意思決定の委任を受ける運営委員会は，たとえば，取締役会設置会社とした場合であっても，取締役の人数が多いなどの事情により頻繁に取締役会を開催することに不都合がある場合に，機動的な意思決定を可能とするため，会社法上の枠組みを超えて設置されるものである。

　このように法定の決議機関以外に決定権限を委任することの可否が問題となるが，株主総会の法定決議事項については，株主総会以外の機関が決定することができることを内容とする定款の定めは無効であり（会社法295条３項），株主

---

(10)　淵邊善彦編著『シチュエーション別　提携契約の実務〔第２版〕』（商事法務，2014年）220頁〔柏健吾＝中川浩輔執筆部分〕。

総会から運営委員会への委任自体も無効と解されている[11]。他方で，取締役会の法定決議事項については，取締役会の法定決議事項を別の機関に委任することはできないとする見解もある[12]ものの，総株主の同意がある場合には，株主の利益保護に欠けるところはなく，決定を運営委員会に委任することができるとする見解も有力である[13]。

② 取締役の選解任権[14]

(i) 取締役の選任権

会社法の原則に従えば，取締役の選任は株主総会の普通決議事項であるため，多数派株主は単独で合弁会社のすべての取締役を選任することが可能である（会社法329条1項，309条1項）。しかしながら，合弁会社は多数派株主と少数派株主が共同して合弁会社の運営を行うものであり，少数派株主は，合弁会社の経営に参画し，多数派株主の選任する取締役を監督するため，合弁会社に取締役を派遣する権利を確保することを求める場合が多い。

実務上，多数派株主と少数派株主がそれぞれ選任権を有する取締役の人数は持株比率に比例して定められることが多いように思われるが，持株比率にかかわらず少数派株主が少なくとも1名の取締役の選任権を確保することができるよう，持株比率と厳密には対応させないこともある[15]。

(ii) 取締役の解任権

会社法上は，取締役の解任は株主総会の普通決議事項であり，議決権の過半

---

(11) 宍戸善一監修『会社法実務解説』（有斐閣，2011年）48頁〔志村直子執筆部分〕。
(12) 前田雅弘「会社の管理運営と株主の自治－会社法の強行法規制に関する一考察」龍田節＝森本滋編・川又良也先生還暦記念『商法・経済法の諸問題』（商事法務，1994年）163頁。
(13) 前掲注(11)・宍戸監修49頁。
(14) 監査役設置会社とする場合には，各合弁当事者に監査役の選解任権を認める場合も多いが，その方法は取締役の場合と基本的に同様である。
(15) そのほか，持株比率が51対49等である場合，厳密に持株比率に対応させようとすれば大人数の取締役が必要となる場合，合弁当事者間の交渉の結果による場合等，選任権を有する取締役の人数の比率と持株比率が厳密に対応しない場合もある。

数を有する株主がすべての取締役を解任することができるため（会社法309条2項7号），少数派株主の取締役の選任権を定めたとしても，選任した取締役が多数派株主によって解任されてしまうと，取締役の選任権の趣旨が没却されてしまう。そのため，少数派株主は，取締役の選任権だけでなく，少数派株主の指名に基づき選任された取締役については少数派株主の意思に反して解任されることのないよう手当てすることを求めることが多い。

(iii) **取締役の選解任権を確保するための手法**

取締役の選解任権を確保する代表的な手法としては，以下のものがあげられる。

(a) **合弁契約による定め**

典型的には，合弁契約において，合弁会社の取締役の総数および各合弁当事者が指名することができる人数を定める場合が多い。かかる規定に加え，当該指名に係る者が合弁会社の取締役に選任されるよう各合弁当事者が協力する義務を定める場合が多く，特に，各合弁当事者が指名する候補者を合弁会社の取締役に選任する株主総会議案について，他の合弁当事者が賛成しなければならないことを明示的に規定する場合もある（いわゆる議決権拘束条項）。

また，取締役の解任権についても規定する場合がある。すなわち，各合弁当事者の指名に従って選任された取締役について，他の合弁当事者により解任されることを防ぐ手法としては，合弁契約において，①各合弁当事者の指名に従って選任された取締役は，指名を行った合弁当事者のみが解任に関する決定を行うことができる旨を規定する，あるいは，②すべての取締役の解任を拒否権事項に含め，およそ取締役の解任については少数派株主の同意を要件とする場合がある。なお，かかる解任により，合弁会社が当該取締役に対して会社法339条2項に基づく損害賠償責任を負う場合には，当該解任を求めた合弁当事者がかかる責任をすべて引き受け，合弁会社が損害を被ることがないよう補償する旨を規定する場合もある。

(b) 定款による定め

前記のとおり，合弁契約において議決権の行使について合意をした場合であっても，理論的には，多数派株主がこのような取締役の選解任権に関する合意に違反した株主総会決議を成立させることにより，少数派株主の指名した取締役候補者が株主総会において選任されない可能性や，少数派株主の指名に従って選任された取締役を，当該少数派株主の意に反して解任する可能性も否定できない。そして，学説上の多数説によれば，このような株主間の合意に反してなされた株主総会決議であっても，株主総会の決議取消事由に該当せず，株主総会決議を取り消すことはできないと解されており(16),(17)，合弁契約の定めに違反して株主総会決議がなされてしまった場合には，少数派株主の取締役選解任権は確保できないことになる(18)。

そのため，合弁契約上の定めだけでなく，定款において取締役の選解任の仕組みを定めることもある。定款上の仕組みとすることにより，定款に違反してなされた株主総会決議や取締役決議は法的な瑕疵を帯びることになり，取締役の選解任権に関する合意の違反がなされるおそれを低下させることができる。また，合弁契約だけではなく定款で定めをおいた場合には，合弁当事者から合弁会社の株式の譲渡を受けた者との関係でも，取締役の選解任権の定めが効力を有することになる。

もっとも，実務上は，後記(8)のとおり，合弁契約上，合弁契約の違反があった場合には，合弁当事者の保有株式について，コール・オプションやプット・オプションが発生するなどの仕組みを規定することによって契約違反を抑止することにとどめることもあり，また，合弁会社の定款を一般的なものと異なる

---

(16) 酒巻俊雄＝龍田節編『逐条解説会社法(2)』（中央経済社，2008年）99頁〔松尾健一執筆部分〕。

(17) もっとも，全株主間の合意違反は株主総会決議の取消事由に該当するという見解もある（江頭憲治郎『株式会社法〔第6版〕』（有斐閣，2015年）336頁）。

(18) 後記(8)①のとおり，合弁契約上の義務の違反に基づき，違反当事者に対して補償請求をすることは考えられるものの，損害およびその額を立証することは，実際上困難が伴うことも多いと思われる。したがって，補償請求権の実効性を確保するため，損害賠償額の予定を定めておくことも考えられる。

ものにしたくないとの意向などから，定款において取締役の選解任の仕組みを定める例はあまり多くはないように思われる。

定款において取締役の選解任の仕組みを定める場合，株主総会における定足数・決議要件を加重する場合や，種類株式を導入する場合があげられる。

(ア) 株主総会の定足数・決議要件の加重

合弁会社の定款上，株主総会における取締役の選任の定足数または決議要件を加重して，少数派株主の賛成がなければ取締役の選任決議をできないこととする場合がある。たとえば，少数派株主が合弁会社の議決権の49%を有している場合において，株主総会における決議要件を過半数ではなく3分の2に加重することにより，少数派株主が賛成しなければ取締役を選任することができなくなる。もっとも，定足数・決議要件の加重の場合には，それのみでは，積極的に少数派株主が指名する者が取締役として選任されることが確保できるわけではなく，取締役の選任について少数派株主が拒否権を有するにすぎない。

(イ) 種類株式の導入

株主総会の定足数・決議要件の加重のみでは少数派株主による取締役の選任権が確保できないため，さらに進んで，定款において取締役の選任に関する種類株式の発行を定める場合もある。合弁会社が非公開会社である場合には（会社法108条1項柱書），たとえば合弁会社がA種種類株式およびB種種類株式を発行し，一定の人数の取締役はA種種類株主総会の決議により選任され，残りの取締役はB種種類株主総会の決議により選任されることとし，合弁契約において，多数派株主にA種種類株式を割り当て，少数派株主にB種種類株式を割り当てることとする場合がある（同法108条1項9号）[19]。

③ 代表取締役の選定権・解職権

会社法の原則に従えば，代表取締役は，取締役会が取締役の中から選定する

---

(19) なお，各種類株主総会で選任された取締役は，当該種類株主総会の決議によってのみ解任されることとなり，解任権も確保できることとなる（会社法347条1項）。

こととされているため（会社法362条 2 項 3 号），多数派株主が取締役会の過半数を占めている場合には，取締役会における過半数による決議により多数派株主が代表取締役を選定することができる。

しかし，代表取締役は，会社の業務に関する一切の裁判上または裁判外の行為をする権限を有しており（会社法349条 4 項），合弁会社の運営に対する影響力も非常に大きいことから，少数派株主としては，少数派株主も代表取締役を選定することができる旨を定めるか，多数派株主が指名する代表取締役候補者につき少数派株主が拒否権を持つことを求めることがある。

少数派株主も代表取締役を選定する権利を有するための手法としては，合弁契約において，多数派株主および少数派株主がいずれも一定人数の代表取締役を指名することができる旨を定めることが考えられる。

他方，少数派株主に対して代表取締役の選定について拒否権を付与する方法としては，以下の方法があげられる。

(i)　合弁契約による定め

合弁契約において，代表取締役の選定について少数派株主の同意を要する旨を定める場合がある。

(ii)　定款による定め

取締役の選解任と同様，合弁契約において取締役会における議決権の行使に関して合意をした場合であっても，理論的には，多数派株主がこのような代表取締役の選定に関する合意に違反して，少数派株主の同意を得ることなく，取締役会決議により代表取締役を選定する可能性もある。そして，このような株主間の合意に反してなされた取締役会決議について，会社法上無効となるかは疑義があり，契約違反の場合に少数株主が取り得る救済策は限定的である。

そのため，合弁契約上の定めだけでなく，定款において代表取締役の選定の仕組みを定めることも考えられるが，取締役の選解任と同様，定款上手当てする例は実務上あまり多くはない。

定款において代表取締役の選定または解職の仕組みを定める場合の手法としては，取締役会の定足数または決議要件を加重する場合や，種類株式を導入する場合があげられる。

(a) 取締役会の定足数・決議要件の加重

合弁会社の定款上，代表取締役の選定のための取締役会決議の定足数または決議要件を加重して，少数派株主から指名された取締役の賛成がなければ代表取締役の選定決議をできないこととする場合がある。

(b) 種類株式の導入

代表取締役の選定の場合には，取締役の選任についての種類株式（会社法108条1項9号）とは異なり，たとえば，合弁会社がA種種類株式をある合弁当事者に対して発行し，代表取締役の選定または解職にはA種種類株主総会の決議があることを要することを内容とする拒否権付種類株式（同法108条1項8号）を導入する方法が考えられる。

④ 持株比率が変動した場合の対応

前記②(i)のとおり，各合弁当事者が指名することができる取締役の人数は，各合弁当事者の持株比率に比例あるいはそれに準じて定められる例が多いため，合弁開始後に持株比率が変動した場合の対応についても定められることがある。

具体的には，合弁契約において，各合弁当事者の持株比率が変動した場合には，(ア)各合弁当事者が選解任権を有する取締役等の人数について協議する旨の規定を設ける場合や，(イ)持株比率に変動があった場合の各合弁当事者が選解任権を有する取締役の人数の算出方法をあらかじめ定めておき，持株比率が変動した場合には自動的に各合弁当事者が選解任権を有する取締役等の人数が変動することとする場合等がある。

⑶ 合弁会社の意思決定（拒否権事項等）

株式会社においては，会社法または定款上特別の要件が定められている場合

でない限り，株主総会の決議は，議決権を行使することができる株主の議決権の過半数を有する株主が出席し，その出席株主の議決権の過半数によって行われ（会社法309条1項），取締役会の決議は，議決に加わることができる取締役の過半数が出席し，その出席取締役の過半数によって行われる（同法369条1項）。したがって，少数派株主にとっては，特に重要な事項については，多数派株主によって少数派株主の意思に反した意思決定がなされないことを確保することが非常に重要であり，少数派株主が合弁契約の意思決定に関与する手段を確保することを求める場合が多い。他方で，少数派株主が拒否権を有する事項が広範に及ぶと，デッドロックが生じやすくなる[20]ことから，多数派株主としては少数派株主の拒否権事項をできるだけ制限することを求める場合が多く，拒否権事項は合弁契約の交渉上特に重要なポイントとなることが多い。

① 拒否権を確保するための手法

少数派株主の拒否権を確保するための代表的な方法としては，合弁契約に規定を設ける場合と，定款に定める場合がある。

(i) 合弁契約による定め

少数派株主の拒否権を確保するための一般的な方法としては，合弁契約において，少数派株主の同意を要する事項を列挙する方法がある。

このような合意は，取締役等の選任と同様に，議決権の行使に関する株主間の合意（議決権拘束条項）の性質を有する。前述のとおり，学説上の多数説によれば，このような議決権拘束条項に反してなされた株主総会決議であっても，株主総会の決議取消事由に該当せず，株主総会決議を取り消すことはできないと解されており，合弁契約の定めに違反して株主総会決議がなされてしまった場合には，少数派株主の拒否権は確保できないことになる。

また，取締役会決議事項について拒否権を定める場合もあるが，これは合弁

---

[20] デッドロックが解消できない場合には，合弁の解消という重大な効果が生じる可能性があることについては，後記(7)参照。

当事者が指名した取締役が合弁当事者の意向に従うことを前提とした規定である。もっとも，合弁会社の取締役は，合弁会社の取締役として選任された以上，合弁会社に対して会社法上の善管注意義務を負うため，自己を指名した合弁当事者の意向に従うことが適切でない場合も考えられることから，強い実効性を期待できない場合もあるように思われる。

(ii) 定款による定め

　合弁契約において拒否権を定めた場合であっても，理論的には，多数派株主がこのような合意に違反して，株主総会または取締役会で決議を行う可能性も否定できない。

　そのため，合弁契約上の定めだけでなく，少数派株主の意思に反した意思決定がなされないように定款において手当てする場合もある。定款上の仕組みとすることにより，定款に違反してなされた株主総会決議や取締役決議は法的な瑕疵を帯びることになり，少数派株主の意向を無視した決議がなされるおそれを低下させることができる。また，合弁契約だけではなく定款で定めをおいた場合には，多数派株主から合弁会社の株式の譲渡を受けた者との関係でも，少数派株主が拒否権を有することになる。

　もっとも，取締役等の選解任権と同様に，実務上は，後記(8)のとおり，合弁契約上，合弁契約の違反があった場合にはコール・オプションやプット・オプションが発生するなどの仕組みを規定することによって契約違反を抑止することにとどめることもあり，また，合弁会社の定款を一般的なものと異なるものにしたくないとの意向などから，定款において拒否権の仕組みを定める例はあまり多くはないように思われる。

　定款において少数派株主の拒否権の仕組みを定める場合，典型的には，株主総会または取締役会における定足数・決議要件を加重する方法や，種類株式を導入する方法があげられる。

110 ■ 第4章 合弁契約

(a) 定足数・決議要件の加重

取締役等の選解任権と同様に，少数派株主または少数派株主から派遣された取締役の同意がなければ株主総会または取締役会における決議が成立しないように，定款において，一定の重要事項については株主総会または取締役会の定足数または決議要件を加重する場合がある。

(b) 種類株式の導入

株主総会または取締役会において決議すべき事項のうち，一定の重要事項については，株主総会または取締役会決議に加えて，種類株主総会の決議を必要とすることを内容とする拒否権付種類株式（会社法108条1項8号）を少数派株主に対して発行する場合がある[21]。

② 拒否権事項の範囲

(ⅰ) 拒否権事項

合弁契約において，合弁当事者の同意を要する事項として検討されることの多い事項の例は以下のとおりである。

(ア) 会社の基礎に関する事項

- 定款その他重要な社内規程の作成または改廃
- 経営方針，事業計画の策定または変更
- 新規事業の開始，既存事業の廃止
- 支店その他の重要な組織の設置，変更または廃止

(イ) 会社の機関に関する事項

- 株主総会の招集決定，議長の選任その他株主総会手続に関する事項の決定

---

[21] その他にも，株主総会決議事項については，多数派株主の有する株式の一部を議決権制限株式（会社法108条1項3号）として，持株比率は6対4等としつつ，議決権割合は5対5とすることなども考えられる（前掲注[17]・江頭145頁）。

- 取締役，役付取締役もしくは監査役の選解任またはこれらの者の給与・報酬・退職金の承認もしくは変更
- 代表取締役，その他の取締役または重要な役員に対する権限の授与または制限に対する承認
- 取締役会の招集権を有する取締役の決定または変更
- 取締役・監査役の責任の一部免除
- 取締役の競業行為，利益相反行為の承認
- 取締役会以外の諮問機関（常務会，経営会議等）の設置または改廃

(ウ) 使用人に関する事項
- 支配人その他の重要な使用人の選任または解任
- 従業員の取扱方針（人員計画等を含む）の策定または変更の承認
- 就業規則または給与規則等の労働条件の決定または変更

(エ) 株式に関する事項
- 株式の分割，併合，消却または自己株式の取得
- 種類株式の創設または変更
- 新株，新株予約権もしくは新株予約権付社債の発行もしくは消却，または，新株もしくは新株予約権の無償割当て
- 株式または新株予約権の第三者に対する譲渡の承認
- ストック・オプション，株式購入計画その他の奨励計画の創設または改廃

(オ) 計算に関する事項
- 合弁契約において定めた配当政策とは異なる利益配当・中間配当の実施または配当政策の変更
- 年度予算の承認または修正
- 計算書類の承認

- 資本金の額または準備金の額の減少
- 剰余金の処分
- 会計監査人の設置または選解任
- 事業年度の変更

(カ) 組織再編，M&A に関する事項
- 合併，会社分割，株式交換，株式移転に係る契約または計画の承認
- 合弁会社の事業の全部または一部の譲渡または譲受
- 子会社の設立

(キ) 重要な契約に関する事項
- 重要な資産の取得または処分，第三者との資本提携，業務提携，事業協力，共同開発に係る契約の締結，変更または終了
- 他の法人等の株式その他持分の取得または処分
- 資金調達その他債務の負担（借入れ，保証，または担保権の提供による債務を含む）
- 一回または一連の取引において一定金額以上の支払または受領を伴う契約の締結，変更または終了
- 合弁会社もしくは合弁当事者，それらの関係会社の活動を制限し，または，その他合弁会社の事業にとって重要な事項を定める契約の締結，変更もしくは終了
- 合弁当事者またはその関係会社との間の取引の承認ならびに契約の締結，変更または終了
- 合弁会社による知的財産権の取得，譲渡その他の移転，担保設定，ライセンスまたはサブライセンス

(ク) その他
- 第三者に対する訴訟等の提起および和解

- 解散，清算
- 破産，民事再生，会社更生，特別清算その他の法的整理もしくは私的
  整理の申立てまたはこれらに準ずる行為

少数派株主の拒否権事項の範囲は，たとえば，少数派株主の議決権割合が小さい場合には会社の基礎に関わるような特に重要事項に限定される傾向にあるなど，少数派株主の有する議決権割合にもよるところもあるが，合弁当事者間の交渉によりその範囲を画することとなる。

交渉にあたっては，たとえば，(ｱ)後記③のとおり，一部の事項については，少数派株主の同意が必要な拒否権事項の対象とはしないが，事前協議または事前通知を義務づける，(ｲ)少数派株主の拒否権事項を広く定めた上で，少数派株主は不合理に承諾を留保したり遅延しないことを定める，(ｳ)拒否権事項は広めに定める代わりに，意思決定に関する決議ができなかった場合にデッドロックの対象となる事項を限定的にする，(ｴ)拒否権事項は限定的に定める代わりに，少数派株主が合弁から離脱（Exit）しやすくするなどの工夫がなされる場合もある。

(ii) 連結決算との関係

拒否権事項の範囲を決定するに際しては，当該合弁会社を合弁当事者の会計上の連結対象とするかという点からの検討も重要である[22]。

たとえば，ある会社が他の会社の議決権の過半数を所有している場合には，当該他の会社は「子会社」に該当し（連結財務諸表規則2条3号，財務諸表等規則8条4項1号），原則として子会社は連結財務諸表提出会社の連結の範囲に含まれるため（連結財務諸表規則5条1項），多数派株主が合弁会社の株式の過半数を有している限り，基本的には合弁会社は多数派株主の連結対象の範囲に含まれることとなる。しかし，財務上または営業上もしくは事業上の関係からみて他

---

[22] 会計上の連結の要件の詳細については，後記第6章⑤(2)①(iv)参照。

の会社の意思決定機関を支配していないことが明らかであると認められる場合には，当該他の会社は子会社には該当せず（連結財務諸表規則2条3号，財務諸表等規則8条3項・4項柱書），その結果連結の範囲にも含まれないところ，合弁関係により複数の株主で共同支配されている場合がこれに該当することがあると解されている[23]ことから，少数派株主の拒否権事項を広く認めると，多数派株主において，合弁会社を連結の範囲に含めることができない可能性もある。

　合弁会社が連結の対象に含まれるか否かは，多数派株主にとっては合弁に参加する重要な考慮要素のひとつである場合も少なくなく，連結の可否について想定と異なる事態が生じないよう，合弁当事者において，具体的な拒否権事項の案とあわせ，自らの会計監査人と事前に協議することが重要である。

③　事前協議事項・事前通知事項

　少数派株主としては，重要事項については，少数派株主の同意を要する拒否権事項とするよう求めることが多いが，多数派株主との交渉の結果として，あるいは，少数派株主にとっての決定事項の重要性に応じて，一定の事項については少数派株主の同意を要するとまではせずに，合弁会社が当該事項を決定または実行する前に，事前の協議を要することとしたり事前の通知を要することにとどめることも実務上は多い。

⑷　合弁会社の事業運営

①　事業計画

　事業計画は，合弁会社の基本的な事業運営の計画を定めるものであり，それぞれの経営資源を持ち寄り合弁会社を共同で運営する各合弁当事者にとってビジネス上の関心が特に高いものであるため，合弁契約において，当初数年間の

---

[23]　企業会計基準委員会の「連結財務諸表における子会社及び関連会社の範囲の決定に関する適用指針」（企業会計基準適用指針第22号，平成23年3月25日改正）16項(2)。

事業計画を合弁契約に添付し，その後の事業計画の策定方法を規定する場合も多い。その後の事業計画については合弁会社が自ら策定するものとする場合もあるが[24]，たとえば，各事業年度の事業計画を，当該事業年度開始日の一定期間前までに，各合弁当事者が協議し，合意により策定した上で，合弁会社の取締役会でこれを承認するものとするなど，合弁当事者間で協議の上策定することとする場合も少なくない。

②　合弁会社と合弁当事者との間の契約

各合弁当事者が合弁会社の事業運営に必要な原材料，販売ネットワーク，人材，知的財産権やノウハウ等の経営資源を有していることや，各合弁当事者が合弁会社との取引から収益を得ることが見込まれることが，各合弁当事者が合弁会社に参加する前提となっていることが多い。そのため，合弁会社に対してかかる経営資源を提供することを各合弁当事者に義務づけるとともに，各合弁当事者が合弁会社との取引から収益を得られることを確保するために，各合弁当事者と合弁会社との間で締結すべき契約のフォームを合弁契約に添付したり，基本的な契約条件を合弁契約で合意した上で，別途合弁会社の組成までに契約を締結する旨が定められることが多い。合弁会社の運営にとって，特に重要な契約については，当該契約の締結が，合弁会社組成の前提条件と規定されることもある。

また，多数派株主が存在する場合には，合弁会社と多数派株主との間の契約について，多数派株主のみの意向で一方的に変更したり終了したりされないよう，少数派株主の拒否権事項の対象に含めることもある。

このような合弁会社と合弁当事者との間の契約のうち，合弁契約において規定しておくことが検討されることが多いものの例としては，以下のものがあげられる。なお，資金調達については項を改めて説明する。

---

[24]　この場合であっても，少数派株主が拒否権を有する場合が多い。

1　取引契約

- 合弁会社が合弁当事者から部品や原材料を仕入れる契約
- 合弁会社が合弁当事者に対して，合弁会社が製造した製品を供給する契約
- 合弁会社が合弁当事者から製品の製造委託を受ける契約

2　取引契約以外の契約

- 合弁当事者から合弁会社に対する知的財産権のライセンス契約
- 合弁当事者から合弁会社に対する従業員の出向契約
- 合弁当事者から合弁会社への経理，管理その他の間接部門のサービスや技術指導を提供する役務提供契約

③　資金調達

　合弁会社が事業を遂行するにあたっては，追加の資金需要が生じることがある。合弁会社に資金需要が生じた場合であっても，株主有限責任の原則に基づき，株主である合弁当事者は，出資額を超えて会社の債務について責任を負わないため，各合弁当事者に合弁会社の資金調達への協力を義務づけるには，合弁契約において明確に定めておく必要がある。また，仮に合弁当事者に資金調達に協力する義務を負わせる場合であっても，通常各合弁当事者が無限定に資金調達に協力することは想定されていないため，合弁契約であらかじめ資金調達に協力するための条件等の方針を定めておく必要性が高い。

　仮に資金調達についてあらかじめ合弁契約において合意しなかった場合には，都度，合弁会社の意思決定方法に従って資金調達方法を決定することとなる。合弁会社が新株の発行や一定額以上の借入れを行うことなどについては少数派株主が拒否権を有することとされる場合があることは，前記(3)②のとおりである。なお，少数派株主に拒否権を付与した場合，合弁会社に資金需要が生じているにもかかわらず資金調達することができない事態を回避するため，拒否権

の例外（たとえば，合弁契約の規定に基づく資金調達については少数派株主は拒否権を行使できないなど）やデッドロック解消の仕組みを設けることが重要となる。

(i) 資金調達の主体および方法

合弁会社に資金需要が生じた場合の資金調達の方法としては，合弁会社が自己の責任において，借入れ等により独自に資金調達するとされる例も少なくないが，合弁会社が事業を開始して間もない時期など合弁会社自体の信用が低い場合や，大規模な投資を必要とする場合には，合弁会社が独自に資金調達を行うことが困難な場合もあり得る。

そこで，合弁会社の資金調達に合弁当事者が協力することを定める場合があるが，合弁当事者が合弁会社の資金調達に協力する場合の例として，(a－1)合弁会社が第三者から借入れを受けるにあたり，各合弁当事者が保証や担保を提供する，あるいは(a－2)各合弁当事者が，合弁会社に直接貸付けを行うなどのデッド・ファイナンスと，(b)各合弁当事者が，合弁会社が発行する募集株式または新株予約権付社債を引き受けるなどのエクイティ・ファイナンスがある。

(ii) デッド・ファイナンス

デッド・ファイナンスを選択する場合には，各合弁当事者が，持株比率に応じない比率で資金調達に協力したとしても，各合弁当事者が有する合弁会社の議決権割合に影響しないため，各合弁当事者が選解任権を有する取締役等の人数や，拒否権事項の範囲等について変更する必要性がさほど高くはないというメリットがある。もっとも，議決権保有割合に影響がないとはいえ，各合弁当事者が持株比率に応じない割合での保証，担保提供，貸付けを行った場合，各合弁当事者の合弁事業に対する資金負担のバランスに影響があるため，デッド・ファイナンスについても，持株比率によるものと定める場合も多い。

(a) 合弁当事者による保証または担保提供

合弁会社が自らの信用力のみでは金融機関等の第三者から借入れを受けるこ

とが困難である場合，株主である合弁当事者の全部または一部が，合弁会社が第三者から借入れを行うにあたって保証や担保提供を行うことにより資金調達に協力する義務を負う旨を合弁契約に定める場合がある。

この場合には，各合弁当事者は，無限定に担保提供または保証を行う義務を負うことを避けるために限度額を定め，また，資金調達に協力するための条件（保証料等）についてもあらかじめ定めることが多い[25]。

(b) 合弁当事者から合弁会社に対する貸付け

合弁当事者が自ら合弁会社に対して貸付けを行う義務を負う旨を定める場合がある。

この場合にも，各合弁当事者は，無限定に貸付けを行う義務を負うことを避けるために限度額を定めたり，貸付けに係る利率等の条件についてもあらかじめ定めておくことが多い[26]。

なお，合弁当事者から合弁会社に対して貸付けを行う場合には，貸金業法による規制に留意する必要がある。すなわち，貸金業法上，貸金業を営む場合には貸金業の登録を受けなければならず，書面交付義務等一定の規制に服するものとされており，合弁当事者から合弁会社への貸付けが貸金業に該当すれば，かかる貸金業規制に従う必要が生じることとなる。

この点，合弁当事者から合弁会社に対して行われる貸付けが貸金業規制の対象となる貸金業に該当しないようにするためには，(a)「同一の会社等の集団」[27]に属する会社間の貸付けに該当するか，または(b)合弁事業における株主から合弁会社に対する貸付けとして，貸金業法の規制を受けないための一定の要件を充足する必要がある[28]。

---

[25] なお，いずれかの合弁当事者に，不当に有利な条件で担保提供または保証が行われる事態を避ける観点からも，資金調達に関する条件の取決めは重要である。

[26] いずれかの合弁当事者に，不当に有利な条件で貸付けが行われる事態を避ける観点からも，資金調達に関する条件の取決めは重要であることは，前掲注[25]と同様である。

[27] ある会社等と，当該会社等の会社法2条3号に定義される子会社（ただし，会社法施行規則3条3項3号の子会社は除く）に相当するものが，「同一の会社等の集団」とされている。なお，総議決権の過半数保有の場合に限られず，たとえば40％以上の議決権を保有し，実質基準により子会社に該当する場合も，「同一の会社等の集団」に含まれる。

このうち，(a)については，直接の親子会社の関係にない場合であっても，「同一の会社等の集団」に属する会社間で行われるものであれば貸金業法の規制を受けることなく資金融通が可能であるため，合弁会社においても，合弁会社の親会社のグループから，貸金業法の規制を受けることなく貸付けを行うことができる。

また，(b)については，具体的には，(ア)2社以上の会社等が共同で営利を目的とする事業を営むための契約に基づき合弁会社の経営を共同して支配している場合であって，(イ)合弁会社の総株主または総出資者の20％以上の議決権を保有する共同出資者から合弁会社に対して行われる貸付けであり，(ウ)当該貸付けが合弁会社の総株主または総出資者の同意に基づくものである場合には，貸金業に該当しないこととされている。したがって，20％以上の議決権を保有している限り，充足が比較的容易な要件の下，合弁会社の議決権の過半数を有しない少数派株主からも，貸金業法の規制を受けることなく合弁会社に対して貸付けを行うことができる。

なお，(ウ)の合弁会社の総株主または総出資者の同意に関して，金融庁は，「貸付けを行う都度，個別に総株主又は総出資者の同意を得る場合のほか，当該貸付けが総株主又は総出資者の共同の意思に基づき実行されるものである旨を規定する条項が株主間契約等にあらかじめ盛り込まれている場合には，当該貸付けは『総株主又は総出資者の同意に基づくもの』に該当するものと考えられ」，「その際に必要となる同意内容については，基本的には，貸付けを行うこと自体についての同意があれば足り，必ずしも貸付条件の詳細をあらかじめ全て取り決めることまでは要しないと考えられますが，当該貸付けが，あくまで，総株主又は総出資者の共同の意思に基づき実行されることが前提」となると説明している[29]。したがって，合弁当事者から合弁会社に対して貸付けが行われるこ

---

[28] 詳細については，赤井啓人＝山本浩平＝堀越友香＝寺﨑亮平「グループ会社間の貸付および共同出資者から合弁会社への貸付を貸金業規制の適用除外とするための貸金業法施行令等の改正」金法1992号（2014年）25頁，有吉尚哉＝伊藤真弥「『貸金業』の範囲見直しによるグループ内金融・合弁事業への影響」商事2031号（2014年）17頁参照。

とが想定される場合には，かかる趣旨に従って，貸付けを行うことがあること
および総株主または総出資者の共同の意思に基づく貸付けであることにつき，
合弁契約において明確に規定しておくことが望ましい。

(iii) **エクイティ・ファイナンス**

合弁会社に資金需要が生じた場合に，合弁会社が募集株式を発行することに
よって資金調達することを定める場合がある。

エクイティ・ファイナンスの場合には，合弁当事者の全部または一部が追加
出資を行うことによって各合弁当事者の議決権割合に影響が生じる場合もある
ことから，エクイティ・ファイナンスによる追加出資について定める場合には，
追加出資後に各合弁当事者が選解任権を有する取締役等の人数や拒否権事項の
範囲等について変更するか否かを検討する必要もある。

(a) **追加出資義務等**

合弁会社が募集株式を発行することによって資金調達することを定める場合
において，合弁当事者が追加で出資する義務を負うこととする場合がある。こ
の場合，かかる追加出資により各合弁当事者の議決権割合に変更が生じるのを
避けるために，従前の持株比率に比例して追加出資義務を負う旨を定めること
も多い。また，各合弁当事者が追加で出資する義務を負う金額の上限や，発行
する株式を普通株式とするか種類株式とするか，発行価額およびその算定方法
などについて定めておく場合もある。

また，追加出資義務を定めない場合であっても，合弁当事者以外の者に対し
て第三者割当増資を行うのではなく，まず合弁当事者が優先して株式を引き受
けられるよう，各合弁当事者が持株比率に応じて追加出資を行うことができる
旨を規定する場合もある[30]。

なお，合弁会社が非公開会社であることを前提とすれば，株主割当ておよび

---

(29) 2014年3月18日付けで金融庁より公表された「『貸金業法施行令等の一部を改正する政令（案）』等に対するパブリックコメントの結果等について」別紙1「コメントの概要及びそれに対する金融庁の考え方」回答22番～25番参照。

第三者割当増資における募集事項の決定には，原則として株主総会の特別決議が必要となる（会社法199条2項，200条1項，202条3項4号，309条2項5号）[31]ため，合弁契約に規定したとおりの意思決定を可能とするためには[32]，合弁契約において合弁当事者の議決権行使の義務づけが必要となる。

(b) 一部の合弁当事者による出資

各合弁当事者の追加出資義務を定めたにもかかわらず一部の合弁当事者がかかる義務を履行しなかった場合や，追加出資義務を定めなかった結果一部の合弁当事者のみが出資を行った場合には，追加出資を行った合弁当事者の有する株式数および議決権割合が増加することとなる。このような場合，議決権割合の変動に応じ，各合弁当事者が選解任権を有する取締役の人数や拒否権事項の範囲等について，協議の上，変更するといった条項を合弁契約で定める例もある。

④ 剰余金の配当

合弁会社の剰余金の配当は，各合弁当事者が，投下資本の回収として，合弁関係からいかに利益を得るかという合弁関係の本質的要素のひとつであるため，合弁契約において，あらかじめ剰余金の配当に関する基本方針に関して合意しておく場合も多い。

もっとも，剰余金の配当については，そのときどきの合弁会社の経営状況，財務状況や将来の運営方針などにも大いに関連するため，あらかじめ合弁契約において合意するのではなく，剰余金の配当の具体的な実行について，少数派株主の拒否権事項の対象にのみしておくこともある。

---

(30) 合弁会社が第三者割当増資を行うことは，少数派株主の拒否権事項の対象に含まれる場合が多く，この場合には，少数派株主の意思に反して，第三者に対して株式が割り当てられることを防ぐことが可能である。

(31) ただし，株主割当ての場合には，募集株式の募集事項を取締役会の決議によって定めることができる旨の定款の定めがある場合には，取締役会決議によることができる（会社法202条3項2号）。

(32) たとえば，多数派株主が合弁会社の議決権の3分の2以上を有していない場合には，多数派株主は単独で募集株式の発行を決議することができないこととなる。

(i)　剰余金の配当に関する基本方針

　剰余金の配当に関する基本方針を合弁契約で定める場合，配当の金額の水準や頻度，たとえば，合弁会社の当期純利益の一定割合を配当とする旨を定めておくことがある。また，合弁会社の配当は，各合弁当事者が部分的に投下資本の回収を図ることができる手段である一方，合弁会社に利益を内部留保して財務の健全性を維持することも重要であることから，たとえば，合弁会社を立ち上げてから一定期間は配当を行わないこととする場合もある。

(ii)　合弁当事者により異なる配当を行う場合の手当

　一部の合弁当事者について，投下資本の一部を早期に回収する必要性が特に高い場合や，合弁会社と合弁当事者との間の取引から得られる収益よりもむしろ合弁会社の配当から収益を得ることを期待している合弁当事者が存在する場合などには，合弁当事者によって異なる配当を行うこととする場合もある。非公開会社である場合には，剰余金の配当について株主ごとに異なる取扱いを行う旨を定款で定める方法（会社法109条2項）や，優先株式（剰余金の配当に関して異なる定めをした種類株式）（同法108条1項1号）を発行することもある。

⑤　競業避止義務

　合弁会社においては，各合弁当事者がそれぞれ有している経営資源を合弁会社に対して提供して共同事業を行うことが想定されているため，各合弁当事者が，自らまたは第三者と提携するなどして合弁会社の事業と競合する事業を行った場合，合弁会社を組成した意義が減殺されてしまうおそれがある。そのため，合弁の対象事業については合弁会社においてのみ行うこととし，合弁当事者が，合弁の対象事業またはこれと類似する事業について，自らまたは第三者との提携により行わないことを合弁契約に定める場合も多い[33]。

　競業避止義務について規定する場合には，その範囲が明確になるよう，禁止される事業の範囲，主体[34]，期間[35]，地理的範囲，行為（出資，経営参画，役員派遣，第三者との提携等）について明確に合意しておくことが望ましい。

なお，合弁当事者に競業避止義務を課した場合，その事業活動を制限することになるため，独禁法上，私的独占（独禁法2条5項）または拘束条件付取引等の不公正な取引方法（同法2条9項6号ニ，一般指定12項）などに該当しないかが問題となる[36]。したがって，合弁契約の作成にあたっては，個別の事案ごとに，競業避止義務の対象となる事業の範囲（合弁会社の事業と同一の事業に限るか等），競業避止義務を負う期間，地理的範囲，競業避止義務を負わせることの合理的な理由を検討することが必要となる。

⑸　財務情報等の提供

①　連結財務諸表作成等への協力

各合弁当事者の合弁会社に対する持株比率によっては，合弁会社が合弁当事者の会計上の連結子会社または持分法適用会社となる場合があり，その場合には，連結財務諸表を作成するために，合弁当事者において，合弁会社の財務情報等を適時に入手する必要がある。そのため，連結決算に必要な限度で，合弁当事者（またはその指定する第三者）が合弁会社に対して一定の財務資料の提出や情報の提供を求める権利を有するとともに，合弁会社に協力させる義務を合弁当事者が負う旨を合弁契約に明示することが多い。

②　一般的な情報提供

会社法上，総株主の議決権または発行済株式の100分の3以上を保有する株主

---

(33)　合弁当事者は，合弁関係を通じて他の合弁当事者または合弁会社の重要な秘密情報やノウハウを取得するケースも多いため，合弁当事者において支配権の異動が生じた場合（特に競合他社が支配権を取得した場合）には，他の合弁当事者に合弁契約の解除権を認めることがある。後記(9)①参照。

(34)　合弁当事者のみとする場合もあるが，実効性を確保するため，合弁当事者の親会社・子会社等も対象に含める場合がある。

(35)　合弁契約の有効期間内のみとする場合もあるが，合弁解消後一定期間についても競業を禁止する例も見られる。

(36)　なお，産業見本市の開催権の譲渡に伴って地域等を限定せずに競業避止義務を課すことについて，公正取引委員会から独禁法上問題となり得る旨の指摘がなされた事例が存在する（公正取引委員会「独占禁止法に関する相談事例集（平成17年度）」事例2）。

は会計帳簿の閲覧請求権（会社法433条）を有しているが，会計帳簿に現れない事実については情報を得ることができず，また，請求者が会社の業務と実質的に競争関係にある事業を行っている場合など，一定の拒絶事由（同法433条2項）も定められていることから，会計帳簿の閲覧請求権の行使により得られる情報には限界がある。

そのため，前記①の連結決算の目的に限らず，各合弁当事者（特に少数派株主）が合弁会社から一定の情報や資料の提供を求める権利や，合弁会社の役職員に対して質問をする権利を有するとともに，合弁会社に協力させる義務を合弁当事者（特に多数派株主）が負う旨を合弁契約に明示することもある。

⑹　合弁会社株式の譲渡

①　株式の譲渡制限

会社法上，株式は自由に譲渡できるのが原則である。しかしながら，合弁会社においては，合弁当事者が，信頼関係に基づいて自己の有する経営資源を提供し，共同して合弁会社の運営を行っていくものであるから，合弁関係が一方的に解消されたり，合弁当事者の承諾なく第三者[37]が株主となることを防ぐことを目的として，合弁会社の株式の譲渡を制限するニーズがある。

（i）　定款による株式の譲渡制限

会社法上，株式を譲渡により取得することについて当該会社の承認を要する旨の規定を定款で定めることができるため（会社法107条2項2号イ），合弁会社の定款において，かかる譲渡制限の規定をおくことが通常である。

もっとも，定款で譲渡制限を定めた場合であっても，合弁会社に対する譲渡承認請求において，譲渡が承認されない場合の買取請求があわせて行われた場合，合弁会社が合弁当事者の有する合弁会社株式の譲渡を承認しない場合には，

---

[37]　合弁当事者の親会社・子会社等への譲渡や合弁当事者間の譲渡については除外する旨を明示する例もある。

合弁会社または指定買取人が当該株式を買い取らなければならないため（会社法140条1項・4項），合弁当事者が合弁会社の株式を譲渡することを完全に阻止できるわけではない。

また，多数派株主が有する株式を譲渡しようとする際，譲渡承認決議について，取締役会の決議要件を加重するなどして少数派株主が拒否権を有する場合，譲渡承認に関する決議自体が成立せず，譲渡承認請求から2週間以内に譲渡を承認しない旨の通知を行うことができないことも想定され，その場合，結局，当該譲渡承認請求が承認されたものとみなされることになる（会社法145条1号）。したがって，少数派株主の望まない者に多数派株主の株式が譲渡されないことを確保するためには，合弁契約に少数派株主の先買権等を規定する必要がある[38]。

なお，合弁当事者に自然人が含まれる場合には，当該合弁当事者の死亡により合弁会社の株式が相続の対象となるおそれがある。会社法上，株式会社は，相続等の一般承継により株式を取得した者に対し，当該株式を会社に売り渡すことを請求することができる旨を定款に定めることができるため（会社法174条），合弁当事者に自然人が含まれる場合には，かかる規定を定款に定めることが考えられる。

(ii) 合弁契約による株式の譲渡制限

前記のとおり，定款による株式の譲渡制限には限界もあることから，定款による株式の譲渡制限を規定するだけではなく，合弁契約において，株主間の合意として，他の合弁当事者の承諾がない限り，株式の譲渡が制限される旨を規定することが多い[39]。

---

[38] なお，合弁会社においては，取締役会の過半数を占めている株主による合弁会社株式の譲渡を防ぐため，株式譲渡の承認機関を株主総会とし，株主総会において少数派株主の拒否権を確保する場合もあるが，その場合であっても，譲渡承認請求から20日以内に不承認通知がなされなかった場合には，同様に譲渡が承認されたものとみなされる。

[39] この場合，合弁会社の株式の譲渡のみならず，担保権の設定その他の処分についてもあわせて禁止することが可能である。

126　■ 第４章　合弁契約

　なお，投下資本の回収の機会を確保する観点から，合弁会社の組成後一定期間に限って株式の譲渡を制限する場合もある。その場合であっても，たとえば競合他社など他の合弁当事者が望まない類型の第三者に対して合弁会社株式が譲渡されることを防ぐことを目的として，あらかじめ株式の譲渡先の要件を定める場合や，合弁会社株式の譲渡先の選定にあたっては事前に他の合弁当事者と協議する旨規定する場合もある。

②　合弁会社株式の譲渡に関する合弁契約における約定

　合弁会社株式の譲渡を認める場合であっても，以下のように，譲渡につき何らかの制限を課す場合が多い[40]。

(i)　先買権（First Refusal Right）

　合弁会社は，複数の企業が経営資源を提供し，共同して事業を営むものであり，合弁当事者のいずれかがその保有する合弁会社株式を譲渡しようとする場合に，他の合弁当事者としては，好ましくない第三者が合弁会社の株主となるよりも，自らまたは自己が指定する第三者が当該合弁会社株式を取得することを望む場合が多い。

　そこで，合弁当事者が合弁会社の株式を第三者に譲渡しようとする場合において，自らまたは自己の指定する第三者が優先的に当該合弁会社株式を取得することができる権利（先買権：First Refusal Right）を他の合弁当事者に付与した上で，当該先買権が行使されなかった場合に限り，第三者に対して当該株式を譲渡することを認める旨を合弁契約に規定することがある[41]。

　典型的な手続としては，①譲渡を希望する合弁当事者は，第三者に対して株式を譲渡することを希望する場合，事前に他の合弁当事者に対して，株式譲渡

---

[40]　その他，競合他社への譲渡は禁止とする例もある。

[41]　先買権までは付与しないものの，譲渡を希望する合弁当事者が第三者との間で株式譲渡の交渉を行うのに先立ち，譲渡希望株式の取得について，譲渡を希望する合弁当事者と優先的に協議・交渉する権利（優先交渉権）を他の合弁当事者に対して付与する場合もある。

を希望する旨および譲渡予定価格等の譲渡の条件について通知する義務を負い，②他の合弁当事者が一定期間内に株式を買い取る旨を通知した場合には，譲渡対象株式を第三者との間で予定している取引と同一の条件で取得することができ，③他の合弁当事者が譲渡対象となっている株式を買い取る旨を通知しなかった場合には，譲渡を希望する合弁当事者は，一定期間内に限り，当該第三者に対して合弁会社の株式を譲渡することができる旨が定められる。

　なお，先買権が行使された際の買取価格を，譲渡を希望する合弁当事者から第三者への譲渡予定価格と同一の価格とした場合には，譲渡を希望する合弁当事者と当該第三者との間で通謀し，過大な譲渡価格での譲渡が予定されているかのように仮装する可能性もあり得るため，第三者による評価額を買取価格とする場合もある[42]。

(ii)　売主追加請求権（Tag Along Right）

　合弁当事者のいずれか（特に，多数派株主）が合弁会社の株式を第三者に対して譲渡しようとする場合に，他の合弁当事者（特に，少数派株主）にも投下資本の回収の機会を与えるため，他の合弁当事者が保有する株式についても同一の条件で当該第三者に譲渡するよう，譲渡を希望する合弁当事者に請求できる権利（売主追加請求権：Tag Along Right）を合弁契約に規定することがある。

　なお，かかる合意は第三者との間での拘束力はなく，少数派株主がTag Along Rightを行使した場合であっても，多数派株主から合弁会社株式を取得することを予定している第三者が，多数派株主および少数派株主が譲渡を希望する株式のすべてを取得することを受け入れるとは限らない。この場合において，当該第三者が多数派株主の有する合弁会社株式を優先的に取得し，少数派株主の有する株式は取得しないこととすると，少数派株主にTag Along Rightを認めた趣旨が没却されることとなる。そこで，少数派株主がTag Along Rightを行使した結果，多数派株主および少数派株主が第三者に譲渡しようと

---

(42)　前掲注(11)・宍戸監修69頁。

する合弁会社株式の数が，第三者が取得する合弁会社株式の数を超過した場合であっても，(ア)多数派株主および少数派株主が，第三者が取得する株式数について，それぞれが譲渡を希望する株式数の比率に応じて按分した数の合弁会社株式を譲渡する，あるいは，(イ)少数派株主の有する合弁会社株式を優先して第三者に譲渡すると合弁契約に規定することにより，多数派株主に対して，多数派株主および少数派株主が譲渡を希望する合弁会社株式の全部を取得するように第三者との間で交渉するインセンティブを働かせることもある。

　Tag Along Right は，合弁当事者の他の権利と組み合わせて規定されることも少なくない。たとえば，先買権と組み合わせて規定される場合がある。すなわち，合弁契約において前記(i)の先買権の定めがある場合に Tag Along Right についても重畳的に定め，合弁当事者のいずれかが株式を第三者に譲渡しようとする場合に，他の合弁当事者が，(a)先買権を行使して当該株式を取得し，自ら合弁会社を運営することとするか，(b)売主追加請求権を行使して，譲渡を希望している合弁当事者の保有する株式とともに，当該合弁当事者が保有する株式を当該第三者に譲渡し，合弁会社から離脱して投下資本を回収するかを選択することができるようにする場合もある。

(iii)　強制処分権（Drag Along Right）

　合弁当事者のいずれか（特に，多数派株主）が，合弁会社の株式を第三者に譲渡しようとする場合に，当該譲渡を希望する合弁当事者のイニシアチブで，他の合弁当事者が保有する株式についても同一の条件で当該第三者に譲渡するよう，他の合弁当事者に請求できる権利（強制処分権：Drag Along Right）を合弁契約に規定することがある。Drag Along Right には，合弁会社に少数株主がいなくなることによって，多数派株主による第三者への合弁会社株式の譲渡が容易になったり，より高い価格での譲渡が見込める可能性が増すというメリットがある。

⒤　プット・オプション／コール・オプション

　合弁会社は，各合弁当事者が，信頼関係に基づいて自己の有する経営資源を提供し，共同して合弁会社の運営を行うものであるが，何らかの理由で合弁関係を解消するとしても，それまでに投入した経営資源の有効活用の観点から，いずれかの合弁当事者が他の合弁当事者が保有する合弁会社株式を取得して，継続して当該会社の事業を運営していくことが効率的である場合も多い。そこで，一定の事由が生じた場合に行使可能なプット・オプションやコール・オプションを合弁契約に規定することがある。

　プット・オプションとは，一定の事由が生じた場合に，自らの保有する株式を他の合弁当事者に対して売り付けることができる権利である。たとえば，合弁当事者に投下資本の回収の機会を確保するため，合弁会社の組成から一定期間経過した後には，合弁当事者にプット・オプションを付与する場合がある。

　コール・オプションとは，一定の事由が生じた場合に，他の合弁当事者が保有する株式を自らに対して売り渡す義務を発生させる権利である。たとえば，合弁会社の組成に際し，自己の重要な事業を合弁会社に移転したり，合弁会社の運営に不可欠な知的財産権を合弁会社にライセンスしている合弁当事者は，合弁解消の手段としてコール・オプションの付与を希望する場合が多い。

　プット・オプションまたはコール・オプションが行使された場合の株式の譲渡価格の決定方法についても，後日の紛争防止の観点から，合弁契約においてあらかじめ明確に規定しておくことが望ましい。譲渡価格の決定方法としては，たとえば，(a)権利行使時の財務諸表に基づく純資産額等を基準に，一定の算定方式に従って決定する場合，(b)公認会計士や投資銀行等の中立的な第三者による評価額とする場合，(c)合弁開始時の投資額とする場合などが考えられる。

　プット・オプションおよびコール・オプションは，デッドロックが生じた場合の合弁の解消方法や合弁契約上の義務の違反が生じた場合の措置としても用いられることが多いが，それぞれ，後記(7)，(8)を参照されたい。

③　合弁契約上の地位の承継

　合弁契約においては，各合弁当事者（特に少数派株主）の合弁会社における意思決定への関与方法（取締役等の選任権や拒否権事項等）などが定められていることが多いが，多数派株主が合弁契約の規定に基づき，合弁会社株式を第三者に譲渡した場合において，合弁会社株式を取得した第三者が合弁契約の適用を受けないとすると，少数派株主の合弁会社の意思決定への関与に関する権利が失われることとなってしまう。

　そこで，少数派株主の立場からは，合弁契約において，多数派株主の保有する合弁会社株式が第三者に譲渡される場合には，多数派株主が，その合弁契約上の地位を当該譲受人たる第三者に承継させる義務を負うことを明記し，当該第三者からも合弁契約の地位を承継することについての書面による承諾を取得することが望ましい。

⑺　デッドロック

　デッドロックとは，一般に，合弁当事者間で意見が合致せず，合弁会社が重要な意思決定を行うことができなくなる場合をいう。合弁当事者の議決権比率が50：50の場合，合弁当事者から派遣される取締役の数が同数の場合，少数派株主が合弁会社の運営に関して広範な拒否権事項を有する場合にはデッドロックが生じやすく，その場合，意思決定が行われないことにより合弁会社の積極的な事業遂行が困難となってしまうため，デッドロックの解消に向けた手続を規定することが重要である。もっとも，デッドロックが解消できない場合には，後記②のとおり，合弁の解消という重大な効果を生じさせる場合もあるため，デッドロックの対象となる決議事項やデッドロックが解消されなかった場合に重大な効果を生じさせる事項を，株主総会または取締役会の決議事項，拒否権事項の中でも特に重要な，事業遂行に不可欠な事項に限定する場合もある[43]。

---

[43]　また，デッドロックの予防法として，前記(2)①(ii)の運営委員会を活用する場合がある。

デッドロックの解消に向けた協議においても合意が得られない場合には，プット・オプションやコール・オプション，合弁会社の解散・清算等による合弁関係の解消という重大な効果を発生させることとする場合もあるため，いかなる場合にデッドロックが生じたとされるかを明確に定めておくことが必要である[44]。

① デッドロックの解消方法

合弁契約においては，デッドロックが生じた場合の解消方法として，合弁当事者間において，一定期間誠実に協議することが定められることが多い[45]。

実務上，協議の担当者についても詳細に定める例が見られ，デッドロックが生じた場合，段階的な協議により妥協点を探るべく，まず一定期間，各合弁当事者が派遣している合弁会社取締役間で協議を行い，それでも解決しない場合には，各合弁当事者の代表者同士でさらに一定期間協議を行う旨を定めることもある。

② デッドロックが解消されない場合の取扱い

合弁当事者間の協議を経てもデッドロックが解消されない場合には，当該デッドロックの対象事項については，意思決定がなされない以上，現状維持で事業を運営していくことになるが，当該対象事項が合弁事業の根幹に関わるような場合には，プット・オプションやコール・オプションの発生，合弁契約の解除権の発生，合弁会社の解散・清算等により，合弁関係を解消することとせざるを得ない場合がある。

合弁会社の解散に関しては，デッドロックが解消されない場合には，株主総会における解散決議（特別決議事項）に賛成の議決権行使を行うべき義務を各合

---

[44] たとえば，一定の対象事項について，取締役会を一定回数開催しても取締役会決議が成立しなかった場合等と定める場合がある。
[45] 仲裁・ADR といった裁判外の紛争解決方法によりデッドロックの解消を図る場合もある。

弁当事者に課すことが多いが，合弁契約の定めに反して，合弁当事者が解散決議に賛成しない場合もあり得る。そのような場合には，会社法上，総株主の議決権の10分の1以上または発行済株式の10分の1以上を有する株主は，会社が業務の執行において著しく困難な状況に至り，会社に回復することができない損害が生じ，または，生じるおそれがある場合[46]などの一定の場合で，やむを得ない事由があるときには，会社の解散の訴えを提起することができ，解散を命ずる判決が出された場合には，合弁会社が解散することとなる（会社法471条6号，833条1項）。なお，会社の解散の訴えは，閉鎖型のタイプの会社の少数派株主が損害を防止するために行使する最後の救済手段と位置づけられているものの，会社の業務が支障なく行われている限り，業務執行が多数派株主により不公正かつ利己的に行われ，少数派株主が恒常的不利益を被っているだけでは，解散判決はなされないと解されている[47]ことには留意が必要である。

また，合弁当事者が合弁関係を解消することを意図して，敢えてデッドロックが解消されないように行動する可能性もあり得ることから，たとえば，一方当事者が誠実に協議に臨まなかったことによりデッドロックが解消されなかった場合には，当該合弁当事者には合弁関係を解消する権利を与えないと規定する場合もある[48]。

⑧ 契約違反

① 補　償

いずれかの合弁当事者が合弁契約上の義務に違反した場合には，相手方当事者が，補償請求を行うことができる旨を合弁契約に規定することが多い。具体的事案においては，合弁契約の違反があったとしても，損害およびその額を立

---

[46] 典型的には，50％ずつの議決権を有する二派の対立により新たな取締役の選任も不能になったような場合がこれに該当するとされる（前掲注[17]・江頭981頁）。

[47] 前掲注[17]・江頭981頁。

[48] 前掲注[11]・宍戸監修65頁。

証することには実務上困難が伴う場合も多いと考えられるため，補償請求権に実効性を持たせるため，損害賠償額の予定（民法420条）を規定しておくこともある。

もっとも，たとえば，前記(2)②のとおり，合弁契約上少数派株主が一定数の取締役の選任権を有するとされているにもかかわらず，多数派株主が株主総会決議によりすべての取締役を選任した場合など，金銭での補償を受けたとしても少数派株主にとって十分な救済とならないことがあるため，後記②のとおり，義務違反があった場合には相手方当事者にプット・オプションやコール・オプションが発生する旨を定め，合弁関係を解消することとする場合もある。

② 解 除

合弁当事者において合弁契約上の義務の違反があった場合に，他の合弁当事者に解除権が発生することとする場合が一般的である。さらに，解除後の合弁当事者が保有する株式の処理方法として，義務違反を行った合弁当事者の相手方当事者に，プット・オプションまたはコール・オプションを付与する場合が多い[49]。

この場合，合弁契約上の義務違反へのペナルティとしての効果をもたせるため，たとえば，契約違反をされた相手方当事者がコール・オプションを有する場合には，当該コール・オプションの買取価格について，ペナルティ相当分を控除した価格での買取りとしたり，契約違反をされた相手方当事者がプット・オプションを有する場合には，当該プット・オプションの売付価格について，ペナルティ相当分を加算した価格での売付けとするなど，違反当事者にとって

---

[49] 合弁契約の解除の効果としてプット・オプションまたはコール・オプションが発生することとされる場合もあるが，契約違反があった場合の効果としてプット・オプションまたはコール・オプションが発生することとされる場合もある。プット・オプションにより合弁当事者が有する株式の一部のみを売り付ける場合またはコール・オプションにより相手方当事者が有する株式の一部のみを取得することを許容する場合などで，プット・オプションまたはコール・オプションを行使した後にもなお合弁契約を存続させる場合には，このように，解除を伴わないでプット・オプションまたはコール・オプションが発生する建付けとすることが必要になる。

134 ■ 第4章　合弁契約

不利益となるような価格での株式の譲渡が行われるように定めておく例も少なくない。

⑼　合弁契約の終了

①　合弁契約の終了事由

合弁契約の終了事由としては，全合弁当事者が終了につき合意した場合，合弁契約が解除された場合のほか，いずれかの合弁当事者が合弁会社株式を他の合弁当事者または第三者に譲渡することにより，合弁会社の株式を一切保有しなくなった場合や，合弁会社について解散決議がなされた場合が規定されることが多い。

合弁契約の解除事由としては，㋐相手方当事者に破産，民事再生，会社更生，特別清算その他の法的整理もしくは私的整理の申立てまたはこれらに準ずる行為がなされた場合，㋑相手方当事者に合弁契約上の義務の違反があった場合[50]，㋒相手方当事者において支配権の異動が生じた場合，㋓デッドロックが解消されない場合，㋔合弁契約の目的の達成または不達成（合弁契約に規定された業績目標に一定の期間内に達しなかった場合等）の場合などに解除権を認める例がある。

②　合弁契約の終了の方法

合弁契約の終了の方法・効果として，合弁会社の株式を他の合弁当事者または第三者に譲渡することや，合弁会社を解散・清算することが定められる場合がある[51]。

---

[50]　合弁契約上の義務の違反については，合弁の解消という効果は重大であるため，㋐重大な違反があった場合に限る，㋑催告後一定期間違反状態が是正されなかった場合に限る，㋒違反がありかつ信頼関係が破壊された場合に限るなどの限定が付される場合もある。

[51]　合弁会社株式の譲渡や合弁会社の解散は，合弁契約の終了事由となるとともに，合弁会社株式の譲渡や解散以外の事由による合弁契約の終了時の効果として，合弁解消の具体的な方法とされるケースもある。

③ 合弁契約の終了後の取扱い

合弁契約の終了後に関する規定として、合弁の終了後も存続する合弁当事者の競業避止義務や秘密保持義務、合弁契約の有効期間中に生じた知的財産権の帰属、合弁会社と合弁当事者の間との契約関係の帰趨等について定める場合もある。

第 **5** 章

業務提携契約

1

業務提携契約の概要

　企業の活動が多様化，大規模化，国際化する今日において，たとえば自社と異なる地域で活動する企業と協力することで製品の販路を拡大したり，自社独自の技術に関して他社と協力することで新たな製品の開発を行ったり，あるいは同業他社と協力して製品を生産することで生産量を拡大してスケールメリットを享受したりする等，企業同士がお互いの強みを補完し合うことにより，自社が単独で行動するよりも，自社の競争力を高めることが可能となる。このような企業間の積極的な協力関係は，いわゆる業務提携契約を通じて構築されることが一般的であり，業務提携は，業種・国籍を問わず，積極的に利用されている。

　「業務提携」に明確な定義はなく，業務提携についての企業間の合意は，その性質上，極めて多種多様である。以下では，業務提携の典型的な類型として，ⅰ）生産提携，ⅱ）販売提携，ⅲ）技術提携，ⅳ）共同開発に関する提携，ⅴ）その他包括的な業務提携に分類し，それぞれについて，検討するべきポイントを概観する。また，これらに関連して，ⅵ）業務提携を実効性あるものとするための実務上の工夫，ⅶ）親子会社間の取引をめぐる問題点，さらにはⅷ）会計・税務上の問題点についても述べる。なお，業務提携における独禁法の留意点について述べている箇所があるが，独禁法の一般的な留意点については，第8章および第9章を参照されたい。

2

生産提携(1)

(1) 生産提携の意義

　企業間において，一方が一定の期間にわたり継続して特定の製品の生産業務
を委託し，相手方がそれを受託して生産を行う場合，当該企業間では，生産業
務の提携に関する契約が締結される。生産提携の法的な性質としては，原材料・
部品・製品についての生産や加工に関する売買（民法555条），委任（民法656
条），請負（民法632条）その他これらを組み合わせたいわゆる製作物供給契約
等，契約内容によってさまざまなものがあり得る。もっとも，このような生産
業務の提携に関する契約において特に検討すべき項目は，ある程度共通してい
る。

　具体的には，提携対象製品の品目・品質・数量・価格，原材料の種類・品質・
調達先，生産方法，納期・納入場所・納入方法，品質保証・品質管理，提携期
間等は，契約締結時に具体的に合意するか否かも含め，生産業務の提携を行う
にあたって最低限検討しておくべき項目であるし，また，発注者が受注者に対
して生産方法・技術指導の提供を行う場合には，技術指導者の派遣，その期間，
費用負担という技術指導に関する条項や，秘密保持等に関する条項，特許・ノ
ウハウに係る譲渡・実施権の許諾に関する条項，提供した技術に基づく改良技
術の取扱いに関する条項等についても検討する必要がある（生産方法・技術指導

---

(1)　契約法研究会編『現代契約書式要覧』（新日本法規，1972年）3238の4頁。

140 ■ 第5章　業務提携契約

の提供を行う場合に検討するべき各条項については，技術提携を行う場合にも同様に検討すべきものであるため，これらについては，後記④で述べる）。

　ただし，生産業務の提携に関する契約については，受発注の方法や取引の基本条件を定めた取引基本契約書が締結された上で，個々の取引の支払条件等については，別途発注書や覚書で定められることが多い。

⑵　主な検討項目

①　製品の品目・品質・数量・価格

　生産業務の提携は，一定程度長期間の提携関係の継続が見込まれるものであり，生産提携の対象となる製品の変更や将来的な条件変更等があり得ることから，契約の作成にあたっては，まず受発注の方法等の基本的条件のみについて基本契約書を作成し，具体的な製品の品目・品質・数量・価格等については，個別の発注書や覚書等を取り交わすことが多い。

　原材料の価格が変動する製品の場合，原材料の価格に関しては，固定された価格ではなく，原材料の市場価格等を前提とした変動価格を計算フォーミュラによって定める規定や，一定期間ごとに当事者間で価格について協議すると定める規定も見られる。

　なお，製品に係る代金の支払については，下請法（下請代金支払遅延等防止法）の規制に留意するべきである。すなわち，委託者が「親事業者」，受託者が「下請事業者」にあたる場合（「親事業者」「下請事業者」にあたるか否かは，両者の資本金の額等の多寡によって決まる。下請法2条7項・8項），親事業者が下請事業者の給付を受領した日から起算して60日以内の期間内において，かつ，できる限り短い期間内において，代金の支払期日を定めなければならないとされている（同法2条の2第1項）。また，親事業者は，下請事業者の給付の内容・下請代金の額その他の事項を記載した書面等を下請事業者に交付しなければならず（同法3条），給付内容・下請代金の金額等の事項を記載した書面または電磁的記録を作成・保存しなければならず（同法5条），さらには受領の不当拒絶・不当な

代金減額・不当返品等の行為が禁じられている（同法4条）等，下請業者を保護するためのさまざまなルールが適用されることになる。また，下請法が適用されない場合であっても，委託者が「取引上の地位が相手方に優越していることを利用して，正常な商慣習に照らして不当に」代金の支払を遅らせた場合は，「優越的地位の濫用」として独禁法違反となる可能性がある（独禁法2条9項5号ハ）ことにも注意を要する[2]。

② 原材料の種類・品質・調達先，生産方法

原材料の種類・品質・調達先についても，生産提携を行う製品の品質を維持すること，または発注者と原材料の調達先との間に何らかの関係がある場合に，その良好な関係を維持すること等を目的として，発注者・受注者の間で合意がなされることがある。

また，生産方法についても，生産提携を行う製品の品質を維持すること等を目的として，製品の仕様や生産に必要な図面等について発注者が指示し，あるいは，生産方法に係る営業秘密の保護等を目的として，特定の管理された工場において生産を行わなければならない旨の合意がなされることもある。さらに，当事者間の関係によっては，発注者の最低発注量・受注者の最低生産量に関する規定を置いたり，あるいは，受注者において，受注品と同一または類似の製品を第三者から受注し，または生産することを禁止する旨の競業避止義務に関する規定を置いたりする場合もある。

③ 納期・納入場所・納入方法

受注者が生産した製品の納期・納入場所・納入方法についても，基本契約書においては発注者の指示に従って行うとだけ規定し，具体的には別途の発注書や覚書で定められることが多い。

また，これに関連して，納期前の納入や分割納入についての定め，納入遅延

---

(2)　澁谷展由「物の製造等に関する業務委託契約」ビジネスロー・ジャーナル9巻4号（2016年）17頁。

の場合の対処方法や遅延によって生じる損害賠償額の予定についての定め等が置かれることもある。

④　品質保証・品質管理

受注者は，自らが生産した製品の品質について保証することが一般的であるが，①保証の範囲を製品の仕様を満たすことのみに限定するか，それとも広く法令への適合性，使用目的・用途への適合性についても保証するか，②保証の期間をどの程度設けるか，③万が一保証に反した場合，救済手段として損害賠償請求，契約の解除，代品請求や修補請求等のうちいずれを認めるか，さらに救済手段として複数の選択肢を設けたとして，その選択権を当事者のどちらに与えるか，といったポイントについて検討することが必要である。

また，品質に関しては，製品に瑕疵があった場合の瑕疵担保責任についても検討が必要である。すなわち，商法上，商人間の売買においては，買主は，その売買の目的物を受領したときは遅滞なく，その物を検査しなければならず，当該検査により目的物に瑕疵または数量不足があることを発見したときは，売主に当該瑕疵または数量不足について悪意がある場合でない限り，ただちに売主に対してその旨を通知しなければ，当該瑕疵または数量不足を理由とする契約の解除，代金の減額または損害賠償請求をすることができないと規定されている（商法526条）。そこで，売主の瑕疵担保責任の有無・内容を明確化するために，売主の瑕疵担保責任は，商法が規定する瑕疵担保責任の限度に留まると明示する規定，買主たる発注者が行う検査の基準や方法に関する規定，検査の結果不合格とされた製品の取扱いについての規定等が置かれることも多い。

さらに，製品の欠陥により第三者の生命，身体または財産が侵害された場合，かかる侵害によって生じた損害については，受注者は，製品の製造業者（製造物責任法2条3項1号）として製造物責任を追及されることはもちろんのこと，発注者も，製品に製造業者としてその氏名等を表示したような場合（同項2号および3号）には，製造物責任を追及される可能性がある。そのため，発注者・受注者ともに，万が一そのような事態が生じた場合に備えて，第三者から製品の欠

陥に関するクレームを受けた場合には相手方当事者に通知し，対応について両者で誠実に協議して適切な対応を行う旨の条項や，第三者からのクレームに関して相手方当事者に生じた費用および損失について，自らの責に帰すべき事由によって生じた部分については，相手方当事者に対して補償する旨の条項等が検討される。

品質管理に関する規定としては，たとえば，発注者が希望する製品の品質を維持するため，発注者またはその委託を受けた第三者が，受注者の事務所や工場等に立ち入って作業工程や原材料の保管状況等を検査し，あるいは帳簿・伝票等を閲覧することができる旨の規定が置かれることもある。

⑤　提携期間

提携期間の長さに関しては，法律上特段の制限は存在しないことから，専ら相手方との提携関係をどの程度継続させる見込みがあるかといったビジネス上の判断によって決定される。もっとも，ある程度長期間の提携関係が見込まれる場合であっても，将来的に関係が変化することを想定し，あるいは提携関係を継続することのメリット，デメリットを見直す機会を設けるために，契約上の提携期間を一定期間で区切ることも考えられる。その場合には，提携期間を区切りつつも，当事者に異議がない限り自動的に更新される旨の規定や，当事者が請求したときに限り更新される旨の規定を設けることもある。

また，提携期間の検討にあたっては，あわせて期間終了後の製品の取扱いや買掛金の精算等についても規定することを検討するべきである。なお，生産提携の終了や解除に関しては，いわゆる継続的契約の法理による制限を受け得る点が問題になるが，これらの点を含めた業務提携の解消に際して考慮するべき留意点については，第12章を参照されたい。

⑶　OEM 供給契約

注文者が，自らのブランドで製品を販売するために受注者に製品を供給させ

る，いわゆる OEM 供給契約も，生産業務の提携に関する契約の一種である。発注者の側としては，自らが生産するよりも安価で良質な製品を調達することが可能になるというメリットがあり，また，受注者の側としても，単純な生産量の増大や設備人員の有効利用のみならず，有名なブランドの製品を製造することでノウハウの蓄積を図ることができるとともに，ブランド製品を製造したという実績を上げることによって，将来的に一層の利益の拡大を見込むことができるというメリットがある。

OEM 供給契約が実際に用いられる場面としては，大手スーパー等が自社ブランド製品の生産を拡大するために製造業者に生産を委託する場合，中小企業が大手メーカーのブランドに依存して生産を行う下請的取引の場合，日本企業が海外に進出した際に現地企業と提携し，現地企業のブランドで製品を製造する場合等さまざまであり，その契約内容も千差万別であるが，一般に，すでに述べた生産提携契約の典型的な条項に加え，製品に取り付ける商標等の取扱いに関する条項や，商標等の流用禁止に関する条項が定められることが多い。

3

販売提携(3)

(1) 販売提携の意義

　製品の企画・開発・生産は自社で行う能力があるものの，製品を販売する能力に乏しい企業の場合，販売力のある他の企業と提携することにより，製品流通機構の形成・拡大・強化を図ることがあり，このような製品の販売業務を提携して行う際には，販売提携契約が締結される。商社，代理店，卸店や，全国的な販売網を有するスーパーやデパートが提携の相手方となって販売を行う形態のほか，加盟店を募って本部機構との間で販売に関する業務提携を行う，いわゆるフランチャイズ・チェーン(4)のような組織形態も，ここでいう販売提携に含まれる。

---

(3)　前掲注(1)・契約法研究会編3238の10の23頁，淵邊善彦編著『シチュエーション別　提携契約の実務〔第2版〕』（商事法務，2014年）25頁〔古西桜子ほか執筆部分〕。

(4)　フランチャイズ・チェーンの定義は一様ではないが，たとえば，公正取引委員会によれば，「一般的には，本部が加盟者に対して，特定の商標，商号等を使用する権利を与えるとともに，加盟者の物品販売，サービス提供その他の事業・経営について，統一的な方法で統制，指導，援助を行い，これらの対価として加盟者が本部に金銭を支払う事業形態（公正取引委員会「フランチャイズ・システムに関する独占禁止法の考え方について〔平成23年6月23日最終改正〕」1(1)）」であるとされる。フランチャイズ・チェーンも業務提携の一種であるところ，フランチャイズ契約においては，フランチャイジーによる商標・商号等の利用，フランチャイザーによるフランチャイジーに対する情報提供，指導，援助，管理，加盟金・加盟保証金の支払等，独自の条項が置かれることが多い。紙幅の関係で本章では触れないが，フランチャイズ契約について書かれた文献として，一般社団法人日本フランチャイズチェーン協会編『新版　フランチャイズ・ハンドブック』（商業界，2012年），奈良輝久「サブ・フランチャイズ契約の制度設計，フランチャイズ契約の対第三者関係－企業提携の観点からの総論的検討」現代企業法研究会編『企業間提携契約の理論と実務』（判例タイムズ社，2012年），神田孝『フランチャイズ契約

提携にあたっては，提携の対象となる製品の種類，数量，卸価格といった製品に関する取引条件も重要であるが，販売提携の場合，販売権の具体的内容の検討が必須である。すなわち，販売権を付与する側としては，自社・提携先・第三者の販売能力に照らし，自社でも販売を行うか，他の第三者にも販売を行わせる可能性があるかを検討した上で，提携先にいかなる範囲で販売権を付与するかについて検討することが重要となる。特に，提携先に独占的販売権を付与する場合には，他の第三者に販売を行わせることができなくなるため，提携先との間で一定の数量の取引を行うことを確保するための手当を検討する必要がある。

また，法的には，販売提携は，製品を自己の名義と計算で売主から購入し，それを自らの名義と計算で顧客に販売する形式（いわゆる販売店契約）と，売主に代わって仲介・媒介・代理等の形式で売主の製品を顧客に販売する形式（いわゆる代理店契約）とに分けられるが，両者には共通する点も多い。以下では，販売店契約を念頭に置きつつ，代理店契約に特徴的な部分については，その都度述べることとする。

なお，販売店契約や代理店契約に関しては，独禁法上の規制に服する規定を設けることが多いが，業務提携における独禁法上の留意点については，第8章で詳述するため，以下では逐一言及はしていない。

⑵　主な検討項目

①　販売権の範囲・販売区域

販売業務を行う提携先としては，自らが開拓した市場を事後的に他社に奪われないようにするため，あるいは販売に要した費用をより確実に回収するため，

の実務と書式』（三協法規，2011年）等。なお，独禁法との関係では，フランチャイズ契約については，フランチャイザーによるフランチャイジーに対する不当な拘束等が特に問題となりやすく，独禁法のガイドラインが定められていることに留意すべきである（公正取引委員会「フランチャイズ・システムに関する独占禁止法の考え方について〔平成23年6月23日最終改正〕」）。

契約期間中，他の販売店が商品の販売を行うことを禁止する，いわゆる独占的販売権の付与を希望することが多い。他方で，販売権を付与する側としては，販売業務を行う提携先が，十分な売上を実現できない可能性がある場合，あるいは，将来的に自社または第三者による販売も視野に入れている場合には，提携先での販売以外も可能となるように非独占的販売権とすることを希望するであろう。

最終的に独占的販売権を付与するか否かは当事者の交渉次第であるが，仮に独占的販売権を付与する場合であっても，提携先に対して後記②の最低取引数量に関する義務を課すこと等によって，販売権を付与する側の不利益を一定程度減殺することは可能である。むしろ，販売権を付与する側としても，提携先に販売権を付与する製品について，自社または第三者による販売を視野に入れていないときは，提携先の求めに応じて独占的販売権を付与しつつ，提携先に対して最低取引数量に関する義務を課す方が有利な場合もあり得る。

また，販売権の独占・非独占に関連して，販売権を与える区域を限定することもある。海外での販売提携において，提携先企業の存在する国の国内での販売に限定する例等が典型的であるが，提携先の販売網の状況や，自社または第三者による将来的な販売の見込み等も踏まえて，海外に限らず，国内でも一定の狭い地域に限定して販売権を付与するアレンジもあり得る。

② 最低取引数量

独占的販売権を付与する場合，販売権を付与する側としては，提携先に対して，一定の取引数量に関する義務をあわせて課すことを望むことが一般的である。最低取引数量を規定するにあたって検討すべきポイントとしては，ⅰ）最低取引数量を法的な義務として規定するか，それとも単なる努力義務・目標値として設定するか，ⅱ）最低取引数量を法的な義務とした上で，当該義務の違反が生じた場合，義務違反の効果をどのように定めるか等があげられる。

まず，ⅰ）については，最低取引数量を法的な義務として課した場合，販売業務を行う提携先としては，製品の売れ行きによって契約上の義務違反が生じ

るか，そのような義務違反を避けるために，販売する製品の売れ行きにかかわらず一定数を在庫として抱えるかという二者択一のリスクを常に抱えることになる。そのため，販売業務を行う提携先としては，最低取引数量を法的な義務ではなく，単なる努力義務または目標値として設定するに留めることを希望する場合もある。

ⅱ）については，義務違反の場合には損害賠償または契約の解除をすることができる旨の確認的な規定を置くほか，損害額の予定（民法420条）に関する規定を置いたり，義務違反の場合には独占的な販売権を非独占的販売権に変更する権利を販売権を付与する側に与える規定を置いたりすることが考えられる。

③　製品の取引条件

販売の対象となる製品の種類やその取引条件に関しては，生産提携と同様に，基本的条件のみを規定した基本契約書を作成し，具体的には個別の覚書等を取り交わすことが多い。

また，販売店契約ではなく，代理店契約を締結する場合には，業務の提携元において，自己の顧客を獲得するとともに，販売価格を自由にコントロールすることができるようになるというメリットがある反面，販売店契約とは異なり自前で在庫を抱えるリスクや，販売先（エンドユーザー）に正面から法的責任を追及される可能性があるというデメリットもある。特に提携先の販売網や販売のノウハウ等に期待して販売提携を行う場合や，販売先の法制度が異なることに伴うリスクを提携元が取りにくい場合等は，業務の提携元としては，自らが顧客に対して直接の販売当事者となることに伴うリスクを考慮して，代理店契約ではなく，提携先が顧客との関係で販売当事者となる販売店契約を締結するという選択があり得る。他方，業務の提携先にとっては，売買で製品を購入して自らの名義で販売するよりも，代理店契約の形を採った方が，製品の販売価格を自らコントロールすることは困難になるものの，製品の在庫を抱えるリスクや販売先から法的責任を追及されるリスクを負わずに済む点では有利である。ただ，そのようなリスクは，たとえばすでに述べたような取引数量についての

規定や法的責任の分担等に関する規定を調整することで，ある程度は対応可能である。また，たとえば医薬品のように販売に際して許認可が必要な製品を取り扱う場合，かかる許認可を誰が取得するかという点が，販売店契約と代理店契約のいずれを選択するかの判断に影響を与える場合もある。

なお，日本においては，代理店契約のように当事者間において継続的に効力を有する契約の終了に関して，継続的契約の法理による制限が存在する（第12章参照）。また，海外においても，国によっては，代理店契約の解約・更新拒絶，契約終了に伴う補償等に関して，代理店の利益を保護するための法制度が存在する場合があるため，そのような国において代理店契約の締結を検討する際には，注意が必要である[5]。

④　販売促進

販売権を付与する場合，製品の宣伝，広告その他販売促進に関する規定が設けられることがある。検討すべきポイントとしては，ⅰ）販売促進の方法としてどのような事項を規定するか，ⅱ）販売促進に関する費用をどちらが負担するかといった点があげられる。

ⅰ）販売促進の方法として具体的に想定されるのは，製品に関するパンフレットや説明書の作成その他の宣伝，広告等であるが，契約書の作成段階では，あまり具体的には記載しないことが通常であろう。

むしろ，契約書の作成段階で問題となるのは，ⅱ）販売促進に関する費用の分担である。この点については，負担割合を定めずに別途協議する旨の規定のほか，費用分担に関連して，作成したパンフレットや説明書の記載に不備があったことによって顧客からクレームを受けた場合には，販売権を付与する側は相手方に対し，生じた損害を賠償するまたは一切賠償しない旨の規定も見られる。

また，販売促進に関連し，販売権を付与する側から，販売員等の人的リソー

---

(5)　紙幅の関係で具体的な内容までは踏み込まないが，EU・アラブ中東諸国・中米諸国の代理店保護法制の概要を紹介した文献として，大貫雅晴「海外販売・代理店契約の実務（第3回）」JCAジャーナル56巻7号（2009年）66頁。

スの提供や店員教育等のサポートを規定することもある。

⑤ 競争品の取扱い

販売業務を行う提携先が，提携元の製品と競争する他社製品を取り扱うことにより，提携元の製品の販売に悪影響を及ぼすことが懸念される場合には，他社の製品については取り扱わない等の競業避止義務に関する規定を置くことがある。

しかしながら，そのような競争品の取扱いを過度に禁止し，将来の事業展開の可能性に対して強い制約を課す条項は，独禁法上の不当な拘束条件付取引（独禁法2条9項6号ニ，一般指定12項）に該当し，違法となる可能性があることに留意すべきである。競争品の取扱いについては，そのような取扱いに関する規定を設ける正当な理由を見出すとともに，そのような正当な理由の範囲内で合理的な期間を限定することが必要となる（あくまでも一般的な目安にすぎないが，実務的には，正当な理由があれば，契約終了後2年間程度の期間であれば合理的な期間であると解されることが多いようである[6]）。なお，業務提携における独禁法上の留意点については，第8章を参照されたい。

⑥ 提携期間

提携期間の検討に関する留意点については，生産提携における検討と基本的に異なるところはない。前記 ②(2)⑤を参照されたい。

---

[6] 藤川義人「契約終了後に残されるリスクと対応策 販売提携・技術提携を中心に」ビジネスロー・ジャーナル5巻12号（2012年）40頁。

4

技術提携[7]

(1) 技術提携の意義

　技術提携とは，企業間において，一方（ライセンサー）が他方（ライセンシー）に対して技術の提携およびそれに伴う必要な技術指導を行うこと等を通じて成立する提携関係を指す（ライセンスとも呼ばれる）。技術提携は，製造に必要な機材等の譲渡，関連する知的財産権のライセンス・譲渡，技術指導等の組み合わせによって構成される。場合によっては，ライセンサーからライセンシーへの原材料等の販売，ライセンシーからライセンサーへの製品・仕掛品等の販売を伴うこともある。技術の提供を受けたライセンシーは，その技術を利用して新製品の開発・企画・生産・販売等を行うことができる。

　ライセンサー側の技術提携の動機としては，①自社で利用していないノン・コアの知的財産権を第三者にライセンスし，ライセンス収入を得ること，②自社も利用するコアの知的財産権を第三者にライセンスし，技術を普及させることによってその技術の支配的な地位を確立すること，③自社に製造余力やマーケティング力がない場合に知的財産権を第三者にライセンスし，市場を拡大す

---

(7)　前掲注(1)・契約法研究会編3238の15頁，前掲注(3)・淵邊編著95頁〔花本浩一郎ほか執筆部分〕，浅田福一『国際取引契約の理論と実際〔改訂版〕』（同文舘出版，1999年）261頁，髙橋利昌「企業間提携契約としての技術ライセンス契約とその条項」現代企業法研究会編著『企業間提携契約の理論と実務』（判例タイムズ社，2012年）445頁，松田俊治「ライセンス契約法　取引実務と法的理論の橋渡し　第1回〜第15回」ビジネスロー・ジャーナル8巻3号（2015年）64頁〜9巻8号（2016年）94頁。

ること等があげられる。他方で，ライセンシー側としては，④ライセンスを受けることにより自社の研究開発費用を抑えたり，新しい製品を市場に出したりすることができるというメリットがある。この点，昨今では技術の複雑化により多額の研究開発費用を要するようになっているほか，技術のライフサイクルが短くなっているため，ライセンスを受けることにより研究開発の費用を抑えるとともに，製品の上市までに要する期間を短くすることで競争力の強化を目指す必要性は高い。さらに，⑤知的財産権の侵害が問題となった場合にライセンスを合意し，ライセンシーからライセンサーに対してライセンス料を支払うことにより解決することが目指されることもある[8]。

　なお，技術提携の場面では，当事者の一方から他方へのライセンスだけでなく，企業が互いの有する技術を相互補完的に利用し，市場においてさらなる競争力を発揮するために相互にライセンスを行う，いわゆるクロスライセンスの形態が採られることもある。クロスライセンスを行う場合に検討するべき項目も，基本的には通常のライセンスと同様であるが，当事者はライセンサーとしての立場とライセンシーとしての立場を並有することになるため，それぞれの立場から自らに不利益な条項がないかを検討することが求められる。また，一定の市場分野において競合会社間で行われるクロスライセンスは，競争を実質的に制限するおそれが強く，独禁法上の問題を惹起する可能性が高いことにも注意するべきである[9]。

⑵　特許権ライセンスとノウハウライセンスの違い

　技術提携の対象となる技術としては，特許や意匠（たとえば金型）といった法

---

[8]　そのほか，グループ内で税率の高い国に所在する法人から，税率の低い国に所在する法人に利益を移転する方策としてライセンスが用いられることもあるが，そのような方策は，近時，特に欧米において問題視されている。スキームの具体例については，太田洋「特集　加速する国際課税制度の変容　BEPSとは何か－その現状の素描」ジュリ1468号（2014年）36頁を参照されたい。

[9]　公正取引委員会「知的財産の利用に関する独占禁止法上の指針〔平成28年１月21日最終改正〕」第３の２⑶。詳しくは，第９章を参照されたい。

律（特許法・意匠法[10]）により排他的支配権が認められているものもあれば、ノウハウのように一定の行為態様（不正取得等）が法律により制限されているにとどまり、いったん開示されてしまうと法律による保護は期待できないものとがある。

　まず、法律により排他的権利が与えられる知的財産権のライセンスについては、それ自体は契約締結時には知的財産権の実施権を付与するだけ（いい換えると、知的財産権を使用されても侵害を主張しないというだけ）であり、何か情報を提供するわけではない。そして、ライセンスを終了すれば、その後の知的財産権の実施は侵害として損害賠償・差止めの対象となる。これに対して、ノウハウ等の知的財産権については、契約締結時にノウハウ等を開示する必要がある。そして、ライセンスを終了するときには、ライセンスの終了を約束するだけでは足りない。なぜなら、ライセンスを終了するだけではライセンシーは法律上も契約上もそれらのノウハウ等の使用を禁止されないからである。ライセンサーとしては、ライセンシーに対して、ライセンス契約の終了に際し、提供したノウハウ等について返還または破棄を求め、以後それらを使用しない旨および第三者に提供しない旨を合意する必要がある。

　この両者の本質的な違いはライセンス契約の条項に影響することがあるため認識しておく必要がある。以下では、紙幅の関係上、「特許」と「ノウハウ」のライセンスに絞って解説することとする。

(3)　主な検討項目

　技術提携においては、技術提携の目的を達するのに必要十分な範囲で実施権

---

(10)　ただし、デザインの保護法制は国によって大きく異なることに注意が必要である。たとえば、アメリカではデザイン特許、商標および著作権として保護される可能性があり、EU では意匠、商標および著作権として保護される可能性がある。また、EU では、意匠と商標は EU の規則により EU 全体で保護される意匠・商標と、EU 各国のみで保護される各国の意匠・商標とがあるほか、意匠・商標で保護されるデザインと著作権として保護されるデザインとの住み分けは、EU 各国で著作権の内容がハーモナイズされていないために EU 各国で異なり得る。

を定め，これに関連して生じ得る種々の問題点に対してあらかじめどのような手当を行うかが検討のポイントとなる。具体的には，対象の特定，実施権の種類・態様・範囲，実施料，技術指導に関する条項，保証条項・侵害排除義務，特許不争義務[11]，改良発明の取扱い，秘密保持義務・競業避止義務，一方当事者が倒産した場合の取扱い等について検討が必要である。また，クロスボーダーの技術提携の場合には，本章に記載する留意点のほか，準拠法や紛争解決の方法・管轄等の一般条項にもよりいっそう注意する必要がある。

①　対象の特定

まず，特許のライセンスの場合には登録番号で特定できる[12]。また，出願中の特許のライセンスの場合には出願番号で特定できる。未出願（出願予定）の特許のライセンスの場合には登録番号や出願番号がないため，出願する際に想定される権利範囲を記述して（たとえば，クレーム案を用いる等して）特定する必要がある。

他方で，ノウハウの場合には登録番号や出願番号で特定できないため，未出願の特許等と同様にノウハウの内容を記述して特定する必要がある。具体的な特定方法としては，技術提携に際して提供する物を記載する方法と，それらの内容を文章で記述する方法とが考えられる。

なお，既存の特許を原出願とする分割出願，関連特許の出願，ライセンス契約締結後にライセンサー側で生じた改良発明等もライセンスの対象にする場合には，その旨を明記するべきである。反対にこれらをライセンスの対象に含めないことを想定している場合には，ライセンサーとしてはその旨を明記する方

---

(11)　不争義務はライセンスを受けている特許の有効性をライセンシーが争わない義務を指すが，非係争義務はライセンシーが所有し，または取得することとなる特許を行使することが禁止される義務を指し，全く異なる内容である。前掲注(9)・公正取引委員会第4の4(7)の注(14)参照。

(12)　欧州特許は European Patent Office（以下「EPO」という）で登録が認められた後，権利者が指定する1つまたは複数の EU 各国の特許としての効力を有するが，EPO が付与する登録番号のみではどの国の特許を意味するのか不明である。そのため，登録番号のみならず，どの国の特許のライセンスを付与するのかまで特定する必要がある。

が安全である。後日に紛争とならないよう，実施権の対象となる技術をできるだけ明確に特定することが重要である[13]。

② 実施権の種類・範囲・態様

(i) 実施権の種類

まず，特許権の実施権の付与にあたっては，以下の4類型があり得る[14]。

(図表5−1) 特許権の実施権の分類

まず，専用実施権（図の①）は登録が効力発生要件であり（特許法98条1項2号），設定によりライセンサー自身，当該特許発明を実施することが法律上禁止され（同法77条2項），第三者に実施権を許諾することも禁止される（ただし，ライセンス契約の実務においては，登録を要する専用実施権はあまり利用されておらず，その代わりに後述する完全独占的通常実施権が利用されることが多い）。他方で，通常実施権については，登録は効力発生要件でも対抗要件でもない（2011年の特許法改正以前は，登録が対抗要件とされていたが，現在は廃止され，当然に第三者に対抗できることとなっている）。

また，実施権が専用実施権である場合，ライセンシーは専用実施権者として

---

[13] 通常実施権許諾契約において「本製品　に関し…有する別表1に記載の特許を含む特許の存続期間中，通常実施権を許諾する」という条文と，「本製品に関わる必要な産業財産権は…その使用を保証する」という条文が併存していた場合に，別表1に記載されていなかった出願中の特許についても実施許諾の対象であることが認められた裁判例として，東京地判平成25・12・19裁判所ウェブサイト（http://www.courts.go.jp/app/hanrei_jp/detail7?id=83827）。

[14] 国によって実施権の内容・契約ルールは多種多様であるため，クロスボーダーの技術提携の際には特に注意が必要な項目である。たとえば「Exclusive License」と書いてあったとしても，ライセンサーが引き続き実施できるのか否か等の点でその意味する内容は国によって異なり得る。

固有の差止請求権を有しているため（特許法100条１項），第三者による権利侵害があった場合には，ライセンシーは自らその侵害を排除することができる。これに対して，実施権が通常実施権である場合，ライセンシーには固有の差止請求権が認められていないため，第三者による権利侵害があった場合にはライセンサーに当該侵害を排除してもらう必要がある（そのためにライセンス契約に設けられる侵害排除義務については，後記⑤(ii)参照）。

　次に，通常実施権を許諾した場合には，ライセンサーは当該実施権の対象である特許発明を自ら実施することができ，また，原則として他の第三者に通常実施権を許諾することもできる。もっとも，実施権を許諾されたライセンシーのみが実施権を有する独占的通常実施権である旨を合意した場合には，当該実施権についてライセンサーが当該ライセンシー以外の第三者に実施権を付与することは契約上禁止される。さらに，独占的通常実施権のうち，ライセンサーによる特許発明の実施も禁止されているものが完全独占的通常実施権（図の②），禁止されていないものが非完全独占的通常実施権（図の③）である。

　なお，ノウハウのライセンスは契約により設定されるものであり，基本的には通常実施権の３分類と同様に考えればよいと思われる。

　これらのいずれの実施権の付与を合意するかにあたっては，ライセンサーとしては，ライセンシーが市場の開拓に成功しない可能性や将来的に他のライセンシーに実施権を付与する可能性等を想定して，できるだけ非独占的通常実施権（図の④）とすることを望むと考えられる。他方で，ライセンシーとしては，他のライセンシーとの競合を避けるため，できるだけ独占的通常実施権とすることを望むと考えられる。実務的には，独占的通常実施権を認める代わりに後記③に述べるミニマム・ロイヤリティの支払を合意することによりライセンサーの経済的リスクを下げることで妥協できる可能性がある。また，独占的通常実施権は認めないものの，より有利な実施権を事後的に他の第三者に付与するときには当該条件と同等の条件を付与する義務をライセンサーが負う旨の条項（最恵待遇条項）を設けることによりライセンシーの経済的リスクを下げることで妥協できる可能性もある。

なお，「完全的」独占的通常実施権にするかどうかは，ライセンサーが実施能力を有するか否かに左右されるところが大きいように思われる。

(ii) 実施権の態様

実施権の許諾に際しては，許諾する実施行為の態様を特定する必要がある。また，実施権を許諾する地域，実施権の有効期間等についても検討する必要がある。

(iii) サブライセンスの可否

ライセンシーから第三者に対する再実施権（サブライセンス）の許諾についても，これを認めるか否かについて検討を要する。再実施権の許諾については，特許法上の通常実施権においてこれを否定する見解もあるが，一般的には契約で規定されていればこれを認めるのが通説である[15]。また，再実施権を許諾しない場合には，その旨を契約に規定するのが通常である。

ライセンサーとしては，自社が直接コントロールできない第三者が特許を利用するのを認めたくない場合があるほか，ノウハウライセンスの場合には当該第三者に情報が流出するのを防ぐため，無限定の再実施権の許諾は受け容れがたいのが通常である。他方で，ライセンシーとしては，製品を自社生産するだけでなく，自社の子会社やグループ会社等の第三者に生産させる必要があれば，再実施権の許諾を求める場合があり得る。このように再実施権の具体的必要性がある場合には，その必要性に応じて再実施権の許諾先が限定されていれば，ライセンサーとしても再実施権の許諾について受け容れやすいと考えられる。たとえば，再実施権を許諾しつつ，ⅰ）再実施権の付与対象者についてライセンサーの事前の承諾を必要とする，またはⅱ）再実施権の付与対象者をあらかじめライセンサーの子会社やグループ会社等に限定する等の方法が考えられる[16]。

---

[15] 中山信弘『特許法〔第三版〕』（弘文堂，2016年）509頁。

③ 実施料

実施料は，技術提携契約の条項の中でも，特に慎重な検討を要する条項である。実施料，すなわち実施権を付与することの対価は，実施権の種類・態様・範囲のほか，契約期間，ライセンサーによる改良技術の追加提供の有無，技術提携を通じて生み出される製品の売上の見通し等，さまざまな事情を勘案して決定される。

(i) 支払方式

実施料は，その支払方式に着目すると，ⅰ）イニシャル・ペイメント（契約の当初に頭金として後記のロイヤルティとは別途に支払われる一定の金額），ⅱ）アドバンス・ロイヤルティ（契約期間中に支払われるロイヤルティ（実施の対価）の一部前払いとしての性質を持つ一定の金額），ⅲ）ランプ・サム・ペイメント（契約期間中のロイヤルティ全額に相当するものとして，契約当初に一括で支払われる金額），ⅳ）ランニング・ロイヤルティ（契約で定められた時期ごとに，製品の売上等に応じて変動する形で支払われる一定の金額）が存在する。いずれの支払方法を当事者が望むかはケースバイケースであるが，たとえば，ライセンサーとしては，実施料不払に関するリスクをできるだけ軽減すべく，ⅱ）やⅲ）の方法を希望する場合があると思われる。他方，ライセンシーとしては，製品の売上が生じる前に売上以外を原資として実施料を支払うことは受け容れがたい場合が多く，製品の売上に応じて実施料が増加するⅳ）を希望することが多い。ライセンサーとしても，売上に応じて実施料が増加するⅳ）を希望する場合も想定される。そのほか，ノウハウをライセンスする場合には，ライセンサーとしては，ノウ

⒃　グループ会社の範囲の記載方法については，①親会社，子会社，関連会社，兄弟会社，関係会社という用語を用いて記載する例，②より厳密にそれらの会社について財務諸表等規則や会社計算規則の定義を用いて記載する例，③「契約当事者が支配し，契約当事者を支配し，契約当事者と共通に支配される会社」と記載する例（さらには「支配」の意味を定義する例）等がある。意図したグループ会社の範囲を適切に表現するものであればいずれの定義であっても差し支えないが，「関連会社」「関係会社」「（英文の契約での）Affiliate」の文言は，双方が認識している範囲が実は合致しておらず，必ずしも意図したグループ会社の範囲を適切に表現するものではないことがあり得るため，留意が必要である。

ハウの開示自体の対価として追加的に i ）を要求する場合もある。なぜなら，前記(2)のとおり，特許権のように法律により排他的権利が認められている知的財産権とは異なり，ノウハウが漏洩した場合には法律による保護は必ずしも期待できないためである。

また，ライセンシーに独占的な実施権を付与することの対価を求めるため，あるいは提携関係の継続に関する保証を求めるため，ⅴ）ミニマム・ロイヤルティ（製品の売上にかかわらず，最低額の支払保証としてロイヤルティの形で支払われる一定の金額）を要求する場合もあり得る。ミニマム・ロイヤルティの定め方はいくつかバリエーションがあり，ランニング・ロイヤルティがミニマム・ロイヤルティに未達の場合にミニマム・ロイヤルティ相当のロイヤルティの支払義務を定めるもの，独占的通常実施権を非独占的通常実施権に変更する権利を留保するもの，契約自体の解除権を留保するもの（あるいはこれらを選択できるようにするもの）等があり得る。

(ii) 実施料の計算方法

ランニング・ロイヤルティについては，製品の販売量または売上もしくは利益に対して一定の料率を乗じて計算するのが通常である。製品の販売量をベースにする場合には，物価変動の変動率が実施料に反映されないため，物価変動の変動率を実施料に反映させるか否かを検討する必要がある。また，製品の売上または利益をベースにする場合には，基本的に売上をベースにするのが望ましいと考えられる。なぜなら，売上は生のデータであるが，利益はコストの計算を要する調整されたデータであるため，解釈の余地があり，かつ，ライセンサーにとっては相対的に確認が容易でないためである。さらに，売上をベースにするには売上の実現時点と，売上に対応する現金の入金時点のいずれの金額をベースにするかも詰めておくべきである。前者の場合には，製品の売上に対する入金がなされる前に実施料をライセンサーに支払う必要があり，入金がなされなかった場合のリスクをライセンシーが負うことになる点に注意が必要である。なお，ランプ・サム・ペイメントについては，販売予測に基づいて計算

されるランニング・ロイヤルティの予測値を，一定の割引率に基づいて現在価値に割り引いて計算するのが通常である。

また，実施料に関しては，その計算および支払につき当事者間で争いが特に生じやすい部分であることから，ライセンサーとしては，対価算定の基礎となるデータに関してライセンシーが会計に関する書類の作成保存および報告を行う義務，これらの書類をライセンサーが監査することができる権利を確保することが考えられる。もっとも，ライセンサーとライセンシーが競争関係にある場合には，ライセンシーとしては競争上重要な情報が含まれるこれらの書類をライセンサーに開示することがためらわれる場合も少なくない。このような場合には会計に精通した専門家に監査を依頼し，実施料の計算結果のみをライセンサーが知るといった建付けにすることもあり得る。この専門家の監査費用については，原則としてライセンサーが負担するが，計算結果がライセンシーの報告結果から一定の率以上乖離している場合にはその率に応じてライセンシーが負担するといった建付けにすることも可能である。

さらに，特許権等の知的財産権についてはのちに無効審判が提起され，遡及的に無効となることがあり得るため，ライセンス対象である複数の知的財産権の一部が無効になった場合の実施料の計算方法についても規定するのが望ましい。この点については，ライセンス対象である知的財産権の寄与率をベースに，それぞれの知的財産権にライセンス料を割り当てる方法等が考えられる。

なお，実施権の付与についても消費税が課されるため，実施料の支払については，消費税相当額をあわせて支払うといった建付け（グロスアップ）とすることも多い。また，実施料の支払について所得税の源泉徴収義務が生じる場合には，実施料の額が源泉徴収前の額か否かを明確に規定しておくべきである（ライセンス契約に係る税務については，後記 9 (3)参照）。

④　技術指導

書面や図面等のノウハウの提供のみならず，技術者による技術指導を伴う提携の場合，技術提携の実効性を上げるため，ライセンサーによる技術指導に関

する規定が置かれることが多い。また，その場合，技術指導の方法に関する規定だけでなく，技術者の人数・派遣期間および費用負担等についても具体的に定められることがある。かかる技術指導については，技術提携契約の中に条項を置かず，別途役務提供契約等を締結する場合もある。

⑤　保証条項・侵害排除義務

(i)　保証条項

　ライセンサーが，技術の実施許諾に際して，その帰属・有効性・提携事業への貢献等一定の事項について，一定の範囲で保証する旨の条項を定めることがある。このようないわゆる保証条項は，許諾した技術の有効性や第三者に対する権利侵害等に関する潜在的なリスクを一定の範囲でライセンサーが負担するものであり，実施料の額等にも影響を与える重要な規定である。保証条項の態様としては，ⅰ）技術保証，ⅱ）特許保証（特許の有効性・第三者の特許の非侵害の双方を含む)，ⅲ）販売保証，ⅳ）製造物責任に関する保証等があげられる。

　なお，前記のいずれの場合においても，保証を行わない場合には，当事者の責任を明確化し，将来の紛争を避けるため，保証をしない旨を確認的に規定することが望ましい。

(a)　技術保証

　ⅰ）技術保証とは，ライセンスの対象たる技術の効果や実施可能性に関する保証であり，具体的にはライセンサーが提供する技術を利用して生産した製品の品質や生産能力に関する保証を指す。このような技術保証をしていないときにライセンスの対象となる技術に問題が生じた場合には，錯誤無効やライセンサーの瑕疵担保責任の問題になると考えられる[17]。契約の当事者としては，技術保証をしなかった場合には前記のような問題が生じ得ることに留意するべき

---

[17]　ライセンス契約の対象となる特許発明が実施不能であった場合に，ライセンシーによる表示された動機の錯誤があったものとして契約の意思表示の無効が認められた裁判例として，東京地判昭和52・2・16判タ353号260頁。また，契約の目的とされたノウハウに契約目的を達成し得ない隠れた瑕疵があったとして瑕疵担保責任に基づく契約の解除が認められた裁判例として，神戸地決昭和60・9・25判タ575号52頁。

である。特に瑕疵担保責任については，当事者の特約で排除することができることから，具体的なリスク分担の意味でも，かかる技術保証について定めることを積極的に検討するべきであると考えられる。ライセンシーから技術保証を求められた場合，ライセンサーとしては，後述するような他の項目の保証と比較すると，ライセンスの対象たる技術の効果や実施可能性は保証しやすいかもしれない。ただし，ライセンシーの作業能力等自らの関知しない要素についてまでライセンサーが保証することは妥当でないため，保証の期間・範囲，保証違反が判明した場合の救済手段や責任限度額等の限定を検討するべきである。

(b) **特許保証**

ⅱ）特許保証とは，特許に無効事由が存在せず有効なものであることを保証することや，特許の実施に関して第三者の権利を侵害しないことを保証することを指す。

そもそも，特許が有効なものであることを保証していない状況において，特許が無効なものであった場合（無効審判によって遡及的に無効となる場合もある（特許法125条））には，上記ⅰ）と同様，錯誤無効や瑕疵担保責任の問題となり得る。しかしながら，上記ⅰ）とは異なり，錯誤無効については，特許の性質上，特許が無効となる可能性は常にあることから，要素の錯誤とはいえず，基本的に錯誤無効の主張は認められないと解されている[18],[19]。また，瑕疵担保責任についても，錯誤無効と同様の理由で，目的物に隠れた瑕疵があったとはいえず，特別の事情がない限り認められないというのが通説である[20]。したがって，ライセンシーとしては特許が有効であることをライセンサーが保証しない

---

(18) 裁判例としては，実施契約の対象であった出願中の実用新案について拒絶理由通知による出願放棄および拒絶査定があった場合に当該契約に係る錯誤無効の主張を認めなかった東京地判昭48・1・31判タ302号302頁や，実用新案登録の無効審決が確定した場合において実施契約に係る錯誤無効の主張を認めなかった東京地判昭和57・11・29判タ499号195頁，特許の無効審決が確定した場合において実施契約に係る錯誤無効の主張を認めなかった知財高判平成21・1・28判タ1303号277頁等がある。

(19) 吉原省三「無効審決が確定した場合の支払済実施料等の返還の要否」山上和則先生還暦記念論文集刊行会編『判例ライセンス法』（発明協会，2000年）26頁。

(20) 山上和則＝藤川義人『知財ライセンス契約の法律相談〔改訂版〕』（青林書院，2011年）584頁。

限り，後に特許が無効であることが判明したとしても原則として保護されないことになる。

そのため，ライセンシーとしては，特許が有効である旨の特許保証はぜひとも入れておきたい規定である。もっとも，特許の無効事由については多岐にわたる上，法的判断を伴うものであることから，無効事由の存否の調査には限界がある。そこで，逆にライセンサーとしては，特許の有効性を保証しない旨を明示的に規定するとともに，特許が無効となった場合の既払実施料の不返還条項や，仮に特許権が無効になったとしてもライセンシーはその無効審決確定までは実施料の支払を免れないといった旨の特約を盛り込むことが考えられる。このように，特許の有効性の保証はライセンサーとライセンシーの利益が激しく対立し得る論点である。妥協点を模索するとすれば，①「契約締結時にライセンサーが知る限りにおいて」との限定を付す旨の規定，②保証条項違反が判明した場合の救済手段や責任限度額（具体的には実施料の返還額）[21]を限定する規定等が考えられる。

また，特許の実施に関して第三者の権利を侵害していないことの保証についても，このような保証がない場合において特許の実施が第三者の権利を侵害していた場合には，上記ⅰ）やⅱ）と同様に，錯誤無効や瑕疵担保責任が問題になり得ると考えられる（特に，瑕疵担保責任については，原則としてこれを認める立場[22]が有力であるが，他方でこれを否定する立場もあり，争いのあるところである[23]）。もっとも，第三者の権利の非侵害についても，特許の有効性に関する保証と同様に調査には限界があることから，ライセンシーから保証を求められたライセンサーとしては，保証の範囲に一定の制限を加えることを検討すること

---

(21) なお，返還額の算出方法を契約に規定しなかった場合にいくら返還すべきかという問題も生じ得る。なぜなら，遡及的に無効であったとしても，無効と判断されるまで有効な特許権としての外観があったことにより事実上排他的に利用できた側面があり，支払った実施料すべてが不当利得としての評価を受けるとは限らないからである。

(22) 嶋末和秀「ライセンス製品が第三者の特許権を侵害する場合におけるライセンサーの責任」山上和則先生還暦記念論文集刊行会編『判例ライセンス法』（発明協会，2000年）185頁。

(23) 清水扶美「権利無効等のリスクに特許（ノウハウ）ライセンス契約でどう対応すべきか」ビジネスロー・ジャーナル7巻11号（2014年）78頁。

164 ■ 第5章　業務提携契約

が多い。具体的には，①「契約締結時にライセンサーが知る限りにおいて」との限定を付す旨の規定，②（第三者の権利を侵害していないことまで保証するのではなく）契約締結時点では第三者から当該技術に関して何らのクレームを受けていないことまでを保証する規定，③保証条項違反が判明した場合の救済手段や責任限度額を限定する規定，④保証を行わない代わりに，第三者の権利を侵害したことによるクレーム等をライセンシーが受けた場合には，ライセンシーによるライセンサーへの通知およびクレーム対応に関するライセンサーへの協力を条件に，ライセンサーによる実施料の返還や紛争解決に要する費用をライセンサーが負担する旨の規定等が考えられる。

(c)　販売保証

iii）販売保証としては，一定の販売利益が得られることの保証，具体的には第三者から同一の製品が販売された際に実施料（特にミニマム・ペイメント）を減額する形で保証すること等が考えられる。もっとも，ライセンシーの方が当該製品市場の調査能力がある場合が多いように思われ，ライセンサーとしては，基本的にこのような条項は受け入れにくいと考えられる。

また，英米法の法域では，明示的に排除しない限り，黙示の保証（implied warranty）として商品性（merchantability）や特定目的への適合性（fitness for particular purpose）が認められることもあるため，日本法以外の法律を準拠法とするライセンス契約を検討する際には特に注意が必要である。

(d)　製造物責任に係る保証

iv）製造物責任に係る保証としては，許諾された知的財産権を実施して製造した製品に製造物責任に係る問題が生じた場合に，ライセンサーがその責任を負担する旨の条項である。ライセンサーとしては，基本的にこのような条項は受け入れるべきではないと考えられる。

(ii)　侵害排除義務

ライセンス契約は，ライセンシーによる特許等の実施を認める契約であり，第三者による特許等の侵害があったとしても，ライセンサーに当然に当該侵害

行為を排除する義務が生じるわけではない。実施権が専用実施権である場合，ライセンシーは専用実施権者として固有の差止請求権を有しているため（特許法100条1項），第三者による侵害行為があった場合には，ライセンシーは自らその侵害を排除することができるが，通常実施権者であるライセンシーには固有の差止請求権が認められていない。そのため，（特に独占的通常実施権の場合）ライセンサーが第三者による侵害を排除する義務をライセンス契約に盛り込むことがある。もっとも，このような義務を盛り込むことについては，ライセンサーが拒絶する場合もあり，その場合には，ライセンサーが第三者による侵害に対して合理的な対応を行う義務にとどめ，ライセンサーが合理的な対応を行わない場合には適宜ライセンシーが実施料の減額や実施料の支払を拒絶することができる旨の規定にすることも考えられる。

⑥ ライセンスの対象である特許等の実施義務

　ランニング・ロイヤルティは，そもそもライセンシーがライセンスを実施しなければ発生しないものであるため，ライセンシーにライセンスの対象である特許等の実施義務が契約上認められるかが問題となる。

　この点について，大阪地判昭和54・3・30判例集未登載は，計算機の発明実施に関する契約において，「乙〔被告〕は，丙〔計算機〕の製造・販売を早急に実施するために，努力するは勿論のこと，甲〔原告〕も丙を商品化する迄の期間は少くとも週4回は，乙の工場に出頭して，丙の実施についての技術指導等全面協力を行うものとする」との定めに反して，被告が製造・販売を早急に実施しなかったことが契約違反であるとする原告の主張に対して，「本件計算機製造販売早急実施努力義務は文言どおり努力すべきことを定めた当事者間における一種の訓示的条項であり，特段法的拘束力を定めたものではないと解するのが相当である」として契約上の実施義務を否定した。

　このように，ランニング・ロイヤルティを定める契約であったとしても，契約上当然にライセンシーに実施義務が認められるものではない(24)。そのため，ライセンサーとしては，前記③(i)のとおり，ランニング・ロイヤルティを定め

る場合には，①ライセンシーに実施義務を課すかミニマム・ロイヤルティを定め，②実施義務の違反またはミニマム・ロイヤルティの未達の場合の効果（ミニマム・ロイヤルティの支払，独占的通常実施権の非独占的通常実施権への変更，契約の解除権の発生等）を定めることを検討すべきである。

⑦　特許不争義務

　特許発明または特許出願中の発明を内容に含む契約については，ライセンシーが，自らまたは第三者を介して特許権の効力を争ってはならないとの規定が置かれることがある。ライセンシーにこのような義務が一般的に存在するか否かについては争いのあるところであるが，少なくとも契約で明示した場合には原則として有効であるとの見解が支配的である[25]。

　ただし，このような特許不争義務は，独禁法上，無効にされるべき権利が存続し，当該権利に係る技術の利用が制限される場合には，公正競争阻害性を有するものとして不公正な取引方法（一般指定12項）に該当する場合もあるとされていることには留意すべきである（公正取引委員会「知的財産の利用に関する独占禁止法上の指針〔平成28年1月21日最終改正〕」第4の4(7)）。実務上は，ライセンシーが特許の有効性を争ったときは，ライセンサーは契約を解除することができる旨の条項とすることが多い（前記指針においても，このような定め方であれば，原則として不公正な取引方法には該当しないと明記されている）。

⑧　改良発明の取扱い

　技術提携契約の締結後，提供を受けた技術を元にライセンサーまたはライセンシーが改良発明を行った場合，当該改良発明についてどのように取り扱うかが問題となる。

　まず，ライセンサーが改良発明を行った場合には当該改良発明に係る権利は

---

[24]　三山峻司「実施義務」山上和則先生還暦記念論文集刊行会編『判例ライセンス法』（発明協会，2000年）407頁以下。

[25]　前掲注(15)・中山503頁。

ライセンサーに帰属し，当該改良発明が技術提携契約に基づいて許諾される実施権の対象に含まれるかが問題となり得る。この点については，契約に明記されていれば契約に基づいて，契約に明記されていなければ契約締結時の当事者の合理的意思が探求されて解決されることになると思われる。なお，ライセンサーとしては，ライセンス料の計算の方法（たとえば，製品の売上高ではなく，個別の知的財産権の価値に基づいてライセンス料が計算されている場合）や改良発明の特徴（たとえば，改良発明によって製造コストが下がるような場合）によっては，改良発明について実施料の追加的支払をライセンシーに義務づけることもあり得る。

他方で，ライセンシーが改良発明を行った場合には，当該改良発明に係る権利の帰属先や，権利がライセンサーに帰属するとされた場合の実施許諾の条件について，技術提携契約の中でどのように定めておくかが問題となる。この点については，契約においてあらかじめ権利の帰属先等を定めていた場合には，原則として当該契約に従った取扱いとなるものの，改良技術の基礎となった技術はあくまでもライセンサーのものであるとの理由から，ライセンシーは，ライセンサーに対して改良技術の内容を開示し，実施権を付与する義務を規定する条項（グラントバック条項）や，ライセンサーに対して当該改良発明に関する権利を譲渡・移転する義務を規定する条項（アサインバック条項）等が検討されることがある。もっとも，これらの条項を定めることは，ライセンサーの地位を不当に強化し，また，ライセンシーの研究開発意欲を損なうことにつながるものであるため，ライセンシーの事業活動を不当に拘束するものとして，独禁法上の不公正な取引方法（独禁法19条）に該当すると解されるリスクがあることには留意するべきである（公正取引委員会「知的財産の利用に関する独占禁止法条の指針〔平成28年1月21日最終改正〕」第4の5（(8)～(10)））。

なお，契約において権利の帰属先を定めていなかった場合における改良発明の取扱いについては，特許法等の原則に従って実際に改良発明を行った者に原始的に帰属すると解するのが原則であると考えられる。

⑨　秘密保持義務・競業避止義務

　ライセンサーは，ライセンシーに対して，技術提携契約終了後の秘密保持義務・競業避止義務を課すことを望む場合がある。

　まず，技術の提供等，秘密情報のやりとりを伴う契約においては，第2章において検討した，提携契約を締結するか否かの判断のための秘密保持契約とは別個に，提携契約の中でも秘密保持条項を設けるのが一般的である。なぜなら，前記(2)のとおり，このようなライセンスの場合には，ライセンスを終了するだけではライセンシーは法律上も契約上もそれらの情報等の使用を禁止されないからである。ライセンサーとしては，ライセンシーに対して，ライセンス契約の終了に際し，提供したノウハウ等について返還または破棄を求め，以後それらを使用しない旨および第三者に提供しない旨を合意する必要がある。

　ライセンシーに対して競争品の生産・使用または競争技術の使用を制限する競業避止義務は，ライセンサーの技術を利用した製品の売上低下防止の観点のみならず，提供した技術に含まれる秘密情報の保持・流出防止，成果帰属をめぐる争いの防止といった観点からも重要である。ただし，そのような競業避止義務が義務者の事業展開を強く拘束するものであり，不公正な取引方法として独禁法上問題となり得るものであることについては，前記⑧で述べたところと同様である。

⑩　当事者が倒産した場合の処理

（i）　ライセンサーの倒産

　破産法上，双務契約について破産者およびその相手方が破産手続開始の時においてともにその履行を完了していないときは，管財人は契約の解除をするか，破産者の債務を履行して相手方の債務の履行を請求するかを選択できる（破産法53条1項）。そのため，ライセンサーが破産した場合，ライセンシーは契約を一方的に解除されるリスクを負うのが原則であった（なお，民事再生手続および会社更生手続においても，基本的に同一である。民事再生法49条1項，会社更生法61条1項）。

4 技術提携 ■ *169*

もっとも，2004年の破産法改正により，「使用及び収益を目的とする権利を設定する契約」については，破産者の相手方が当該権利について第三者対抗要件を備えている場合には，上記の原則は適用されないことになった（破産法56条1項）。ライセンス契約も，かかる「使用及び収益を目的とする権利を設定する契約」に該当するため，実施権について第三者対抗要件を備えることによって，ライセンシーが一方的に契約を解除されることがないように保護が図られた（民事再生手続および会社更生手続においても，基本的に同一の改正が行われている。民事再生法51条，会社更生法63条）[26]。特に，特許については，2011年の特許法改正により，通常実施権の登録原簿が廃止され，通常実施権は当然に第三者対抗力を有することになったため（特許法99条），幅広くライセンシーに保護が与えられるようになった[27],[28]。

(ii) **ライセンシーの倒産**

ライセンシーについて破産手続が開始された場合，前記の破産法53条1項の規定により，管財人は，契約の解除または債務の履行のいずれかを選択することとなる。また，ライセンシーについて民事再生手続・会社更生手続が開始された場合，こちらも前記の民事再生法49条1項・会社更生法61条1項の規定により，契約の解除または債務の履行のいずれかを選択することになる。契約を解除して実施料の支払を止めるか，それとも債務の履行を選択して契約を継続

---

[26] なお，ライセンシーの有する請求権は，一般の債権に優先する財団債権となる（破産法56条2項，民事再生法51条，会社更生法63条）。

[27] 2011年の特許法改正以前には，通常実施権の第三者対抗要件は登録原簿への登録とされていたところ，判例上，通常実施権について登録をする旨の契約がなければ，ライセンサーに対して登録手続を請求することができないとされていた（最判昭和48・4・20判時704号49頁）ことから，実務上ライセンス契約においてライセンサーの登録協力義務等が盛り込まれることがあったが，登録費用の負担や登録手続の煩雑さ等から，そもそも登録制度自体の利用が避けられる傾向にあった。前記特許法の改正により，ライセンシーの保護に大きく舵を切ったといえる。

[28] 実用新案・意匠についても同様に通常実施権が当然に第三者対抗力を有するものとされているが（実用新案法19条3項，意匠法28条3項），他方で，商標の通常使用権については，依然として登録が第三者対抗要件であるとされ（商標法31条4項），また，著作権の利用についてはそもそも第三者対抗要件の制度が著作権法上規定されていない等（著作権法63条参照），第三者対抗要件をどのように具備するかについては知的財産の種類によって異なるため，注意が必要である。

させるかは，スポンサーが事業を承継するか否か等，当事者の事情に応じた管財人の判断次第ということになろう。

なお，ライセンス契約においては，一般に，ライセンシーが破産手続開始，民事再生手続開始または会社更生手続開始の決定を受けたことは，契約の解除事由として規定されていることが多いため，ライセンシー側の管財人が債務の履行を選択して契約を継続させたいといった場合でも，ライセンサーが当該規定に基づいて約定解除を主張することも考えられる。しかしながら，少なくとも会社更生手続や民事再生手続の場合においては，かかる約定解除は，管財人に契約の解除・履行の請求についての選択権を法が与えた趣旨に反し，再生・更生の妨げとなるため基本的に許されないと考えられている[29]ことに留意するべきである。

---

[29]　①最判昭和57・3・30民集36巻3号484頁は，保有権留保付割賦売買契約に規定されていた会社更生手続開始を理由とする約定解除の規定について，「買主たる株式会社に更生手続開始の申立の原因となるべき事実が生じたことを売買契約解除の事由とする旨の特約は，債権者，株主その他の利害関係人の利害を調整しつつ窮境にある株式会社の事業の維持更生を図ろうとする会社更生手続の趣旨，目的（会社更生法1条参照）を害するものであるから，その効力を肯認しえないものといわなければならない。そうすると，上告人のした本件売買契約解除はその効力を有しないものであ」ると判示した。また，②最判平成20・12・16判時2040号16頁は，ファイナンス・リース契約に，民事再生手続開始の申立てがあったことを解除事由とする旨の特約について，「少なくとも，本件特約のうち，民事再生手続開始の申立てがあったことを解除事由とする部分は，民事再生手続の趣旨，目的に反するものとして無効と解するのが相当である。その理由は，次のとおりである。民事再生手続は，経済的に窮境にある債務者について，その財産を一体として維持し，全債権者の多数の同意を得るなどして定められた再生計画に基づき，債務者と全債権者との間の民事上の権利関係を調整し，債務者の事業又は経済生活の再生を図るものであり（民事再生法1条参照），担保の目的物も民事再生手続の対象となる責任財産に含まれる。ファイナンス・リース契約におけるリース物件は，リース料が支払われない場合には，リース業者においてリース契約を解除してリース物件の返還を求め，その交換価値によって未払リース料や規定損害金の弁済を受けるという担保としての意義を有するものであるが，同契約において，民事再生手続開始の申立てがあったことを解除事由とする特約による解除を認めることは，このような担保としての意義を有するにとどまるリース物件を，一債権者と債務者との間の事前の合意により，民事再生手続開始前に債務者の責任財産から逸出させ，民事再生手続の中で債務者の事業等におけるリース物件の必要性に応じた対応をする機会を失わせることを認めることにほかならないから，民事再生手続の趣旨，目的に反することは明らかというべきである」と判示した。前記①および②の最高裁判例を前提とする限り，民事再生手続および会社更生手続が開始されたことを理由として解除する旨の規定は，基本的に無効であると考えるべきである。詳しくは，森倫洋「倒産解除特約」小林信明＝山本和彦編『実務に効く事業再生判例精選』（有斐閣，2014年）164頁。

5

共同開発に関する提携[30]

(1) 共同開発の意義

一般に，複数の当事者が，各自の有する技術力・人材・資金等を集約することによって，新たな技術や製品の開発を目指そうとする場合に締結される契約は，共同開発契約と呼ばれる。

共同開発契約の形態としては， i ）具体的な製品を念頭に置いた共同開発と基礎研究に主眼を置いた共同開発， ii ）特定の用途に特化した技術の開発を目指す共同開発と汎用性の高い技術の開発を目指す共同開発， iii ）親子会社間のような垂直的な関係にある企業間での共同開発と水平的な関係にある企業間での共同開発， iv ）異業種企業間での共同開発と同業種企業間での共同開発等，さまざまな切り口があるものの，共同開発を行うメリット・デメリットは基本的には共通している。

共同開発のメリットとしては，第一に，自社に不足する技術や知識を他社から補完し，自社の技術や知識と融合させることにより，自社だけでは得られない新技術や新製品を開発することができるようになることがあげられる。

第二に，複数の当事者が技術や知識を集約させることにより，研究開発に要する期間を短縮することが可能となる。特に製品開発競争が厳しく，日々新た

---

(30) 大阪弁護士会知的財産法実務研究会編『知的財産契約の理論と実務』（商事法務，2007年）176頁，生沼寿彦ほか「共同研究開発契約の理論と実務　第3回～第6回」NBL969号（2012年）65頁～972号（2012年）92頁，北川善太郎ほか監修『解説実務書式体系18　知的財産権III　研究開発・ライセンス』（三省堂，1996年）154頁。

な製品が生み出されている分野においては，開発に要する期間を短縮できることは，ビジネスを営む上で大きなメリットとなる。

第三に，共同開発においては，開発費用が分担されるため，コストの削減に繋がる。特に，アイデアや発想は有するものの開発のために十分な投資を行うことができないベンチャー企業等にとっては，豊富な人的・物的資源や資金力を有する大手企業と共同開発を行うことによってコストを削減できることは，共同開発の大きなメリットである。

反面，共同開発にはデメリットもある。第一に，開発成果の帰属について，研究開発における寄与，すなわち出資金・提供資源・技術者・分担範囲・分野の難易度や研究開発にかけた時間等，複雑な諸要素を事前に考慮して当事者が合意することは必ずしも容易でなく，しばしば紛争の原因ともなる。

第二に，開発成果に基づく新製品の製造・販売による利益を当事者間でどのように分配するかについては，当事者間の営業力，販売力等も踏まえ，前記の開発成果の帰属とは異なる要素に基づく考慮が必要となる。

第三に，複数の当事者間で共同開発を行うことから，研究開発の方針について食い違いが生じる可能性があるだけでなく，開発成果に係る秘密情報の管理，開発成果の第三者への実施許諾等についてトラブルとなる可能性がある。

これらのデメリットについては，一定程度，共同開発契約の中で対処することが可能であるが，契約による対処も万能とまではいえないため，共同開発契約の締結を考える当事者としては，以上のメリット・デメリットを十分に理解した上で検討を行うべきである。

なお，研究開発の共同化によって参加者間で研究開発活動が制限され，技術市場または製品市場における競争が実質的に制限されるおそれがある場合には，その研究開発の共同化は独禁法の不当な取引制限（独禁法3条）の問題となり得ると考えられる。また，研究開発の共同化それ自体が問題とならない場合であっても，共同研究開発の実施に伴う取決めによって，参加者の事業活動を不当に拘束し，公正な競争を阻害するおそれがある場合には，不公正な取引方法（独禁法19条）の問題となり得る。共同研究開発を検討するにあたっては，このような

独禁法による制限についても留意する必要がある（公正取引委員会「共同研究開発に関する独占禁止法上の指針〔平成22年1月1日最終改正〕」）。

⑵　主な検討項目

①　開発対象・開発目的の特定

まず，共同開発契約においては，開発対象を厳密に規定する必要がある。共同開発の範囲が広すぎると，一方当事者としては想定外の技術情報・試料等の提供を義務づけられたり，想定外の情報が共同開発の成果であるとして相手方に帰属したりするおそれが生じることになる。他方で，共同開発の範囲が狭すぎると，想定する共同開発の実が上がらないこととなる。

また，共同開発にあたっては，開発対象のみならず，開発目的を具体的に規定することもある。これは，当事者の共通理解を示す精神的な規定としての機能を持つほか，開発成果の利用の範囲，開発費用の負担，当該共同開発の対象に関連する技術について第三者と共同開発を行うことの可否，相手方から示された開発に関する秘密情報の利用等，共同開発において将来問題となるさまざまな場面で，当該共同開発契約における解釈の指針としての機能を持つこともある。

②　開発業務の遂行に関する規定（業務の分担・情報交換）

共同開発契約は，複数の当事者が共同で研究開発を行うことを目的とする契約であるから，各当事者がどのような開発業務を分担するかについて，契約にあらかじめ規定しておくことが必要である（場合によっては，一方当事者が開発業務のすべてを担当し，他方当事者が資金を提供するという分担もあり得る）。分担する業務の範囲は，寄与度に応じて開発費用の分担や開発成果の帰属等を定める場合には，それらを判断する際の要素となる事項であるから，当事者間において，あらかじめ具体的に協議しておくべき事項である。もっとも，契約締結段階ではこれらを十分に詰め切れないこともあるため，そのような場合には，

契約締結段階における業務分担は，ある程度の骨子ないし項目ごとの合意に留めておき，業務の細かな分担については，別途の合意により決定する建付けも考えられる。

　また，具体的な業務分担としては，各当事者が自らの得意分野を分担することが基本であるが，当事者間で積極的に技術交流を図りたい場合等に各当事者が並行して同じ分野を担当したり，当事者の一方が社外秘としたい技術・ノウハウを有していたり，あるいは当事者の一方が十分な技術力を有していないような場合には，当該分野に関する研究開発は，一方が単独で研究開発を担当し，他方が開発した製品の検討・評価を担当することもある。

　さらに，より効率的に研究開発を行う目的で，相互に必要な技術指導・援助等を行う旨を規定することがある。たとえば，研究開発に関する資料・サンプル等の情報の提示・交換について定める例が考えられる。

③　開発費用の分担

　開発費用の分担については，契約書に規定するのが通常である。具体的には，各自負担とする旨を規定するケースのほか，共同作業や予想外に発生した費用について一定比率での分担を定めるケースや，別途当事者の協議によって定めるとするケースもある。また，ⅰ）ベンチャーと大手企業との間の共同開発において，大手企業がベンチャーの開発した技術を利用する代わりに費用を多く負担するケース，ⅱ）大学と民間企業との共同開発（いわゆる産学連携）において，開発成果の利用度合の小さい大学側が，民間企業に対して多くの費用負担を求めるケース等もある。

　なお，契約書に特段の記載がない場合に，各当事者が要した費用を相手方に負担させることができるかどうかについては，ⅰ）共同開発契約を，事実行為たる研究開発の委託を相互に行う準委任契約であると解した上で，費用の前払請求または償還請求（民法656条，649条，650条）として相手方に分担を求めることが可能であるとする見解，ⅱ）共同開発契約を無名契約であると解した上で，当事者が自己のためにも研究開発を行うものであって費用は自己負担が原則で

あるとする見解とが存在する[31]。したがって，当事者間での後日の紛争を避けるため，共同開発契約の中で明確にその分担について規定しておくことが望ましい。

④ 開発成果の帰属

開発成果を各当事者の単独所有とするか共有とするかは，開発成果を用いた新製品や新技術によって生まれる利益の帰属に関連する点で，重要な問題である。単独所有か共有か，単独所有の場合はどちらの所有とするか，共有の場合はどのような持分比率とするかを決定するにあたり，考慮すべき要素は，各当事者の研究の分担，開発成果の取得に対する寄与度，費用の負担割合等，多岐にわたる。

単独所有とする場合，権利を取得しない当事者が開発成果の利用を希望するときは，あらかじめライセンスの設定を受けておくことが必要である。また，共有とする場合，特に特許については，別段の定めがない限り，持分比率にかかわらず特許の全部を単独で使用できるが(特許法73条2項)，他方で，特許出願は共同で行うことが要求され（同法38条），他の共有者の同意がなければ，持分を譲渡することができず(同法33条3項)，また専用実施権の設定や通常実施権の許諾もできない（同法73条3項）等，法律上さまざまな制限があることには注意が必要である。

なお，開発された成果を速やかに保護し，かつ一方当事者による抜け駆け的な開発成果の権利化を阻止するため，開発成果の通知義務や特許・実用新案・意匠・商標等の産業財産権の出願手続についても規定を置くことが多い。

⑤ 開発成果の利用

開発成果の帰属と開発成果の利用の可否・範囲は別の問題であり，単独所有であっても他の当事者に実施許諾を認めることもあれば，共有の場合に法律上

---

31) 小林和弘＝藤野睦子「共同研究開発契約の理論と実務　第6回　費用分担，禁止事項，終了原因，契約終了時の措置」NBL972号（2012年）92頁。

利用できる範囲を超える形で，あるいは法律上利用できる範囲を制限する形で利用について別段の合意を定めることもある。具体的には，利用者，利用期間，利用地域，利用料等を検討するべきであるが，研究開発には不確定要素が多く，あらかじめ当事者間で詳細に合意しておくことが困難である場合も少なくない。そのような場合には，その時点で合意できる範囲で概要のみを合意し，あとは別途協議する旨の条項を置くこともやむを得ないであろう。また，共同開発の当事者における利用のみならず，第三者への実施許諾を行うことが想定される場合は，かかる条件についてもあらかじめ当事者間で合意しておくことが望ましい（特許権が共有である場合，第三者への実施許諾については他の共有者の同意が必要であることは前記④で述べたとおりである）。

なお，共同開発契約における開発成果の利用についても，独禁法上，開発成果に基づく製品の生産・販売に関して，生産・販売を行う地域，販売数量，販売先，原材料または部品の購入先，品質または規格を制限することは，公正な競争を阻害するおそれがあると判断される場合には不公正な取引方法（独禁法19条）の問題となるとされていることに留意が必要である（公正取引委員会「共同研究開発に関する独占禁止法上の指針〔平成22年1月1日最終改正〕」第2の2(3)イ）。

⑥　秘密保持

共同開発契約は，研究開発に関するデータ等，秘密情報のやりとりを伴う契約であることから，前記④で述べた技術提携契約と同様，第三者への漏洩を防ぐため，秘密保持義務に関する条項を定め，開発成果を適切に管理することが重要である。検討する主なポイントは，秘密保持義務の範囲，情報管理体制に関する義務，秘密保持の有効期間等であり，その具体的な内容は第2章の秘密保持契約で述べたところと基本的に同一である（第2章②(2)①，⑦，⑩等参照）。

⑦ 他の研究開発・第三者への業務委託の禁止

共同開発契約によって研究開発を行う場合，研究成果が第三者に流出したり，あるいは，相手方が他にも類似の研究開発を行っていたために，実際には当該共同開発契約に基づき開発したにもかかわらず，独自に開発したとの主張を受けたりする事態が生じ得る。そのような事態を回避するための方法として，開発成果・秘密情報の目的外利用の禁止等が設けられるが，より直接的に，共同研究の期間中（期間終了後一定期間までを含む場合もある）に各当事者が同一ないし類似の研究開発を行うことまたは第三者に研究業務を委託することを禁止する旨の条項が設けられることもある。

他の研究開発を禁止する取決めについては，独禁法の不公正な取引方法（独禁法19条）に該当しないかについても検討が必要である[32]。すなわち，ⅰ）共同研究開発実施期間中に，共同研究開発のテーマと同一のテーマの研究開発を制限すること，ⅱ）共同研究開発実施期間中に，共同研究開発のテーマと極めて密接に関連するテーマの共同研究開発を制限すること，および，ⅲ）共同研究開発終了後の合理的期間に限って，共同研究開発のテーマと同一または極めて密接に関連するテーマの共同研究開発を制限することは，原則として不公正な取引方法に該当しないとされているのに対し（公正取引委員会「共同研究開発に関する独占禁止法上の指針〔平成22年1月1日最終改正〕」第2の2(1)ア［7］～［9］），ⅳ）共同研究開発のテーマ以外のテーマの研究開発を制限すること，ⅴ）共同研究開発終了後の合理的期間を超えて共同研究開発のテーマと同一のテーマの研究開発を制限することは，不公正な取引方法に該当するおそれが強いとされている（同指針第2の2(1)ウ［1］～［2］）。

⑧ 契約期間

企業間で日々新たな技術が開発され，技術の革新が非常に早く進む現在では，共同開発を行っている最中であっても，当該研究が有用であるか否かについて，

---

[32] 前掲注(30)・生沼ほか972号96頁。

178 ■ 第5章　業務提携契約

迅速な見極めが要求されており，そのような観点から，共同開発契約に一定の期間を設けることは合理的であるといえる。

　提携する期間の長さに関しては，法律上特段の制限は存在せず，専らビジネス上の判断によって決定されるという意味では，他の業務提携における期間の定めと同様である。ただし，共同開発契約における契約期間は，共同開発に要する期間と開発成果の利用期間の双方の観点から，対象となる研究開発の内容，当該分野における技術革新のスピード，最終的な成果目標（基礎研究に留めるのか，それとも実用化段階まで目指すのか），共同開発の形態や当事者の資金力等，研究開発に係る諸要素を考慮することが必要になる。開発成果について特許を出願する場合には，審査に時間がかかることを見越して，より長期の期間とする場合もあろう。また，ある程度長期間の研究開発が見込まれる場合であっても，将来的な技術革新や協力関係の変化を想定し，研究開発を継続することのメリット・デメリットを見直す機会を設けるために，契約上の提携期間を一定で区切り，当事者の合意によって契約を更新する旨の規定とすることも考えられる。

6 その他包括的な業務提携

(1) 包括的な業務提携の意義

　実務上，業務提携を行う際には，すでに述べたような生産・販売・技術等の各分野のみについての提携だけでなく，これらを組み合わせ，また原材料の調達や人材交流等も提携内容に含め，さらには業務提携だけでなく資本提携もあわせて行う等，包括的・複合的な提携関係の構築を図ることがある。

　そのような包括的な業務提携契約においては，これまでに述べてきた条項以外にも，しばしば特徴的な条項が定められることがある。以下では，そのような条項をいくつか紹介する。

(2) 包括的業務提携契約に見られる条項

① 提携事業の具体的な実施内容

　包括的な業務提携契約は，提携事業の具体的な実施内容を列挙した上で，当事者がどのような役割や責任を負うのかを規定する。もっとも，その役割や責任の程度については，一部は具体的な履行を要求する義務とする一方で，一部は努力義務に留めることもあれば，単に検討を開始する旨の合意に留めることもある。この実施内容の書振りは，業務提携を意図どおりに実現するための大前提となるため，非常に重要である。また，別紙の形で事業計画の内容やその目標値等を契約に規定することにより，業務提携の実現可能性を高めることも

考えられる。

② 委員会（ステアリング・コミッティー）の設置

業務提携契約締結後における業務提携の具体的な展開・運営，事業計画の策定，事業進捗状況の確認，情報交換，業務遂行上の問題点に関する協議および解決等，契約締結後の業務提携に関する具体的事項に対処するため，定期的に開催される機関あるいは常設の機関として，協議委員会（いわゆるステアリング・コミッティー）やプロジェクトチームが設置されることがある。

ステアリング・コミッティーの設置にあたっては，単に設置し，協議をする旨の抽象的な規定とすることも多いが，具体的に契約書への反映を検討するのであれば，ⅰ）ステアリング・コミッティーが担当する業務の内容，ⅱ）担当者の所属・人数・指名方法，ⅲ）ステアリング・コミッティーに対する各当事者の協力義務，ⅳ）常設の機関でない場合には開催頻度や開催方法等の諸要素について，検討するべきであろう。このような機関の設置に関する具体的な規定を置くことは，業務提携について継続的に協議を行い，より効率的・生産的な提携関係を構築するために有用であると考えられる。

③ 人材の派遣

ある製品の製造にあたり，製造を委託する側が製造方法について独自のノウハウを有している場合や，新製品の研究開発にあたり，必要な人材を確保しなければならない場合等，提携する業務によっては，生産方法・技術指導等のために，当事者の一方が他方に対し，従業員を出向させる場合がある。

④ 収益の分配および費用の分担

事業の内容が多岐にわたる場合，事業から得られる収益の分配については，当事者の業務分担等に応じて配慮が必要となることがあり，どの事業から得られた収益がどちらにどの程度帰属するか，またその分配方法をいかに定めるべきかについて，当事者間で詳細に検討し，業務提携契約において事前に取り決

めることがある。

　また，費用の分担についても同様である。費用については，契約締結前の時点において詳細な検討を行うことが難しい場合も少なくなく，実務上は，「本契約に基づき実施する事項に伴い甲または乙に発生する費用は，当該費用を出捐した当事者の負担とする」といった包括的な規定を置くに留める事例も多いが，具体的に規定しておく必要がないか，一度は検討を行うべきであろう。

7

業務提携を実効性あるものと するための実務上の工夫

⑴　実効的なプロジェクトチームの組成

　業務提携の内容を実効性あるものとするためには，いかなるメンバーでプロジェクトチームを組成するかということが重要である。すなわち，自社の事業および提携先の事業を正しく理解できる者（事業部のメンバー）と，それを契約化できる者（法務・総務のメンバー）との双方でバランス良くプロジェクトチームを組成し，チーム内で連携することによって初めて，業務提携の内容を適切に契約書に反映することができるようになるのである。

　もし，提携先の事業について知見のある者が社内にいない場合には，事業コンサルタント等，外部の者の力を借りることも検討に値する。また，重要なプロジェクトであったり，資本提携を伴う業務提携を検討したりする場合には，M&A 取引に精通した弁護士のリーガルアドバイスを得ることがプロジェクトの成功に向けて有用であると考えられる。

⑵　業務提携による成果をより確実に上げるための仕組み作り

　業務提携による成果をより確実に上げるための仕組みをあらかじめ契約に備えておくことも有効である。

　たとえば，ⅰ）業務提携先との人事交流に関する規定を定めたり，ⅱ）業務提携契約に規定した内容につき作業スケジュールの目安等を設定したり，ⅲ）

両当事者で定例のワーキンググループ・ミーティングを開催することを規定したりすること等が考えられる。

このような視点を持たずに業務提携のプロジェクトを進めようとしたために実際に散見されるのは，資本提携を伴う業務提携契約において，提携先の事業を正しく理解する者が不在のまま管理部門主導でプロジェクトが進み，資本参加に関する規定については管理部門のメンバーと外部の弁護士等とが協力して詳細に定める一方で，業務提携に関する規定については非常に抽象的な内容しか定めることができず，それらを実行に向けて進めるための手当もなされていないという契約である。このような契約では，出資が実行されてしまうと，出資を受けた側は業務提携に対する関心が薄れがちであるし，出資を行った側も業務提携について具体的に検討していなかったために，業務提携の取組みを具体的に進めることができず，結果的に期待していたような成果を得られないということがあり得る。

⑶　担当者の異動リスクへの配慮

一般的に，自社も提携先も数年ごとに担当者が異動し，契約締結時の事情を知る者が次第に少なくなっていくのが通常である。そのため，契約書を作成するにあたっては，将来に備えて，一義的に明確でわかりやすい内容とすることを心がけるとともに，将来に検討が先送りされた項目についても，残しておくべきものについては，できるだけ契約にその証拠を残しておくことが望ましい。たとえば，資本提携の交渉に際し，出資予定者との間で将来的には株式の保有割合を引き下げる方向性を確認し，出資先としてもそれを希望する場合には，「5年後を目処に出資割合の引下げに向けて協議する」といった文言を契約書に規定しておくことが考えられる。この文言それ自体は確認的な条項にすぎず，この条項に基づいて5年後に株式の保有割合を強制的に引き下げさせることができるわけではないが，このような文言があれば，担当者が異動していても将来的に出資割合の引下げについて議論しやすくなるだろう。

184　■第5章　業務提携契約

　また，あわせて，このような将来の変化に備えて，後任の担当者への適切な引継ぎを行うことができるように，契約締結交渉時の社内資料については，担当者限りとせずに，適宜，整理・保管しておくべきである。

8

親子会社間の取引をめぐる
問題点[33]

これまで述べてきた生産・販売の委託あるいはライセンスの許諾等の業務提携を完全親子会社ではない親子会社間において行う場合，契約内容については，利益相反回避の観点からの検討が必要となる。

すなわち，親子会社間の取引に際し，子会社の取締役は，子会社の株主総会の議決権の多数を占めて取締役を選任する権限を有する親会社の意向を無視することができないため，親会社は，子会社との間で自己に有利な条件で契約を締結することが可能である。そのような契約締結は，子会社の財産を侵害し，ひいては子会社の少数株主の利益を侵害するものとなる。そこで，子会社の取締役が親会社の代表として取引を行う場合，会社法上，子会社において，利益相反取引として株主総会（取締役会設置会社においては取締役会）の承認を受けなければならない（会社法356条1項2号，365条1項）。

また，もし不合理な取引条件によって子会社の利益を侵害し，ひいては少数株主の利益を侵害する場合には，少数株主は，子会社の取締役に対し，取締役の善管注意義務違反等を主張して株主代表訴訟を提起すること等により取締役の責任を追及することが可能である（会社法847条）。

このような親子会社間の利益相反取引における取締役の責任に関連して株主代表訴訟が提起された事例として，いずれも親子間での直接取引ではないものの，ⅰ）親会社の関連会社に対して資金供与を行ったことが，子会社取締役の

---

(33) 業務提携に限定した議論ではないが，親子会社間における取引の問題点を指摘するものとして，江頭憲治郎『結合企業法の立法と解釈』（有斐閣，1995年）7頁および31頁，伊藤靖史「子会社の少数株主の保護」商事1841号（2008年）26頁。

善管注意義務に違反するか否かが争われたコスモ証券株主代表訴訟事件（大阪地判平成14・2・20判タ1109号226頁），ⅱ）親会社が中心となって運営するキャッシュ・マネジメント・システム（CMS）[34]に参加して金銭の預託を実行・継続したことが，子会社取締役の善管注意義務・忠実義務に違反するか否かが争われた日産車体株主代表訴訟事件（判例集未登載）等がある[35]。いずれも結論としては取締役の責任が否定されたものの，両判決では，子会社の取締役は，多数株主である親会社等の利益を図る目的で子会社ひいては少数株主にとって不利益となる行為を行ってはならないとされていることから，親子会社間で業務提携に関する契約を締結する場合にも，子会社の少数株主に不当な不利益を与えるものとならないよう，取引条件については慎重な配慮が必要である。

また，日本においては厳格な規定があるわけではないが，親子会社間において，独立当事者間の取引とはかけ離れた価格で商品または役務の提供を行った場合には，譲渡のつもりが贈与であると認定される等により課税を受けるリスクもあることに留意するべきである。

---

[34]　グループ企業の余剰資金を親会社やその関連会社に預託し，かかる資金を集中管理することにより，グループ全体の資金効率化を図るための手法を指す。

[35]　太田洋＝森本大介「日産車体株主代表訴訟横浜地裁判決の検討〔上〕・〔下〕－子会社少数株主保護に関連して－」商事1977号（2012年）16頁・1978号（2012年）73頁，森本大介「親子会社間の利益相反取引と子会社少数株主の保護」野村修也＝松井秀樹編『実務に効くコーポレート・ガバナンス判例精選』（有斐閣，2013年）156頁。

9

会計・税務上の問題点

(1) 移転価格税制[36]

業務提携の一環として日本の会社が海外の子会社と取引を行う場合，移転価格税制との関係上，取引価格が適性であるかどうかについて注意を払う必要がある。

移転価格税制は，内国法人等がその国外関連者との間で取引を行った場合に，実際の取引価格が，独立企業間価格（第三者間の通常の取引価格）と異なるときには，当該取引を独立企業間価格で行われたものとみなして当該内国法人の課税所得を計算し直すというものである。すなわち，税率の低い国にある子会社と取引をするような場合，取引価格を自由に操作することによって，当該国へ利益を移転し，グループ全体として租税負担を軽減させることができるところ，そのような取引によって内国法人等の課税所得が減少することを防ぐために，本来独立の企業間であれば行われていたであろう取引の価格をベースとして，内国法人等に課税するというのが，移転価格税制の基本的な仕組みである（租特法66条の4）。なお，ここで移転価格税制の対象となる「国外関連者」とは，大まかにいえば，当該内国法人等が50％以上の株式を保有しまたは事業の方針の全部または一部につき実質的に決定できる等の「特殊の関係」にある外国法人

---

[36] 移転価格税制に関する総論的な解説がなされているものとして，中里実ほか編『租税法概説〔第2版〕』（有斐閣，2015年）310頁〔太田洋執筆部分〕，日本知的財産協会ライセンス第2委員会資料第423号「知的財産契約と税務」（2013年）121頁。

をいう（租特法66条の4第1項，租特令39の12第1項）。

移転価格税制については，独立企業間価格の算定方法をはじめとして複雑な論点が多数存在する。そのため，紙幅の関係から，ここでは立ち入らずに問題の指摘に留めるが，海外子会社と業務提携を行う際には，必ず検討が必要な事項である。

⑵ 印 紙 税[37]

業務提携契約書を作成する場合，当該文書が印紙税法の課税対象となるか，すなわち収入印紙を貼付する必要があるかどうかについても，実務上検討を要する事項である。

業務提携契約の契約書が印紙税法の課税対象となるか否かは，印紙税法別表第一の課税物件表に掲げられている20種類の類型の文書のいずれに該当するかで判断されるが，この該当性判断は，契約の標題や名称ではなく，契約の記載内容から総合的に行われる。

まず，生産提携については，前記②(1)でも述べたとおり，原材料・部品・製品についての生産や加工に関する売買（民法555条），委任（民法656条），請負（民法632条）その他これらを組み合わせたいわゆる製作物供給契約等，契約内容によってさまざまな形態があり得るため，個別具体的に判断する必要があるが，基本的な取引条件のみを定める典型的な生産提携契約の場合には，いわゆる第7号文書(印紙税法別表第一第7号の継続的取引の基本となる契約書)に該当すると判断され，1通につき4,000円の収入印紙が必要となることが多いであろう。

また，販売提携についても，実体は売買の委託に関する取引であることから，いわゆる第7号文書(印紙税法別表第一第7号の継続的取引の基本となる契約書)に該当し(印紙税法施行令26条1号参照)，1通につき4,000円の収入印紙が必要とな

---

(37) 印紙税に関する総論的な解説がなされているものとして，都築巌「実務解説 実務担当者が本当に知りたい印紙税セミナー」税務弘報60巻1号（2012年）128頁，小髙克巳「印紙税の実務上の留意点について」租税研究702号（2008年）20頁。

ることが多いであろう。

　他方，技術提携および共同開発は，特許・ノウハウの実施権の設定等を含む取引である。かつては別表において無体財産権の実施権の設定に関する契約書が掲げられていた（印紙税法旧別表第一第14号の２）ことから印紙税法の課税対象となっていたが，当該類型は削除され，平成元年４月１日以降に作成された契約書については，基本的に印紙税法の課税対象外となった[38]。

　その他，業務提携契約の契約書が印紙税法の課税対象となるか否かについては，印紙税法の別表一に掲げられた各類型のいずれに該当するかを，契約の内容から実質的に判断することが必要である。たとえば，ある専門的な分野について，当事者の一方が他方に開発を委託するような契約であれば，請負に関する契約書としていわゆる第２号文書（印紙税法別表第一第２号の請負に関する契約書）に該当すると判断されることもある[39]。

⑶　ライセンス契約における税務[40]

　業務提携の中でも，特にライセンス契約については，実施料の支払に対する課税について，消費税および源泉徴収との関係で考慮すべき点がある。

　まず，国内において事業者が行った資産の譲渡・貸付けおよび役務の提供は，「資産の譲渡等」として消費税が課されるところ（消費税法４条１項，２条１項８号），実施権の付与もかかる資産の譲渡等に該当するため，消費税の対象となり，ライセンサーが消費税の支払義務を負うこととなる（同法５条１項）。そのため，実施料の支払については，消費税相当額をあわせて支払うといった建付けとすることも多い。

　また，日本の企業が海外の企業に対して実施権を許諾することによって実施

---

[38]　前掲注⑴・契約法研究会編3238の26頁，3238の26の10頁，3238の40頁。

[39]　前掲注⑴・契約法研究会編3238の44頁。

[40]　前掲注⑩・大阪弁護士会知的財産法実務研究会編339頁，高久隆太『知的財産をめぐる国際税務』（大蔵財務協会，2008年）108頁，大貫雅晴『国際技術ライセンス契約－交渉から契約書作成まで－〔新版〕』（同文舘，2008年）143頁。

料の支払を受ける場合は，当該実施料は企業の所得として法人税の課税対象となることは当然である。他方で，日本の企業が，日本国内に恒久的施設を有しない海外の企業から実施権の許諾を受けて実施料を支払う場合，かかる実施料の支払は「工業所有権その他の技術に関する権利，特別の技術による生産方式若しくはこれらに準じるものの使用料」として所得税の国内源泉所得に該当し（所得税法161条7号），実施料を支払う日本の企業の側において，源泉徴収を行う義務がある（所得税法212条1項）。もっとも，二国間の租税条約において，かかる規定に修正が加えられているケースも多いため，実際にはどの国との租税条約が適用されるかも踏まえつつ，実施料を支払う日本企業の側に源泉徴収義務があるかを判断することになる。なお，源泉徴収の税率は，日本の国内法では20％（2037年までは復興特別所得税を加味して20.42％）とされているが（所得税法213条1項1号，東日本大震災からの復興のための施策を実施するために必要な財源の確保に関する特別措置法28条），当該税率について租税条約上の制限が付されている場合があり（いわゆる限度税率。租税条約等の実施に伴う所得税法，法人税法及び地方税法の特例等に関する法律3条の2参照），かかる租税条約の限度税率に基づく所得税の軽減または免除を受けるに際しては，国内源泉所得の支払を受ける者が「租税条約に関する届出書」を支払日の前日までに源泉徴収義務者を経由して所轄税務署長に提出することが求められる（租税条約等の実施に伴う所得税法，法人税法及び地方税法の特例等に関する法律施行令2条参照）。

　契約書の作成に際しては，これらの規律を踏まえて，実質的に源泉税に相当する部分をいずれの当事者が負担するのかも考慮してライセンス料等を決定しなければならない。たとえば，ライセンスを受ける者が実質的に源泉税を負担する場合には，源泉税相当分をライセンス料に上乗せすることが多い（グロスアップ）。

第 **6** 章

資本・業務提携における
手続上の留意点

1

資本・業務提携における手続の概要

　資本・業務提携の手続における大きな流れとしては，（必要に応じて）デューディリジェンスおよび契約交渉を行った上で契約締結を行い，最終的に第三者割当により株式や新株予約権等の発行がなされることになるが，会社法，金商法および金融商品取引所の規則等に基づき，一定の書類の作成および提出等が必要となる。具体的には，契約締結時点で会社法上の機関決定に加えて，有価証券届出書等の金商法上の開示書類の提出や適時開示を行うとともに，その他株式や新株予約権等の発行に伴い必要な手続を行う必要がある。また，発行後には，登記に加えて大量保有報告，外為法の手続等が必要となる場合がある。

　本章では，これらの法令上必要な手続について解説を行うが，実務上は，これらの手続を踏まえた上でスケジュールを作成し，漏れ等がないように留意することが重要となる。

2

第三者割当とは

　会社法上，株式や新株予約権の第三者割当は，①株主割当て（会社法202条等）や②不特定多数の者に対して申込みを募るいわゆる公募形式のものと対比されるものであり，特定の第三者に対してのみ行う株式の割当てが，特に第三者割当と呼ばれている。第三者割当の一次的な目的は，会社の資金調達にあるが，株式等を引き受けることにより，会社の重要事項の決定に参画できることもあり，資本・業務提携の場面でも度々用いられている。なお，資金調達を主たる目的としない第三者割当を行う場合には，不公正発行（同法210条2号，247条2号）が問題となる場合があるため，その点は注意が必要である。

　また，新規に発行する株式のみならず，その保有する自己株式の交付により行う場合もあり，普通株式のみならず，配当優先株式等の種類株式，新株予約権や新株予約権付社債も資本・業務提携の場面で用いられる場合がある[1]。

---

(1)　なお，第三者割当は会社法上は定義されているものではないが，金商法においては，「有価証券に係る株式又は新株予約権を特定の者に割り当てる方法（会社法第202条第1項の規定による株式の割当て及び同法第241条第1項又は同法第277条の規定による新株予約権の割当てによる方法（外国会社にあっては，これらに準ずる方法。）並びに(1)及び(2)に掲げる方法を除く。）

(1)　一定の要件に該当する場合において，当該有価証券の募集又は売出しに係る引受人が当該有価証券と同一の種類の有価証券を当該募集又は売出しと同一の条件で売出しを行うこととされているときに，当該有価証券を当該引受人に割り当てる方法

(2)　新株予約権（譲渡が禁止される旨の制限が付されているものに限る。）を当該新株予約権に係る新株予約権証券の発行者又はその関係会社の役員，会計参与又は使用人に割り当てる方法」（一部省略）

と定められている（開示府令19条2項1号ヲ）。また，東証有価証券上場規程では，第三者割当の定義が「開示府令第19条第2項第1号ヲに規定する第三者割当をいう」と定められている（同規程2条(67)の2号。ほかの金融商品取引所でも同様の定義がなされている）。

⑴ 株式による第三者割当

　「株式」とは，一般的には，細分化された割合的単位の形をとる株式会社の社員たる地位をいうものと考えられている。株式には，議決権，利益配当請求権，残余財産分配請求権を中心として，さまざまな権利が認められており，また，1つの会社においても，これらの内容の異なる複数の株式の発行がなされる場合があり，一般的には，特に株式の内容について特別な規定が設けられていない株式を普通株式，特別な規定が設けられている株式を種類株式という[2]。株式は会社の重大事項の決定や利益配当等に参画できる権利であるため，取引先との関係強化等にも用いられることが多い。

　この点，資本・業務提携に用いられるのは普通株式が多いが，会社法は，株式会社に，下記①〜⑨の会社法108条1項各号[3]に列挙された事由について異なる定めをした内容の異なる二以上の種類の株式を発行することを認めており，無議決権・配当優先（非参加・累積）・残余財産分配（非参加）にする等資本・業務提携の目的に合わせた権利内容の変更を行うことも可能である。

①　剰余金の配当（1号）

　当該種類株主に交付する配当財産の価額の決定の方法，剰余金の配当をする条件その他の剰余金の配当に関する取扱いの内容を定めることで，優先配当や非累積・累積条項（優先配当される額が配当されなかった場合に，その優先額を次期以降に繰り越させ，次期以降の配当に累積させる，または累積させないことを規定する条項）や参加・非参加条項（優先配当がなされた後の配当されるべき金額につい

---

[2]　一般に種類株式の対概念とされる普通株式については，会社法上，普通株式との用語が用いられているものではなく，特に会社法108条1項各号列挙事由について特別な定めを設けておらず，2つ以上の異なる種類の株式を発行する場合に権利内容について標準となる株式を指す。

[3]　会社法108条と類似の規定として，会社法107条1項があるが，これはすべての株式に共通の特別の定めを認めるものであり，種類株式を規定するものではない点に注意が必要である。

て，配当を受けることを認める条項，またはこれを認めないとする条項）を定めたり，いわゆるトラッキング・ストック(4)の設計を可能とする。

② 残余財産の分配（2号）

当該種類株主に交付する残余財産の価額の決定の方法，残余財産の分配をする条件その他の残余財産の分配に関する取扱いの内容を定めることで，当該種類株式の払込金額相当額等一定の金額について，残余財産が優先的に分配される規定や参加・非参加条項（残余財産の優先分配がなされた後の分配されるべき金額について，分配を受けることを認める条項，またはこれを認めないとする条項）を設けることができる。剰余金の配当とともに特別な規定を設けることで，社債に近い性質を有する種類株式を設計することもできる。

③ 株主総会において議決権を行使することができる事項（3号）（議決権制限種類株式）

株主総会において議決権を行使することができる事項や，議決権の行使の条件を定めることで，全く議決権を有さない株式，ある事項についてのみ議決権を有する株式，一定期間配当がなされないことを条件として議決権が復活する株式等の設計が可能である(5)。

---

(4) 会社が有する特定の事業部門や子会社の業績に応じて剰余金の配当が行われる等，その事業部門や子会社の業績にのみ価値が連動するように設計された株式をいう。成長性の見込める子会社がある場合に，支配権を維持したまま資金調達できるメリットがある。発行事例としては，ソニーがその子会社でインターネット関連サービスを手がけるソニーコミュニケーションネットワーク（SCN）を対象に発行した公募事例があるのみだが，上場会社全体ではなく，前記の成長性の見込める子会社や事業部門からの利益を得たい株主や，それを利用したいという上場会社はあり，実務上，その第三者割当での実現についてしばしば検討がされている。ただし，発行会社と対象子会社との利益相反取引や，発行会社または他の子会社が競合関係にある事業を営む場合にどのように調整し，トラッキング・ストックの株主に権利を保全するかが問題となり，この点が，ソニー以降のトラッキング・ストックの事例を阻んできた大きな要因の1つとなっているものと考えられる。

(5) 会社法308条1項は1株1議決権の原則を定めているが，たとえば，株式の単元株の単位を100とし，新たに発行する種類株式の単元株の単位を10とすれば，議決権は1単元1議決権となることから，議決権が種類株の単元の設定によって変化が生じることにより，実質株式の10倍の議決権が付与できることになる（同法188条3項）。また，配当や残余

なお，公開会社では，株主総会において議決権を行使することができる事項について制限のある種類の株式は，発行済株式の総数の2分の1を超えることができず，超えた場合は，当該会社は，ただちに，当該議決権制限のある株式の数を発行済株式の総数の2分の1以下にするための必要な措置をとらなければならない（会社法115条）。

④ 譲渡による当該種類の株式の取得について当該株式会社の承認を要すること（4号）（譲渡制限種類株式）

株式の譲渡による取得について会社の承認を要する旨を定めることができ，複数の種類の株式を発行している場合に，そのうちの一部の種類の株式についてのみ譲渡制限を課すこともできる。取締役会設置会社においては取締役会の承認によることが原則だが，定款の定めにより当該承認機関を変更することもできる（会社法139条1項）。

また，一定の場合において，株式会社が譲渡の承認をしたものとみなすこともできる（会社法108条2項4号，107条2項1号ロ）。この一定の場合については，たとえば，その譲渡先の属性による区別は有効と解されているが，譲渡株主の属性による区別は株主平等原則（同法109条1項）に反し無効と考えられている。

財産請求権等経済的利益に差をつける種類株式を発行することで，実質的に議決権の多いまたは少ない株式を設定することもできる。

このように，種類株式の内容の設定により，普通株式と比べて，実質的に議決権の多いまたは少ない株式を発行することが会社法上可能となるが，議決権の多い株式を発行すれば，少ない出資割合で会社支配を可能とする状況を作出することも可能であり，既存の株式の議決権等の権利やその行使が不当に制限されることとなってしまう。そのため，上場株式について，東証有価証券上場規程では，「上場株券等より議決権の多い株式（取締役の選解任その他の重要な事項について株主総会において一個の議決権を行使することができる数の株式に係る剰余金の配当請求権その他の経済的利益を受ける権利の価額等が上場株券等より低い株式をいう）の発行に係る決議又は決定」がなされた場合を，上場廃止事由としている（東証有価証券上場規程601条1項17号，同規程施行規則601条14項5号）。

なお，上場廃止事由に該当する議決権の多い株式の発行の決議等は，株主および投資者の利益を侵害するおそれが大きいと取引所が認めるものに限られているため，上場株式についても当該種類株式を発行できる余地が全くないわけではない点には留意が必要である。実例としては，2014年3月に東証マザーズに上場したサイバーダイン株式会社が複数議決権付株式のスキームを採用している。

⑤ 当該種類の株式につき，会社に対しその取得を請求できること（5号）（取得請求権付種類株式）

種類株式の株主が会社に対して，当該種類株式の取得を請求するいわゆる取得請求権を株式に付することができる。取得請求権の行使により会社に取得された株式は，会社の自己株式となる。当該種類株式の取得に換えては，金銭のみならず，社債，新株予約権，新株予約権付社債，その他の財産を交付することができ（会社法108条2項5号イ，107条2項2号），柔軟な対価選択が可能となっている。取得請求権の行使に条件を付することもできる。

⑥ 当該種類の株式につき，会社が一定の事由が生じたことを条件としてこれを取得することができること（6号）（取得条項付種類株式）

一定の事由が生じたことを条件として会社がその株式を強制的に取得するいわゆる取得条項を株式に付することができる。当該一定の事由としては，「株式会社が取得条項付株式の発行後に定める日が到来すること」等と定めることもできる（会社法108条2項6号イ，107条2項3号ロ）。これにより，種類株式の株主のプット・オプションである取得請求権に対して，会社のコール・オプションとしての取得条項を付した種類株式を設計することが可能となる（会社が取得条項付種類株式を取得する場合には，取得日の2週間前までに当該株式の株主に対して通知または公告をする必要がある（同法168条））。また，いずれかの権利というものではなく，一定の事由が生じた場合に自動的に取得条項が発動し，種類株式の取得とそれに対する対価の交付がなされるとすることもできる。

取得条項による取得の対価については，取得請求権付種類株式と同様に柔軟化されている。また，当該取得条項により取得された株式が当該会社の自己株式になることも取得請求権と同様である。

取得条項付種類株式の取得については，その一部を取得することができる旨を定めることもできる。

⑦　当該種類の株式につき，会社が株主総会の決議によってその全部を取得することができること（7号）（全部取得条項付種類株式）

株主総会の特別決議により会社がその全部を取得することができる種類株式を意味し，いわゆる「100％減資」を可能とする(6)。

取得条項とは違い，あらかじめ取得するための事由を定めておく必要がなく，通常の定款変更手続のほか，当該定款変更を行う種類株式等の種類株主総会の特別決議（会社法324条2項1号，111条2項）により株式発行後に全部取得条項を設けることもでき，また，取得の対価を取得の決議を行う株主総会にて定めること（会社法171条）もできる。

⑧　株主総会・取締役会・清算人会において決議すべき事項のうち，当該決議のほか，当該種類株主を構成員とする種類株主総会の決議があることを必要とするもの（8号）（拒否権付種類株式）

株主総会・取締役会・清算人会（以下「取締役会等」という）の決議事項に関して当該種類の株式の種類株主を構成員とする種類株主総会の決議を必要とする株式であり，取締役会等の決議があった場合でも，拒否権付種類株式の株主による種類株主総会の決議がなければ，効力を生じない（会社法323条）。

上場会社においては，当該拒否権付種類株式を発行すると，上場している株式の株主について，「株主の権利内容及びその行使が不当に制限されている」（東証有価証券上場規程601条1項17号，同規程施行規則601条14項3号）場合に該当するとされ，上場廃止事由に該当する可能性があるため，注意が必要となる(7)。

---

(6)　また，昨今では，ゴーイング・プライベート案件におけるスクイーズ・アウトの手段として用いられている。

(7)　種類株式は，重要な事項について拒否権を設ける等して，上場会社における「黄金株」として，敵対的買収に対する防衛策としての機能を付することもできるが，「取締役の過半数の選解任その他の重要な事項について種類株主総会の決議を要する旨の定めがなされたもの」の発行に係る決議または決定がなされた場合には，上場株式である普通株式の「株主の権利内容及びその行使が不当に制限されている」（東証有価証券上場規程601条1項17号，同規程施行規則601条14項3号）ものとして，上場廃止事由に該当することとなる。もっとも，当該規定は，「株主及び投資者の利益を侵害するおそれが少ないと当取引所が認める場合は，この限りでない。」との除外規定があるため，すべての場合にお

⑨　当該種類株主を構成員とする種類株主総会において取締役・監査役を選
任すること（9号）（取締役・監査役を選任する種類株式）

当該種類の株式の種類株主を構成員とする種類株主総会において取締役・監
査役を選任することができる株式を意味するが，当該種類株式を発行すること
ができる会社は非公開会社に限定される（会社法108条1項但書）。

⑵　新株予約権・新株予約権付社債による第三者割当

株式のほか，資本・業務提携においては新株予約権や新株予約権付社債も用
いられることがある。発行会社がいつ資金を必要とするか，割当先がいつから
会社の株主となりたいか等により，株式，新株予約権および新株予約権付社債
のいずれかが用いられることとなる。会社法は，新株予約権や新株予約権付社
債の内容を幅広くデザインすることを認めており，その目的に可及的に従った
株式，新株予約権または新株予約権付社債を用いることができる[8]。資本・業
務提携においても，MSCB（Moving Strike Convertible Bonds）やMSワラン
ト（Moving Strike Warrants）（以下「MSCB等」と総称する）が用いられる場合

いて，当該種類株式を発行することができないわけではなく，このような種類株式を発
行しようとする会社は，取引所とその内容について相談をする必要がある。
　なお，実例としては，国際石油開発帝石株式会社が黄金株を発行している。東証有価
証券上場規程施行規則601条14項3号においては，「持株会社である上場会社の主要な事
業を行っている子会社が拒否権付種類株式又は取締役選任権付種類株式を当該上場会社
以外の者を割当先として発行する場合において，当該種類株式の発行が当該上場会社に
対する買収の実現を困難にする方策であると当取引所が認めるときは，当該上場会社が
重要な事項について種類株主総会の決議を要する旨の定めがなされた拒否権付種類株式
を発行するものとして取り扱う。」とされている。
(8)　株式の第三者割当の場合，発行時に株式の払込みが必要となる。また，割当てを受け
た株式が上場されているものである場合には，これを市場で売却することも可能となる。
他方，新株予約権の第三者割当の場合，新株予約権を行使するまでは，新株予約権自体
の当初割当時の払込金額（もし定めていれば）以外の金銭等出資財産の払込みまたは交
付は不要とされている。そのため，引受人にとっては，初めから株式の払込みのための
資金等を用意する必要がないというメリットがある。また，新株予約権付社債の第三者
割当の場合，引受人は，当初，社債の払込みを行い，新株予約権を行使する場合には，
社債を出資財産として株式の払込みを行う。目的となる株価や会社の財務状況等を考慮
の上，新株予約権付社債の保有者は，満期まで社債を保有して金銭での償還を待つか，
途中で新株予約権を行使して，株式を取得するかを選択することができる。

がある。MSCB等とは，一般的には，権利の行使により引き受けられ，もしくは取得されることとなる株式の数が一定の日または一定の期間における株価に合わせて修正される行使価額修正条項が付された新株予約権または新株予約権付社債を意味する。MSCB等は，発行後の株価も行使価額に反映することができ，特に行使価額が下方修正されるMSCB等については，割当先に株式転換へのインセンティブを生じやすくさせる。また，これにより発行会社にとっても，資金調達をよりしやすくなる点にメリットがある（「発行会社にとっては，小刻みに普通株式の公募増資を行うことに類似した経済効果を期待することができる」資金調達手法と説明されることもある）。新興上場企業や，事業内容や財務構成が変動する事業再生中の企業のような場合に，過去の株価の動きを使って分布を予想することが容易でなく，かつ情報の非対称性によって発行会社の株式が過小評価されているような状況で，将来の株価上昇を見込んだ資金調達を可能とするといわれている。他方，①特に行使価額が頻繁にその時点の株価に合わせて修正されるMSCB等については，ブラック・ショールズ・モデルや二項格子モデル等，通常のオプション評価のために用いられているモデルでは評価し難く，有利発行か否かの判断が難しいこと，②引受先の「空売り」等により株価下落が引き起こされる場合があること等が問題点として議論されてきた。

　これらの問題点に可及的に対処するために，金商法や金融商品取引所[9]の自

---

(9)　上場会社は，MSCB等を発行する際に，MSCB等の割当先と締結する買取契約において後記の事項を定める等，MSCB等の行使について制限を設ける必要がある（東証有価証券上場規程434条1項，同規程施行規則436条）。

　①　上場会社は，新株予約権等の転換または行使をしようとする日を含む暦月において当該転換または行使により取得することとなる株券等の数が当該MSCB等の発行の払込日時点における上場株券等の数の10%を超える場合には，当該10%を超える部分に係る新株予約権等の転換または行使（以下「制限超過行使」という）を行わせないこと。

　②　割当先は，制限超過行使を行わないことに同意し，新株予約権等の転換または行使にあたっては，あらかじめ，上場会社に対し，当該新株予約権等の行使が制限超過行使に該当しないかについて確認を行うこと。

　③　割当先は，当該MSCB等を転売する場合には，あらかじめ転売先となる者に対して，上場会社との間で前記①および②の内容ならびに転売先となる者がさらに第三者に転売する場合にも前記①および②の内容を約させること。

　④　上場会社は，転売先となる者との間で，前記①および②の内容ならびに転売先となる者がさらに第三者に転売する場合にも前記①および②の内容を約すること。

主ルールによって，開示規制等(10)が置かれており，それぞれにおいて定義がされている(11)。

---

(10)　日本証券業協会は平成19年5月29日に，その会員である証券会社に対して，MSCB等の買受け時の確認，観察期間における空売りおよび市場売却の制限，そして新株予約権等の行使制限等に関する定め等をルール化した（「『会員におけるMSCB等の取扱いについて』理事会決議（自主規制会議決議）」（http://www.jsda.or.jp/.pdf）参照）。また，東京証券取引所においても，平成19年以降，MSCB等について，発行を行う際には流通市場への影響および株主の権利に十分配慮すること，ならびに，資金使途や発行条件等について適切な情報開示を行うことを要求するとともに，その後の転換または行使の状況に関する開示を義務づけた（東証有価証券上場規程402条，410条等）。

　　他方，金商法上の法定開示についても，平成21年6月17日，金融審議会　金融分科会「我が国金融・資本市場の国際化に関するスタディグループ」における「金融審議会　金融分科会　我が国金融・資本市場の国際化に関するスタディグループ報告～上場会社等のコーポレート・ガバナンスの強化に向けて～」と題する報告や，その後に行われたパブリックコメントに係る手続を経て，平成21年12月11日に公布・施行された「連結財務諸表の用語，様式及び作成方法に関する規則等の一部を改正する内閣府令」において，開示府令の改正が行われている。

　　すべてのMSCB等が発行会社や既存株主にとって害悪となるものではないが，MSCB等により第三者割当を行う場合には，前記の問題点等があることから，合理的な方法により払込金額その他の発行条件が定められているか，法定開示，適時開示のルールに則り，十分な開示が行われているかについて，通常の第三者割当よりも慎重に検討する必要があるものと考えられる。

(11)　新株予約権・新株予約権付社債だけではなく，同様の性質を有する取得条項が付された株式や有価証券とデリバティブ取引その他の取引を一体として見た場合にMSCB等と同じ性質を有するようなものについても，MSCB等とみなして同様の開示が求められている（開示府令19条9項，東証有価証券上場規程410条3項等）。それぞれの定義の相違点としては，東京証券取引所等の金融商品取引所において定義される「MSCB等」は，第三者割当により発行され，行使価額等の修正頻度が6か月に1回を超えるものに限定されている（同規程施行規則411条2項）のに対し，金商法による法定開示の対象となる行使価額修正条項付新株予約権付社債券等では，そのような修正頻度の限定がなされていない点に特徴がある。

202　■第6章　資本・業務提携における手続上の留意点

3

第三者割当増資に関する
会社法上の手続

(1)　会社法上の手続の概要

　株式，新株予約権および新株予約権付社債の発行にあたっては，株式を引き
受ける者（引受人）を決め，その者に出資を履行させるという手続が採られる。
会社法上，会社形態により手続は異なるが，上場会社（公開会社）の場合には，
株式の第三者割当および新株予約権の第三者割当を行うために必要な会社法上
の手続およびそのスケジュールは，**図表6−1・6−2**のとおりとなる。

　また，種類株式を第三者割当に用いる場合で，発行しようとする内容の株式
が定款に規定されていない会社は，**図表6−1・6−2**の手続の前に定款で以
下の事項を決める必要がある（会社法108条2項）。当該定款変更は，株主総会の
特別決議（同法309条2項11号，466条）により行われる必要がある。

- 種類株式の内容
- 発行可能種類株式総数[12]

　「種類株式の内容」は，原則として，定款上に詳細を定める必要があるが（会

---

[12]　「発行可能種類株式総数」とは，株式会社が発行することができる一の種類の株式の総
　　数を意味する（会社法101条1項3号）。この点，定款で定めた各種類株式のそれぞれの
　　発行可能株式総数（同法37条1項）の合計額が全体の発行可能株式総数と一致すること
　　は必ずしも必要はない。

社法108条2項），例外的に，種類株式の内容のうち，一定の事項（同法施行規則20条）以外の事項については，要綱を定款で定め，当該種類株式を初めて発行する時までに取締役会等の決議によって定めることも可能とされている（同法108条3項）。この，「当該種類株式を初めて発行する時までに取締役会等の決議によって定める」旨は定款に規定する必要がある。「要綱」の目安としては，定款変更後に行われる取締役会等が細目の決定においてどの程度の範囲で裁量を有するかを判断することができるようにするため参考となる事項について定めるとともに，種類株式の発行が既存株主にとってどのような影響をもたらし得るのかを具体的に認識し得る程度には具体的な記載をする必要があるものと考えられている。

なお，標準的には，**図表6－2**のようなスケジュールとなるが，資本・業務提携の場合には，デューディリジェンスや引受先との条件交渉等も必要となる場合が多く，それらを考慮すると，第三者割当により株式等の交付を受けるまでより長期のスケジュールを必要とすることになる点に留意が必要である[13]。

また，本書では詳細な記述は割愛するが，会社法上の公開会社において引受人（その子会社等を含む）が結果として総株主の議決権の過半数を有することとなる第三者割当増資を行う場合において，総株主の議決権の10分の1以上の株主が反対通知をした場合には，原則として，株主総会の承認（普通決議）が必要となる点についても留意が必要である（会社法206条の2第4項）[14]。

---

[13]　上場会社の場合には，会社法上の規制だけでなく，金商法・金融商品取引所規則による規制にも留意する必要がある。なお，**図表6－1**では，会社法の手続を記載しているが，会社法201条3項・4項の株主に対する通知・法定公告に関しては，有価証券届出書の提出等金商法の発行開示手続が行われていれば，会社法上の手続を省略できるように調整がなされていることに留意する必要がある（同法201条5項）。

[14]　公開会社による募集新株予約権の割当て等についても同様の規制が導入されている（会社法244条の2）。

204 ■ 第6章 資本・業務提携における手続上の留意点

（図表6-1） 上場会社（公開会社）における会社法上の株式・新株予約権の発行手続

株式の発行手続		新株予約権の発行手続	
有利発行に該当しない場合	有利発行に該当する場合	有利発行に該当しない場合	有利発行に該当する場合
① 取締役会決議による募集事項の決定（同法201条1項,199条2項）	株主総会決議による募集事項の決定（同法201条1項,199条3項・2項）	取締役会決議による募集事項の決定（同法240条1項,238条2項）	株主総会決議による募集事項の決定（同法240条1項,238条3項・2項）
② 募集事項の通知または公告（同法201条3項・4項）※有価証券届出書等を提出している場合は不要（同法201条5項）	左記の通知・公告は不要（同法201条3項）	募集事項の通知または公告（同法240条2項・3項）※有価証券届出書等を提出している場合は不要（同法240条4項）	左記の通知・公告は不要（同法240条2項）
③ 申込みをしようとする者に対する募集事項等の通知（同法203条1項）	申込みをしようとする者に対する募集事項等の通知（同法203条1項）	申込みをしようとする者に対する募集事項等の通知（同法242条1項）	申込みをしようとする者に対する募集事項等の通知（同法242条1項）
④ 申込み（同法203条2項）•申込者の氏名・名称,住所•引き受けようとする募集株式の数※書面か電磁的方法によることが必要（同法203条2項・3項）	申込み（同法203条2項）•申込者の氏名・名称,住所•引き受けようとする募集株式の数※書面か電磁的方法によることが必要（同法203条2項・3項）	申込み（同法242条2項）•申込者の氏名・名称,住所•引き受けようとする募集新株予約権の数※書面か電磁的方法によることが必要（同法242条2項・3項）	申込み（同法242条2項）•申込者の氏名・名称,住所•引き受けようとする募集新株予約権の数※書面か電磁的方法によることが必要（同法242条2項・3項）
⑤ 取締役会決議による割当ての決定（同法204条1項・2項）	取締役会決議による割当ての決定（同法204条1項・2項）	取締役会決議による割当ての決定（同法243条1項・2項）	取締役会決議による割当ての決定（同法243条1項・2項）
⑥ 払込期日（払込期間の初日）の前日までに割当内容を通知（同法204条3項）	払込期日（払込期間の初日）の前日までに割当内容を通知（同法204条3項）	割当日の前日までに割当内容を通知（同法243条3項）	割当日の前日までに割当内容を通知（同法243条3項）
⑦ 払込期日（払込期間）に全額を出資（同法208条1項・2項）※出資を履行しないときは,引受人は募集株式の株主となる権利を失う（同法208条5項）。	払込期日（払込期間）に全額を出資（同法208条1項・2項）※出資を履行しないときは,引受人は募集株式の株主となる権利を失う（同法208条5項）。	割当日において新株予約権者となる（同法245条1項）。	割当日において新株予約権者となる（同法245条1項）。
総数引受契約を締結する場合には、前記③〜⑥の手続は適用されない（同法205条1項）。	総数引受契約を締結する場合には、前記③〜⑥の手続は適用されない（同法205条1項）。	総数引受契約を締結する場合には、前記③〜⑥の手続は適用されない（同法244条1項）。	総数引受契約を締結する場合には、前記③〜⑥の手続は適用されない（同法244条1項）。

③ 第三者割当増資に関する会社法上の手続　205

(図表6-2) 上場株式の第三者割当の実務的なスケジュール（有利発行に該当しない場合）

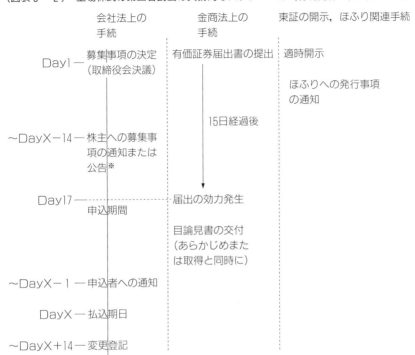

※　払込期日の2週間前までに募集事項を記載した有価証券届出書を提出している場合等は不要

(2) 募集事項

第三者割当を行う場合には，**図表6-1**に記載のとおり，募集事項を取締役会または株主総会にて定めなければならない。株式および新株予約権・新株予約権付社債の募集事項は以下のとおりとなる。

● 株式の場合

株式の募集事項は以下のとおりとなる（会社法199条1項）。

① 募集株式の数（種類株式発行会社にあっては，募集株式の種類および数）

② 募集株式の払込金額またはその算定方法

③ 金銭以外の財産を出資の目的とするときは，その旨ならびに当該財産の内容および価額

④ 募集株式と引換えにする金銭の払込みまたは③の財産の給付の期日またはその期間

⑤ 株式を発行するときは，増加する資本金および資本準備金に関する事項

● 新株予約権・新株予約権付社債の場合

新株予約権の募集事項は以下のとおりとなる（会社法238条1項）。

① 募集新株予約権の内容および数

② 募集新株予約権と引換えに金銭の払込みを要しないこととする場合には，その旨

③ ②に規定する場合以外の場合には，募集新株予約権の払込金額（募集新株予約権1個と引換えに払い込む金銭の額をいう）またはその算定方法

④ 募集新株予約権を割り当てる日

⑤ 募集新株予約権と引換えにする金銭の払込みの期日を定めるときは，その期日

⑥ 募集新株予約権が新株予約権付社債に付されたものである場合には，会社法676条各号に掲げる事項

⑦ ⑥に規定する場合において，⑥の新株予約権付社債に付された募集新株予約権についての会社法118条1項，777条1項，787条1項または808条1項の規定による請求（新株予約権買取請求）の方法につき別段の定めをするときは，その定め

新株予約権付社債の発行については，新株予約権の発行と同じ規定が適用され，社債の発行に関する規定は適用されない（同法248条）。

⑶ 法定公告

　株主に募集事項についての情報を事前に知らせることにより，それが法令・定款に違反する場合または不公正な方法によるものである場合に，差止めの機会を与えるため，取締役会が第三者割当の募集事項を決定した場合には，払込期日（払込期間の初日）または割当日の2週間前までに，株主に対し，募集事項を通知するか，公告しなければならないとされている（会社法201条3項・4項，同法240条2項・3項）。

　ただし，会社が，払込期日（払込期間の初日）または割当日の二週間前までに，金商法の規定に基づき次に掲げる書類（募集事項に相当する事項をその内容とするものに限る）の届出または提出をしている場合であって，内閣総理大臣が当該期日または当該割当日の2週間前の日から当該期日または当該割当日まで継続して金商法の規定に基づき当該書類を公衆の縦覧に供しているときには，通知・公告は不要とされている（株式について会社法201条5項，同法施行規則40条，新株予約権について会社法240条4項，同法施行規則53条）(15)。

① 　有価証券届出書
② 　発行登録書および発行登録追補書類
③ 　有価証券報告書
④ 　四半期報告書
⑤ 　半期報告書
⑥ 　臨時報告書

---

(15) これは，会社法上の公告等に基づくコストを削減し，会社法と金商法との開示規制の差異による実務上の負担およびスケジュールそのほかの調整を容易にしようとするものである。上場会社による第三者割当の場合には，ほとんどの場合，後記①，②および⑥の提出により，会社法に基づく通知・公告が代替されている。

208　■　第6章　資本・業務提携における手続上の留意点

⑷　引受人の申込み・割当手続

　会社は，株式または新株予約権（新株予約権付社債を含む）の引受けを行おうとする者に対して，株式を割り当てることになるが，この方法としては，いわゆる申込み・割当方式と，総数引受方式の2つがある。なお，資本・業務提携の場合の第三者割当においては，総数引受方式が用いられることが多い。

①　申込み・割当方式

（i）　申込みをしようとする者に対する通知

　会社は，第三者割当で株式または新株予約権（新株予約権付社債を含む）の引受けの申込み（以下「募集株式・募集新株予約権の引受けの申込み」という）をしようとする者に対し，会社の商号，募集事項，払込取扱金融機関，発行可能株式総数等の事項[16]を通知しなければならない（会社法203条1項，同法施行規則41

---

[16]　株式の場合，①会社の商号，②募集事項，③払込取扱金融機関，④発行可能株式総数（種類株式発行会社にあっては，各種類の株式の発行可能種類株式総数を含む），⑤株式会社（種類株式発行会社を除く）が発行する株式の内容として，会社法107条1項各号に掲げる，譲渡制限，取得請求権または取得条項を定めているときは，当該株式の内容，⑥株式会社（種類株式発行会社に限る）が会社法108条1項各号に掲げる事項につき内容の異なる株式を発行することとしているときは，各種類の株式の内容（ある種類の株式につき同条3項の定款の定めがある場合において，当該定款の定めにより株式会社が当該種類の株式の内容を定めていないときは，当該種類の株式の内容の要綱），⑦単元株式数についての定款の定めがあるときは，その単元株式数（種類株式発行会社にあっては，各種類の株式の単元株式数），⑧次に掲げる定款の定めがあるときは，その規定（(イ)譲渡制限株式の譲渡承認に関し株主総会（取締役会設置会社にあっては，取締役会）決議を排除する定款の定め，譲渡制限株式の指定買取人の指定に関する定款の定め，譲渡制限株式の譲渡承認とみなされる期間に関する定款の定め，(ロ)特定の株主からの自己株式取得手続に関する定款の定め，(ハ)取得請求権付株式の一株に満たない端数の切捨てに関する定款の定め，(ニ)取得条項付株式の取得に関し株主総会（取締役会設置会社にあっては，取締役会）決議を排除する定款の定め，(ホ)株式の一般承継人に対する売渡請求に関する定款の定め，(ヘ)種類株主総会において取締役または監査役を選任する場合における解任等の取扱いに関する定款の定め，(ト)譲渡制限株式の譲渡承認とみなされる期間に関する定款の定め），⑨株主名簿管理人を置く旨の定款の定めがあるときは，その氏名または名称および住所ならびに営業所，⑩定款に定められた事項（会社法203条1項1号から3号までおよび前記④から⑨までに掲げる事項を除く）であって，当該株式会社に対して募集株式の引受けの申込みをしようとする者が当該者に対して通知することを請求した事項をいう。

条, 同法242条1項, 同法施行規則54条)。

　ただし, 株式会社が前記の通知に記載されるべき事項を記載した金商法2条10項に規定する目論見書を申込みをしようとする者に対して交付している場合のほか, 相手方保護に欠けるおそれがないものとして法務省令で定める場合(会社法203条4項, 同法施行規則42条, 会社法242条4項, 同法施行規則55条参照)には, 通知は不要となる。

(ii) 申込み

　会社法199条1項や238条1項の募集に応じ, 株式または新株予約権(新株予約権付社債を含む)の引受けの申込みをする者は, ①申込みをする者の氏名または名称および住所, ②引き受けようとする募集株式・募集新株予約権の数を記載した書面を株式会社に対して交付する必要がある(会社法203条2項, 242条2項)。

(iii) 割当て

　会社は, 申込者の中から割当てを受ける者と, その者に割り当てる募集株式・募集新株予約権の数を定め(会社法204条1項, 243条1項), 払込期日(払込期間の初日)または割当日の前日までに, 申込者に対し, 割り当てる募集株式・募集新株予約権の数を通知しなければならない(会社法204条3項, 243条3項)。

② 総数引受方式

　割当先が募集株式や募集新株予約権の総数の引受けを行う契約を締結する場合には, 前述の会社法上の通知・申込み・割当ての手続は適用されない(会社法205条1項, 244条1項)。第三者割当の場合には, 割当先との間で, 単に株式の申

　　また, 新株予約権(新株予約権付社債を含む)の場合には, 前記①から⑨までに掲げる事項に加えて, ⑩定款に定められた事項(同法242条1項1号から3号までおよび前記④から⑨に掲げる事項を除く)であって, 当該株式会社に対して募集新株予約権の引受けの申込みをしようとする者が当該者に対して通知することを請求した事項をいう。

210 ■ 第6章 資本・業務提携における手続上の留意点

込みと引受けを約するのみならず，その割当てや引受けについて，条件を付すため，前記の総数引受契約を締結する場合が多く見受けられる。この総数引受契約の内容としては，割当て・引受けを約束する事項（募集事項を含む），払込手続，発行会社・割当先それぞれの表明保証・誓約事項，割当て・引受けの前提条件，補償条項，契約の終了事項，解除規定，費用負担，秘密保持および公表に関する規定，通知先，契約上の地位・権利・義務の譲渡制限，専属管轄・準拠法等が記載される[17]。

(5) 払込手続

● 株式の場合

募集株式の引受人は，払込期日または払込期間内に，会社が定めた銀行等の払込取扱金融機関に，それぞれの募集株式の払込金額の全額を払い込まなければならない（会社法208条1項）[18]。この払込先となる「銀行等」とは，銀行（銀行法2条1項に規定する銀行），信託会社（信託業法2条2項に規定する信託会社）そのほかこれに準ずるものとして法務省令で定めるものを意味し，これらに限定される（会社法34条2項，同法施行規則7条）。

仮に，株式の引受人が払込期日または払込期間内に払込金額の払込みを行わなかった場合には，法律上当然に失権することになる（会社法208条5項）。つまり，引受人は，その後，払込みを行ったとしても，株主になることはできず，会社側も，引受人に対して払込義務の履行を求める必要もない（いわゆる打切

---

[17] 立案担当者によれば，総数引受方式は，契約書が1通である場合や，割当先が1名または1社であることが必ずしも求められているものではなく，実質的に同一の機会に一体的な契約で募集株式の総数の引受けが行われたものと評価し得るものであればよいと考えられている（相澤哲＝葉玉匡美＝郡谷大輔編著『論点解説 新・会社法』（商事法務，2006年）207頁）。

[18] また，株式の払込みの場合，引受人は，会社に対して，別の債権を有していたとしても，当該債権と，払込金額の払込義務を相殺することはできない（会社法208条3項）。これは，いわゆる資本充実の原則（資本金の額に相当する財産が出資者から確実に拠出されなければならないとする原則）の現れとされている（なお，会社から相殺することはできる）。

発行)。

●新株予約権（新株予約権付社債を含む）の場合

新株予約権（新株予約権付社債を含む）の場合には，募集株式とは異なり，募集新株予約権の発行の段階と，募集新株予約権の行使の段階において，払込みがあり得ることに留意が必要となる。

①　発行の段階

募集新株予約権の引受人は，払込期日までに，会社が定めた銀行等の払込取扱金融機関において，それぞれの募集新株予約権の払込金額の全額を払い込まなければならない（会社法246条1項）[19]。仮に，払込期日までに払込金額の全額の払込みをしないときは，募集新株予約権を行使することはできなくなる（会社法246条3項）。

②　行使の段階

新株予約権の行使は，行使期間内に，(i)その行使に係る新株予約権の内容・数，および(ii)新株予約権を行使する日を明らかにしてしなければならない（会社法280条1項）。金銭を新株予約権の行使に際してする出資の目的とするときは，(ii)の日に，会社が定めた銀行等の払込取扱金融機関に対し権利行使価額の全額を払い込まなければならない（同法281条1項）[20]。

---

[19]　株式の払込みの場合とは異なり，発行の段階では，新株予約権の払込みについて，会社の承諾を得れば，会社に対する別の債権と，払込義務を相殺することができるとされている（会社法246条2項）。これは，株式の払込みと異なり出資として取り扱っておらず，単なる会社に対する債務の履行として取り扱っていることによる。

[20]　また，新株予約権者は，行使の際の金銭の払込みまたは現物出資財産の給付に係る債務と発行会社に対する債権とを相殺することはできない。

⑹ 株主・新株予約権者となる時点

●株式の場合

募集株式の引受人が払込期日に払込金額の払込みを行った場合には，引受人は，その日に株主となる（会社法209条1項1号）。また，払込期間が定められている場合に，引受人が当該期間内に払込みを行ったときは，引受人は，出資の履行をした日に株主となる（同法209条1項2号）。引受人が株主となる日は，募集株式の発行の効力が生じる日と同日となる。

会社法上，引受人が株主となる日（＝募集株式の発行の効力発生日）を基準として，(i)募集株式の発行差止請求が認められなくなる，(ii)募集株式発行の無効の訴えの起算日となる，(iii)変更登記の義務が生じる，(iv)募集株式の引受人は，株主となった日から1年を経過した後は，錯誤もしくは引受けの申込みに際しての会社からの通知の瑕疵を理由として自己の引受けの無効を主張し，または詐欺・強迫もしくは消費者契約法上の事由を理由として引受けを取り消すことができなくなる（会社法211条2項，消費者契約法7条2項）等，引受人が株主となることにより，さまざまな法律上の効果と結びつけられている。

●新株予約権（新株予約権付社債を含む）の場合

① 発行の段階

新株予約権の発行の段階では，その払込みを待たずに，割当日に申込者・新株予約権の総数を引き受けた者は新株予約権者となる（会社法245条1項）。払込みにより新株予約権者となることとされていないのは，たとえば取締役等に対し職務執行の対価として付与する場合（ストック・オプション），ある取締役に対し募集新株予約権の割当てをしても，同人が払込みに相当する職務執行を終了するまでの間，同人は新株予約権者ではないことになって，その開示もなされないことになる不都合があるからである。

会社法上，申込者等が新株予約権者となる日（＝募集新株予約権の発行の効力発

生日)を基準として，(i)募集新株予約権の発行差止請求が認められなくなる，(ii)募集新株予約権発行の無効の訴えの起算日となる，(iii)変更登記の義務が生じる等，申込者等が新株予約権者となることにより，さまざまな法律上の効果と結びつけられている。

② 行使の段階

新株予約権の行使は，行使期間内に，その行使に係る新株予約権の内容・数，および，新株予約権を行使する日を明らかにしてしなければならず（会社法280条1項），金銭を新株予約権の行使に際してする出資の目的とするときは，新株予約権の行使日に，権利行使価額の全額を払い込まなければならない（同法281条1項）。新株予約権者は，新株予約権を行使した日に，当該新株予約権の目的である株式の株主となる（同法282条1項）。

(7) 登記事項

●株式の場合

募集株式の発行の効力が生じると，登記事項である①資本金の額（会社法911条3項5号），②発行済株式の総数ならびにその種類および種類ごとの数（同項9号）について変更が生じる。会社は，前記①または②に変更が生じたときは，2週間以内に，本店の所在地において，変更の登記をしなければならない（同法915条1項）。ただし，払込期間を定めた場合における株式の発行による変更の登記は，その期間の末日から2週間以内に行えば足りる（同法915条2項）。

この変更登記を申請する際には，当該登記申請の添付書面として，以下の書面が必要となる。

① 募集事項等の決定機関に応じ，取締役会（株主総会，種類株主総会）の議事録または取締役の全員の一致を証する書面（商登法46条2項・1項）[21]

② 募集株式の引受けの申込みまたは総数引受契約を証する書面（商登法56条1号）

214 ■ 第6章　資本・業務提携における手続上の留意点

③　金銭を出資の目的とするときは，払込みがあったことを証する書面（商登法56条2号）[22]

④　現物出資がされるときは，次の(i)から(iv)までの書面（商登法56条3号）

　(i)　検査役が選任されたときは，検査役の調査報告を記載した書面およびその附属書類

　(ii)　現物出資財産のうち，市場価格のある有価証券について募集事項の決定の際に定められた価額が市場価格以下であるときは，当該市場価格を証する書面

　(iii)　現物出資財産について募集事項の決定の際に定められた価額が相当であることについて，弁護士等の証明（現物出資財産が不動産である場合には，当該証明および不動産鑑定士の鑑定評価）を受けたときは，その証明書および附属書類

　(iv)　会社に対する弁済期到来済みの金銭債権につき募集事項の決定の際に定められた価額が当該金銭債権に係る負債の帳簿価額以下である場合には，当該金銭債権について記載された会計帳簿

⑤　検査役の報告に関する裁判があったときは，その謄本（商登法56条4号）

⑥　支配権の異動を伴う第三者割当において株主からの反対通知があった場合で株主総会決議が不要なときは，その旨を証する書面（商登法56条5号）

⑦　資本金の額が会社法および会社計算規則の規定に従って計上されたことを証する書面（商登規61条7項）

募集株式の発行による変更の登記を申請するときは，増加した資本金の額の1,000分の7に相当する金額（ただし，算出された税額が30,000円に満たないとき

---

[21]　第三者に対する有利発行のための株主総会の特別決議を要する場合（会社法199条2項・3項，309条2項5号）の株主総会の議事録は，添付を必要としないと解されている（昭和30・6・25民事甲1333号通達）。

[22]　(a)　払込金受入証明書
　　　(b)　代表取締役または代表執行役の作成に係る払込取扱機関に払い込まれた金額を証明する書面に次の書面のいずれかを合綴したもの
　　　　(x)　払込取扱機関における口座の預金通帳の写し
　　　　(y)　取引明細表そのほかの払込取扱機関が作成した書面

は30,000円）の登録免許税を納付する必要がある（登録免許税法別表１の24の(1)ニ）。

　なお，自己株式の処分の場合は，前記①，②の事項について変更は生じないため，変更の登記は不要となる。

　また，種類株式を用いた第三者割当の場合には，前記発行後の定款変更に先立ち，「発行する株式の内容」，「発行可能種類株式総数及び発行する各種類の株式の内容」等の登記事由について，定款変更後２週間以内に，本店の所在地において，会社法108条２項各号に定める事項および変更年月日について登記申請をすることが必要となる（同法915条１項，911条３項７号）。その場合の添付書面は，定款変更の決議機関に応じ，株主総会等の議事録となる（商登法46条２項）。また，定款で各種類の株式の内容の要綱を定めた場合において，当該種類の株式を初めて発行する時までにその具体的内容を定めたとき，発行する各種類の株式の内容の変更の登記が必要となる点にも注意が必要である（同法911条３項７号）。

●新株予約権の場合

①　新株予約権の発行の場合

　新株予約権を発行した場合には，発行年月日（割当日）から２週間以内に，本店所在地において，後記の事項について，変更の登記をしなけらばならない（会社法911条３項12号）。新株予約権の発行時点では，資本金の額は変動しないため，前記「株式の場合」⑦記載の資本金の額等の変更の登記は不要である。

(ⅰ)　新株予約権の数[23]

(ⅱ)　新株予約権の目的である株式の数（種類株式にあっては，その種類および数）または算定方法

(ⅲ)　新株予約権の行使に際して出資される財産の価額または算定方法

(ⅳ)　新株予約権の行使に際して現物出資がされるときは，その旨ならびに現

---

[23]　募集された新株予約権の数ではなく，割当日に現実に発行された数が登記事項となる（会社法245条，911条３項12号）。

216 ■ 第6章 資本・業務提携における手続上の留意点

物出資財産の内容および価額

(v) 新株予約権の行使期間

(vi) 新株予約権の行使の条件

(vii) 取得条項付新株予約権とするときは，その旨，取得事由，一部取得の方法ならびに取得対価の内容および数または算定方法等

(viii) 新株予約権と引換えに金銭の払込みを要しないこととする場合には，その旨

(ix) 前号に規定する場合以外の場合には，新株予約権の払込金額（新株予約権1個と引換えに払い込む金銭の額をいう）またはその算定方法

この変更登記を申請する際には，当該登記申請の添付書面として，以下の書面が必要となる。

(i) 募集事項等の決定機関に応じ，取締役会（株主総会，種類株主総会）の議事録または取締役の過半数の一致を証する書面（商登法46条2項・1項）[24]

(ii) 新株予約権の第三者割当ての場合において，新株予約権が譲渡制限新株予約権であるときまたはその目的が譲渡制限株式であるときは，割当ての決定機関に応じ，株主総会または取締役会の議事録（商登法46条2項）

(iii) 新株予約権の引受けの申込みまたは総数引受契約を証する書面（商登法65条1号）

(iv) 新株予約権に係る払込みを要する場合において，払込期日（割当日より前の日に限る）を定めたときは，払込み，金銭以外の財産の給付または相殺があったことを証する書面（割当日と同日または同日より後に払込期日が定められたときは不要。商登法65条2号）

(v) 支配権の異動を伴う第三者割当において株主からの反対通知があった場合で株主総会決議が不要なときは，その旨を証する書面（商登法65条3号）

(vi) 株主に対し募集新株予約権の割当てを受ける権利を与える場合において，

---

[24] 第三者に対する有利発行のための株主総会の特別決議を要する場合（会社法199条3項）の株主総会の議事録は，添付を必要としないと解されている（昭和30・6・25民事甲1333号通達）。

失権予告付催告の期間を短縮するときは，総株主の同意書（商登法46条1
項）

新株予約権の登記の登録免許税は，本店所在地において申請1件につき
90,000円となる（登録免許税法別表1の24の(1)ヌ）。

②　新株予約権の行使の場合

新株予約権の行使があった場合には，毎月末日現在により，本店所在地にお
いて，その日から2週間以内に，後記の事項について変更の登記をしなければ
ならない（会社法915条3項1号）。

(i)　発行済株式の総数ならびにその種類および種類ごとの数

(ii)　資本金の額

(iii)　新株予約権の数

(iv)　新株予約権の目的である株式の数(種類株式発行会社にあっては，その種類
および種類ごとの数)

新株予約権の全部が行使されたときは，前記(iii)および(iv)に代え，新株予約権
全部行使の旨およびその年月日が，登記すべき事項となる。

この変更登記を申請する際には，当該登記申請の添付書面として，以下の書
面が必要となる。

(i)　新株予約権の行使があったことを証する書面（商登法57条1号）

(ii)　金銭を行使に際してする出資の目的とするときは，払込みがあったこと
を証する書面（商登法57条2号）

(iii)　行使に際して現物出資がされるときは，次の(a)から(e)までの書面

(a)　検査役が選任されたときは，検査役の調査報告を記載した書面および
その附属書類（商登法57条3号イ）

(b)　現物出資財産のうち，市場価格のある有価証券について募集事項の決
定の際に定められた価額が市場価格以下であるときは，当該市場価格を
証する書面（商登法57条3号ロ）

(c)　現物出資財産について募集事項の決定の際に定められた価額が相当で

あることについて，弁護士等の証明（現物出資財産等が不動産である場合には，当該証明および不動産鑑定士の鑑定評価）を受けたときは，その証明書および附属書類（商登法57条3号ハ）

(d) 会社に対する弁済期到来済みの金銭債権につき募集事項の決定の際に定められた価額が会社における負債の帳簿価額以下である場合には，当該金銭債権について記載された会計帳簿（商登法57条3号ニ）

(e) 検査役の報告に関する裁判があったときは，その謄本（商登法57条4号）

(iv) 募集事項の決定に際し資本金として計上しない額を定めた場合（会社法236条1項5号）には，その決定機関に応じ，株主総会（種類株主総会，取締役会）の議事録または取締役の過半数の一致を証する書面（募集事項の決定機関につき定款の定めがあることを要する場合にあっては，定款を含む。商登法46条2項・1項，商登規61条1項）

(v) 資本金の額が会社法および会社計算規則の規定に従って計上されたことを証する書面（商登規61条7項）

新株予約権の行使による変更の登記の登録免許税は，本店所在地において増加した資本の額の1,000分の7（これによって計算された税額が30,000円）に満たない場合には申請1件につき30,000円となる（登録免許税法別表1の24の(1)ニ）。

●新株予約権付社債の場合

① 新株予約権付社債の発行の場合

新株予約権の発行の場合と基本的に同様となる。ただし，新株予約権の目的である株式の数の算定方法として，社債の額面金額または発行価額の総額を具体的に引用して登記すべき場合がある。

② 新株予約権付社債の行使の場合

新株予約権の行使の場合と同様となる。なお，社債の額面金額または発行価額の総額を具体的に引用して登記した場合には，新株予約権の行使により社債の額面金額が減少するため，変更登記が必要となる。

③ 第三者割当増資に関する会社法上の手続 ■ *219*

⑻ 社振法の問題

●株式の場合

　株券電子化の制度により，国内の金融商品取引所に上場している会社の株式についてはすべて，株券は存在せず，振替株式として証券会社等に開設された振替口座簿で電子的に管理されている。

　第三者割当における振替株式の発行の際の手続は，発行会社による第三者割当の決議または決定後の適時開示後，振替機関（株式会社証券保管振替機構）に対する，募集方法，募集株式の銘柄，募集株式の数，募集株式の内容等の事項の通知（発行会社の決定事項等に関する通知要領第2章第2），払込みを受けた後の振替株式が発行された場合の，引受人の指定する口座への振替株式の新規記録[25]（株券の発行は不要）等を経ることとなる。

●新株予約権の場合

　振替制度の対象となる新株予約権は，その発行の決定において，決定に基づき発行する新株予約権の全部について，社振法の適用を受けることとする旨を定めた新株予約権であって，振替機関が取り扱うものをいう。

　この証券保管振替機構が取り扱う新株予約権は次のものとされている（社振

---

[25] 具体的には，発行会社は，振替機関に対して，発行に係る振替株式の銘柄，振替株式の株主である加入者の氏名または名称，当該加入者のために開設された振替株式の振替を行うための口座，加入者ごとの振替株式の数等の事項を通知する（株式等の振替に関する業務規程51条1項）。

　かかる通知を受けた場合，振替機関は，通知を受けた加入者の直近上位機関でないときは，その直近下位機関であって同項2号の加入者の上位機関であるものに対し，一定の事項を通知する（株式等の振替に関する業務規程51条2項）。

　通知を受けた振替機関または口座管理機関は，通知を受けた新規記録をすべき日において，加入者の口座の保有欄における振替株式の増加の記載または記録を行う（株式等の振替に関する業務規程51条4項）。

　なお，第三者割当においていわゆる自己株式を処分する場合には，自己株式を割当先に交付することになる。振替制度においては，会社はその直近上位機関に対して一定の事項を示して当該振替株式の振替の申請を行うことになる（株式等振替制度に係る業務処理要領第2章第2節第3．4．(9)）。

220 ■ 第6章 資本・業務提携における手続上の留意点

法2条1項13号）。

① 金融商品取引所に上場されている新株予約権（無償割当新株予約権）

② 総額買取型新株予約権[26]（非上場新株予約権であり，その新株予約権の目的である株式が振替株式であって，かつ機構が定める要件を満たすもの）

前記のほか，投資ファンド，事業会社等，特定の第三者に割り当てられる新株予約権については，機構の取扱対象とされておらず，振替制度が利用できない。

●新株予約権付社債の場合

振替制度の対象となる新株予約権付社債は，その発行の決定において，決定に基づき発行する新株予約権付社債の全部について，社振法の適用を受けることとする旨を定めた新株予約権付社債であって，振替機関が取り扱うものをいう[27]。

また，新株予約権付社債に付された新株予約権に譲渡制限（会社法236条1項6号に掲げる事項の定め）がないことも振替新株予約権付社債の要件とされている。

その他，証券保管振替機構が取り扱う新株予約権付社債は次のものとされている。

① 金融商品取引所に上場されている新株予約権付社債

② 金融商品取引所に上場されていた新株予約権付社債（新株予約権の行使が進み，金融商品取引所における上場額面総額の基準を下回り上場廃止となった場

---

[26] 総額買取型新株予約権とは，口座管理機関に対し，第三者割当の方法で新株予約権を全額を割り当て，その後，口座管理機関が随時新株予約権を行使し，その結果取得した普通株式を機関投資家等不特定多数の投資家に売却する仕組みをもつ新株予約権を意味する。MSワラント等により新株予約権が第三者割当の方法で，証券会社に全額割り当てられ，当該証券会社により，随時新株予約権が行使され，その結果取得した普通株式を機関投資家等へ売却あるいは市場で売却していく仕組みのものを意味する。

[27] 会社が新株予約権付社債を発行する場合には，その発行ごとに新株予約権付社債券を発行するか，振替制度を利用するかを決定することができることとされており，振替制度を利用することを決定した新株予約権付社債でなければ，振替制度の対象とはならない。

合を意味する。その発行会社が新株予約権付社債についての期限の利益を喪失している場合を除く）

③　総額買取型新株予約権付社債（非上場新株予約権付社債であり，その新株予約権の目的である株式が振替株式であって，かつ機構が定める要件を満たすもの）

④　日本証券業協会によりフェニックス銘柄に指定されている新株予約権付社債であって，機構が定める要件を満たすもの

　振替新株予約権と同様，前記のほか，投資ファンド，事業会社等，特定の第三者に割り当てられる新株予約権付社債については，機構の取扱対象とされておらず，振替制度が利用できない。

222 ■ 第6章 資本・業務提携における手続上の留意点

4 第三者割当増資に関する会社法上の規制

(1) 数量規制

　会社法上，会社は，その定款で定めた発行可能株式総数（会社法37条1項）や発行可能種類株式総数（同法101条1項3号）を超えて株式を発行できない。これは第三者割当においても同様である。

　この点，定款を変更することにより，当該発行可能株式総数や発行可能種類株式総数を増加させることはできるが，公開会社においては，発行可能株式総数を増加する場合においても，変更後の発行可能株式総数は，当該定款の変更が効力を生じた時における発行済株式の総数の4倍を超えることができないとされている（会社法113条3項1号）[28]。

　したがって，定款変更をして発行可能株式総数の変更をしようとしても，公開会社においては，会社法上，発行済株式総数の4倍を超える希釈化をもたらす募集株式の発行はできない。

　なお，新株予約権が発行されている場合には，当該新株予約権の行使期間の初日が到来するまでに，発行可能株式総数中に，当該新株予約権の目的となる株式の数を留保しておく必要がある（会社法113条4項。なお，取得条項付株式，取得条項付新株予約権，取得請求権付株式の対価としての株式の数を留保しておかな

---

[28]　これは，公開会社が譲渡制限株式以外の株式を発行する場合には株主総会・種類株主総会の決議を要せず，取締役会決議により発行できることとの関係で，取締役に無限定の授権を与えない趣旨とされている。

$$\begin{array}{|c|} \hline \text{Ａ種種類株式の発} \\ \text{行可能株式総数} \\ \hline \end{array} - \begin{array}{|c|} \hline \text{発行済のＡ種種類} \\ \text{株式の総数} \\ \hline \end{array} - \begin{array}{|c|} \hline \text{自己株式であるＡ} \\ \text{種種類株式} \\ \hline \end{array}$$

$$\geqq \begin{array}{|c|} \hline \text{請求可能な取得請求権} \\ \text{付株式の対価である} \\ \text{Ａ種種類株式の数} \\ \hline \end{array} + \begin{array}{|c|} \hline \text{取得条項付株式の対価で} \\ \text{あるＡ種種類株式の数} \\ \hline \end{array} + \begin{array}{|c|} \hline \text{行使可能な新株予約権} \\ \text{の行使により取得する} \\ \text{Ａ種種類株式の数} \\ \hline \end{array}$$

ければならない規定はない)。また，発行可能種類株式総数については，当該発行可能種類株式総数から当該種類の株式の発行済株式（自己株式を除く）の総数を控除して得た数は，ある種類の株式についての①取得請求権付株式の対価である株式の数，②取得条項付株式の対価である株式の数および③新株予約権の行使により取得する株式の数の合計数を超えてはならないこととされている（同法114条2項）。株式・新株予約権の第三者割当を行う場合には，これらの発行可能株式総数や発行可能種類株式総数による留保株式の有無に注意する必要がある。

(2) 現物出資規制

●募集株式の場合

　第三者割当で株式（募集株式）の募集を行う場合には，募集事項において，発行会社に対する金銭債権等，金銭以外の財産を出資の目的とする旨ならびに当該財産の内容および価額を定めることができ（会社法199条1項3号），募集株式の引受けを行う者は，定められた財産を募集株式の対価として出資することができる。いわゆる現物出資である。会社の事業再生の一環として，債権者に債権を放棄してもらうことと引き換えに，デット・エクイティ・スワップあるいは債務の株式化と呼ばれる，株式を割り当てる手法が用いられることがあるが，これは，この現物出資の代表的な一態様であり，第三者割当においてよく用いられている[29]。

　もっとも，この場合には，募集事項の決定後遅滞なく，現物出資財産の価額

224 ■ 第6章　資本・業務提携における手続上の留意点

を調査させるため，検査役による調査手続を経る必要がある（会社法207条）。

　ただし，すべての場合に検査役の調査手続を経る必要がある訳ではなく，現物出資財産の過大評価のおそれのない場合等，一定の場合には，検査役の調査手続の規定が適用除外される。募集株式の現物出資の場合に，検査役の調査手続が不要となるのは，以下の場合となる（会社法207条9項）。なお，再建型の法的整理手続において現物出資が行われる場合の特則は，第10章 ②(2)⑤を参照されたい。

① 募集株式の引受人に割り当てる株式の総数が発行済株式の総数の10分の1を超えない場合

② 募集事項において定められた現物出資財産の価額の総額が500万円を超えない場合

③ 現物出資財産のうち，募集事項において市場価格のある有価証券について定められた価額が当該有価証券の市場価格として法務省令で定める方法により算定されるものを超えない場合

④ 募集事項において定められた現物出資財産の価額が相当であることについて弁護士，弁護士法人，公認会計士，監査法人，税理士または税理士法人の証明（現物出資財産が不動産である場合にあっては，当該証明および不動

---

(29) 発行会社にとっては，過剰債務を削減して財務体質を改善することになり，また，債権者にとっては，単純な債権放棄よりもメリットがあること等から，広く利用されている。

　会社法上は，引受人が，発行会社に対する金銭債権を現物出資して株式の割当てを受ける法形式を採るが，当該金銭債権の弁済期がすでに到来しており，かつ，募集事項として定めたその価額が当該金銭債権に係る負債の帳簿価額を超えない場合には，当該現物出資について検査役の調査を要しないとされている（会社法207条9項5号）。

　デット・エクイティ・スワップの際に出資される金銭債権を実質価値で評価すべきか（評価額説），それとも名目額で評価すべきか（券面額説）という問題が，商法の時代から論点となっているが，検査役調査の実務では，一般には券面額説によって執り行われているといわれてきた。券面額説による方が検査役の調査に要する時間・経費を節約できることや，評価額説によると会社に債務免除益が発生してしまうこと等が理由とされている。しかし，債券を券面額で評価することは，一般的状況においては，既存株主に損害を与えるという考えがあり，常に券面額説によることには問題があるとの指摘もなされている。他方，すでに弁済期が到来している債務については，券面額説によっても既存株主に損害は生じない（いったん会社が債務を弁済し，即座に払込金額の払込みを受けたのと同様）。そのため，会社法207条9項5号は，そのような場合には検査役の調査を要しないとしている。

産鑑定士の鑑定評価）を受けた場合

⑤　現物出資財産が株式会社に対する金銭債権（弁済期が到来しているものに限る）であって，募集事項において当該金銭債権について定められた価額が当該金銭債権に係る負債の帳簿価額を超えない場合

③の法務省令で定める方法とは，(i)募集事項において現物出資財産の価額を定めた日（価額決定日）における当該有価証券を取引する市場における最終の価格（当該価額決定日に売買取引がない場合または当該価額決定日が当該市場の休業日にあたる場合にあっては，その後最初になされた売買取引の成立価格），(ii)価額決定日において当該有価証券が公開買付け等の対象であるときは，当該価額決定日における当該公開買付け等に係る契約における当該有価証券の価格，のうちいずれか高い額をもって現物出資財産の価額とする方法をいう（会社法施行規則43条）。

現物出資時の現物出資財産の価額が募集事項において定めた価額に著しく不足する場合には，引受人の募集に関する職務を行った取締役，価額決定に関する決議をした株主総会・取締役会に議案を提案した取締役等は，原則として会社に対して不足額の塡補責任を負う（会社法213条）。引受人も，会社に対して不足額の塡補責任を負うこととなる（同法212条1項2号）。

●新株予約権の場合

第三者割当に際し新株予約権（新株予約権付社債を含む）の募集事項において，新株予約権と引換えに金銭の払込みを要する旨を定めた場合においても，新株予約権者は，会社の承諾を得て，金銭の払込みに代えて，払込金額に相当する金銭以外の財産を給付することができる（会社法246条2項）。新株予約権の発行時においては，検査役の調査は要求されておらず，新株予約権者，取締役等の不足額塡補責任は定められていない。

また，新株予約権の内容として，金銭以外の財産を当該新株予約権の行使に際してする出資の目的とする旨ならびに当該財産の内容および価額を定めることができるが（会社法236条1項3号，238条1項1号），この場合には，株式の払

226 ■ 第6章　資本・業務提携における手続上の留意点

込みと同様に，原則として検査役の調査を要する（同法284条）。ただし，後記の場合には，検査役の調査手続が適用除外されることとなる（同法284条9項）。

① 行使された新株予約権の新株予約権者が交付を受ける株式の総数が発行済株式の総数の10分の1を超えない場合

② 新株予約権の内容として定められた現物出資財産の価額の総額が500万円を超えない場合

③ 現物出資財産のうち，市場価格のある有価証券について定められた価額が当該有価証券の市場価格として法務省令で定める方法により算定されるものを超えない場合

④ 新株予約権の内容として定められた現物出資財産の価額が相当であることについて弁護士，弁護士法人，公認会計士，監査法人，税理士または税理士法人の証明（現物出資財産が不動産である場合にあっては，当該証明および不動産鑑定士の鑑定評価）を受けた場合

⑤ 現物出資財産が株式会社に対する金銭債権（弁済期が到来しているものに限る）であって，新株予約権の内容として当該金銭債権について定められた価額が当該金銭債権に係る負債の帳簿価額を超えない場合

①および②については，行使される新株予約権1個ごとに行使前の発行済株式総数を基準として判断されるものと解されている。

③の法務省令で定める方法とは，(i)新株予約権の行使の日（行使日）における当該有価証券を取引する市場における最終の価格（当該行使日に売買取引がない場合または当該価額決定日が当該市場の休業日にあたる場合にあっては，その後最初になされた売買取引の成立価格），(ii)行使日において当該有価証券が公開買付け等の対象であるときは，当該価額決定日における当該公開買付け等に係る契約における当該有価証券の価格，のうちいずれか高い額をもって現物出資財産の価額とする方法をいう（会社法施行規則59条）。

転換社債型の新株予約権付社債においては，株式の交付は新株予約権の行使に際して行われるものであり，かつ，金銭以外の財産が出資の目的とされている。この場合，原則として，検査役の調査が必要となるが（会社法284条），新

株予約権の行使によって交付される株式の数が発行済株式総数の10分の1を超えない場合（同条9項1号），新株予約権の行使に際して現物出資される財産の価格の総額が500万円を超えない場合（同項2号），または弁済期の到来している発行会社に対する金銭債権を当該金銭債権に係る負債の帳簿価格を超えない額で現物出資する場合（同項5号），検査役の調査は不要とされている。

　転換社債型の新株予約権付社債の一回の新株予約権の行使により，発行済株式総数の10分の1を超える株式の交付がなされることは稀であると考えられるため，会社法284条9項1号の規定による例外に該当し，検査役の調査は不要になるのが通常であると考えられる。

　現物出資時の現物出資財産の価額が募集事項において定めた価額に著しく不足する場合には，新株予約権者の募集に関する職務を行った取締役，価額決定に関する決議をした株主総会・取締役会に議案を提案した取締役等は，原則として会社に対して不足額の塡補責任を負う（会社法286条）。また，引受先である新株予約権者も，会社に対して不足額の塡補責任を負う（同法285条1項3号）。

⑶　有利発行規制

　公開会社（会社法2条5号）の場合，通常は，同法199条1項または238条1項により株式や新株予約権（新株予約権付社債に付される新株予約権を含む）の発行等の募集を行う際には，取締役会で当該株式や新株予約権の払込金額等を定めることができる。もっとも，株式の募集については，その額が募集株式を引き受ける者に「特に有利な金額」（同法199条3項）である場合，新株予約権の募集については，その条件が「特に有利な条件」（同法238条3項1号）である場合もしくはその額が「特に有利な金額」（同法238条3項2号）である場合には，既存株主の利益の保護のため，株主総会の特別決議を経ることが求められている（同法201条1項，199条3項，199条2項，309条2項5号，240条1項，238条3項，238条2項，309条2項6号）。

　株主全員に株式や新株予約権の割当てを受ける権利を与える株主割当て（会

社法202条１項，241条１項）や無償割当て（同法185条，277条）の制度以外で株式や新株予約権を公開会社が割り当てる場合であれば，第三者割当に限らず，公募増資においても，常に有利発行は問題となり得るため，どのような条件で株式または新株予約権の募集を行うかは，非常に注意を要するものである。

①　有利発行該当性の判断

●株式の場合

公開会社が新株発行や自己株式処分等募集株式の募集を行う場合，その払込金額が募集株式を引き受ける者に「特に有利な金額」であるときには，いわゆる有利発行となり，株主総会の特別決議が必要となり，また当該株主総会の決議なく発行が行われようとする場合には，既存株主による発行差止めの対象とされる。この「特に有利な金額」とは，一般に，公正な払込金額よりも特に低い価額をいい，公正な払込金額とは，原則として，募集株式の募集事項を定める際の株価を基準に判断されるものと考えられている。ただし，例外的に，投機や株式の買占め等の一定の事情により株価が急激に高騰している場合等，合理的な理由がある場合には，払込金額決定直前の株価を公正価額算定の基礎から排除し，あるいは，払込金額決定直前からさかのぼった一定期間の平均株価を公正価額の基準とすることができるものと考えられている。

(i)　ディスカウントの可否

事案ごとの慎重な判断を要するものではあるが，前記の株価を基準とした公正価額から，数％のディスカウントをした価額を払込金額とすることも全く許容されていない訳ではない。判例や有力な学説は，発行価額が価額決定直前の株価より低額であっても，価額決定にあたって発行価額決定前の当該会社の株式価格，当該株価の騰落習性，売買出来高の実績，会社の資産状態，収益状態，配当状況，発行済株式数，新たに発行される株式数，株式市況の動向，これらから予測される新株の消化可能性等の諸事情が客観的資料に基づいて斟酌され，価額決定のためにとられた算定方法が合理的であるということができ，かつ，

発行価額が価額決定直前の株価に近接している場合は，当該価額は，特別の事情がない限り，有利発行に該当しないものと考えており（最判昭和50・4・8民集29巻4号350頁（横河電機製作所事件）），たとえば，時価から10％程低くても「特に有利」とはいえないと裁判所に判断された事例もある（東京高判昭和46・1・28高民集24巻1号1頁等）。

この点について，「具体的に何％ディスカウントであれば有利発行に該当しない」という画一的な基準は必ずしもなく，案件ごとに前記判例で掲げられた基準や，当事者間の真摯な交渉の有無等を勘案して決定していく必要がある(30)。

---

(30) この点，実務上の一定の指針として，株式の第三者割当の有利発行該当性に関して，後記の日本証券業協会による「第三者割当増資の取扱いに関する指針」（以下「日証協ルール」という）が，機能している。
1．会員は，上場銘柄の発行会社（外国会社を除く）がわが国において第三者割当（開示府令19条第2項第1号ヲに規定する方法をいう）により株式の発行（自己株式の処分を含む。以下同じ）を行う場合には，当該発行会社に対して，次に定める内容に沿って行われるよう要請する。
　(1)　払込金額は，株式の発行に係る取締役会決議の直前日の価額（直前日における売買がない場合は，当該直前日からさかのぼった直近日の価額）に0.9を乗じた額以上の価額であること。ただし，直近日または直前日までの価額または売買高の状況等を勘案し，当該決議の日から払込金額を決定するために適当な期間（最長6か月）をさかのぼった日から当該決議の直前日までの間の平均の価額に0.9を乗じた額以上の価額とすることができる。
　(2)　株式の発行が会社法に基づき株主総会の特別決議を経て行われる場合は，本指針の適用は受けない。
2．会員は，1.(1)の但書により払込金額が決定されるときには，発行会社に対し，株式の発行に係る取締役会決議の直前日の価額を勘案しない理由および払込金額を決定するための期間を採用した理由を適切に開示するよう要請する。
　　裁判例においても，日証協ルールについて，「一応の合理性」を認め，日証協ルールに従った場合の発行価格（払込金額）よりも大幅に下回る価額での新株発行の有利発行該当性を認めたもの（東京地決平成16・6・1金判1201号15頁（宮入バルブ製作所新株発行差止請求事件仮処分決定）），日証協ルールを踏まえて払込金額を決定したことについて，有利発行該当性を否定する要素として考慮したものがある（東京地決平成17・3・11金判1213号2頁（ライブドア対ニッポン放送事件））。
　　もっとも，日証協ルールは，公募増資市場の健全な発展を阻害する恣意的な第三者割当増資の排除を目的として平成元年8月8日の40社総合証券引受部長会の申合せである「時価発行増資に関する考え方」を継承したものであり，このルールの当初の沿革的機能は，第三者割当増資はアンダーライター機能の介入なしに行われる等（当時の）時価発行増資ルールを潜脱する側面があることから，企業再建・事業提携等の特殊な事情がある場合以外に第三者割当を行った上場企業に対しては，その後に当該企業が時価発行増資を証券会社が一定期間引き受けないという一種のサンクションを課すもの（一定のサンクションを課すためにその境界線を引くために創設されたルール）にすぎなかった。

(ii) 株価急騰時の有利発行該当性判断

　有利発行をめぐる裁判例としても，会社支配権をめぐる多くの争いにおいて，株式の買占めによって株価が高騰している場面において，買収防衛的に行われる第三者割当の有利発行該当性が争われるケースがある（大阪地決昭和62・11・18判時1290号144頁（コスモポリタン対タクマ第一事件），東京地決平成元・7・25判時1317号28頁（忠実屋・いなげや事件）等）。この場合にも，投機，株式買占めにより，払込金額決定直前の株価の高騰が生じた場合に，原則どおり，高騰後の株価を公正価額の基準とすべきか否かが論点となった。

　初期の一部の裁判例（コスモポリタン対タクマ第一事件）は，株式の買占めを原因とした株価高騰に関して，公正価額の決定の基礎から排除することを認めている。その後の裁判例は，一般論としては，投機等による株価の高騰が生じ，株価が公正価額を反映しない場合には高騰した株価を公正価額の決定の基礎から排除することを認めつつ，高騰後の株価を公正価額の算定の基礎から完全に排除してしまい得ることには慎重な姿勢をとるものがある。

　学説上は，株式が「異常な投機」の対象となり，株価が一時的に高騰している場合には，高騰した株価を公正価額の決定の基礎から排除することを認める点で概ね一致している。もっとも，株式の買占めにより発行会社の株価が高騰している場合において，それが「異常な投機」によるものであるか否かの認定自体も容易なものではない。

　上場会社側として，株価の高騰期間，買占めの目的・態様，発行会社の資産状態，業績状態，同業他社の業績状態および株価の動向等も勘案して，有利発行該当性に関する会社としての考え方を適切に説明する準備が必要となる。

　　また，理論的には，日証協のルールの要請に従った場合でも，状況次第では有利発行に該当するものはあり得，逆に日証協ルールの要請に沿っていない場合でも有利発行に該当しないものもあり得る。日証協ルールが有利発行判断にあたって重要性を持っていることは現在においても否定されるものではないが，それのみをもって有利発行か否かを判断できるものではないことについては注意が必要である。

●新株予約権の場合

（i）オプション価額基準説

　新株予約権（新株予約権付社債に付されるものを含む）の有利発行該当性の判定基準については，オプション評価理論により新株予約権の理論価値を算出し，新株予約権の払込金額と比較することにより有利発行該当性を判断する見解（いわゆる「オプション価値基準説」あるいは「オプション価額基準説」）がほぼ定着している状況にある。

　裁判例も，「会社法238条3項2号にいう「特に有利な金額」による募集新株予約権の発行とは，公正な払込金額よりも特に低い価額による発行をいうところ，募集新株予約権の公正な払込金額とは，現在の株価，行使価額，行使期間，金利，株価変動率等の要素を基にオプション評価理論に基づき算出された募集新株予約権の発行時点における価額（以下「公正なオプション価額」という）をいうと解されることから，公正なオプション価額と取締役会において決定された払込金額とを比較し，取締役会において決定された払込金額が公正なオプション価額を大きく下回るときは，原則として，募集新株予約権の有利発行に該当すると解すべきである」（東京地決平成18・6・30金判1247号6頁（サンテレホン募集新株予約権発行差止認容決定事件））とし，オプション価値基準説を採用していると考えられる。

　前記のオプション評価基準や裁判例の考え方からすると，新株予約権に関する有利発行か否かの判断は，当該新株予約権の発行条件等も鑑みて，オプション評価のために用いられるオプション評価モデルと，その計算のために用いられる株価，行使価額，行使期間，無リスク金利，ボラティリティ等の基礎数値が，客観的・合理的なものであり，恣意性のないものであるかという確認と，当該新株予約権の払込金額や実質的対価が，それらを用いて算出された公正な価額を大きく下回るものでないかを確認する必要がある(31)。

---

(31)　前記具体例として掲げた基礎数値のうちで行使価額以外の数値は，ほかの数値が同じであれば，その数値が高くなればなるほど，算出されるオプション評価額は高くなる関係にある。

232 ■ 第6章　資本・業務提携における手続上の留意点

　この点，オプション評価理論は，金融工学の知識を要するものであり，また，代表的なものだけでも，ブラック・ショールズ・モデル⁽³²⁾，二項格子モデル⁽³³⁾，モンテカルロ・シミュレーション⁽³⁴⁾とあり，同じ名称を有するオプション評価理論にしても，対象となるオプションに合わせ修正等がされているものもあり，その内容は一様ではない。そのため，新株予約権を発行する会社としては，有利発行の疑念を払拭するためには，取締役等に金融工学の専門家がいる場合は別段，そのような場合でない限りは，その払込金額等の募集事項の決

---

(32)　「株価が対数正規分布に従う」（あるいは「株価収益率が正規分布に従う」）という仮定のもとで，株価変動プロセスを定式化するモデルである。前記の仮定に基づき導出された公式（以下では，厳密ではないが，この公式も「ブラック・ショールズ・モデル」という）に評価対象となるオプションの①権利行使期間，②権利行使価格，③現在の原資産価格（株価），④ボラティリティ（その株式に1年間投資したときに得られる連続複利ベースでの収益率の標準偏差）および⑤無リスク金利という五つの変数を代入して，オプション価値を算定するものをいう。
　　新株予約権のようなコール・オプションの価値評価にあたっては，ブラック・ショールズ・モデルにおいて代入されるこれら五つの変数のうち，②行使価格を除いたそれぞれの変数の値が大きければ大きい程，オプション価値も高くなる。他方，②行使価格については，株価が行使価格をどの程度超えたかによってオプションのペイオフが定まるものであるため，その値が大きければ，オプション価値は低くなる。
(33)　二項モデルは，「将来の任意の分岐点における株価の上昇・下降確率が定められる」ということを前提とし，概要以下のような計算を行うモデルである。「株価の上昇・下降確率が一定である」との仮定を置くと，ブラック・ショールズ・モデルを二項モデルの形式で表現することも可能となる。上昇・下降の組み合わせをすべて図示した場合，格子状の図となることから，二項モデルは「二項格子モデル」と呼ばれることもある。
　　まず，評価対象となる期間を細かく分割し（アメリカン・オプションの場合，行使期間の日数分に分割する等），算定基準日の原資産の価格（株価）を基礎として，これに予想される配当額，ボラティリティ等の数値を考慮し，各時点で株価の上昇または下降いずれかの事象が起こる場合の組み合わせ（たとえば，株価が，上昇→下降→上昇→上昇→下降→…と変化する）を網羅的に摘示する。その上で，行使期間最終日までの全体的な株価分布を表し，行使期間最終日における株価分布のそれぞれの株価におけるオプション価値を算出する。次に，「株式に関するオプションと同じキャッシュ・フローは，無リスクの借入れと実物投資（株式自身への投資）とを適正な比率で組み合わせることによって作り出すことができる」というモデルの完備性と無裁定の前提に基づき，前記行使期間最終日における株価分布のそれぞれの株価についてのオプション価値から，最終日の時点からひとつ前の時点のオプション価値を，無リスク金利等を加味して逆算する。以降，同様に順次時間を遡って逆算を繰り返すことで，最終的に発行時点のオプション価値を算定するモデルである。
(34)　モンテカルロ・シミュレーションは，株価の従う確率過程を定めて，オプションの行使時期の各時点における株価水準をコンピューターを用いて発生させた乱数により算出し，発行時点から権利行使最終日までの各時点において株価がどのような水準をたどって推移するかを定めるものである。それとともに，オプションの保有者や発行会社が各株価水準に対応してどのような行動パターンをとるかを分析の前提として設定して，実際に複数回のシミュレーションを行い，当該オプションの行使等により得られる経済的利益の現在価値の平均値，ひいてはオプション価値を算出する方法である。

定の際には，オプション評価について専門的知識を有する第三者等の意見も念頭に置きつつ，決定することが好ましいと思われる[35]。

なお，新株予約権の場合にも，募集株式の募集の場合の有利発行の考え方同様，オプション評価理論により算出された公正な価額から一定程度ディスカウントした価額を払込金額とすることも可能と考えられる。もっとも，どの程度のディスカウントが認められるかは，日証協ルールのような実務的に採用されている一定の基準がないため，より慎重に検討する必要がある。

(ii) 新株予約権付社債における新株予約権の実質的対価

新株予約権付社債に付された新株予約権と引換えに金銭の払込みを要しない新株予約権付社債の場合（新株予約権の募集事項として新株予約権の払込金額がゼ

---

[35] これまで公表されている裁判例において，発行会社が採用したオプション評価モデルの選択自体について「合理性がない」と判断された事案はなく，現時点では，当事者主張のオプション評価モデルの選択が尊重されている，または各評価モデルについて，どのような内容の新株予約権のどのような場合には，どの評価モデルは不適切であるといったテーゼはまだ確立していない状況にあるともいえる。もっとも，発行会社によるオプション評価結果が裁判においてそのまま尊重されているわけではない。裁判例においては，金融工学のモデルとしての妥当性そのものについて法的な評価を下すというよりも，当該第三者割当に係る背景事情等を広範に考慮に入れた上で，発行会社がオプション評価にあたって置いている前提や評価ロジックの妥当性をチェックしているものと考えられる。

こうした状況下で有利発行該当性を精査する発行会社の実務現場においては，単純に金融工学において一般的に採用されているモデルを用いた評価のみに依拠するのではなく，評価モデルの有する限界を踏まえた上で，当該第三者割当の目的や背景事情に照らして必要に応じて前提条件や評価結果についての合理性を高めることを意識する必要があると考えられる。有利発行該当性はあくまでも法律解釈の問題である。金融工学のモデルを駆使した結果，それが一種の「ブラックボックス」となって事案の本質を見誤ることのないよう，個別具体的な事実関係に照らした法律問題として有利発行該当性を考えていく必要がある。

たとえば，行使価額修正条項付の新株予約権の場合には，ブラック・ショールズ・モデルを用いることがただちに不相当とまではいえないものの，市場株価に連動して頻繁に行使価額が修正されることが予定されている，いわゆる MS ワラントや MSCB の場合には，ブラック・ショールズ・モデルを用いた算定は容易でないこともある。

また，任意取得条項が付された新株予約権について，任意取得条項があることで一般的にオプション価値が低くなるとしても，発行会社の財務状況や発行目的等によっては単なる当該時点での利得の大小だけで任意取得を行うという前提の妥当性に疑問が残る場合もあり得る。

どのような事情を評価にあたって裁判所が重視するかは，未だ裁判例の蓄積過程にあり，オプション評価モデルについて一般に限界として指摘されている点等を踏まえ，有利発行該当性を検討する現場で留意しておく必要がある。

ロ円とされる場合。実務上，多くがこの場合に該当する）には，当該新株予約権の実質的な対価は，特段の事情のない限り，当該新株予約権付社債について定められた利率とその会社が普通社債を発行する場合に必要とされる利率との差に相当する経済的価値であると考えられている。こうして算出された当該新株予約権の「実質的な対価」と当該新株予約権の「公正な価値」とを比較し，当該新株予約権の実質的な対価が当該新株予約権の公正な価値を大きく下回るときは当該新株予約権付社債の発行は有利発行に該当するということとなる。

② 差止事例

●株式の場合

（ⅰ） 株式についての有利発行該当性の判断基準としての判例の考え方

第三者割当に関する株式の有利発行の差止めの申請については，最高裁判所で判断された事例は現在のところない。もっとも，取締役と通じた不公正な発行価額による新株の引受人に対する株主による代表訴訟の事例である横河電機事件（最判昭和50・4・8民集29巻4号350頁）が，発行された株式の公正な価額の判断基準として，旧株の時価を基準としつつも，『著シク不公正ナル発行価額』（（旧商法）280条の11，会社法212条1項1号『著しく不公正な払込金額』に相当。「発行価額」は，会社法上の「払込金額」と，有利発行について検討する際には同義となる）を判断するための「公正な価額」の考え方として，「発行価額決定前の当該会社の株式価格，右株価の騰落習性，売買出来高の実績，会社の資産状態，収益状態，配当状況，発行済株式数，新たに発行される株式数，株式市況の動向，これらから予測される新株の消化可能性等の諸事情を総合し，旧株主の利益と会社が有利な資本調達を実現するという利益との調和の中に求められるべきものである。」として，一定のディスカウントを認めた基準を掲げている。横河電機事件は，公募の事例でもあるが，かかる基準は，第三者割当でも同様に考えられるものとして，後記のゼネラル事件・宮入バルブ事件その他横河電機事件の後の下級審裁判例でも引用されている。

(ii) 近時の第三者割当に関する有利発行の裁判例

近時の第三者割当に関する有利発行の裁判例として，代表的な事例は後記の新株発行差止仮処分が求められた事例であり，主に，公正な価額を判断する際の基礎とする株価の時価について，株価高騰時の株価を排除することができるか否かが争われている。

(a) 忠実屋・いなげ屋事件（東京地決平成元・7・25金判826号11頁）

「株式が株式市場で投機の対象となり，株価が著しく高騰した場合にも，市場価格を基礎とし，それを修正して公正な発行価額を算定しなければならない」とし，ただし，「株式が市場においてきわめて異常な程度にまで投機の対象とされ，市場価格が企業の客観的価値よりもはるかに高騰し，しかも，それが株式市場における一時的現象に止まるような場合に限っては，市場価格を，新株発行における公正な発行価額の算定基礎から排除することができる」との考え方を掲げている。もっとも，当該事案においては，発行会社の株式が投機の対象となっていることは否めないとしつつも，発行会社の株価の推移，特に一定額以上の株価が相当長期間にわたって維持されることに照らすと，発行会社が行ったその価格を新株発行にあたっての公正な発行価額の算定基礎から排除することは相当ではないとして，発行会社の新株発行を「特ニ有利ナル発行価額」での新株発行と認め，債務者による発行差止めの仮処分の申請が認容された。

(b) ゼネラル事件（大阪地決平成2・6・22金判851号39頁）

「公正な発行価額」を発行価額決定直前の市場価格を基準にして算定すべきとしつつ，その会社の株式の市場価格が，合理的な理由がないのに異常な程度にまで高騰し，それが一時的な現象に止まるような例外的な場合には，その新株発行価額決定直前の市場価格を，新株発行における公正な発行価額算定の基礎から排除することが許されるとして，忠実屋・いなげ屋事件と同様の基準を掲げている。具体的な事案においては，株価の高騰に影響を与えた買い占めが不当な目的のためになされたと認められる資料がないこと，発行会社の株価の高騰が合理性のない異常なものとはいえないこと，株価高騰が7か月間も維持

されたこと等に照らして，発行会社が行った新株発行決定直前の市場価格を発行価額の算定の基礎から排除することは許されず，当該発行価額が「特に有利な発行価額」とはいえないと判断し，債務者による発行差止めの仮処分の申請が認められた。

　なお，当該事件により新株発行を差し止められた発行会社は，当該決定の3日後に，改めて取締役会を開催し，条件を替えて改めて新株発行の決議を行った。このとき発行会社は，前記決定の考え方と証券業協会の自主ルール（Q&A 3－3参照）を尊重して発行価額を決定した。このときも新株発行の差止めの仮処分の申立てがなされたが，裁判所は，発行会社の決定した発行価額は公正な発行価額であると判示して，差止めの申請を却下した（大阪地決平成2・7・12金判851号44頁）。

(c)　宮入バルブ事件（東京地決平成16・6・1金判1201号15頁）

　「公正な発行価額」について，横河電機事件の考え方を前提に，公正な発行価額については原則として，発行価額決定直前の株価に近接していることが必要であると解しつつ，ゼネラル事件同様，証券業協会の自主ルールに一応の合理性を認め，この自主ルールに照らして発行価額の公正性を判断するとともに，忠実屋・いなげ屋事件，ゼネラル事件と同様に発行価額の算定基礎となる株価が高騰する場合において，株式の取得目的および株価の上昇が一時的な現象にとどまるかを基準として，有利発行該当性を判断した事例である。本件の発行価額の元となる公正発行価額の趣旨に照らして合理的であるということはできないとして，当該発行価額が「特に有利な発行価額」に該当するものと判断され，債権者による発行差止めの仮処分の申請が認められた。

●新株予約権の場合

　新株予約権の第三者割当が有利発行に該当するとして差止めが認められた事例としては，後記の TRN コーポレーション事件とサンテレホン事件があり，新株予約権付社債については，平成26年5月31日現在，有利発行に該当するとして差止めが認められた事例はない。

（i）　TRN コーポレーション事件（東京地決平成18・1・17）

　旧商法下の事例である。発行会社側はブラック・ショールズ・モデルを用いてオプション価値を算定している。他方，提訴株主側は，同モデルを用いて譲渡制限や任意消却条項のある新株予約権のオプション価値を算定すること自体が不合理であると主張した。

　裁判所はこの点について，「オプション価格を評価するモデルとして実務において一般的に用いられているものである上，企業会計基準委員会作成の「ストック・オプション等に関する会計基準の適用指針」（平成17年12月27日企業会計基準第8号48項）においては，譲渡制限があるストック・オプションの公正な価額の算定にもブラック・ショールズ・モデルの適用があることを前提としている」ことを理由に，ブラック・ショールズ・モデルを採用したこと自体については「不合理とはいえない」と判示している。

　しかし，裁判所は，ブラック・ショールズ・モデルを用いた具体的算定方法に不合理な点があると判示している。

　発行会社側は，新株予約権の内容として発行会社の取締役会決議でいつでも消却可能な任意消却条項（いわゆる Anytime Callable 条項）が付されていることを理由に，新株予約権者が新株予約権の行使期間の初日にしか新株予約権を行使できないことを前提として，オプション価値を新株予約権1個あたり0円から298円までの範囲と算定し，発行価額を298円とした。しかしこの点について裁判所は，消却条項は「公正なオプション価額の算定を下げる要素として一応考慮すべきものともいえる」と一般論として指摘しつつも，消却条項があるとしても新株予約権が消却されない可能性もあり，しかも発行会社の主張どおりに消却されるとすれば新株予約権者は新株予約権の申込みをしないのが合理的であるのに，敢えて申込みをするのであるから，行使期間開始前に新株予約権が消却される可能性が高いとはいえないと判示した。その上で，消却条項を考慮しないで算定したオプション価値は14万4,665円であるとして，この価格を（現実の発行価額である298円にまで）大幅に下げる合理的な理由を見出すことは困難であって，発行会社側の算定は不合理であるとし，有利発行に該当すると

238 ■ 第6章 資本・業務提携における手続上の留意点

判示している[36]。発行会社側は，最終的に当該新株予約権の発行を中止している。

(ⅱ) サンテレホン事件（東京地決平成18・6・30判タ1220号110頁）

新株予約権の行使価額が株価とともに変動するいわゆる MS（Moving Strike）ワラントに該当する。発行会社側は二項格子モデルを用いてオプション価値を算定している。二項格子モデルの選択について，裁判所は，「二項格子モデルは，本件募集新株予約権のように行使期間中であれば任意の時点でオプションを行使できるタイプ（いわゆるアメリカンタイプ）のものの価額を評価するモデルとして実務において一般的に用いられているものであるから，本件募集新株予約権の公正なオプション価額の算定において，二項格子モデルを採用したことが不合理であるということはできない」と判示している。

しかし，裁判所は，二項格子モデルを用いた具体的算定方法において，不合理な点があると判示した。当該新株予約権には，発行会社の取締役会が取得する日を定めたときに，通知または公告を当該取得日の2週間前までに行う（ただし，新株予約権証券が発行されている場合には，通知および公告を当該取得日の1か月前までに行う）ことにより，当該取得日に当該新株予約権1個当たりの払込金額と同額の金銭を支払うことにより当該取得日に残存する新株予約権の全部または一部を取得することができる，任意取得条項（Anytime Callable 条項）が規定されていた。発行会社側はこの任意取得条項を根拠に，（権利行使期間の初日である）平成18年7月4日に発行会社の取締役会が任意取得条項に基づき

---

[36] 新株予約権の行使期間は長ければ長いほど（一般論として）オプション価値は高くなり，他方，任意消却条項が行使される前提が早期であればあるほどオプション価値は低くなる。資金調達や資本提携を目的とした新株予約権であるにもかかわらず消却が早期になされる前提で評価する算定手法に対して裁判所は不合理と判断している。
換言すると，オプション評価をする際に理論的に通常前提とされる合理的経済人の予想される行動等と個別の発行事例で勘案されるべき前提条件とは必ずしも同一とは限らないこと，当該新株予約権の実際の発行会社の発行目的や具体的な資金ニーズ等に照らして明らかに不合理な前提条件は，（有利発行判定の文脈における）新株予約権の公正価値評価において前提条件とされるべきではないことを Anytime Callable 条項の評価を通じて判示した裁判例であったといえる。

新株予約権の取得日を決定し，取得を通知した日の翌々営業日以降は新株予約権が行使されないことを前提として二項格子モデルを用いた。その上で，新株予約権1個当たりのオプション価値を9万949円と算定し，払込金額を新株予約権1個当たり9万1,000円と定めた。

　この点について裁判所は，一般論として，任意取得条項について「公正なオプション価額を下げる要素として一応考慮すべきものともいえる」と言及しながらも，発行会社の新株予約権発行の目的等[37]を考慮し，権利行使期間の初日に発行会社が取得日を決定する可能性が高いとはいえないと判示している。そして，任意取得条項を考慮しないで算定したオプション価値が，提訴株主側の提出した報告書によると新株予約権1個当たり154万4,730円から210万5,544円までの範囲であることとも比較した上で，任意取得条項によりオプション価値を下げる余地があるとしても，任意取得条項がない場合の最安値154万4,730円を大幅に下回る9万1,000円にまで下げる合理的な理由を見出すことは困難であるとし，発行会社側の算定を不合理として有利発行に該当する旨判示した[38]。発行会社は，最終的に当該新株予約権の発行を中止している。

---

[37]　発行会社も取得条項をただちに行使することは予定していないと審尋において述べていたと，認定されている。

[38]　サンテレホン事件でも，(i)のTRNコーポレーション事件と同様，オプション評価におけるAnytime Callable条項の取扱いが論点となっている。

　　純粋な経済合理性からは発行会社が早期に強制取得を行う合理性が導かれ得るとしても，発行会社の発行目的や具体的な資金ニーズ等に照らして不合理な前提条件は，オプション評価理論に基づく有利発行該当性の判断において用いてはならないことを示した裁判例といえる。

　　なお，TRNコーポレーション事件で用いられたブラック・ショールズ・モデルに比して，本件で用いられた二項格子モデルは，満期までのいつの時点でも権利行使が可能なアメリカン・オプションの算定により適しており，また，Anytime Callable条項や，転換型新株予約権付社債における強制償還条項の評価に適するといわれている。しかし，二項格子モデルが用いられる場面でも，Anytime Callable条項等について発行会社の発行目的や具体的な資金ニーズ等に照らして不合理な取扱いはできないことを示した裁判例といえる。

　　サンテレホン事件では，権利行使価額の修正条項（権利行使期間中，毎月1回，市場価格の93％に権利行使価額が設定し直されるという内容）が付されており，提訴株主は，かかる修正条項の付された新株予約権の発行が定性的に有利発行に該当する旨の主張を行っている。裁判所は，この主張については特に判断を示していない。

③　有利発行規制違反の場合の手続

(i)　差止請求

株主総会の特別決議による承認のない有利発行がなされた場合において，株主が不利益を受けるおそれがあるときは，「当該株式の発行が法令または定款に違反する場合」として，株主は，株式会社に対し，会社法199条1項の募集に係る株式の発行をやめることを請求することができる（同法210条1号）。

また，会社法238条1項の新株予約権の発行の差止請求についても，同様の要件が定められている（同法247条1号。ただし，同条は，自己新株予約権の処分については適用がない）。

差止請求を行使するための手続は，以下のとおりとなる。

(a)　当 事 者

差止めを請求できるのは，募集株式の発行等により不利益を受けるおそれがある株主である。株式保有期間の要件はない。請求の相手方は会社となる。

(b)　管轄裁判所

差止請求を裁判所に提起する場合の管轄裁判所は，会社の本店所在地の地方裁判所となる。

(ii)　差止めの仮処分

発行差止請求権は株主の実体上の権利であるから，理論上は，株主は会社に対し訴訟内外において株式・新株予約権の発行等の差止めを請求することができるが，実際問題として，会社が訴訟外の請求に応じて発行を取りやめることは期待し難いため，通常は裁判手続において請求権が行使されることとなる。

しかし，裁判手続上の発行差止請求権は，当該株式・新株予約権の発行等が効力を生じるまでに行使しないと，その対象を失い，訴えの利益を失うことになる。

一般的には，差止判決を得るまでには長期間を要し，判決以前に株式・新株予約権が発行されてしまう可能性があるため，ほとんどの事例で，株主としては，短期間で審理判断がなされる仮処分手続により差止めを求めている（民事

保全法23条2項)。

(iii) 株主代表訴訟による引受株主に対する差額補塡請求等

株主は，取締役・執行役と通謀して，有利発行による当該募集株式や募集新株予約権の引受けを行った引受人に対して，株主代表訴訟により，不公正な払込金額と公正な払込金額の差額等を支払うよう責任追及をすることができる[39]。

会社法212条1項1号は，取締役・執行役と通謀したことを要件として，引受人に，不公正な払込金額と公正な払込金額の差額に相当する金額を会社に支払わせ，もって，既存株主の損失の解消を図っている。同法285条1項1号および2号は，新株予約権に関する有利発行の場合に同様の責任を規定している。

(iv) 発行会社の役員に対する責任追及

有利発行と評価される条件で株式・新株予約権の発行を行った場合には，株主は，発行会社の取締役等の役員に任務懈怠があったと認められれば，当該役員に対して，損害賠償請求をすることができる(会社法423条1項，429条1項，民法709条)[40]。

---

[39] なお，有利発行に関する株主総会決議による承認(会社法201条1項，199条3項，309条2項5号，240条1項，238条3項，309条2項6号)を経れば原則としては，引受人は前記の責任を負わなくなる。ただ，たとえば，有利発行を必要とする理由の説明(同法199条3項，238条3項1号および2号)が虚偽であったことが後で判明したが，出訴期間の徒過により決議取消しの訴え(同法831条)を提起し得なくなった場合には，当該通謀引受人の責任の追及を可能とすべきとの考えがある。有利発行の際の引受人の責任追及を回避するためにも株主総会の特別決議を経る場合には，単にこれを行えばよいという訳ではなく，その際の情報開示についても，十分な説明を行うよう留意する必要がある。

[40] この点，当該有利発行が行われた場合に株主に直接の損害が認められるのか，または会社に損害が認められることによる間接的な損害が認められるにすぎないのか，株主から取締役等役員に対する責任追及が会社法429条1項により直接認められるのか，または同法423条1項に基づき株主代表訴訟(同法847条1項)により間接的に請求できるにすぎないものなのかについては，学説上争いがある。裁判例においては，株主が取締役等の役員に対して直接請求を行った事例(同法429条1項の前身である商法266条の3に基づく請求として，東京地判昭和56・6・12判時1023号116頁，東京地判平成4・9・1判時1463号154頁等)と，株主代表訴訟により会社に対して責任を追及した事例(東京地判昭和47・9・7判時680号84頁，最判昭和51・3・23金判503号14頁等)とがあるが，一部の例外を除き，基本的にはいずれの請求も認められているようである。

242　■　第6章　資本・業務提携における手続上の留意点

(v)　発行された株式等の事後的無効の可否

　募集株式や募集新株予約権がいったん発行された後に，その効力を否定する
となると，事情を知らない多数の関係者に不測の損害を被らせることとなる。
そのため，有利発行であるにもかかわらず株主総会の特別決議を経なかったと
いう会社内部手続の欠缺を理由にその効力を否定することは限定的に解されて
おり，特別の事情がない限り，その瑕疵は，新株発行や新株予約権発行の無効
事由には該当しないものと考えられている（最判昭和36・3・31民集15巻3号645
頁，最判昭和46・7・16判時641号97頁，最判平成6・7・14判時1512号178頁）。

　もっとも，公開会社で募集事項の公示（会社法201条3項から5項まで，240条
2項から4項まで）を欠いた場合には，新株発行等差止請求をしたとしてもほか
に差止めの事由がないため差止めが認められないような場合でない限り，新株
発行の無効原因となると考えられている（最判平成9・1・28民集51巻1号71
頁）。そのため，有利発行に該当する場合で，公示と株主総会の特別決議を欠い
た新株等の発行は無効とされる場合がある。

　なお，いったん上場会社が発行した株式がどのような場合に無効となるかに
ついては，会社法上の定めはないため，解釈に委ねられている。この点につい
ては，法令・定款違反があればただちに無効事由となるのではなく，株式取引
の安全の観点から，特に重大な法令・定款違反の場合に限られると考えられて
いる。

　例として，以下の場合には，無効事由にあたると考えられている。

(a)　定款所定の発行可能株式総数を超過する発行

(b)　定款の認めない種類の株式の発行

(c)　譲渡制限株式である募集株式の発行等に必要な株主総会・種類株主総会
　　決議に瑕疵があること→原則として無効事由

(d)　譲渡制限株式につき株主の募集株式の割当てを受ける権利を無視した発
　　行→原則として無効事由

(e)　募集事項の公告・通知を欠いた場合→当該公告・通知の欠缺以外に差止
　　事由がないため差止請求が仮にされても差止めは許容されなかったと認め

られる場合でない限り，無効事由となる。

(f)　募集株式の発行等の差止仮処分命令に違反した場合

これに対して，たとえば以下の場合は，無効事由にはあたらないと考えられている。

(ア)　公開会社における株式の発行により議決権制限株式の発行数が法定制限（会社法115条）を超過する場合

(イ)　募集事項決定の取締役会決議に瑕疵がある場合

(ウ)　法定の期間の不遵守等の手続上の法令違反

(エ)　有利発行に該当するにもかかわらず株主総会の特別決議を欠いた場合

(オ)　著しく不公正な方法による募集株式の発行がなされた場合

(4)　不公正発行

①　不公正発行に対する差止め

新株発行や自己株式処分，新株予約権(新株予約権付社債に付されているものを含む)の発行が著しく不公正な方法により行われる場合（以下「不公正発行」という）には，有利発行のような株式の発行が法令または定款に違反する場合と同様，株主は，株式会社に対して，募集に係る株式の発行または自己株式の処分，募集に係る新株予約権の発行をやめることを請求することができる（会社法210条2号，247条2号)[41]。

典型的な場合としては，会社における支配権擁立のため，自派の株主のみに多数の新株を割り当て，反対派の株主に議決権の比率を低下させるような場合が考えられる。

---

[41]　不公正発行についての差止めの方法については，有利発行規制についての前記(3)③(i)および(ii)を参照。

② 主要目的ルール

判例では，上場会社等が敵対的買収を仕掛けられた場合に，その買収の対象となる会社が対抗措置として第三者割当による新株引受権または新株予約権を付与する例が比較的多く見受けられる（東京地決平成16・6・1金判1201号15頁（宮入バルブ製作所新株発行差止仮処分命令申立事件），東京地決平成元・7・25判時1317号28頁（忠実屋・いなげや新株発行差止仮処分命令申立事件），東京地決平成17・3・11金判1213号2頁（ライブドア対ニッポン放送事件（新株予約権発行差止仮処分命令申立事件）），東京地決平成17・6・1金判1218号8頁（ニレコ新株予約権発行差止仮処分命令申立事件））。裁判所は，この買収防衛目的の新株発行については，「主要目的ルール」，すなわち株式の発行が資金調達目的で行われたものか，経営者の支配権維持の目的で行われたのかを検討し，後者が主要な目的である場合には，不公正発行とするとの基準を定立している。

最近では，より差止めを求める者の意図，新株発行等による会社と既存株主，既存株主と新たに株主となる者との利益状況の変化等を比較衡量して，差止めの是非を決める傾向がある。

資金調達の必要性が必ずしも高くない会社において第三者割当が行われる場合には，この不公正発行が問題視される可能性がある。詳細は，第13章 ③ (1)も参照されたい。

5

第三者割当増資に関する
金商法上の手続

(1) 発行者側の開示[42]

① 第三者割当に必要な法定開示

(i) 有価証券届出書

金商法上，有価証券の募集または売出しは，その発行会社が内閣総理大臣に届出をしているものでなければすることができない（金商法4条1項本文）。「有価証券の募集」とは，新たに発行される取得の申込みの「勧誘」等のうち，一

---

[42] 法定開示の強化が図られている。開示ガイドラインには，第三者割当の開示に関するものについての開示行政の対応について記載があり，数例をあげると，まず，財務局が特に重点的に審査を行う審査対象先が明示されている。具体的には，「上場会社の提出する届出書を中心とし」，第三者割当が大規模な第三者割当に該当する場合（資本提携またはグループ企業による株式の引受けの実態を有することが明らかな場合を除く）や，割当予定先の属性について周知性が低いと考えられる場合，提出者が概ね最近6か月の間に他の第三者割当を行った場合，提出者が直近に授権資本枠を拡大した場合，提出者がその株式を上場する金融商品取引所の債務超過もしくは上場時価総額基準に抵触している場合，過去に提出者が行った第三者割当で失権があった場合，過去に同じ割当予定先に第三者割当を行っている場合等が例示されている（開示ガイドラインCⅢ(1)①～④）。
　また，手取金の使途，割当予定先の状況（割当予定先の概要，割当予定先の選定理由，株券等の保有方針，払込みに要する資金等の状況，割当予定先の実態），発行条件に関する事項，大規模な第三者割当の必要性等，第二号様式の記載上の注意について，審査を行う場合の審査要領が示されている（開示ガイドラインCⅢ(2)①～⑤）。
　さらに，第三者割当の審査については審査事項が多岐にわたることから，提出者に対して積極的に事前の相談制度の活用を慫慂すること，割当予定先の記載事項に未定箇所がある届出書については未定箇所の確定と訂正届出書の提出が必要である旨等が規定されている（開示ガイドラインCⅢ(3)①および②参照）。
　なお，開示ガイドラインA8−2④，8−4イ但書においては，届出書，訂正届出書の効力発生期間につき，審査対象となる第三者割当については，原則として短縮が認められない旨が規定されている。

定の場合に該当するものをいい（同法2条3項），「有価証券の売出し」とは，すでに発行された有価証券の売付けの申込みまたはその買付けの申込みの「勧誘」等のうち，一定の場合に該当するものをいう。このように，金商法上の有価証券の募集・売出しの概念は「勧誘」という概念を中核としている。そのため，有価証券の募集・売出しにあたる「勧誘」を行うには，金商法上の届出が必要となり，有価証券届出書の提出前にはそのような「勧誘」を行うことができない。これを一般に，勧誘規制（届出前勧誘禁止規制）という[43]。

このような勧誘規制は，第三者割当の場合であるか，一般向け公募の場合であるかを問わずに適用されることとされている。そのため，上場会社等の継続開示会社が第三者割当により，上場株式[44]または上場株式を目的とする新株予約権もしくは新株予約権付社債を発行する場合，金商法上の募集にあたり（金商法2条3項2号，同法施行令1条の4第1号イ・2号イ，同1条の5の2第2項1号・2号，同1条の7第2号イ・ロ），原則として有価証券届出書の提出が必要になる（同法5条。発行価額が1億円未満の場合は届出不要（同法4条1項5号））。

かかる届出書は，通常，発行決議日後速やかに提出されることになる。もっとも，第三者割当の場合には，実務上，届出前に発行会社が割当予定先と事前接触を行うことが一般である。

発行会社が潜在的な投資家である割当予定先と事前に交渉をすることは，実務上，第三者割当を円滑に行うために必要な行為と考えられる。また，近時の第三者割当に関する情報開示の詳細化を受け，第三者割当について有価証券届出書の提出を行う前に割当予定先から一定程度詳細な情報の提供を受ける必要があることから，発行会社と割当予定先との一定の事前交渉は，実務上，円滑に第三者割当を行うために不可避な行為と考えられる。

---

[43] かかる勧誘規制は，被勧誘者に対して発行会社からの販売圧力が生じることや，発行会社と被勧誘者の間に情報格差があるため情報提供を確保すべきことを理由とするものと説明されている。

[44] 会社がその保有する自己株式により第三者割当をする場合（会社法199条）も，「取得勧誘類似行為」（金商法2条3項，定義府令9条1号）として，新規発行の場合と同様，「有価証券の募集」にあたり，原則として有価証券届出書の提出が必要になる。

一方で，前記のように第三者割当の場合にも勧誘規制の適用がある。そこで，前記のような発行会社と割当予定先との不可避な事前交渉が，届出前の「勧誘」に該当すると解釈され，金商法違反とされてしまうのではないかという問題が，以前から指摘されてきた。

この点，金商法上「勧誘」の定義は存在しない。一般的に，「勧誘」の意味については，従来から「特定の有価証券についての投資者の関心を高め，その取得・買付けを促進することとなる行為」と解釈されているが，具体的にどのような行為が「勧誘」にあたり事前の届出を要するかは，必ずしも明らかではない。もっとも，開示ガイドラインの中では，発行会社が第三者割当を行う場合，割当予定先が限定され，当該割当予定先から当該第三者割当に係る有価証券がただちに転売されるおそれが少ない場合(たとえば，資本提携を行う場合，親会社が子会社株式を引き受ける場合等)に該当するときは，割当予定先を選定し，または当該割当予定先の概況を把握することを目的とした届出前の割当予定先に対する調査，当該第三者割当の内容等に関する割当予定先との協議その他これに類する行為は有価証券の取得勧誘または売付け勧誘等には該当しないものと明記されている（開示ガイドラインＡ２－12①)(45)。

また，発行会社等は，有価証券届出書の効力が生じているのでなければ当該

---

(45) これにより，第三者割当の実施にあたって不可避的に必要とされる割当予定先との事前接触行為が勧誘規制違反とされるおそれは，実務上，ほぼ解消されたと考えられている。もっとも，第三者割当と勧誘規制に関する問題点が完全に解決されているわけではなく，依然として，問題点が指摘されている。
　　具体的には，①一般論として，相対の第三者割当の場合には発行会社の側に適時の資金調達ニーズが高い一方で，割当予定先は限定されており比較的強い発言力を持っているため，発行会社による販売圧力という勧誘規制の趣旨説明が妥当しにくいという指摘，②発行会社と被勧誘者の間の情報格差の解消という説明についても，同様に，割当予定先が必要な情報を入手することも可能と考えられることから，第三者割当の場合には妥当しにくいとの指摘，また，③開示ガイドラインＡ２－12①所定の一定の場合について，論理的には従来からの勧誘概念（特定の有価証券についての投資者の関心を高め，その取得・買付けを促進することとなる行為）に本来該当する行為であると考えられるところ，なぜ開示ガイドライン所定の場合が勧誘概念に該当しないとされるのか論理的根拠が不明である等の指摘がある。
　　このような問題点は，勧誘規制または勧誘概念は主として一般向け公募を想定して設計されたと考えられるところ，当該勧誘規制をそのまま第三者割当に持ち込んでいることに伴う問題と考えられる。

有価証券を募集または売出しにより取得させまたは売り付けてはならないとされているので（金商法15条1項），このように有価証券届出書を提出した場合，有価証券届出書の効力発生までは，有価証券を第三者割当により取得させることはできない[46]。なお，有価証券届出書の効力発生は，組込方式や参照方式をとる場合に期間短縮できる場合があるが（同法8条3項，開示ガイドラインA8－1参照），第三者割当に係る有価証券届出書は，原則として当該届出書の受理日から15日を経過した日に（提出日から中15日）効力を生じるものとされ，特に，財務局により重点的に審査される類型の第三者割当については期間短縮が認められないものとされている（同法8条1項，開示ガイドラインA8－2）。

(ii) 発行登録書

有価証券届出書の提出に代えて，発行登録制度を用いることも可能であり，その際には，発行登録書の提出（すでに提出している場合には不要）および発行登録追補書類の提出を行うことになる（金商法23条の3第1項本文，23条の8第1項本文）。この場合には，発行登録が効力を生じていれば，発行登録追補書類を提出すればただちに有価証券を募集または売出しにより取得させ，売りつけることが可能となる（同法23条の8第1項本文）。

(iii) 臨時報告書

第三者割当により発行される株式または新株予約権もしくは新株予約権の目的となる株式が，上場されている株式と異なる種類の種類株式である場合には，当該種類株式の発行は「有価証券の募集」に該当せず（金商法2条3項，同法施行令1条の4，1条の5の2，1条の7），有価証券届出書や発行登録書の提出は不要となる。もっとも，この場合でも，発行会社が金商法上の継続開示会社で

---

[46] 実務上，発行開示を行った後で割当予定先により引受けの意向が撤回されるような事態を防ぐため，届出前に，発行会社と割当予定先の間で覚書等の締結を行い，事実上の拘束力を生じさせる必要がある場合もあるが，そのような拘束を行うことが，届出の効力発生前には有価証券を取得させてはならないとする金商法15条に反しないか疑義が生じてしまう，という問題点も指摘されている。

あり，第三者割当に関する株式の発行価額が1億円以上である場合には臨時報告書の提出が必要となるので留意が必要である（同法24条の5第4項，開示府令19条1項・2項2号）。

(iv)　**目論見書**

有価証券の「募集」に該当する第三者割当を行う場合には，割当先に対して，原則として，目論見書（金商法2条10項）[47]交付し，または割当先から請求があった場合に交付をしなければならない（同法15条2項）[48]。ただし，次に掲げる場合には，目論見書の交付は不要となる（同項但書[49]）。

(a)　適格機関投資家（定義府令10条1項）に取得させ，または売りつける場合（当該有価証券を募集または売出しにより取得させ，または売りつける時までに当該適格機関投資家から当該目論見書の交付の請求があった場合を除く）

(b)　当該目論見書の交付を受けないことについて同意した次に掲げる者に当該有価証券を取得させ，または売りつける場合（当該有価証券を募集または売出しにより取得させ，または売りつける時までに当該同意した者から当該目論見書の交付の請求があった場合を除く）

イ　当該有価証券と同一の銘柄を所有する者

ロ　その同居者がすでに当該目論見書の交付を受け，または確実に交付を受けると見込まれる者

---

[47]　目論見書の記載事項は，有価証券届出書の記載事項（公衆の縦覧に供しないこととされた事項は除く）と，有価証券届出書には記載のない特記事項（その目論見書に係る有価証券の募集または売出しに関し，その届出が効力を生じている旨，その有価証券が外国通貨をもって表示されるものである場合には，外国為替相場の変動により影響を受けることがある旨，参照方式により届出を行った場合には，利用適格要件を満たしていることを示す書面，重要な事実の内容を記載した書類，事業内容の概要および主要な経営指標等の推移を適格かつ簡明に説明した書面に記載された事項等）からなっている（金商法13条2項1号イ，開示府令12条，13条1項）。

[48]　発行価額の総額が1億円未満の募集に該当する第三者割当では目論見書の作成は義務づけられていない（金商法13条1項）。

[49]　金商法15条2項但書3号については，ライツオファリングを想定したものなので，第三者割当について言及する本稿では特に触れていない。

② 開示書類の様式

● 有価証券届出書

内国の上場会社が第三者割当を行う際に提出すべき有価証券届出書には，以下の３つの様式があり，それぞれ，記載すべき事項は次のとおりである。

(i) **通常方式（金商法５条１項，開示府令８条１項１号，第二号様式）**

提出会社が後述する組込方式，参照方式を用いることができない場合等に(i)証券情報（「当該募集又は売出しに関する事項」。金商法５条１項１号），(ii)企業情報（「当該会社の商号，当該会社の属する企業集団（中略）及び当該会社の経理の状況その他事業の内容に関する重要な事項」等。同項２号）の記載が必要となるほか，(iii)保証会社等の情報および(iv)特別情報の記載が要求されている。この場合，企業情報の一部には，「経理の状況」として財務諸表を記載することが必要である。

(ii) **組込方式（金商法５条３項，開示府令９条の３第４項，第二号の二様式）**

すでに１年以上継続して有価証券報告書を提出している会社が利用できる様式である。直近の有価証券報告書およびその添付書類ならびにその提出以後に提出される四半期報告書または半期報告書等の写しをとじ込む方法で作成する。

ここでは，企業情報にあたる情報については組込情報により開示されることになるので，有価証券届出書に別途企業情報を記載することは必要なく，証券情報の記載が主となる。

(iii) **参照方式（金商法５条４項，開示府令９条の４第１項，第二号の三様式）**

すでに１年以上継続して有価証券報告書を提出しており（継続開示要件），かつ，発行した有価証券の取引状況等に照らして企業情報がすでに公衆に広範に提供されているものと認められる（周知性要件）会社が利用できる様式である。

周知性要件は，概ね，以下のとおりとなる（金商法５条４項２号，開示府令９条の４第５項）。

(a) 発行済株券について，市場における売買金額の平均が100億円以上であ

り，かつ平均時価総額が100億円以上である場合（同項1号イ・ロ・ハ）

(b) 発行済株券について，平均時価総額が250億円以上である場合（同号ニ）

(c) 過去5年間に有価証券届出書または発行登録追補書類を提出することにより発行・交付した社債券の券面総額または振替社債の総額が100億円以上である場合（同号ホ）

(d) 法令により優先弁済を受ける権利を保証されている社債券をすでに発行している場合（同号ヘ）

参照方式による有価証券届出書は，直近の有価証券報告書等を参照すべき旨を記載する方法で作成する。ここでも，企業情報にあたる情報については参照書類により開示されることになるので，有価証券届出書に別途企業情報を記載する必要はなく，証券情報の記載が主となる。

多くの上場会社の第三者割当に係る有価証券届出書は，参照方式または組込方式により，有価証券届出書を作成することが可能な状況にあるものと思われる，その要件に適合するものであるか否かについては，十分な確認が必要である。

● 発行登録書

内国会社が発行登録制度を利用して第三者割当を行う場合には，第十一号様式の発行登録書や第十三号様式の発行登録追補書類を用いることとなる。なお，発行登録制度の利用適格要件は，参照方式の有価証券届出書と同様となる（金商法23条の3第1項，5条4項，開示府令9の4条2項・5項）。

● 臨時報告書

第三者割当について，有価証券届出書や発行登録書の提出の必要がない場合で，内国会社が臨時報告書を提出する場合には，開示府令19条2項1号・2号の規定に基づいて作成する。

また，第三者割当に伴い，発行会社の親会社の異動や主要株主の異動が起こる場合には，開示府令19条2項3号・4号の規定に基づき，これについても臨

252 ■ 第6章 資本・業務提携における手続上の留意点

時報告書の提出が必要となる点に留意する必要がある。

③ 第三者割当の特記事項

（i）概　　要

株券，新株予約権証券もしくは新株予約権付社債券の募集または売出しが第三者割当（開示府令19条2項1号ヲ）に該当する場合には，有価証券届出書，臨時報告書等（具体的には，有価証券届出書（同府令第二号様式，第二号の二様式，第二号の三様式，第二号の五様式，第七号様式，第七号の二様式，第七号の三様式），発行登録追補書類（同府令第十二号様式，第十五号様式），臨時報告書（同府令19条2項1号・2号）に，第三者割当に関する開示事項が設けられている）において，当該第三者割当に係る割当予定先に関する情報，資金使途の詳細な情報等の記載が求められる（同府令第二号様式，19条2項1号ヲ・同項2号ホ等）。

具体的には，まず，有価証券届出書および発行登録追補書類の第一部【証券情報】の中に，第3として，【第三者割当の場合の特記事項】という項目が設けられている。また，臨時報告書においても，報告内容として，「第二号様式第一部の第3に掲げる事項」が設けられている（開示府令19条2項1号ヲ・同項2号ホ）。第二号様式第一部の第3の記載事項は以下のとおりとなる。なお，ほかの各様式において求められる開示事項は，開示府令第二号様式に準じるものとされているため，ここでは，第二号様式に沿って第三者割当に係る開示事項を説明している。

第3　【第三者割当の場合の特記事項】

1　【割当予定先の状況】

2　【株券等の譲渡制限】

3　【発行条件に関する事項】

4　【大規模な第三者割当に関する事項】

5　【第三者割当後の大株主の状況】

・氏名又は名称

⑤　第三者割当増資に関する金商法上の手続　■　*253*

- 住所
- 所有株式数（株）
- 総議決権数に対する所有議決数の割合
- 割当後の所有株式数（株）
- 割当後の総議決権数に対する所有議決権数の割合

6　【大規模な第三者割当の必要性】

7　【株式併合等の予定の有無及び内容】

8　【その他参考になる事項】

(ii)　各記載項目について

(a)　【割当予定先の状況】について

　割当予定先ごとに，割当予定先の概要，提出者と割当予定先との間の関係，割当予定先の選定理由，割り当てようとする株式の数，株券等の保有方針，払込みに要する資金等の状況および割当予定先の実態[50]を記載することが求められている（第二号様式記載上の注意23－3）。なお，払込みに要する資金や割当予定先の実態として反社会的勢力と関係がないことについての確認が求められている。

(b)　【株券等の譲渡制限】について

　第三者割当に係る株券等について譲渡を制限する場合には，その旨およびその内容を記載することとされている（第二号様式記載上の注意23－4）。

---

[50]　この点に関し，金融庁の考え方「第三者割当増資に係る開示」No. 9 および No. 10によれば，「確認すべき内容，確認する方法等については，第三者割当の規模や割当予定先の協力状況，資金調達方法，財務状況，過去の第三者割当における払込みの状況等に応じ，割当予定先ごとに判断し，可能な方法で確認する必要があ」るとされ，また「その方法については，割当予定先に対するヒアリング，残高証明書等の提示を求めて確認すること等，様々な方法が考えられ」るとされた。また，割当予定先が借入れにより払込みを実施する場合には，借入先の名称および借入の重要な前提条件があればその概要等の記載も要する。
　なお，割当予定先の協力が得られず，また，いかなる方法をとっても確認ができない場合には，その旨およびその理由についても具体的に記載を要するとされている（同金融庁の考え方 No. 9 および No. 10）。

254 ■ 第6章　資本・業務提携における手続上の留意点

　具体的には，会社法上の譲渡制限（会社法108条1項4号，108条2項4号，236条1項6号）がある場合や，契約上の譲渡制限がある場合に，その旨，記載することとなる。

(c)　**【発行条件に関する事項】について**

　以下のaおよびbを具体的に記載することとされている（第二号様式記載上の注意23－5）。

　a．発行価格の算定根拠および発行条件の合理性に関する考え方

　b．第三者割当による有価証券の発行が

　　　有利発行に該当するものと判断した場合：①その理由および②判断の過程ならびに③当該発行を有利発行により行う理由

　　　有利発行に該当しないと判断した場合：①その理由，②判断の過程[51]。また，③当該発行に係る適法性に関して監査役が表明する意見[52]または④

---

(51)　有利発行に該当しないと判断した場合の②について，開示ガイドラインでは，財務局の審査要領の注記として「株価下落リスク等の観点から十分な検討が行なわれていることが考えられるほか，たとえば，株式の第三者割当において，発行価格が直前日の株価，又は発行から1ヵ月，3ヵ月，6ヵ月の平均株価に一般的なディスカウント率（おおむね10％）を勘案した額のいずれかを下回っているが，有利発行に該当しないものと判断されている場合は，当該判断の過程が具体的に記載されていることが考えられる。」との記載がある（開示ガイドラインCⅢ(2)③ロ）。

(52)　有利発行該当性に関して監査役に求められている意見は「適法である意見」ではなく，「適法性に関する意見」である。会社法上，このような「〜に関する」意見または事項として記載されるものは，究極的には直接の利害関係者である株主や債権者等に判断権があることを前提として，その判断を支援する際に用いられることがある。たとえば，旧商法下では，会社分割に関して，「債務の履行の見込みがあること」が開示事項とされており（旧商法374条の18第1項3号等），債務の履行の見込みがない会社分割は認められないものと解されていたが，会社法下では，組織再編に関して，「債務の履行の見込みに関する事項」が開示事項とされており（会社法782条1項，同法施行規則183条6号等），当事会社が履行の見込みがないような組織再編行為を行った場合であっても，その旨を開示することで足りることとしたとされている。これは，履行の見込みの有無について，その判断資料を会社に開示させた上で，株主と債権者に対して最終的な判断を委ねたものとも考えられる。また，組織再編の対価の相当性についても同様に相当性自体を直接に要件とするのではなく，「相当性に関する事項」を会社に開示させた上で，最終的な判断は株主に委ねたものと考えられる（会社法782条1項，同法施行規則182条1項1号等）。

　　監査役が「有利発行には該当しない」という内容の意見を述べそれが開示されたとしても，その意味は，当該株式なり新株予約権の払込金額そのものの公正性を保証する趣旨ではなく，取締役が払込金額等の発行条件について引受人にとって特に有利でないと判断したプロセスの合理性について意見を述べたものと理解される。

　　また，開示されるべき監査役の意見内容も，「有利発行に該当する／該当しない」と

当該判断の参考にした第三者による評価があればその内容[53]

(d) 【大規模な第三者割当に関する事項】について

第三者割当により以下のaまたはbに該当することとなる場合には，その旨およびその理由[54]を記載することとされている（第二号様式記載上の注意23－6）。

a．割当議決権数[55]（加算議決権数[56]を含む）÷提出者の総株主の議決権[57]の数から加算議決権数を控除した数が0.25以上となる場合

$$\frac{割当議決権数（加算議決権数を含む）}{総株主の議決権数－加算議決権数} \geqq 0.25$$

b．割当予定先が割り当てられた割当議決権数を所有した場合に支配株

いう二者択一的なものに限定される必要はなく，監査役として，そのような結論に至った判断根拠を開示した上で，その意見の妥当範囲を明確にしたり，場合によっては，断定的な意見ではなく一定の前提に基づく留保付きの意見を述べることも選択肢として考えられよう。

[53] 有利発行に該当しないと判断した場合の④について，第三者算定機関が第三者割当に係る有価証券の理論価格等の評価を行っている場合には，当該第三者算定機関の名称，評価対象および評価の概要について，投資者に分かりやすく記載することとされている（開示ガイドラインCⅢ(2)③ニ）。

[54] なお，「その理由」について，金融庁の考え方「第三者割当増資に係る開示」No.20によれば，「例えば，過去に行われた第三者割当において増加した議決権を加算した結果，一定の希釈化率となる場合や，近親者等が所有する議決権と合算することにより支配株主となる見込みである場合等，a又はbの類型に該当する場合について，その具体的な内容を記載する必要があ」るということが例示されている。

[55] 「割当議決権数」とは，第三者割当により割り当てられる株式または新株予約権の目的である株式に係る議決権の数を意味する。当該議決権の数に比して，当該株式または当該新株予約権の取得と引換えに交付される株式または新株予約権（社債に付されているものを含む）に係る議決権の数が大きい場合には，当該議決権の数のうち最も大きい数を意味する（第二号様式記載上の注意23－6a）。

[56] 「加算議決権数」とは，当該届出書に係る株券等の募集または売出しと並行して行われており，または当該届出書の提出日前6か月以内に行われた第三者割当がある場合の，割当議決権数に準じて算出した当該第三者割当により割り当てられ，または割り当てられた株式等に係る議決権の数をいう。当該第三者割当以後に株式分割が行われた場合にあっては当該株式分割により増加した議決権の数を加えた数，株式併合が行われた場合にあっては当該株式併合により減少した議決権の数を除いた数を意味する（第二号様式記載上の注意23－6a）。

[57] 「総株主の議決権」とは，第二部【企業情報】中の第4【提出会社の状況】(7)【議決権の状況】①発行済株式に記載すべき総株主の議決権を意味する（第二号様式記載上の注意23－6a）。

256 ■ 第6章 資本・業務提携における手続上の留意点

主(58)となる者が生じる場合

(e) 【第三者割当後の大株主の状況】について

第三者割当により株式が割り当てられ，または割り当てられた新株予約権が行使された場合（当該株式または当該新株予約権の取得と引換えに株式等が交付された場合を含む）における大株主の状況(59)について，記載が求められている（第二号様式記載上の注意23－7，45bおよびc）。これは，第二部【企業情報】中の第4【提出会社の状況】(6)【大株主の状況】の記載として求められるものと概ね同様の情報の開示が求められるものといえる。

(f) 【大規模な第三者割当の必要性】について

「大規模な第三者割当」にあたる場合には，①当該大規模な第三者割当を行うこととした理由(60)および②当該大規模な第三者割当による既存の株主への影響についての取締役会の判断の内容(61)について具体的に記載し，大規模な第三

---

(58) 「支配株主」とは，提出者の親会社または提出者の総株主の議決権の過半数を直接もしくは間接に保有する主要株主（自己の計算において所有する議決権の数と次の(a)および(b)に掲げる者が所有する議決権の数とを合計した数が提出者の総株主の議決権の100分の50を超える者に限る）を意味する（第二号様式記載上の注意23－6b）。
(a) その者の近親者（二親等内の親族をいう。(b)において同じ）
(b) その者およびその近親者が当該総株主の議決権の過半数を自己の計算において所有している法人その他の団体（以下この(b)において「法人等」という）ならびに当該法人等の子会社
(59) この場合の「所有株式数」の欄は，他人（仮設人を含む）名義で所有している株式数を含めた実質所有により記載する（第二号様式記載上の注意45b）。また，大株主は所有株式数の多い順に10名程度について記載し，会社法施行規則67条1項の規定により議決権を有しないこととなる株主については，その旨をあわせて記載する（第二号様式記載上の注意45c）。
(60) ①大規模な第三者割当を行うこととした理由に関する財務局の審査要領として，「手取金の額及び使途と関連付けられて具体的に説明されているか，提出者がほかの種類の有価証券の発行，公募増資，株主割当又は借入等のほかの資金調達手段の比較を行っているか，当該比較を行っている場合にその比較を踏まえた判断の概要が記載されているか，提出者が新株予約権証券又は新株予約権証券付社債券を発行する場合は，提出者の資金需要，新株予約権が行使される時期，新株予約権行使を制限する条件の有無等との関係において，説明が具体的に記載されているか」に留意して審査することがあげられている（開示ガイドラインCⅢ(2)④イ）。
(61) 前記②に関する財務局の審査要領として，「大規模な第三者割当による既存の株主にとっての利益又は不利益（たとえば，議決権の希薄化によるほかの株主への影響及び株価下落リスクに対する対応策等をいう）について，提出者はどのような判断を行ったかに関して，具体的に記載されているか」に留意して審査することがあげられている（開示ガイドラインCⅢ(2)④ロ）。

者割当を行うことについての判断の過程について具体的に記載することとしている（第二号様式記載上の注意23－8）。

有価証券届出書の第一部【証券情報】中の第3【第三者割当の場合の特記事項】6【大規模な第三者割当の必要性】の項目において，経営者から独立した者からの当該大規模な第三者割当についての意見の聴取，株主総会決議における株主の意思の確認その他の大規模な第三者割当に関する取締役会の判断の妥当性を担保する措置を講じる場合は，その旨および内容を記載する必要がある（第二号様式記載上の注意23－8b）。

開示ガイドラインによれば，かかる「経営者から独立した者からの意見」として，社外取締役，社外監査役，監査委員会または第三者委員会からの意見が例示されている。また，提出者がこれらの者から意見を取得した場合，意見を提出した者の氏名および属性（所属，所属先と提出者との関係等の独立性の程度を含む）が記載されているかが，記載内容の審査にあたって留意されることとして示されている（開示ガイドラインC III(2)④ハ）。

また，第三者意見以外に株主総会決議を経ることが言及されているが，現行会社法で，授権資本枠の範囲内で行われる第三者割当について株主総会決議が必要となる場合は有利発行に該当する場合であり，会社法上，法定事項以外で株主総会決議が必要な事項は，定款に規定された事項ということになる。このような場合の株主総会決議の効力をどのように考えるかは議論あるところだが，株主の納得を増すための手続として株主総会決議を経るということは，基本的に取締役としての合理的裁量の範囲内であると考えられる[62]。

---

[62] なお会社法は「株主総会の目的である事項があるときは，当該事項」と規定し（同法298条1項2号），目的となる事項，すなわち法的な総会決議事項や報告事項がなくても，株主総会は適法に招集・開催できる旨をわざわざ規定している。これは，会社法や定款に規定されていない事項であっても，それを議案として株主総会を開いて決議を行うこと自体は，会社法上否定されていないことを意味している。

株主の意思を図るにあたっては株主アンケート等ほかの手段も考えられるが，株主の特定や議決権の算定等の点で会社法が定める適正手続を経て諮られた（株主総会という場での）株主意思を得ることが，ことさらに否定される合理的理由は何もない。一部に総会開催費用を懸念する議論もあるようであるが，株主総会の勧告的決議を経ることはほとんどの場合において，開催を決定する取締役会の合理的裁量に属する，取締役としての善管注意義務に適った行為であると考えられる。

④ 種類株式についての開示

　上場会社が種類株式を発行する場合には，その募集の形態に応じて，有価証券届出書や臨時報告書の提出が必要となる（金商法5条，24条の5第4項）。この点，取得条項付種類株式や取得請求権付種類株式において，その取得と引換えに交付される株式が，上場株式やかつてその募集・売出しに関して有価証券届出書が提出されたことのある株式であったといった金商法24条1項各号に該当する株券（以下「有報提出対象株券」という）だったとしても，行使することで上場株式等が交付される新株予約権や新株予約権付社債とは異なり，勧誘相手の人数が50名を超えない限り，有価証券届出書の提出は不要となり，臨時報告書（同法24条の5第4項，開示府令19条2項2号）のみの提出が必要となる(63)。

　もっとも，第三者割当については，前述のとおり，臨時報告書においても，有価証券届出書同様，第三者割当増資の際の開示，割当予定先の状況，株券等の譲渡制限，発行条件に関する事項，大規模な第三者割当に関する事項，第三者割当後の大株主の状況，大規模な第三者割当の必要性，株式併合等の予定の有無および内容，その他参考になる事項を記載する必要がある（開示府令19条2項1号ヲ・2号ホ）。

　また，株式を対価とする取得請求権付株式がMSCBに代表される「行使価額修正条項付新株予約権付社債券等」（開示府令19条8項・9項）に該当する場合には，行使価額修正条項付新株予約権付社債券等の特質，行使価額修正条項付新株予約権付社債券等により資金調達をする理由，デリバティブ取引との組み合せで行使価額修正条項付新株予約権付社債券等と同様の効果を生じさせる場合には，当該デリバティブ取引の内容，行使についての取得者との取決め，株券の売買に関する事項についての取得者との取決め，株券の貸借に関する事項に

---

(63)　有報提出対象株券を対価とする取得条項付種類株式や取得請求権付種類株式が，第三者割当により発行され，割当予定先または発行会社の自由な裁量等により，短期間に有報提出対象株券に転換されることが相当程度認められるものについては，臨時報告書ではなく有価証券届出書の提出が必要とされる点も留意が必要である（開示ガイドラインC III(1)④）。形式的に種類株式を介在させることで有価証券届出書の提出を回避することは困難ということである。

ついての取得者と発行会社の特別利害関係者等との取決め，その他投資者保護に必要な事項の記載が必要となる点にも留意が必要である（開示府令19条2項1号リ・2号イ）。

⑤　MSCB 等についての開示

MSCB 等の特質，当該 MSCB 等により資金調達を行うこととなった理由，当該 MSCB 等に係る権利行使の理由等を，法定開示であれば，その発行の態様により，開示書類である有価証券届出書，臨時報告書，発行登録書または発行登録追補書類により開示することが求められている（開示府令第二号様式等，19条2項1号・2号・8項・9項）。

具体的な開示事項の内容は以下のとおりである。

(i)　当該有価証券が MSCB 等である旨を「有価証券の種類」（表紙，募集要項等）の欄に記載

(ii)　当該 MSCB 等の特質を，有価証券の内容として記載

「特質」の内容については，開示ガイドライン5−7−2，5−7−3，24−5−27により，以下の事項を分かりやすく，かつ，簡潔に記載するものとされている。

(a)　株価の下落により割当株式数が増加し，または資金調達額（当該 MSCB 等による資金調達の額）が減少するものである場合はその旨

(b)　割当株式数または行使価額等（当該 MSCB 等に表示された権利の行使に際して支払われるべき金銭その他の財産の価額）の修正基準（株価を基準とするものに限る）および修正頻度

(c)　行使価額等の下限，割当株式数の上限（発行済株式総数に対する割合を含む）および資金調達額の下限ならびにこれらが定められていない場合はその旨およびその理由

※新株予約権の場合の下限：新株予約権がすべて行使された場合の資金調達額の下限および新株予約権が行使されない可能性がある旨

(d)　提出会社の決定による社債の全額の繰上償還または新株予約権の全部の

取得を可能とする旨の条項の有無

※(a)～(d)は，有価証券届出書のほかの箇所に記載されている内容であっても，記載を要するとされている。

(iii) 新規発行株式が MSCB 等である場合には，次に掲げる事項を，発行時の開示書類の「新規発行株式」／「新規発行新株予約権証券」／「売出有価証券」欄の欄外に記載

(a) MSCB 等の発行により資金の調達をしようとする理由

※具体的には，開示ガイドライン 5 － 7 － 4，5 － 7 － 5，24の 5 －28において，以下の内容をわかりやすく，かつ具体的に記載するよう定められている。

・MSCB 等の発行による資金調達の検討の経緯（ほかの方法による資金調達の検討の有無およびその内容を含む）

・現在および将来における発行済株式総数の増加が提出会社の株主に及ぼす影響

・当該 MSCB 等の発行により資金の調達をすることが提出会社の株主にとって有利または不利である点（ほかの方法による資金調達との比較を含む）

(b) 開示府令19条 9 項に規定する場合に該当する場合にあっては，同項に規定するデリバティブ取引その他の取引として予定する取引の内容

(c) 当該 MSCB 等に表示された権利の行使に関する事項（当該権利の行使を制限するために支払われる金銭その他の財産に関する事項を含む）について割当予定先との間で締結する予定の取決めの内容（締結する予定がない場合はその旨）

(d) 提出者の株券の売買（金商法施行令26条の 2 の 2 第 1 項に規定する空売りを含む）について割当予定先との間で締結する予定の取決めの内容（締結する予定がない場合はその旨）

(e) 提出者の株券の貸借に関する事項について割当予定先と提出者の特別利害関係者等との間で締結される予定の取決めがあることを知っている場合にはその内容

(f) その他投資者の保護を図るため必要な事項

※金融庁の考え方「行使価額修正条項付新株予約権付社債券等に係る開示」No. 6
では，「例えば」として，提出会社と取得者の間で報告の対象である MSCB 等の
有価証券としての内容を実質的に変更するような条件等を合意しているような
場合があげられている。

(iv)　会社が MSCB 等を（すでに）発行している場合，次の事項を「株式の総数等」
欄，新株予約権等の状況欄の欄外に記載

(a)　開示府令19条 9 項に規定する場合に該当する場合にあっては，同項に規
定するデリバティブ取引その他の取引の内容

(b)　当該 MSCB 等に表示された権利の行使に関する事項（当該権利の行使を
制限するために支払われる金銭その他の財産に関する事項を含む）についての
当該 MSCB 等の所有者との間の取決めの内容（当該取決めがない場合はそ
の旨）

(c)　提出者の株券の売買（金商法施行令26条の 2 の 2 第 1 項に規定する空売りを
含む）に関する事項についての当該 MSCB 等の所有者との間の取決めの内
容（当該取決めがない場合はその旨）

(d)　提出者の株券の貸借に関する事項についての当該 MSCB 等の所有者と
提出者の特別利害関係者等との間の取決めがあることを知っている場合に
はその内容

(e)　その他投資者の保護を図るため必要な事項

　また，有価証券報告書，四半期報告書といった継続開示書類において，その
第一部中の【提出会社の状況】（ただし第三号の二様式および第五号の二様式におい
ては第一部第 1 【企業の概況】）内の【株式等の状況】の項目中に，【行使価額修正
条項付新株予約権付社債権等の行使状況等】において，後記の事項の記載が求
められている。

• 当該期間に権利行使された当該行使価額修正条項付新株予約権付社債券等
の数

- 当該期間の権利行使に係る交付株式数
- 当該期間の権利行使に係る平均行使価額[64]等
- 当該期間の権利行使に係る資金調達額
- 当該期間の末日における権利行使された当該行使価額修正条項付新株予約権付社債券等の数の累計
- 当該期間の末日における当該行使価額修正条項付新株予約権付社債券等に係る累計の交付株式数
- 当該期間の末日における当該行使価額修正条項付新株予約権付社債券等に係る累計の平均行使価額等
- 当該期間の末日における当該行使価額修正条項付新株予約権付社債券等に係る累計の資金調達額

⑵　引受人側の開示

①　引受人の大量保有報告書，変更報告書の提出義務

　上場会社が第三者割当を行う場合において，(i)当該第三者割当増資の引受けにより，引受人の株券等保有割合が新たに5％を超える場合には，当該引受人は，株券等保有割合が新たに5％を超えた日の翌営業日から起算して5営業日以内に，大量保有報告書を提出しなければならない（金商法27条の23第1項，大量保有府令2条，第一号様式）。引受人は，払込期日を定めた場合には払込期日に，払込期間を定めた場合には出資の履行をした日に当該株式の株主となるため（会社法209条1項），当該日の翌日から起算して5営業日以内に大量保有報告書を提出する必要がある。

　また，(ii)第三者割当増資の引受け以前から引受人の株券等保有割合が5％を超えている場合において，当該引受けにより株券等保有割合が1％以上増加す

---

[64]　行使価額とは，当該行使価額修正条項付新株予約権付社債券等に表示された権利を行使した際に，交付された株式1株当たりにつき払い込んだ金銭その他の財産の価額およびこれに準ずるものとされる（第三号様式記載上の注意21－2b参照）。

る場合は，当該引受人は，その翌営業日から起算して5営業日以内に，大量保有報告書に係る変更報告書を提出しなければならない（金商法27条の25第1項，大量保有府令8条，第一号様式）。

　以下では，資本・業務提携に伴う第三者割当を行う場合における引受人の大量保有報告書または変更報告書の提出義務に関して留意すべき点について説明する。

(i)　重要提案行為等について

　重要提案行為等とは，(a)発行者またはその子会社に係る一定の事項[65]を，(b)その株主総会または役員に対して提案する行為[66]をいう（金商法27条の26第1項，同法施行令14条の8の2第1項，大量保有府令16条）。

　重要提案行為等を行うことを保有の目的とする場合には，①提出者は，保有目的欄に，「重要提案行為等を行うこと」およびその内容について，できる限り

---

[65]　具体的には，以下の事項をいう（金商法27条の26第1項，同法施行令14条の8の2第1項，大量保有府令16条）。
　①　重要な財産の処分または譲受け
　②　多額の借財
　③　代表取締役の選定または解職
　④　役員の構成の重要な変更（役員の数または任期に係る重要な変更を含む）
　⑤　支配人その他の重要な使用人の選任または解任
　⑥　支店その他の重要な組織の設置，変更または廃止
　⑦　株式交換，株式移転，会社の分割または合併
　⑧　事業の全部または一部の譲渡，譲受け，休止または廃止
　⑨　配当に関する方針の重要な変更
　⑩　資本金の増加または減少に関する方針の重要な変更
　⑪　その発行する有価証券の取引所金融商品市場における上場の廃止または店頭売買有価証券市場における登録の取消し
　⑫　その発行する有価証券の取引所金融商品市場への上場または店頭売買有価証券登録原簿への登録
　⑬　資本政策に関する重要な変更（前記⑩を除く）
　⑭　解散（合併による解散を除く）
　⑮　破産手続開始，再生手続開始または更生手続開始の申立て
[66]　たとえば，発行者の主体的な経営方針に関わりなく，他律的な影響力を行使する行為をいい，純粋に発行者から意見を求められた場合や発行者が主体的に設定した株主との対話の場面での意見陳述については，(ii)の要件に該当する可能性が低いと解されている（町田行人＝森田多恵子編「大量保有報告の実務」別冊商事335号（2009年）53頁）。

264　■　第6章　資本・業務提携における手続上の留意点

具体的に記載することが求められる[67]。また，②金融商品取引業者等は，金融商品取引業者等に特に認められている簡易な方式（特例報告）[68]により報告を行うことは認められず，ほかの提出者と同様の様式を用いた上で重要提案行為等の欄に重要提案行為等を行う予定である旨を記載する必要がある[69]。資本・業務提携契約の内容によっては，保有目的の欄，重要提案行為等の欄に重要提案行為等を行う旨およびその内容をできる限り具体的に記載しなければならない点に留意する必要がある。

(ii)　最近60日間の取得または処分の状況について

金融商品市場内における売買取引または店頭売買有価証券の店頭売買取引により取得した場合を除き，当該株券等の発行者の発行する株券等に関する最近60日間の取得または処分の状況の欄の「単価」欄に売買単価を記載する必要がある[70]。そのため，資本・業務提携を行うに際しては，市場内で株式を取得する場合を除き，その取得価格が公開されてしまうことになる点に留意が必要である。

また，売買以外の行為により株式を取得した場合には，その旨を記載する必要があるため[71]，第三者割当により当該株式を取得した場合には，「単価」欄に「第三者割当」と記載する必要がある。

(iii)　当該株券等に関する担保契約等重要な契約について

「保有株券等に関する貸借契約，担保契約，売戻し契約，売り予約その他の重要な契約又は取決め」がある場合には，「当該株券等に関する担保契約等重要な

---

[67]　大量保有府令第一号様式記載上の注意(10)，池田唯一＝大来史郎ほか編『新しい公開買付制度と大量保有報告制度』（商事法務，2007年）198頁。

[68]　金商法27条の26第1項，大量保有府令15条，第三号様式。

[69]　大量保有府令第一号様式記載上の注意(11)。なお，重要提案行為等を行うことを株券等の保有の目的としているために特例報告を用いることができず，通常の報告を行う必要がある場合でない限りは，「重要提案行為等」が株券等の保有の目的であったとしても，第一号様式の「重要提案行為等」の欄には特段の記載は不要である。

[70]　大量保有府令第一号様式記載上の注意(13)a。

[71]　大量保有府令第一号様式記載上の注意(13)f。

契約」の欄に，その契約の種類，契約の相手方，契約の対象となっている株券等の数量等当該契約または取決めの内容を記載する必要がある[72]。この点，どのような契約または取決めが「その他の重要な契約又は取決め」に該当するかは，当該株券等の保有状況に変動を生じる可能性があることを投資者に知らせることに意義があることを踏まえ，個別の契約ごとに判断する必要があると解されている[73]。

この点，資本提携契約における，発行会社と引受人の間の，割当てを受けた株式を一定期間譲渡しない旨の合意は，当該一定期間，当該株式が移動しない可能性が高いという意味において，将来における株券等の移動に関わる契約または取決めであるといえるため，「当該株券等に関する担保契約等重要な契約」の欄に記載する必要がある[74]。それに対し，発行会社またはほかの株主と引受人の間の，発行会社の役員選任や議決権の行使に係る合意については，重要な契約であり，かつ，開示されている実例もあるものの，将来における株券等の移動に関わる契約または取決めではない点で，「保有株券等に関する…重要な契約又は取決め」ではないとの整理も可能であるように思われる。

(iv) 連結範囲の変更について

上場会社が第三者割当を行う場合において，引受人が一定割合以上の当該上場会社の株式を取得した場合には，当該上場会社が引受人の子会社または関連会社として引受人の連結対象となる可能性がある（連結財務諸表規則5条）ほか，引受人において，特定子会社の異動（開示府令19条2項3号）および子会社の取得（同府令19条2項8号の2）に係る臨時報告書の提出等の手続が必要となる点に留意する必要がある。特に，連結対象になる場合においては，引受人の連結財務諸表作成のために当該上場会社の財務諸表その他の財務データを適時

---

[72]　大量保有府令第一号様式記載上の注意(14)。

[73]　前掲注(67)・池田=大来ほか76頁。

[74]　三井秀範＝土本一郎編『詳解公開買付制度・大量保有報告制度Q&A』（商事法務，2011年）148頁。

に取得することが必要となるが，これらの情報の中には引受人にて会社法上当然に株主・債権者としての権利に基づいて適時に入手することができないものも含まれていることから[75]，業務提携契約においてかかる情報へのアクセス権を定めることが実務上非常に重要となる。

　なお，いかなる場合に当該上場会社が連結の対象になるかについては，引受人に適用される会計基準によっても異なってくる。この点，連結財務諸表規則および開示府令上の「子会社」は財務諸表等規則8条3項に定める子会社をいうものとされており（連結財務諸表規則2条3号，開示府令1条27号），具体的には，他の会社等により財務および営業または事業の方針を決定する機関（株主総会その他これに準ずる機関をいう。以下「意思決定機関」という）を支配されている会社等をいうものとされている（財務諸表等規則8条3項）[76]。どのような場合に「意思決定機関を支配」されているといえるかについては，財務諸表等規則8条4項に詳細に列挙されているが[77]，概ね以下のとおりとなっている。

- 他の会社等[78]の議決権の過半数を自己の計算において所有している会社等

---

[75]　総株主の議決権数の3％以上を保有する場合等においては，引受人において会計帳簿閲覧請求権を行使することで会計帳簿またはこれに関する資料の開示を求めることができるが（会社法433条），当該権利により開示される資料の範囲は必ずしも明確ではなく，また，会社法上の開示拒否事由の該当性をめぐって争いになることも少なくないことから，連結財務諸表作成のために必要となる財務データ等を適時に入手するという観点から必ずしも十分ではないと思われる（森本大介「資本・業務提携契約の留意点〜スズキ・VW間で注目された「会計上の取扱い」に焦点を当てて〜」ビジネス法務2012年1月号（2012年）52頁）。

[76]　親会社および子会社または子会社が，他の会社等の意思決定機関を支配している場合における当該他の会社等も，その親会社の子会社とみなされる。

[77]　日本基準における具体的な連結の範囲については，連結財務諸表規則の他，企業会計基準委員会の「連結財務諸表に関する会計基準」（企業会計基準22号），「持分法に関する会計基準」（企業会計基準16号）および「連結財務諸表における子会社及び関連会社の範囲の決定に関する適用指針」（企業会計基準適用指針22号）ならびに日本公認会計士協会の「連結の範囲及び持分法の適用範囲に関する重要性の原則の適用等に係る監査上の取扱い」（監査・保証実務委員会実務指針第52号）および「連結財務諸表における子会社及び関連会社の範囲の決定に関する監査上の留意点についてのQ&A」（監査・保証実務委員会実務指針第88号）等も参照されたい。

[78]　民事再生法の規定による再生手続開始の決定を受けた会社等，会社更生法の規定による更生手続開始の決定を受けた株式会社，破産法の規定による破産手続開始の決定を受けた会社等その他これらに準ずる会社等であって，かつ，有効な支配従属関係が存在しないと認められる会社等を除く。以下，子会社の定義について同じ。

- 他の会社等の議決権の100分の40以上，100分の50以下を自己の計算において所有している会社等であって，かつ，次に掲げるいずれかの要件に該当する会社等
  - イ　自己の計算において所有している議決権と自己と出資，人事，資金，技術，取引等において緊密な関係があることにより自己の意思と同一の内容の議決権を行使すると認められる者および自己の意思と同一の内容の議決権を行使することに同意している者が所有している議決権とをあわせて，他の会社等の議決権の過半数を占めていること。
  - ロ　役員もしくは使用人である者，またはこれらであった者で自己が他の会社等の財務および営業または事業の方針の決定に関して影響を与えることができる者が，当該他の会社等の取締役会その他これに準ずる機関の構成員の過半数を占めていること。
  - ハ　他の会社等の重要な財務および営業または事業の方針の決定を支配する契約等が存在すること。
  - ニ　他の会社等の資金調達額（貸借対照表の負債の部に計上されているものに限る）の総額の過半について融資（債務の保証および担保の提供を含む）を行っていること（自己と出資，人事，資金，技術，取引等において緊密な関係のある者が行う融資の額を合わせて資金調達額の総額の過半となる場合を含む）。
  - ホ　その他他の会社等の意思決定機関を支配していることが推測される事実が存在すること。
- 自己の計算において所有している議決権と自己と出資，人事，資金，技術，取引等において緊密な関係があることにより自己の意思と同一の内容の議決権を行使すると認められる者および自己の意思と同一の内容の議決権を行使することに同意している者が所有している議決権とを合わせた場合（自己の計算において議決権を所有していない場合を含む）に他の会社等の議決権の過半数を占めている会社等であって，かつ，前記ロからホまでに掲げるいずれかの要件に該当する会社等

268 ■ 第6章　資本・業務提携における手続上の留意点

　連結財務諸表規則および開示府令上の「関連会社」は財務諸表等規則8条5項に定める子会社をいうものとされており（連結財務諸表規則2条7号，開示府令1条27号の2），具体的には，会社等および当該会社等の子会社が，出資，人事，資金，技術，取引等の関係を通じて，子会社以外の他の会社等の財務および営業または事業の方針の決定に対して重要な影響を与えることができる場合における当該子会社以外の他の会社等をいうものとされている（財務諸表等規則8条5項）。どのような場合に「子会社以外の他の会社等の財務および営業または事業の方針の決定に対して重要な影響を与えることができる場合」に該当するかについては，財務諸表等規則8条6項に詳細に列挙されているが，概ね以下のとおりとなっている。

- 子会社以外の他の会社等[79]の議決権の100分の20以上を自己の計算において所有している場合
- 子会社以外の他の会社等の議決権の100分の15以上，100分の20未満を自己の計算において所有している場合であって，かつ，次に掲げるいずれかの要件に該当する場合

　　イ　役員もしくは使用人である者，またはこれらであった者で自己が子会社以外の他の会社等の財務および営業または事業の方針の決定に関して影響を与えることができる者が，当該子会社以外の他の会社等の代表取締役，取締役またはこれらに準ずる役職に就任していること。

　　ロ　子会社以外の他の会社等に対して重要な融資を行っていること。

　　ハ　子会社以外の他の会社等に対して重要な技術を提供していること。

　　ニ　子会社以外の他の会社等との間に重要な販売，仕入れその他の営業上または事業上の取引があること。

---

[79]　民事再生法の規定による再生手続開始の決定を受けた会社等，会社更生法の規定による更生手続開始の決定を受けた株式会社，破産法の規定による破産手続開始の決定を受けた会社等その他これらに準ずる会社等であって，かつ，当該会社等の財務および営業または事業の方針の決定に対して重要な影響を与えることができないと認められる会社等を除く。以下，関連会社の定義について同じ。

ホ　その他子会社以外の他の会社等の財務および営業または事業の方針の決定に対して重要な影響を与えることができることが推測される事実が存在すること。

- 自己の計算において所有している議決権と自己と出資，人事，資金，技術，取引等において緊密な関係があることにより自己の意思と同一の内容の議決権を行使すると認められる者および自己の意思と同一の内容の議決権を行使することに同意している者が所有している議決権とをあわせた場合（自己の計算において議決権を所有していない場合を含む）に子会社以外の他の会社等の議決権の100分の20以上を占めているときであって，かつ，前記イからホに掲げるいずれかの要件に該当する場合
- 複数の独立した企業（会社および会社に準ずる事業体をいう）により，契約等に基づいて共同で支配される企業に該当する場合

②　インサイダー取引規制

　金商法上，会社関係者であって，上場会社等に係る業務等に関する重要事実を，その職務や権限の行使等に関し知った者は，当該重要事実の公表後でなければ，当該上場会社等の有価証券等について，売買等（売買その他の有償の譲渡もしくは譲受け，合併もしくは分割による承継またはデリバティブ取引）をしてはならないものと規定されている（金商法166条1項）。そして，かかる規制に違反した場合には，5年以下の懲役もしくは500万円以下（法人の場合には5億円以下）の罰金またはその併科の対象となり（金商法197条の2第13号，207条1項2号），また，一般的な経済的利得相当額を基準に法定された額[80]の課徴金の対象となる（同法175条の1項）。

---

(80)　具体的には，かかる規制に違反して①自己の計算において，有価証券等の売付け等を行った場合には，当該売付け等を行った価格と，重要事実の公表後2週間における最低価格の差額，②自己の計算において，有価証券等の買付け等を行った場合には，重要事実の公表後2週間における最高価格と，当該買付け等を行った価格の差額，③自己以外の者の計算において，有価証券等の売買等をした場合には，手数料，報酬等の額である。

270　■ 第6章　資本・業務提携における手続上の留意点

　この点，インサイダー取引規制の対象となる「売買等」には，原始取得である新株発行は含まれないと解されている[81]が，売買による株式取得のほか，自己株式処分の引受けによる株式取得の場合には，当該第三者割当は「売買等」に該当し，インサイダー取引規制が適用されると解されているため，留意が必要である。

---

[81]　横畠裕介『逐条解説インサイダー取引規制と罰則』（商事法務，1989年）45頁。

6

発行開示・継続開示に係る責任

　発行開示・継続開示の実効性を担保する観点から，金商法は，①発行開示書類・継続開示書類について虚偽の記載がある場合，②発行開示書類・継続開示書類に記載すべき事実が記載されていない場合，および③発行開示書類・継続開示書類において，当該発行開示書類・継続開示書類の記載について誤解を生じさせないために必要な事実の記載が欠けている場合（以下「虚偽記載等」と総称する）等において，発行者その他の関係者について一定の責任を負わせている。かかる虚偽開示等に関する金商法上の責任は，①民事上の責任，②刑事上の責任（刑事罰）および③行政処分の 3 つに大別される。

(1)　民事上の責任

　金商法上の民事責任については，発行市場における民事責任（発行開示書類に依拠して有価証券を取得した者に対する損害賠償責任）と，流通市場における民事責任（継続開示書類に依拠して流通市場で有価証券を取得した者に対する損害賠償責任）がある。詳細は以下に記載するが，民法上の不法行為（民法709条）における故意・過失に係る立証責任の転換（無過失責任を含む），投資者保護の観点から民法上の不法行為よりも投資家に有利な規定となっているものがある点に特徴がある。なお，以下は有価証券届出書を前提として記載しているが，金商法17条から21条まで，22条および23条の規定は発行登録の場合も準用されている（金商法23条の12第 5 項）。

　また，継続開示書類のうち直近の有価証券報告書およびそれ以降に提出され

た書類については，参照方式の有価証券届出書および発行登録書・発行登録追補書類においては参照書類として組み込まれ，また，組込方式の有価証券届出書においては届出書の一部として組み込まれることになるため，流通市場における責任だけではなく発行市場における責任（事業・業務提携時に第三者割当を行う場合には割当先に対する責任）という観点からも虚偽記載等がないか留意する必要がある。

① 発行市場における民事責任

(i) 届出の効力発生前の有価証券の取引禁止および目論見書の交付に係る賠償責任（金商法16条）

発行者，売出人，引受人，金融商品取引業者，登録金融機関または金融商品仲介業者が，届出の効力発生前に有価証券を取得させもしくは売り付け（金商法15条1項），または目論見書の交付義務（同条2項）に違反した場合には，当該違反行為によって有価証券を取得した者に対して無過失の損害賠償責任を負う。ただし，損害額および損害と違反行為との間の相当因果関係は推定されていないことから，投資家の方でこれらを立証する必要がある。

(ii) 虚偽記載のある目論見書・資料を使用した者の賠償責任（金商法17条）

重要な事項について虚偽記載等のある目論見書・資料を使用して有価証券を取得させた者（発行者，売出人，引受人，金融商品取引業者等に限定されない（最判平成20・2・15民集62巻2号377頁））は，有価証券を取得した者に対して損害賠償責任を負う。ただし，当該虚偽記載等について知らず，かつ，相当な注意を用いたにもかかわらず知ることができなかった場合には責任を負わないものとされており（金商法17条但書），故意・過失に係る立証責任が転換されている。

(iii) 虚偽記載のある届出書の届出者等の賠償責任（金商法18条）

有価証券の募集または売出しに際して重要な事項について虚偽記載等のある有価証券届出書を提出した者は，当該募集または売出しに応じて有価証券を取

得した者に対して，当該取得者が虚偽記載等について知っていた場合を除き，損害賠償責任を負う（金商法18条1項）。当該損害賠償責任については，損害賠償額も法定されており，請求者が有価証券の取得の際に支払った金額から，当該有価証券の請求時点の市場価額（市場価額がない場合にはその時点における処分推定価額）または処分価額を控除した金額となり（同法19条1項各号），当該金額のうち被請求者において虚偽記載等によって生ずべき値下り以外の事情によるものと証明した部分についてのみ責任を免れることになる（同条2項）。なお，この規定は，重要な事項について虚偽記載等のある目論見書を作成した発行者についても準用されている（同法18条2項）。

(iv) 虚偽記載のある届出書の提出会社の役員等の賠償責任（金商法21条）

有価証券の募集または売出しに際して重要な事項について虚偽記載等のある有価証券届出書が提出された場合については，当該有価証券届出書の提出会社の役員，売出人，監査証明をした公認会計士・監査法人および元引受契約を締結した金融商品取引業者・登録金融機関等も，当該募集または売出しに応じて有価証券を取得した者に対して，当該取得者が虚偽記載等について知っていた場合を除き，損害賠償責任を負うものとされている（金商法21条1項）。被請求者は故意・過失について一定の事項を立証した場合には責任を負わないものとされており（同条2項），故意過失については立証責任が転換されているが，他方で，当該責任については，損害額の法定や相当因果関係の推定は規定されていない。なお，この規定の一部は，重要な事項について虚偽記載等のある目論見書を作成が作成された場合についても準用されている（同条3項）。

② 流通市場における民事責任

(i) 虚偽記載等のある書類の提出者の賠償責任（金商法21条の2）

重要な事項について虚偽記載等のある開示書類（記載内容の適正性に関する確認書を除く）を提出した者は，当該継続開示書類が公衆の縦覧に供されている間に当該提出者またはその親会社等が発行する有価証券を流通市場で取得または

274　■ 第6章　資本・業務提携における手続上の留意点

処分した者に対して，当該取得者が虚偽記載等について知っていた場合および虚偽記載等について，故意または過失がなかったことを証明した場合を除き，損害賠償責任を負う（金商法21条の2第1項および第2項）。当該損害賠償責任については，損害賠償額の上限が規定されており，請求者が有価証券の取得の際に支払った金額から，当該有価証券の請求時点の市場価額（市場価額がない場合にはその時点における処分推定価額）または処分価額を控除した金額が上限となる。また，虚偽記載等の事実が公表（公表の方法については同条3項）された場合については損害額および因果関係の推定規定が適用されることとなっている。具体的には，当該公表の日前1年以内に当該有価証券を取得し，当該公表日時点で引き続きこれを保有する請求者は，当該公表日前1か月間の当該有価証券の市場価額（市場価額がない場合には，処分推定価額）の平均額から当該公表日後1か月間の当該有価証券の市場価額の平均額を控除した金額を損害額とすることができ（同条2項），当該金額のうち被請求者において虚偽記載等によって生ずべき値下り以外の事情によるものと証明した部分についてのみ責任を免れることになる（同条4項）。

　本規定に基づく損害賠償責任の対象となる損害の範囲については，近年相次いで判例が出ている。いわゆる西武鉄道事件に関する最高裁判決（最判平成23・9・13民集65巻6号2511頁）は，本規定ではなく一般不法行為の規定に基づく損害賠償の文脈ではあるが，投資家の損害は，取得価額と処分価額の差額を基礎として，虚偽記載等に起因しない下落分を当該差額から控除して損害額を算定すべき旨を判示した[82]。本規定に基づく損害賠償の事案であるいわゆるライブドア事件に関する最高裁判例（最判平成24・3・13民集66巻5号1957頁）は，本規定に基づき推定される損害の範囲について，有価証券の実際の取得価額と虚偽記載等がなかった場合に想定される市場価格との差額に限られず，虚偽記載等と相当因果関係にある損害が広く本規定の損害賠償責任の対象になる旨を

---

[82]　当該最高裁判決の差戻し審判決（東京高判平成26・1・30判時2222号105頁）は，当該最高裁判決の示した枠組みに従って具体的な損害額を認定している。

判示しており，その後のいわゆるアーバンコーポレーション事件に関する最高裁判例（最判平成24・12・21金判1413号24頁）は，これを踏まえた上で，虚偽記載等に起因しない発行会社の再生申立てによる値下り分については虚偽記載等と相当因果関係が無いものとして推定損害額からの減額を認めている。なお，同判例においては，本規定による損害額の推定の適用を受けない損害額の認定も問題となっており，これについては，西武鉄道事件判決を踏まえた上で，取得価額と処分価額との差額を基礎とし，投資者が有価証券の値下りによって被った損害のうち，経済情勢，市場動向，発行会社の業績等の虚偽記載等に起因しない市場価額の下落分を損害額から控除すべきとしている。

(ii) 虚偽記載等のある有価証券届出書の提出会社の役員等の賠償責任（金商法22条）

重要な事項について虚偽記載等のある有価証券届出書が提出された場合については，当該有価証券届出書の提出会社の役員および監査証明をした公認会計士・監査法人等は，発行市場における責任（金商法21条1項）に加えて，当該有価証券届出書の提出会社の有価証券を募集または売出しによらないで取得した者に対しても損害賠償責任を負うものとされている（同法22条1項）。発行市場における責任と同様に，被請求者は故意・過失について一定の事項を立証した場合には責任を負わないものとされており（同法22条2項，21条2項1号・2号），故意過失については立証責任が転換されている。

(iii) 虚偽記載等のある有価証券報告書等の提出会社の役員等の賠償責任（金商法24条の4）

前記(ii)の損害賠償責任は，重要な事項について虚偽記載等のある有価証券報告書等の継続開示書類が提出された場合についても準用されており，当該開示書類の提出会社の役員および監査証明をした公認会計士・監査法人等は，当該継続開示書類の提出会社の有価証券を流通市場で取得した者に対して損害賠償責任を負うものとされている（金商法24条の4，24条の4の7第4項，24条の5第

5項，24条の6第2項）。

⑵　刑事上の責任

　開示書類に関する金商法上の刑事責任については，開示書類自体の提出を行わなかった場合の刑事罰と，虚偽記載等があった場合の刑事罰に大別される。いずれも書類の種類ごとに刑罰の内容に軽重がある点と，両罰規定（金商法207条1項）がある点が共通しており，たとえば，有価証券届出書および有価証券報告書の不提出については5年以下の懲役もしくは500万円以下（法人の場合には5億円以下）の罰金またはその併科，有価証券届出書および有価証券報告書の虚偽記載等については，10年以下の懲役もしくは1,000万円以下（法人の場合には7億円以下）の罰金またはその併科の対象となる（同法197条1項1号，197条の2第5号，207条1項1号および2号）。

⑶　行政処分

　金商法上，情報開示規制の実効性を確保する観点から，民事責任・刑事責任に加えて，開示書類に関して一定の行政処分が規定されている。かかる行政処分は，①行政調査，②開示書類の提出者に対して行政上の義務を課すための行政処分，および③課徴金制度に大別される。

①　行政調査
　金商法上，行政機関がその目的を達成するための手段として，公益または投資者保護のため必要かつ適当であると認める場合には，行政機関（具体的には，管轄財務局長等）の方で開示書類の提出者，開示書類の提出を怠った者，有価証券の引受人その他の関係者・参考人に対して報告もしくは資料の提出を命じ，または帳簿書類その他の物件を検査させることができるとされている（金商法26条）。

② 開示書類の提出者に対して行政上の義務を課すための行政処分

金商法上，開示書類の提出者に対して義務を課すための行政処分として，(i)形式不備の開示書類に関する訂正書類の提出命令（金商法９条１項等），(ii)虚偽記載等による開示書類の訂正書類の提出命令（同法10条１項等），(iii)虚偽記載等がある発行開示書類の効力停止命令（同法10条１項等），および(iv)重要な事項について虚偽の記載がある有価証券届出書の提出者に対する届出後１年以内の発行開示書類の効力停止命令または待機期間の延長（同法11条１項等）が定められている。

③ 課徴金制度

前記①記載の行政調査に加えて，違反行為の抑制等の観点から，平成16年の証券取引法改正により発行開示規制違反行為について，平成17年改正により継続開示規制違反行為について，それぞれ課徴金制度が導入されている。

(i) 発行開示規制違反に関する課徴金

発行開示書類の不提出および虚偽記載等のある発行開示書類の提出は発行開示規制違反に係る課徴金の対象とされている（金商法172条，172条の２）。課徴金の水準は当初は有価証券の発行総額または売出総額の１％（株券等の場合には２％）とされていたが，平成20年の金商法改正により，2.25％（株券等の場合には4.5％）に引き上げられている。

(ii) 継続開示規制違反に関する課徴金

継続開示書類の不提出および虚偽記載等のある継続開示書類の提出は継続開示規制違反に係る課徴金の対象とされている（金商法172条の３，172条の４）。課徴金の水準は継続開示書類の種類ごとに定められており，継続開示書類の不提出の場合には，有価証券報告書については直前事業年度における監査報酬額（該当するものがない場合には400万円），四半期報告書および半期報告書については有価証券報告書の場合の２分の１に相当する額，臨時報告書については後述す

る虚偽記載等のある臨時報告書の場合と同額とされている。虚偽記載のある継続開示書類の場合には，有価証券報告書が600万円（株券等の市場価額の総額の10万分の1に相当する額が600万円を超える場合にはその額），四半期報告書，半期報告書および臨時報告書については有価証券報告書の場合の2分の1に相当する額とされている。なお，こちらについても，発行開示規制違反と同様に平成20年金商法改正により金額の引き上げが行われている。

⑷　種類株式の発行と臨時報告書

　金商法上，株券等については，当該株券等の発行者が当該株券等と同一の内容を表示した株券等について継続開示義務を負っている場合には私募の規定が適用されないこととされていることから（金商法施行令1条の4第1号イ，1条の5の2第2項1号イ，1条の7第2号イ⑴)），上場会社が普通株式を発行する場合には原則として有価証券届出書の提出が必要となるが，普通株式と「同一の内容」を有しない種類株式を発行する場合には前記の規制の対象外となり，私募の要件を満たすことで有価証券届出書の提出義務を負わないことになる。

　問題はどのような種類株式が普通株式と「同一の内容」を有するのかだが，この点については，発行者が同一かつ株式に係る剰余金の配当等の内容が同一のものがこれに該当するものとされている（定義府令10条の2第1項9号）。つまり，会社法108条1項に規定する異なる種類の株式（たとえば，普通株式と優先株式）については「同一の内容」を有しないこととなるので（開示ガイドライン A2-6)，上場会社においても優先株式を発行する場合には，50名以下に対して発行することその他の少人数私募の要件（金商法2条3項2号ハ参照）を満たすことで有価証券届出書の提出が不要となり，発行時の事務負担等が相当程度軽減される。ただし，種類株式であればどのような内容でも有価証券届出書の提出義務を免れる訳ではなく，普通株式についての取得請求権が付されている種類株式が第三者割当により発行される場合であって，割当予定先または発行体等の自由な裁量等により，短期間に普通株式の発行が相当程度見込まれるときには，

50名以下に対して発行する場合でも少人数私募の要件を満たさないものとして取り扱われる点に留意が必要である（開示ガイドライン C Ⅲ(1)④）。

　また，私募の要件を満たすことで有価証券届出書の提出義務を免れる場合でも，種類株式の発行価額の総額が1億円以上となる場合には，当該種類株式の発行について取締役会決議等がされた時点で臨時報告書の提出が必要となる点にも注意が必要である（開示府令19条2項2号）。

⑸　金融商品取引所の手続

①　上場取引所への提出書類

　上場会社が第三者割当を行う場合には，上場している取引所所定の有価証券上場規程や金商法の定めに基づき，上場会社は，取締役会決議通知書，新株式発行日程表，目論見書(訂正事項文を含む。ただし，EDINET で有価証券届出書を提出した場合は不要)，有価証券届出効力発生通知書の写し(訂正効力発生通知書の写しを含む)[83]，譲渡報告に関する確約書の写し(代表者の原本証明付)[84]，株式の譲渡に関する報告書[85]，割当先が反社会的勢力と関係がないことを示す確認書[86]，業務提携，第三者割当増資等概要書[87]，支配株主との取引状況等に関する報告書[88]等の所定の金融商品取引所に提出すべき書類を所定の時期までに提出しなければならない。

②　適時開示

(i)　概　　要

　上場会社が第三者割当を行うことを決議した場合には，上場会社の決定事実

---

[83]　東証有価証券上場規程施行規則417条1号。
[84]　東証有価証券上場規程施行規則429条2項。
[85]　東証有価証券上場規程施行規則430条。
[86]　東証有価証券上場規程施行規則417条1号g。
[87]　東証有価証券上場規程421条2項。
[88]　東証有価証券上場規程601条1項9号の2。

280 ■ 第6章 資本・業務提携における手続上の留意点

としてプレスリリースによる開示が必要となる（東証有価証券上場規程402条1号a，同規程施行規則402条の2等）。

上場会社は，第三者割当による株式等の発行決議後，「直ちに」かかるプレスリリースを提出する（東証有価証券上場規程402条柱書等）。また，有価証券届出書と同様，発行決議の際の開示において発行価格等が未定であった場合には，当該条件決定後ただちに，決定された条件を開示するプレスリリースを提出する。また，資金使途が未定の場合には，資金使途の決定時にもプレスリリースを提出することが必要となる。

さらに，新株予約権を発行した場合にはその行使が行われたとき，新株予約権の行使価額に修正条項や調整条項が付されている場合には，それらの修正・調整が行われたときにも，それぞれプレスリリースの提出が必要となる（東証有価証券上場規程416条等）。

種類株式については，種類株式の内容を定款に定めるための株主総会における基準日の設定，株主総会の開催，定款の変更の場合にも適時開示を行う必要がある（軽微基準に該当する場合を除く）。

また，MSCB等に発行を行う場合には，適時開示ルールにおいても，法定開示と同様に詳細な開示が求められている（「MSCB等の発行又は第三者割当増資等に係る適時開示実務上の取扱い」）。さらに，東京証券取引所等の金融商品取引所の自主ルールにおいては，MSCB等を発行した上場会社に対して，MSCB等の月間の行使状況についての開示およびMSCB等の大量行使（月初からのMSCB等の転換累計もしくは行使累計または同月中における開示後の転換累計もしくは行使累計が当該MSCB等の発行総額の10％以上となった場合）に関する開示が義務づけられている（東証有価証券上場規程410条，同規程施行規則411条）。

なお，有価証券上場規程の改正（平成22年6月30日施行）により，支配株主との重要な取引等に関し，企業行動規範（遵守すべき事項）に新たな定めが置かれた。当該規定によって，支配株主を有する上場会社が，第三者割当による募集株式等の割当て（支配株主その他東証有価証券上場規程施行規則で定める者が関連するものに限る）を行うことを決議した場合には，かかる決定が当該上場会社の

少数株主にとって不利益なものでないことに関し，当該支配株主との間に利害関係を有しない者による意見を入手し，必要かつ十分な適時開示を行わなければならない（東証有価証券上場規程441条の2第1項1号・2項，402条1号a）。

(ii) プレスリリースでの記載事項

　上場会社が第三者割当を行うことを決議した場合には，上場会社の決定事実としてプレスリリースによる開示が必要となる（東証有価証券上場規程402条1号a，同規程施行規則402条の2）。

　当該プレスリリースの記載項目としては，募集の概要，目的および理由，調達する資金の額，使途および支出予定時期，資金使途の合理性に関する考え方，発行条件等／処分条件等の合理性（払込金額の算定根拠およびその具体的内容，発行数量および株式の希釈化の規模が合理的であると判断した根拠），割当先の選定理由等（割当先の概要[89],[90]，割当先を選定した理由，割当予定先の保有方針，割当

---

(89)　東京証券取引所の適時開示のルールでも，割当予定先ならびに当該割当予定先の役員および主要株主（割当予定先がファンドの場合はその主な出資者）（以下「割当予定先等」という）が反社会的勢力と関係がないことを確認している旨の記載を要求している（平成21年7月30日東証上場第17号　別紙1－1「第三者割当に係る上場制度の概要及び実務上の留意事項等について」（以下「第三者割当留意事項」という）10頁，13頁ほか，「割当を受ける者と反社会的勢力との関係がないことを示す確認書」の提出が求められる（東証有価証券上場規程421条1項・同規程施行規則417条1号g）。なお，当該確認書の別添資料として，上場会社が調査した内容について記載した資料を提出する必要がある。当該別添資料においては，割当予定先が個人である場合には，その氏名，住所，生年月日，上場会社との関係等の記載，また，ファンドである場合には，10％以上の出資者についてその名称等の記載が必要とされている。ファンドの出資者としてさらにファンドが存在する場合には，当該ファンドについてもその概況を記載する必要があり，適時開示資料よりも詳細な記載が必要となる。東京証券取引所では「反社会的勢力」と関係がある場合を，①割当予定先等が，暴力団員またはこれに準ずる者（以下「暴力団等反社会的勢力」という）である場合，②暴力団等反社会的勢力が割当予定先等の経営に関与している場合，③割当予定先等が資金提供その他の行為を行うことを通じて暴力団等反社会的勢力の維持，運営に協力または関与している場合または④割当予定先等がそれと認識して暴力団等反社会的勢力と交流を行っている場合をいうとしている。
(90)　日本取引所自主規制法人の公表した「上場管理業務について－不適切な第三者割当の未然防止に向けて－」（平成22年9月）によると，割当予定先の属性や実態については，訪問・面談等を通じて直接確認すること，また，直接確認したことを客観的，具体的な裏付けをもって再度慎重に確認することが望まれるとしている。具体的には，割当予定先の住所または本店所在地を訪問したり，割当予定先から経営状況に関する資料を入手したり，割当予定先の名称等をインターネット上で検索したりするのみならず，住民票や登記事項証明書等公的機関が発行する証明書を取得したり，専門機関に割当予定先の

282 ■ 第6章 資本・業務提携における手続上の留意点

先の払込みに要する財産の存在について確認した内容[91]），募集後の大株主および
持株比率，今後の見通し（企業行動規範上の手続，その他投資者が会社情報を適切
に理解・判断するために必要な事項）等の記載項目があげられている（東京証券取
引所『会社情報適時開示ガイドブック2010』79頁〜82頁)[92]。

　プレスリリースによる開示と有価証券届出書との記載事項の違いとしては，
主に，以下のような点があげられる。

- 割当予定先の情報について，有価証券届出書においては名称，所在地，代
  表者，資本金，事業の内容および主たる出資者・出資比率等の情報を記載

　調査を依頼したりする等の方法が例示されている。この点，割当予定先がファンドである場合には，ファンドの運用実績や運用方針，業務執行組合員（業務執行組合員が団体である場合には当該団体の出資者，当該出資者が団体である場合にはさらにその出資者等，最終的に個人となるまで把握することが望まれる）の経歴等を確認し，ファンドの実態を把握することが望まれる。割当予定先が個人である場合には，その勤務先の経営実態について確認することが望まれる。ただし，割当てを受ける者のすべてが上場会社または当取引所の取引参加者である場合を除かれている（東証有価証券上場規程施行規則417条1号g括弧書）。

[91]　適時開示ルールでは，特に，割当予定先の資力に不安がある場合（「割当先が過去において失権を起こしている場合や，割当予定先の売上高・総資産・純資産等の規模に照らし当該第三者割当の払込みに要する金額を有している又は調達し得ることが合理的に推認されない場合」）には，十分に確認を行い，確認方法および確認結果についてより具体的に記載すべきとされている（第三者割当留意事項10頁，13頁，14頁）。
　　前掲注[90]の日本取引所自主規制法人の公表した「上場管理業務について−不適切な第三者割当の未然防止に向けて−」（平成22年9月）によると，上場会社としては，割当予定先に対して，割当予定先の財務状況を聴取したり，割当予定先の財務諸表，残高証明書，預金通帳その他財務関係書類等を入手したりして，割当予定先の売上高，利益，純資産，総資産等の業績や規模に照らして払込みに要する財産が存在するか確認する必要があるとしている。また，割当予定先が資金を外部から調達する場合には，その見込みについて聴取したり，客観的にそれを裏付ける資料を入手したりして，調達の確実性を確認する必要がある。割当予定先が過去に失権を起こしていたり，割当予定先の財務状況・経営成績が悪かったりする場合には，割当予定先が資金を確実に調達・確保できることについて特に慎重に調査する必要があるとしている。なお，割当予定先がファンドである場合には，その投資実績を確認することが望まれている。
　　東京証券取引所は，上場会社に対し，割当予定先の払込みに要する財産の存在について確認したことを客観的に裏付ける資料の提出を求めるとともに，割当予定先の選定経緯，割当予定先の資金手当の手法等の説明を求め，それらの内容についての具体的かつ分かりやすい開示を要請することがある。

[92]　東京証券取引所自主規制法人上場管理部は，平成22年9月に，第三者割当に係る東京証券取引所の着眼点を明示するとともに，実際の事前相談で東京証券取引所が指摘を行った事例の一部を，東京証券取引所の考え方とともに紹介するために，平成22年9月に「上場管理業務について−不適切な第三者割当の未然防止について」という冊子を発行し，その中で，特に，①第三者割当の必要性および相当性ならびに資金使途の合理性，②発行条件等の合理性，③割当予定先の適切性について，発行会社の慎重な確認および投資家に十分な情報の開示を促すよう注意喚起している。

するとされているが，プレスリリースには，これらに加えて，設立年月日，発行済株式数，決算期，従業員数，主要取引先，主要取引銀行，最近3年間の財政状態および経営成績まで記載を求められていること。

- 発行条件等の合理性について，プレスリリースにおいては，有価証券届出書と異なり，監査役の意見を必要とするのは東京証券取引所が「必要と認める場合に限る。」と限定されており，また，プレスリリースにおいては払込金額の算定根拠およびその具体的内容が要求されているものの，そこでは原則として，払込金額が割当先に特に有利で「ない」ことに係る適法性に関する監査役または監査委員会の意見等をわかりやすく具体的に記載することが必要とされているのに対し，有価証券届出書においては，有利発行該当性の判断理由および判断過程のほか，有利発行であると判断した場合にも有利発行により行う理由の記載が必要であり，また，有利発行でないと判断した場合には監査役の意見だけでなく，当該判断の参考にした第三者による評価があればその内容まで開示が求められており，プレスリリースよりも若干詳しい情報が要求されていること。

- 有価証券届出書では，議決権を失う株主が生じることとなる株式併合等を予定している場合に当該行為の内容等を記載するとして，かかる内容が開示の一項目とされているが，プレスリリースには同様の記載項目はないこと（東京証券取引所においては，株主総会における議決権を失う株主が生じることとなる株式併合その他同等の効果をもたらす行為に係る決議または決定（株主および投資者の利益を侵害するおそれが大きいと東京証券取引所が認めるものに限る）を行っていると東京証券取引所が認めたときは，上場廃止することとされている）。

(iii) 企業行動規範上の手続

(a) 大規模第三者割当の場合

東京証券取引所の適時開示のルールでは，希釈化率が25%以上の場合および支配株主が異動する見込みがあるとき，原則として企業行動規範上の措置を採

ることが新たに求められており，また，その場合，その内容の開示が求められている（東証有価証券上場規程432条，同規程施行規則402条の2第2項3号，第三者割当留意事項11頁・14頁等）。企業行動規範上の措置は，具体的には，次のとおりとされている。

　　ａ．経営者から一定程度独立した者による当該割当ての必要性および相当性に関する意見の入手[93]

　　ｂ．当該割当てに係る株主総会決議等による株主の意思確認

　平成21年8月の上場制度の整備に伴い，東京証券取引所では，東証有価証券上場規程に規定される企業行動規範の体系を再構成しており，上場会社として最低限守るべき事項を示す「遵守すべき事項」（東証有価証券上場規程432条～444条）と，上場会社に対する要請事項を示して努力義務とする「望まれる事項」（同規程445条～450条）に区分している。ここでの措置は「遵守すべき事項」に含まれることとなる。「遵守すべき事項」に違反したと東京証券取引所が認める場合には，改善報告書，改善状況報告書の提出（同規程502条，503条）が求められたり，公表措置が採られることがある（同規程508条1項1号）ほか，上場契約違約金の支払を求められることがある（同規程509条1項1号）。

(b)　**支配株主との取引**

　支配株主その他施行規則で定める者との重要な取引等に関し，企業行動規範（遵守すべき事項）に定めがある。当該規定によって，支配株主を有する上場会社が，第三者割当による募集株式等の割当て（支配株主その他東証有価証券上場規程施行規則で定める者が関連するものに限る）を行うことを決議した場合には，かかる決定が当該上場会社の少数株主にとって不利益なものでないことに関し，当該支配株主との間に利害関係を有しない者による意見を入手し，必要かつ十分

---

(93)　適時開示ルールにおいて要求される「当該割当の必要性及び相当性に関する意見」の内容については，「資金調達を行う必要があるか，他の手段との比較（たとえば，新株予約権の第三者割当を行う場合で言えば，借入れ，社債発行，公募増資，株式の第三者割当，新株予約権付社債の第三者割当等の他の資金調達方法との比較）で今回採用するスキームを選択することが相当であるか，同社のおかれた状況に照らして各種の発行条件の内容が相当であるかという点を中心に言及していただくことを想定しています。」とされている（第三者割当留意事項2頁）。

な適時開示を行わなければならない（東証有価証券上場規程441条の2第1項1号・2項，402条1号a）。

ここで，「支配株主」とは，自己の計算において所有している議決権と次の各号に掲げる者が所有している議決権とをあわせて，上場会社の議決権の過半数を占めている主要株主（親会社を除く）を意味する（東証有価証券上場規程2条42号の2，同規程施行規則3条の2）。

(ｱ) 当該主要株主の近親者（二親等内の親族をいう。以下同じ）

(ｲ) 当該主要株主および前号に掲げる者が議決権の過半数を自己の計算において所有している会社等（会社，指定法人，組合その他これらに準ずる企業体（外国におけるこれらに相当するものを含む）をいう。以下同じ）および当該会社等の子会社

さらに，「その他施行規則で定める者」とは，次の各号に掲げる者をいうものとされている（東証有価証券上場規程施行規則436条の3）。

(ｱ) 上場会社と同一の親会社をもつ会社等（当該上場会社およびその子会社等を除く）

(ｲ) 上場会社の親会社の役員およびその近親者

(ｳ) 上場会社の支配株主（当該上場会社の親会社を除く）の近親者

(ｴ) 上場会社の支配株主（当該上場会社の親会社を除く）および前号に掲げる者が議決権の過半数を自己の計算において所有している会社等および当該会社等の子会社（当該上場会社およびその子会社等を除く）

また，「支配株主と利害関係のない者による，当該取引等が少数株主にとって不利益なものでないこと」という意見の入手について，意見の入手先は，支配株主との間に利害関係を有しない社外取締役・監査役，または買収防衛策導入会社等で実務上採用されている第三者委員会のようなものが想定されている（「『四半期決算に係る適時開示の見直し，IFRS任意適用を踏まえた上場制度の整備等について』に寄せられたパブリック・コメントの結果について」No.9）。

(ⅳ) 東京証券取引所における措置 － 第三者割当の事前相談に対する取組み

上場会社は，第三者割当に係る開示予定日の10営業日前までに東京証券取引所の上場部へ事前相談をすることが求められている。

⑹ その他の規制

① 外 為 法

海外の割当先に対して第三者割当をする場合には，外為法の規制に留意する必要がある。

たとえば，外国投資家による上場会社の株式の取得で出資比率が10％以上となる場合等においては外為法上の対内直接投資の規制が適用される（外為法26条2項3号，対内直接投資等に関する政令2条5項）。この場合，(i)発行会社が一定の業種の場合には審査付事前届出制度の対象となり，外国投資家は原則として取引の30日前（2週間に短縮される場合がある）までに日本銀行を経由して財務大臣および事業所管大臣に事前届出を行う必要がある点，および(ii)それ以外の場合においても事後報告が必要となる点に留意が必要である（外為法27条1項および2項，55条の5）。

また，対内直接投資に該当しない場合においても，日本の発行体が海外向けに株式を発行する場合には資本取引に関する規制が適用され，発行会社において事後報告等の手続が必要になる点にも留意が必要である（外為法20条6号，55条の3第1項7号）。

以上に加えて，外国投資家から払込みを受ける場合には，原則として支払または支払の受領に関する報告書の提出が必要となる点にも留意が必要である（外為法55条）。

② 業法上の主要株主規制

銀行，銀行持株会社，保険会社，保険持株会社，金融商品取引業者(第一種金融商品取引業者および投資運用業者)等の一定の規制業種については，業法上，主

要株主規制が設けられており，かかる規制業種を営む発行会社の株式を一定割合取得する場合には許認可または届出等が必要になったり，監督官庁の監督に服する場合がある。

第 **7** 章

資本・業務提携と
個人情報保護法

290 ■ 第7章　資本・業務提携と個人情報保護法

1

個人情報保護法の改正

　資本・業務提携に際し，契約相手方に自社が管理する情報を譲渡・共有したり，その処理を委託したりする等，データの利活用を行うことがある。たとえば，資本関係のあるグループ会社間で，従業員に関する情報や顧客情報を交換・共有することが考えられる。また，昨今は大量に蓄積された個人に関する情報である，いわゆるパーソナルデータの利活用に対する社会の関心が非常に高まっており，会社で取得した位置情報の履歴等のデータを有効活用するために所定の処理を施した上で譲渡したり，複数の会社間で提携して顧客の購買履歴等を交換・共有して共通のポイントを付与したり，研究目的で利用するべく病院等と連携して患者の情報を取得し，専門の第三者にその情報の処理を委託した上で情報をデータベース化・提供したりする等，さまざまなデータの利活用の方法が検討・実施されているのではないかと思われる。他方で，このようなパーソナルデータの利活用に対してはプライバシーの観点からの懸念が表明されてきた。

　わが国では，2003年に個人情報の保護に関する法律（平成15年法律第57号。以下「個人情報保護法」という）が制定された。しかしながら，その後の情報通信技術の発展により，前記のとおり個人情報を含むパーソナルデータの利活用の機会が増大した反面で，自己のパーソナルデータが扱われる消費者の不安も増大することにもなった。そこで，個人情報の保護と利活用のバランスを図ることができるパーソナルデータの利活用環境を整備するべく，2015年9月3日に「個人情報の保護に関する法律及び行政手続における特定の個人を識別するための番号の利用等に関する法律の一部を改正する法律」（平成27年法律第65号）が成立

し，同9日に公布されたことにより，個人情報保護法が改正された。なお，個人情報保護委員会の設置およびこれに付随する規定は2016年1月1日から施行されたが，個人情報取扱事業者等の義務およびその監督に関する規定については，公布から2年以内の政令で定める日に施行されることとされている。事業者としては，改正法の全面施行に備えて，今後公表されるであろう，政令や，個人情報保護委員会による委員会規則を踏まえて準備することが求められる。

　以下では，資本・業務提携との関係で特に留意すべき個人情報保護法の規律について，2015年の個人情報保護法の改正点も踏まえて解説する。なお，平成27年法律第65号による改正前の個人情報保護法を「改正前個人情報保護法」，同改正後の個人情報保護法を「改正個人情報保護法」と呼ぶことにする。

2 個人情報・個人データの意義

　改正の前後を問わず，個人情報保護法は，「個人情報取扱事業者」に対して，個人情報等の取得や個人データの譲渡・委託等について義務を課している。したがって，事業者が業務提携に際して個人情報保護法上の規制に服するか否かを検討するには，まず扱う情報・データが個人情報保護法に規定されている「個人情報」・「個人データ」にあたるかを検討する必要がある。また，改正個人情報保護法においては新たに「匿名加工情報」という類型が設けられ，その取扱いについて義務が課されていることにも注意が必要である。以下ではこれらについて説明する。

(1) 改正前個人情報保護法

　改正前個人情報保護法は，「個人情報」を，「生存する個人に関する情報であって，当該情報に含まれる氏名，生年月日その他の記述等により特定の個人を識別することができるもの（他の情報と容易に照合することができ，それにより特定の個人を識別することができるものを含む。）」と定義している（同法2条1項）。また，同法は，個人情報を含む情報の集合物であって，(i)特定の個人情報を電子計算機を用いて検索することができるように体系的に構成したもの，または，(ii)その他，特定の個人情報を容易に検索することができるように体系的に構成したものとして政令で定めるものを「個人情報データベース等」と定義し（同条2項，同法施行令1条），当該「個人情報データベース等」を構成する個人情報を「個人データ」と定義している（同法2条4項）。

パーソナルデータの利活用の局面においては，個人情報への該当性に関して「特定個人識別性」（特定の個人を識別できるか），「照合容易性」（他の情報と容易に照合できるか）の要件が問題となる。このうち「特定個人識別性」については，情報単体または複数の情報を組み合わせて保存されているものから，社会通念上そのように判断できるものをいい，一般人の判断力や理解力をもって，生存する具体的な人物と情報との間に同一性を認めるに至ることができるものをいうと解されている[1]。また，「照合容易性」については，それ自体は特定の個人を識別することができない情報であっても，その情報を取り扱う事業者が，特別の調査を行ったり，特別の費用や手間をかけたりすることなく，当該事業者が行う業務における一般的な方法で，他の情報との照合が可能な状態にあることをいうと解されている[2]。そして，「照合容易性」の判断要素としては，保有する各情報にアクセスできる者の存否，社内規程の整備等の組織的な体制，情報システムのアクセス制御等の技術的な体制等が挙げられ，これらを総合的に勘案して「特定の個人を識別することができる」か否かが判断されるものであり，取り扱う個人情報の内容や利活用の方法等，事業者の実態に即して個々の事例ごとに判断されることになる[3]。たとえば，事業者内部での技術的な照合が相当困難である場合，独立したデータベースをそれぞれ別の担当者が管理し，社内規程等により容易にアクセスできないようになっている等する場合には，「照合容易性」がないと判断される可能性がある[4]。

したがって，改正前個人情報保護法の下でも，①加工後の情報を扱う部門が特定の個人を識別する可能性を喪失した加工後のデータのみを保有するほか，②当該部門に他の部門のデータベースへのアクセスを規程上・運用上厳格に禁止する等の情報遮断措置（ファイヤーウォール）を講じること等を通じて，「照合容易性」を失わせることにより，加工後のデータを「個人情報」に該当しないと整理することが十分可能であると考えられる[5]。

---

(1)　瓜生和久編著『一問一答　平成27年改正個人情報保護法』（商事法務，2015年）12頁。
(2)　前掲注(1)・瓜生13頁。
(3)　前掲注(1)・瓜生13頁。
(4)　前掲注(1)・瓜生13頁。

⑵ 改正個人情報保護法

① 個人情報等の範囲の明確化

改正個人情報保護法の下でも，改正前個人情報保護法と同様に個人情報と個人データを区別して定義する枠組みは変わらない。また，基本的には個人情報に該当する範囲も変わらないものの，情報の性質上「特定個人識別性」の要件を満たすものが「個人識別符号」としてくくりだされ，これが含まれるものが個人情報に該当することが明確化されている。他方で，「個人識別符号」に該当しない情報については，定義文言の明確化が図られたものの[6]，これまでと同様に個人情報保護該当性が判断されることになる。

具体的には，個人識別符号とは，(i)「特定の個人の身体の一部の特徴を電子計算機の用に供するために変換した文字，番号，記号その他の符号であって，当該特定の個人を識別することができるもの」，または，(ii)「個人に提供される役務の利用若しくは個人に販売される商品の購入に関し割り当てられ，又は個人に発行されるカードその他の書類に記載され，若しくは電磁的方式により記録された文字，番号，記号その他の符号であって，その利用者若しくは購入者又は発行を受ける者ごとに異なるものとなるように割り当てられ，又は記載され，若しくは記録されることにより，特定の利用者若しくは購入者又は発行を受ける者を識別することができるもの」のいずれかに該当する文字，番号，記号その他の符号のうち政令で定めるものをいい（改正個人情報保護法2条2項），政令においてその内容が明確化される予定である。これまでのところ，(i)に該当するものとして指紋認識データ，顔認識データが，(ii)に該当するものとして

---

(5)　石川智也「パーソナルデータの利活用はどこまで可能か～ビッグデータの活用とわが国の法制度～」西村あさひのリーガル・アウトルック（2014年）(http://judiciary.asahi.com/outlook/2014030600001.html)。

(6)　「氏名，生年月日その他の記述等」とあるうちの「記述等」という文言について，個人情報の記録方式，媒体および再現方式を明確化するという観点から括弧書きが設けられ，その具体的な内容が定められた。前掲注(1)・瓜生10頁～11頁。

運転免許証番号，旅券番号，基礎年金番号，保険証番号が想定されていることが国会審議で明らかにされている[7]。他方で，(ii)に該当するものとしてクレジットカード番号，メールアドレスや会員 ID 等については一概に該当するとはいえないと回答されているようである[8]。

　結局のところ，事業者にとって今回の「個人情報」の定義の改正の意味するところは，政令に明記された「個人識別符号」に該当する情報については「個人情報」に該当することが明確になり，他方で，該当しない情報については今までどおり「個人情報」に該当するか否かを個別に判断する必要があるということである。事業者としては，ある情報が「個人識別符号」に該当し，「個人情報」に該当することとなった場合には，当該情報および当該情報に関するデータの取扱いについて個人情報保護法上の規律に服さなければならないことが明確になるため，今後どのような内容が「個人識別符号」として政令に規定されるか注視する必要がある。

　なお，改正前個人情報保護法では，過去 6 か月以内のいずれの日においても5,000人分を超えない数の個人情報等しか取り扱っていない者が「個人情報取扱事業者」から除外されていたが（同法 2 条 3 項各号，同法施行令 2 条），改正個人情報保護法の下では，かかる小規模事業者の除外規定が削除されていることに留意されたい。

②　要配慮個人情報の新設

　改正前個人情報保護法では，機微情報（センシティブ情報）についての規定を設けておらず，機微情報の取扱いについては，個別の法律や指針等でより厳格な措置を講じる方針がとられていた[9]。

---

(7)　宇賀克也「個人情報・匿名加工情報・個人情報取扱事業者」ジュリ1489号（2016年）37頁。
(8)　柴田寛子「改正個人情報保護法の実務ポイント」西村あさひのリーガル・アウトルック（2015年）(http://judiciary.asahi.com/outlook/2015092800001.html)，高松志直「個人情報保護法および番号利用法の改正の概要と実務への影響」NBL1058号（2015年）19頁。

296 ■ 第7章 資本・業務提携と個人情報保護法

　これに対し，改正個人情報保護法では，「要配慮個人情報」という概念を新た
に設けている。すなわち，改正個人情報保護法は，「本人の人種，信条，社会的
身分，病歴，犯罪の経歴，犯罪により害を被った事実その他本人に対する不当
な差別，偏見その他の不利益が生じないようにその取扱いに特に配慮を要する
ものとして政令で定める記述等が含まれる個人情報」を「要配慮個人情報」と
定義している(同法2条3項)。なお，要配慮個人情報を推知させるにとどまる情
報は要配慮個人情報に含まれないと解されており(10)，たとえば，健康情報，血
液検査の結果やレントゲン写真等は病気を推知させる情報にすぎず「病歴」に
該当しない(11)。そして，要配慮個人情報の取得に際しては原則として本人の同
意を必要とするとともに(同法17条2項)，要配慮個人情報が含まれる個人データ
については，後述するオプトアウト手続によって第三者に提供することが認め
られない（すなわち原則として本人の同意を必要とする）（同法23条2項柱書）。

　ただし，「要配慮個人情報」もこれらの2点以外は他の個人情報と同じ取扱い
となるため，要配慮個人情報であっても，関連性を有する範囲内で利用目的を
変更することや，匿名加工情報に加工し第三者に提供することも可能であ
る(12)。また，要配慮個人情報を構成する情報(人種，信条，病歴等に関する情報)
を削除する等すれば要配慮個人情報以外の個人情報と変わらない状態となるた
め，当該削除による加工後の情報はオプトアウト手続による第三者提供を行う
ことが可能である(13)。

　改正前個人情報保護法の下でも，個別の法律や指針等に則って「要配慮個人
情報」について厳格な措置を講じていた事業者も多いと思われるが，個人情報
保護法の改正に伴い，事業者としては，今後どのような内容が「要配慮個人情
報」として政令に規定されるか特に注視する必要がある。また，これまで個人
情報の取得・第三者提供に際して「要配慮情報」に該当し得る情報とそれ以外

---

(9)　前掲注(7)・宇賀37頁。
(10)　前掲注(7)・宇賀39頁。
(11)　前掲注(1)・瓜生21頁。
(12)　前掲注(1)・瓜生23頁～24頁。
(13)　前掲注(1)・瓜生24頁。

の個人情報を分けて管理していない場合には，業務提携に基づいてパーソナル
データを利活用する前提として，社内体制の整備が必要になると考えられ
る[14]。

（図表7−1）　匿名加工情報の提供に際しての提供者・受領者の義務

提供者
（i）　第三者に提供する匿名加工情報に含まれる個人に関する情報の項目および提供方法
　　をあらかじめ公表すること（同法36条4項）
（ii）　提供先に対し当該情報が匿名加工情報である旨示すること（同項）
（iii）　（匿名加工情報への加工に際して）削除した記述等・個人識別符号，および加工方法
　　に関する情報の漏えい防止措置を講じること（同条2項）
受領者
（a）　匿名加工情報の作成者が削除した記述等や加工方法の取得，および他の情報との照
　　合等，本人を識別する行為を行わないこと（同法38条）
（b）　受領者がさらに第三者提供を行う際，第三者に提供する匿名加工情報に含まれる個
　　人に関する情報の項目および提供方法をあらかじめ公表すること（同法37条）
（c）　受領者がさらに第三者提供を行う際，当該情報が匿名加工情報であることを明示す
　　ること（同条）

---

③　匿名加工情報の新設

　さらに，改正個人情報保護法では，「匿名加工情報」という概念を新たに設
け，個人情報等の利活用を推進するための法制度を整備している。

　すなわち，「匿名加工情報」とは，当該個人情報に含まれる記述等の全部また
は一部を削除する（当該全部または一部の記述等を復元することのできる規則性を
有しない方法により他の記述等に置き換えることを含む）といった措置を講じるこ
とにより特定の個人を識別することができないように個人情報を加工して得ら
れる個人に関する情報であって，当該個人情報を復元することができないよう
にしたものと定義されている（改正個人情報保護法2条9項）。匿名加工情報は個
人情報に該当しない以上，利用目的の特定の必要はなく，第三者に提供する場
合にも本人による同意が不要となる[15]。前述のとおり，改正前個人情報保護法

---

(14)　前掲注(8)・柴田。
(15)　前掲注(7)・宇賀40頁。

298 ■ 第7章 資本・業務提携と個人情報保護法

の下でも，個人情報に該当しないように加工措置を施せば個人情報の取扱いに
関する義務に服さずに済む余地はあったが，匿名加工情報という範疇を設け
ルールを明確化することにより，パーソナルデータの利活用を促進する環境を
整備するとともに，個人の権利利益も保護することが意図されている(16)。

　匿名加工情報の提供に際しては，提供者・受領者のそれぞれに**図表7－1**の
義務が課されている(17)。

　業務提携契約においては，匿名加工情報の提供者としては，受領者が**図表7－
1**⒜⒝⒞の義務に違反した場合に損害賠償・契約の解除等を行うことができる
ように，受領者にそれらの義務の遵守を契約上義務づけることを検討すべきで
ある。また，匿名加工情報の受領者としては，提供者が**図表7－1**(i)の義務を
遵守していることを確認し，あるいは遵守している旨を表明・保証させたりす
るとともに，提供者に**図表7－1**(iii)の義務の遵守を契約上義務づけることを検
討すべきである。

　また，実務的には，匿名加工情報を作成するための加工のルールが重要であ
るが，この点については個人情報保護委員会が基準を定め，それに従うことが
予定されている（改正個人情報保護法36条1項）。個人情報保護委員会規則では，
いずれの事業者にも適用される一般的な必要最小限の加工方法（氏名を削除する
等）を示すにとどめ，具体的な加工方法は，個人情報の内容，想定される利用方
法等を考慮して，個別具体的に個人情報取扱事業者が判断することが想定され
ている。また，認定個人情報保護団体が存在する分野では，認定個人情報保護
団体の作成する個人情報保護指針において，当該分野の特性に応じた加工方法
の詳細について定められることが想定されている(18)。事業者としては，匿名加
工情報の利活用のためには，自らまたは認定個人情報保護団体等を通じて自主
的に技術的な細目を含む加工基準の作成を進める必要がある(19)。

---

(16)　前掲注(7)・宇賀40頁。
(17)　この分類については，前掲注(8)・柴田。
(18)　前掲注(7)・宇賀39頁。
(19)　前掲注(8)・柴田。

3

個人情報等の取得・取扱いに関する義務

　前記のとおり，パーソナルデータの利活用に際しては，個人情報等の取得等を伴うことがあり，それに関して事業者は以下に記載する規律に服することになる。

(1)　改正前個人情報保護法

①　利用目的の特定・変更および利用目的による制限

　個人情報取扱事業者は，個人情報を取り扱うにあたっては，その利用目的をできる限り特定しなければならないとされ（改正前個人情報保護法15条1項），また，利用目的を変更する場合には，変更前の利用目的と相当の関連性を有すると合理的に認められる範囲を超えて行ってはならないとされている（同条2項）。そして，あらかじめ本人の同意を得ないで，かかる利用目的の達成に必要な範囲を超えて個人情報を取り扱うことは禁止されている（同法16条1項・2項）。

　将来の業務提携に際して個人情報を第三者に提供したり，個人情報を匿名加工情報に加工した上で第三者に提供したり，その匿名化の加工処理を第三者に委託したりする場面が想定される場合には，事前にそれらについて利用目的に掲げることを検討するべきである。

②　適正な取得

　個人情報取扱事業者は，偽りその他不正の手段により個人情報を取得しては

ならないとされている（改正前個人情報保護法17条）。

③ 個人情報の取得に際しての利用目的の通知等

個人情報取扱事業者は，個人情報を取得した場合は，あらかじめその利用目的を公表している場合を除き，速やかに，その利用目的を，本人に通知し，または公表しなければならない（改正前個人情報保護法18条1項）。ただし，本人との間で契約を締結することに伴って契約書その他の書面に記載された当該本人の個人情報を取得する場合その他本人から直接書面に記載された当該本人の個人情報を取得する場合は，人の生命，身体または財産の保護のために緊急に必要がある場合を除き，あらかじめ，本人に対し，その利用目的を明示しなければならないとされている（同条2項）。

⑵ 改正個人情報保護法

改正個人情報保護法では，個人情報の取得に関して以下の点が変更されている。

① 利用目的の変更

改正個人情報保護法では，利用目的の変更が許される範囲について，「相当の」を削除し，当初の利用目的と関連性を有すると合理的に認められる範囲で個人情報取扱業者が利用目的を変更することを認め，個人情報の新事業・新サービスでの活用が促進されるようにしている（同法15条2項）。たとえば，フィットネス事業者が，顧客の食事メニューの指導を行うサービスを提供するために個人情報を保有していたところ，これらの顧客に対し，新たに当該食事メニューに関する食品の販売サービスを始めることが考えられる[20]。ただし，利用目的の特定および特定された目的の範囲内での利用は個人情報保護の基本であり，お

---

[20] 前掲注(1)・瓜生59頁～60頁。

よそ消費者が合理的なものとして納得できないような変更が「関連性」ありとして認められることになるわけではない[21]。

② 要配慮個人情報の取得

改正個人情報保護法では，個人情報を偽りその他不正の手段により取得してはならない（同法17条1項）ことに加えて，「要配慮個人情報」の取得に際しては，法令に基づく場合等一定の場合を除き，あらかじめ本人の同意を得ることを原則としている（同条2項）。

---

[21] 宇賀克也ほか「座談会　個人情報保護法・マイナンバー法改正の意義と課題」ジュリ1489号（2016年）26頁〔宇賀克也発言部分〕。

302 ■ 第7章 資本・業務提携と個人情報保護法

4 国内における個人情報等の譲渡・委託

前記のとおり，パーソナルデータの利活用に際しては，個人データの譲渡・処理の委託等を伴うことがあり，それらに関して以下に記載する規律に服することになる。

(1) 改正前個人情報保護法

個人情報取扱事業者は，法令に基づく場合等一定の場合を除き，原則として，あらかじめ本人の同意を得ないで，個人データを第三者に提供してはならない（改正前個人情報保護法23条1項）。ただし，第三者に提供される個人データについて，本人の求めに応じて当該本人が識別される個人データの第三者への提供を停止することとしている場合であって，一定の事項[22]について，あらかじめ本人に通知し，または本人が容易に知り得る状態に置いているときは，本人の同意なくして当該個人データを第三者に提供することができる（同条2項。いわゆるオプトアウト手続）。実務的には，ガイドライン等でオプトアウト手続によらずに同意を取得することが求められていない限りは，オプトアウト手続によって個人データを第三者に提供している例が少なくないと思われる。

もっとも，(i)個人情報取扱事業者が利用目的の達成に必要な範囲内において個人データの取扱いの全部もしくは一部を委託する場合[23]，(ii)合併その他の事

---

[22]　第三者への提供を利用目的とすること，第三者に提供される個人データの項目，第三者への提供の手段または方法，本人の求めに応じて当該本人が識別される個人データの第三者への提供を停止すること。

由による事業の承継に伴って個人データが提供される場合，または，(iii)個人データを特定の者との間で共同して利用する場合であって，その旨ならびに共同して利用される個人データの項目，共同して利用する者の範囲[24]，利用する者の利用目的および当該個人データの管理について責任を有する者の氏名または名称について，あらかじめ本人に通知し，または本人が容易に知り得る状態に置いているときは，当該個人データの提供に際し，本人の同意は不要である（同条4項）。

　そのため，業務提携に際して，個人データの取扱いの全部または一部の委託や，特定の者との間の個人データの共同利用と構成できる場合には，本人の同意なくして個人データを提供できる可能性がある。前者の場合には委託先の監督が必要であり，業務提携に際して委託先に安全管理措置を遵守させるために必要な契約を締結することや，委託された個人データの委託先における取扱状況を把握すること（そのためには，データの取扱状況を把握するために必要な監査権限を契約に規定することを検討すべきであると考えられる）が必要である[25]。また，たとえば経済産業分野を対象とするガイドラインでは，個人データの取扱いを委託する場合に契約に盛り込むことが望まれる事項が**図表７−２**のとおり示されている[26]。

---

(23)　個人情報取扱事業者は，個人データの取扱いの全部または一部を委託する場合は，その取扱いを委託された個人データの安全管理が図られるよう，委託を受けたものに対する必要かつ適切な監督を行わなければならない（改正前個人情報保護法22条）。

(24)　ポイントサービス運営事業者によって，共同利用者の範囲を特定（限定）せずに，その範囲が共同利用者の範囲内で無限に拡大するような脱法的な共同利用が行われていたことを受け，改正個人情報保護法においては，特定者間における特定に限定した提供が共同利用の範囲における個人データの提供として認められることが明記された（新保史生「改正個人情報保護法における個人データの第三者提供に係る手続」ジュリ1489号（2016年）56頁）。

(25)　平成26年12月12日厚生労働省・経済産業省告示「個人情報の保護に関する法律についての経済産業分野を対象とするガイドライン」（以下「経済産業分野ガイドライン」という）41頁。

(26)　前掲注(25)43頁。

304　■　第7章　資本・業務提携と個人情報保護法

（図表7－2）　個人データの取扱いを委託する場合に契約に盛り込むことが望まれる事項

・委託元および委託先の責任の明確化 　✓　委託先において，個人データを取り扱う者（委託先で作業する委託先の従業者以外の者を含む）の氏名または役職等（なお，委託の実態に応じて，たとえば，契約書とは別に，個人データを取り扱う者のリスト等により，個人データを取り扱う者を把握する等，適切な対応を行うことが望ましい）
・個人データの安全管理に関する事項 　✓　個人データの漏えい防止，盗用禁止に関する事項 　✓　委託契約範囲外の加工，利用の禁止 　✓　委託契約範囲外の複写，複製の禁止 　✓　委託契約期間 　✓　委託契約終了後の個人データの返還・消去・廃棄に関する事項
・　再委託に関する事項 　✓　再委託を行うにあたっての委託元への文書による事前報告または承認
・個人データの取扱状況に関する委託元への報告の内容および頻度
・契約内容が遵守されていることの確認
・契約内容が遵守されなかった場合の措置（たとえば，安全管理に関する事項が遵守されずに個人データが漏えいした場合の損害賠償に関する事項も含まれる）
・セキュリティ事件・事故が発生した場合の報告・連絡に関する事項

　さらに，共同利用の場合には，たとえば経済産業分野ガイドラインでは，共同利用者における責任等を明確にし，円滑に実施する観点から，共同して利用される個人データの項目，共同して利用する者の範囲，利用する者の利用目的，当該個人データの管理について責任を有する者の氏名または名称のほか，**図表7－3**に掲げる事項について，あらかじめ取り決めておくことが望ましいとされている[27]。

　このように，一方当事者が従前から保有する個人データを，業務提携に伴い第三者に提供するにあたっては，事前の同意による第三者提供，あるいはその例外としての委託，共同利用のいずれのスキームによる場合であっても，クリアしなければいけないハードルは低くない。特に問題になる点としては，①事

---

[27]　前掲注(25)48頁～49頁。

（図表7-3）　共同利用に際し取り決めておくことが望ましい事項

- 共同利用者の要件（グループ会社であること，特定のキャンペーン事業の一員であること等，共同利用による事業遂行上の一定の枠組み）
- 各共同利用者の個人情報取扱責任者，問い合わせ担当者および連絡先
- 共同利用する個人データの取扱いに関する事項
  - ✓　個人データの漏えい等防止に関する事項
  - ✓　目的外の加工，利用，複写，複製等の禁止
  - ✓　共同利用終了後のデータの返還，消去，廃棄に関する事項
- 共同利用する個人データの取扱いに関する取決めが遵守されなかった場合の措置
- 共同利用する個人データに関する事件・事故が発生した場合の報告・連絡に関する事項
- 共同利用を終了する際の手続

前同意のスキームを検討する場合には，同意取得の対象となる相手方の人数等に照らし，そもそもビジネス上事前に同意を取得することが現実的なのか，あるいは同意を取得するとしてどのような方法で同意を取得するのかが問題になることが多い。また，②委託のスキームを検討する場合には，それが個人情報の利用目的を達成するために必要といえるのかが問題になり，仮にその点がクリアできたとしても，そもそも委託のスキームによるのでは想定どおりに業務提携の内容を達成しきれないことが多い。さらに，③共同利用のスキームを検討する場合には，共同利用者や共同利用の目的等につき，あらかじめ本人に通知し，または本人が容易に知り得る状態に置いていると評価できるかということが問題になりがちである。また，これらの点が解決される場合にも，業務提携契約において**図表7-2**および**7-3**に記載した事項等を契約に的確に反映させることが必要となる。

　なお，実務的には，利用目的を定める際に，将来の業務提携等による第三者提供の可能性も見据えて，あらかじめ第三者提供に関する事項を規定しておくことにより，オプトアウト手続によって個人情報を第三者に提供できる余地が生まれる。ビジネスモデルによっては，将来想定される第三者提供の内容をある程度予測できることもあるので，利用目的を定める際には標準的なサンプルや他社例をそのまま用いるのではなく，自社のビジネスに合わせてカスタマイズしたものを検討・策定することが望ましい。

306　■第7章　資本・業務提携と個人情報保護法

⑵　改正個人情報保護法

①　オプトアウト手続の見直し

　現行法におけるオプトアウト手続の形骸化が指摘されていたことに鑑み，改正個人情報保護法では，同法23条2項各号に定める事項について，あらかじめ，本人に通知し，または本人が容易に知り得る状態に置くことに加え，新たに個人情報保護委員会への届出が義務づけられ，さらに，個人情報保護委員会が当該届出に係る事項を公表するとされている（同法23条2項・4項）。また，同法23条2項各号に定める事項には，第三者への提供を利用目的とすること，第三者に提供される個人データの項目，第三者への提供の方法[28]，および，本人の求めに応じて当該本人が識別される個人データの第三者への提供を停止することに加えて，本人の求めを受けつける方法が追加されていることに留意されたい[29]。

　なお，前記のとおり，要配慮個人情報の第三者に対する提供については，本人の同意を得ることを原則とし，要配慮個人情報については，オプトアウト手続を採ることができないとされている（改正個人情報保護法23条2項柱書括弧書参照）。

②　第三者提供に係る記録の作成および保存

　さらに，改正個人情報保護法では，適法な個人データの提供と個人情報の適正な取得を確認するための手続として，個人データを第三者に提供する際に，当該データを提供した年月日，当該第三者の氏名または名称，その他の個人情

---

[28]　今回の改正により3号から「手段又は」が削除されているが，表現を簡潔にするための改正であり，実質的な改正ではない（前掲注(1)・瓜生77頁）。

[29]　個人情報取扱事業者が，あらかじめこれを本人に通知または本人が容易に知り得る状態におくことおよび個人情報保護委員会が個人情報取扱事業者から届け出られた事項を公表することにより，本人は個人情報の取扱いの停止を求める際の具体的な方法を知ることができる（前掲注(1)・瓜生79頁）。

報保護委員会規則で定める事項に関する記録の作成を義務づけるとともに，当該記録を作成した日から個人情報保護委員会規則で定める期間，保存しなければならないとされている（同法25条）。もっとも，個人データの提供行為が，法令に基づく場合等同法23条1項各号に該当する場合および委託や共同利用等同条5項各号に該当する場合には記録・保存義務はない（同法25条1項但書）。

また，改正個人情報保護法は，個人情報の提供を受ける側に対しても，個人情報保護委員会規則に定めるところにより，個人データの提供元の氏名または名称および住所ならびに法人にあってはその代表者の氏名，および，個人データの提供元による当該個人データの取得の経緯の確認義務を課している（同法26条1項）。

さらに，個人情報の提供を受けた者が当該確認を行った場合，当該個人データの提供を受けた年月日，当該確認に係る事項その他の個人情報保護委員会規則で定める事項に関する記録を作成し，当該記録の作成の日から個人情報保護委員会規則で定める期間，保存する義務を課している（同条3項・4項）。もっとも，個人データの提供行為が，法令に基づく場合等同法23条1項各号に該当する場合および委託や共同利用等同条5項各号に該当する場合には記録・保存義務はない（同法26条1項柱書但書）。

なお，前記の「取得の経緯」とは，提供者自身が提供に係る個人データをどのように取得したのかを意味するものであり，個人データが転々流通している事案において，提供者より前に取得した者の取得の経緯をすべて確認することまで求められるものではないが，確認の方法の詳細は個人情報保護委員会が規則で定めることが予定されている[30]。

事業者としては，どのような事項が記録の作成・保存義務の対象として委員会規則に規定されるか，および，個人情報の受領者側による個人データの提供元の氏名等の確認方法としてどのような方法が委員会規則に規定されるかについて注視するとともに，業務提携に基づいて個人データを提供・取得する際に

---

[30] 前掲注(1)・瓜生95頁。

は法律の定める手続に則ることが必要である。また，個人情報取扱事業者においては，かかる改正個人情報保護法上の記録の作成・保存義務に対応できるよう，社内体制を整備する必要がある。

5

デューディリジェンスに
おける留意点

　前述のとおり，合併その他の事由による事業の承継に伴って個人データが提供される場合には本人による同意が不要とされている（改正前個人情報保護法23条4項2号）。また，事業の承継以前にデューディリジェンスの際に個人データを提供する場合についても，交渉当事者間の合意，交渉担当者の将来にわたる守秘義務，漏えい等が発生した場合の措置，交渉不調の場合の情報廃棄措置等の実効性のある安全管理措置等を相手会社側に遵守させることを条件に，事業承継の相手方との間で契約を締結することにより，本人による同意なく個人データを提供する余地が議論されてきた[31]。もっとも，資本・業務提携のためのデューディリジェンスについては事業承継を伴うスキーム（たとえば，会社分割により事業を譲り受け，その対価として株式を発行して資本・業務提携を行うような場合）が採用されない限り，同号を根拠に個人データを提供することは難しいといわざるを得ないのではないかと考えられる。したがって，デューディリジェンスの際に個人情報を含む情報を開示する場合には，当該情報が第三者への提供を禁止される「個人データ」に該当するかを検討し，もし該当する場合には開示を控えるか，特定個人識別性を失わせる処理を行った上で開示することを検討すべきである。

---

[31]　「金融分野における個人情報保護に関するガイドライン」の改正（案）に対するパブリックコメントの結果等について（http://www.fsa.go.jp/news/21/sonota/20091120-1.html）60番。

6 海外への個人情報等の譲渡・委託

　日本企業の活動のグローバル化に伴い，パーソナルデータの利活用に際しても，海外の事業体との間で提携したり，海外にあるクラウドを利用したりする等，海外に個人情報等を移転したり処理を委託したりする場面が増大しているように思われる。この点に関し，改正前個人情報保護法では，海外への個人情報等の譲渡・委託について，国内の第三者への譲渡・委託とは別途の規律は存在しないが，改正個人情報保護法では，海外への個人情報等の譲渡・委託についての規定を新設しているため，注意が必要である。

　具体的には，個人情報取扱事業者は，外国にある第三者に個人データを提供する場合には，法令に基づく場合等改正個人情報保護法23条1項各号に定める場合を除き，あらかじめ外国にある第三者への提供を認める旨の本人の同意を得なければならない（同法24条）。この場合には，外国にある第三者において，わが国と同等の水準で個人情報が保護されないおそれがあるため，同法23条2項で認められているいわゆるオプトアウト手続による個人データの提供や，委託や共同利用等の同条5項各号に掲げる場合に認められている，本人による同意を取得しない第三者提供を行うことはできない点に留意する必要がある(32)。

　ただし，(i)個人の権利利益を保護する上でわが国と同等の水準にあると認められる個人情報の保護に関する制度を有している外国として個人情報保護委員会規則で定める国，または，(ii)個人データの取扱いについて個人情報取扱事業者が講ずべきこととされている措置を継続的に講ずるために必要なものとして

---

(32)　前掲注(1)・瓜生81頁。

個人情報保護委員会規則で定める基準に適合する体制を整備している第三者に対して個人データを提供する場合には、前述した国内にある第三者に対する個人データの提供と同様の規律に服することとされている。そのため、オプトアウト手続による提供や、委託等に伴う本人の同意を取得しない提供を行うことが可能となる[33]。

なお、ここでいう「外国にある第三者」には、個人データの提供者と当該個人データの本人以外の者であって、外国に所在する者が該当し、法人の場合には、個人データの提供者と別の法人格を有するかどうかで第三者に該当するかが判断される[34]。具体的には、提供元である日本法人と法人格が異なる外国にある子会社や関連会社は「外国にある第三者」に該当するが、当該提供元と別の法人格を有しない外国支店等は第三者に該当しない（当該提供元の社内における個人情報の取扱いと観念されることになる）[35]。

したがって、資本・業務提携に際して、外国にある子会社・関連会社への個人データの提供・処理の委託、および、海外の第三者への個人データの提供・処理の委託を検討する場合には、今後公表される委員会規則を踏まえて対応を検討していくことが必要になると考えられる。具体的には、委員会規則が指定しない国に個人データを移転する場合には、本人の同意（外国にある第三者への提供を認める旨の同意）を事前に取得するか、移転先に委員会規則が定める水準の体制整備を求めていくことになるのではないかと考えられる。たとえば、想定される個人データの提供が、グループ間での情報移転であり、かつ、移転対象となる情報が従業員の情報であれば、本人の同意で対応できる場合もあるかもしれないが、それ以外の場合には移転先に委員会規則が定める水準の体制整備を求め、契約書上もかかる体制整備を義務づけた上でオプトアウト手続で対応する方が現実的かもしれない。

---

(33) 前掲注(1)・瓜生81頁〜82頁。なお、外国にある第三者に対して個人情報を提供した場合の記録・保存義務については、当該個人情報の提供が委託や共同利用等に該当する場合であっても、免除されないことに留意されたい（改正個人情報保護法25条1項但書括弧書）。

(34) 前掲注(1)・瓜生83頁。

(35) 前掲注(1)・瓜生83頁、前掲注(24)・新保53頁。

7

海外企業との業務提携・海外からの個人情報等の取得

　改正個人情報保護法では，日本企業から海外企業への個人情報等の譲渡・委託について制約が課されることになったが，反対に，日本企業が海外企業から個人情報等を取得する場合，海外企業への委託により処理された情報を日本企業が海外企業から受領する場合には，海外の個人情報保護法制の規律に服するおそれがあるため，留意が必要である。

　特に留意するべきポイントとしては，①海外企業への個人情報保護法制の域外適用を認めている国があること，②海外への情報の移転を制限している国があること，③個人情報保護法制に違反した場合の課徴金が高額になり得ることが挙げられる。たとえば，EU では2016年4月14日に EU データ保護規則が最終承認され，2018年5月25日から EU 加盟国に直接的に適用されることになったが(36)，同規則の下では，①(a) EU にいる者に商品やサービスを提供している場合，または，(b) EU にいる者の行動をモニターしている場合には，EU にいる者のデータを取り扱う管理者に対して EU データ保護規則が適用される（同規則3条2項）。また，②個人データの保護措置の十分性が確保されていると認定された国等に対して移転する場合を除き，原則として EU 域内から EU 域外への個人データの移転が禁止されており(同規則44条)，日本企業の場合には(i)拘束的

---

(36)　Regulation (EU) 2016/679 of the European Parliament and of the Council of 27 April 26 on the Protection of Natural Persons with regard to the Processing of Personal Data and on the Free Movement of Such Data, and Repealing Directive 95/46/EC (General Data Protection Regulation), 2016 O.J. (L119) 1。
　　最終承認前の条文に基づく解説ではあるが，その詳細については，石川智也「発効が迫る EU データ保護規則と日本企業にとっての留意点」西村あさひのリーガル・アウトルック（2016年）(http://judiciary.asahi.com/outlook/2016011100001.html)。

企業準則（同規則47条）の承認を受けている場合（同規則46条2項(a)号），(ii)所定の契約を締結している場合(同項(c)(d)号)，(iii)所定の事業者団体が制定する行動規範に基づく場合（同項(e)号），(iv)所定の認証制度（同規則43条）に基づく場合（同規則46条2項(f)号），データ主体たる個人が予定されている移転に対して明確な同意を与えている場合等所定の場合（同規則49条1項）にのみEU域内からEU域外への個人データの移転が認められる。ただし，これらの例外についても状況によって利用できるものとできないものとがあること[37]，同意についても日本の個人情報保護法の下での同意と比較して厳格に考えられていること[38]，どのような認証制度が設けられるかはこれから内容が決まる見通しであることには留意が必要である。さらに，監督機関は，EUデータ保護規則に違反した者に対し，違反の性質・重大性・期間等を考慮の上で，課徴金の要否・金額を判断して課徴金を課すことができるようになり，たとえば所定の基本原則(同規則5条，6条，7条，9条）に違反した場合，個人の権利（同規則12条～22条）を侵害した場合，および前記の域外移転ルール（同規則44条～49条）に違反した場合等は，2,000万ユーロ（1ユーロ125円で計算すると25億円）か世界での年間売上高(total worldwide annual turnover）の4％のいずれか高い方が上限とされている（同規則83条5項）。業界にもよるかもしれないが，日本企業の平均的な利益率からすると驚異的な数字である。

　したがって，海外企業との間で情報のやりとりを行う場合には，日本の個人情報保護法だけではなく，現地の個人情報保護法制についても調査を行う必要

---

[37]　拘束的企業準則についてはグループ内での情報移転のみが想定されており，また，同意については要件が厳格であるために顧客情報の海外の移転には利用しにくいといわれている。

[38]　明確に意向が伝達されること（clear and unambiguous indication of wishes），自由に（freely）なされること，具体的な（specific）同意であること，説明を受けた上での(informed)同意であることが必要であるとされており，オプトアウト手続や黙示の同意は認められず，また，特定の移転または移転のカテゴリーについての個別の同意が求められる。将来の移転に対する同意については，同意の取得時に移転の詳細（特に目的と受領者のカテゴリー）が決定していれば有効と解される余地は残されている（European Commission, *Frequently Asked Questions Relating to Transfers of Personal Data From the EU/EEA to Third Countries*, available at http://ec.europa.eu/justice/data-protection/international-transfers/files/international_transfers_faq.pdf）。

がある。現地の法制についても，具体的なスキームを前提に国内の法律事務所に相談することで，必要に応じて現地の法律事務所と連携して，国内・現地ともに齟齬しない形でのアドバイスを受けることが可能である。

第 **8** 章

業務提携における
独禁法上の留意点

1

業務提携と独禁法

　業務提携には，コスト削減や研究開発のリードタイムの短縮など効率性の向上をもたらし，市場における競争を促進させるという側面がある一方，有力な事業者が業務提携を行うことによって競争を避けることになれば，市場における競争が制限されることにも繋がり得る。その意味で，業務提携を実施するにあたっては，当該業務提携が独禁法に抵触しないかという点についても検討を要する。実務上も，近時，顧客や競争相手から，企業結合や業務提携が競争を制限するものであって独禁法に違反するのではないかといった指摘がなされるケースが増えており，実際に公正取引委員会や海外競争当局が調査を実施したり，懸念を表明したりする例も生じている。

　独禁法の観点からは，業務提携は，独立した事業主体が事業の一部を共同化する行為と評価することができるが，一口に業務提携といってもその態様はさまざまであり，業務提携の態様によって，当然，競争に与える影響も異なり得る。たとえば，公正取引委員会が2002（平成14）年に公表した「業務提携と企業間競争に関する実態調査報告書」（以下「実態調査報告書」という）は，業務提携を以下のような8類型に整理している（カッコ内は執筆者による要約）。

(i)　生産提携（生産業務の共同化，生産品種の分担，製品の相互OEM供給等）

(ii)　販売提携（販売業務の共同化，販売地域・商品の相互補完，販売促進活動の共同実施等）

(iii)　購入提携（物品・資材の共同購入等）

(iv)　物流提携（物流施設の共同利用，工場から販売先への共同配送等）

(v)　研究開発提携（基礎研究・応用研究・開発研究の共同実施）

⒪ 技術提携（クロスライセンス，パテント・プール等）

⒲ 標準化提携（商品役務の種類・品質・規格等の参加事業者間での標準化）

⒳ 包括提携（生産・販売等の個別業務に限定せず，対象事業の業務全般について幅広く行う提携）

　もちろん，これらの類型に分類しにくい業務提携や，複数の類型にまたがるような業務提携も有り得るであろう。また，入札で受注者を決める商品・役務について，複数の事業者が共同で入札を行ったり，顧客から案件を受注するために複数の事業者がコンソーシアムを組成したりすることも，業務提携の一種，あるいは業務提携に準ずる行為であると考えることができるであろう（ただし，後記のとおり，共同入札やコンソーシアムの組成については，単に競争事業者を減らす目的で行われるものなのではないかなど，独禁法の観点から合理的なものであると言い得るかについて，特に慎重な検討が必要と考えられる）。

　業務提携のなかには，資本関係の変動を伴う資本業務提携や，役員兼任・事業譲受け等を伴うものが含まれるが，これらの業務提携は後述のとおり独禁法の企業結合規制の対象となる。そして，企業結合規制の対象となるこれらの行為（ただし，役員兼任を除く）については，国内売上高や議決権の取得比率等，一定の基準を満たす場合に事前届出が必要となる。

　また，資本関係の変動や役員兼任・事業譲受け等を伴わず，企業結合規制の対象とはならない業務提携であっても，不当な取引制限，私的独占，不公正な取引方法といった通常の事業活動にも適用される独禁法上の規制の対象とはなり得る。したがって，業務提携によって市場における競争が制限されたり，他の事業者を市場から排除するような結果がもたらされる場合には，これらの規定に抵触する可能性がないかを検討する必要がある。

　さらに，前記のような，業務提携そのもの（事業の一部共同化）に起因する問題とは別に，業務提携に伴って行われる情報交換についても，独禁法の観点から一定の留意が必要である。情報交換の問題については，業務提携が企業結合規制の対象となるか否かを問わず検討が必要となる。

　そこで，以下においては，まず，業務提携そのものに関する独禁法上の問題

について，(i)企業結合規制の対象となる場合と，企業結合規制の対象とはならないが，(ii)水平的な競争制限が問題となり得る場合，(iii)垂直的な競争制限が問題となり得る場合に分けて論じ，その後，業務提携に伴う情報交換の問題について論ずることとする。なお，業務提携の対象となる商品役務が，日本国外の需要者に供給されている場合には，当該需要者の所在する外国の独禁法・競争法の適用対象ともなり得る。また，これらの国において，業務提携が独禁法・競争法上どのように規制されているかを理解することは，日本における規制内容を理解する上での重要な手がかりともなる。このため，本章においては，アメリカ，欧州における規制の状況についても，必要に応じて言及することとする。

2

業務提携に関する問題

(1) 企業結合規制の対象となる業務提携

① 対象類型

独禁法は，株式取得，役員兼任，合併，会社分割，共同株式移転，事業譲受け等の各行為（以下「企業結合行為」という）を企業結合規制の対象としており，企業結合行為の結果，市場における競争の実質的制限がもたらされることとなる場合には，そのような企業結合行為は禁止される（独禁法10条，13条，15条，15条の2，15条の3，16条。なお，17条は，何らの名義をもってするかを問わずこれらの企業結合規制を潜脱する行為を禁止している。以下ではこれらの規制を「実体規制」という）。また，企業結合行為のうち，役員兼任を除く各行為（以下「株式取得等」という）については，一定の基準値を満たす場合に事前届出が必要とされている。

これらの企業結合行為のうち，株式取得，役員兼任，会社分割，事業譲受けは，業務提携に伴って行われることがあり，そのような業務提携は企業結合規制に服することになる。TOB等による資本参加に伴って業務提携を実施する場合や，業務提携の相手方当事者と共同出資会社を設立し，当該会社の株式を取得する場合等がこれにあたる。もっとも，業務提携においては，これらの企業結合行為を伴う場合であっても，事前届出の基準値を満たす場合と満たさない場合があるものと思われる。たとえば，株式取得については取得会社・対象会社の双方の国内売上高基準を満たし，かつ，対象会社株式の議決権保有割合

が新たに20%または50%を超える場合に事前届出が必要となるところ，業務提携に伴う資本参加の場合，株式の取得割合が20%に満たないケースもあるであろう。また，会社分割や事業譲受けについても，承継会社・吸収会社(譲渡会社・譲受け会社)の双方について国内売上高基準を満たす場合に事前届出が必要となるが，たとえば，業務提携の両当事会社が生産部門を切り離して大規模な共同出資会社を設立するといったケースでは，事前届出の要件を満たすことも考えられるであろう。以下においては，事前届出が必要となる基準値についての詳細な解説は省略することとし，実体規制について説明した上で(後記②)，企業結合規制全体の手続の流れを示す(後記③)こととする[1]。

　なお，米国においても，合併・株式取得・資産取得等について，取引の規模・当事会社の規模が一定の要件を満たす場合には，Hart-Scott-Rodino 法上の事前届出の対象となる。欧州においては，合併・株式取得による支配権の取得や，事業主体として全機能を有する JV の設立であって，売上規模が一定の要件を満たす場合には，欧州委員会に対する届出が必要となる。また，欧州委員会への届出要件を満たさない場合でも，別途加盟国の競争法の要件を満たす場合には当該加盟国への届出が必要となる。さらに，今日では，米国および欧州以外にも，数多くの国・地域において，一定の要件を満たす企業結合について届出義務が課されている。多くの国・地域では支配権の移動を伴い，かつ当該国・地域における売上高が一定の基準を超える場合に届出が必要となる旨規定していることから，企業結合を伴う業務提携を実施するにあたっては，両当事者が事業を行っている国・地域のそれぞれについて，届出要件を満たすかどうかにつき慎重に確認を行うことが必要である[2]。なお，ここにいう「事業を行っている国・地域」とは，当事者が直接的・間接的に商品・役務を提供している国・地域のことを指しており，当該国・地域に拠点があるかどうかを問わず，届出義務が生じることが有り得る点に注意を要する。

---

[1] 企業結合規制についての詳細な内容については，必要に応じて公正取引委員会の企業結合ガイドライン(「企業結合審査に関する独占禁止法の運用指針」(http://www.jftc.go.jp/dk/shishin01.pdf))および手続ガイドライン(「企業結合審査の手続に関する対応方針」(http://www.jftc.go.jp/dk/taiouhoushin.pdf))等を参照されたい。

② 企業結合行為が禁止される場合（実体規制）

独禁法は，企業結合行為によって市場における競争が実質的に制限されることとなる場合には，そのような企業結合行為を禁止している（ただし，同一の企業結合集団[3]に属する事業者間で行われる企業結合行為については，通常の場合企業結合規制の対象とはならない）。この実体規制は，事前届出の要否にかかわらず問題となる。

ここにいう競争の実質的制限とは，簡略化していえば，企業結合行為の結果，当事会社らが自らの意思で市場全体の価格・品質・数量等の諸条件を左右できるような状態（市場支配的状態）をもたらすことをいう[4]。企業結合ガイドラインにおいては，このような市場支配的状態がもたらされるか否かの判断にあたっては，次の点等を総合的に勘案するとしている。

(i)　当事会社グループの地位および競争者の状況（市場シェア，当事会社間での従来の競争状況，競争者の市場シェアとの格差，競争者の供給余力，商品の差別化の程度）

(ii)　輸入圧力

(iii)　新規参入の蓋然性

---

(2)　たとえば，中国においては，合併，株式／資産取得による他事業者の支配権取得，契約等による他事業者の支配権取得，または他事業者に対して決定的な影響を与え得るようになることを企業結合と定義している。そして，企業結合当事者の直近年度における売上高が，以下のいずれかを満たす場合に届出が必要となる。
　①　当事者合計の全世界売上高が100億元超，かつ，2以上の事業者の中国国内売上高がそれぞれ4億元超
　②　当事者合計の中国国内売上高が20億元超，かつ，2以上の事業者の中国国内売上高がそれぞれ4億元超
　中国における企業結合審査は，日米欧等の当局に比べても予測可能性が低く，スケジュールに与える影響が大きい。2014年には，当事会社のシェアが低い場合や中国での経済活動に従事しない場合など一定の要件を満たす場合には簡易手続が利用でき，届出の受理から原則として30日間で審査がなされることとなったが，届出が受理されるまでに時間がかかる可能性があり，また簡易手続の認定が当局に取り消されることもあり得る点には留意すべきである。中国市場に影響を与える業務提携の実施にあたっては，中国における企業結合届出の要否についても念頭に置いておく必要がある。
(3)　A社の属する「企業結合集団」とは，①A社，②A社の子会社，③A社の最終親会社（たとえば，A社の親会社である親会社B社が，C社の子会社である場合にはC社が最終親会社になる），④A社の最終親会社の子会社から成る集団をいう。
(4)　企業結合ガイドライン第3の1(1)，東京高判昭和28・12・7高民集6巻13号868頁（東宝・新東宝事件）参照。

(iv) 隣接市場からの競争圧力

(v) 需要者からの競争圧力

(vi) 総合的な事業能力

(vii) 企業結合行為による効率性の向上

(viii) 当事会社グループの経営状況

実務上は，これらの諸要素のうち，相対的にいえば他の要素より定量的な測定が容易である当事会社の市場シェアおよび市場寡占度について，一次的に検討がなされることが一般的である。企業結合ガイドラインにおいても，市場シェアおよび市場寡占度を表す指標であるHHI（ハーフィンダール・ハーシュマン指数。当該市場における各事業者の市場シェアをそれぞれ2乗したものの総和を指す）が以下の(i)〜(iii)のいずれかの基準を満たす場合には，当該企業結合行為が競争を実質的に制限することとは通常考えられず，それ以上に前記の諸要素に関する検討が必要となるとは通常考えられないとされている（いわゆる「セーフハーバー」)(5)。

(i) 企業結合後のHHIが1,500以下である場合

(ii) 企業結合後のHHIが1,500超2,500以下であって，かつ企業結合前後を比較してHHIの増分が250以下である場合

(iii) 企業結合後のHHIが2,500超であって，かつHHIの増分が150以下である場合

また，(i)〜(iii)のセーフハーバーを満たさない場合であっても，企業結合後のHHIが2,500以下であり，かつ企業結合後の当事会社らの合計シェアが35％以下の場合には，競争を実質的に制限することとなるおそれは小さいとされている（いわゆる「準セーフハーバー」)。

市場シェアやHHIを算出するには，その前提として，業務提携の対象となる事業について，市場をどのように画定するかを検討する必要がある。市場画定は，業務提携が企業結合規制の対象となる場合のみならず，水平的競争制限効

---

(5) 企業結合ガイドライン第4の1(3)。

果や垂直的制限効果が問題とされる場合も含め，独禁法との関係で常に考慮を要する問題であるが，とりわけ企業結合規制との関係では，セーフハーバーを満たすか否かや，公正取引委員会が第2次審査に進むか否かの判断にも影響を与えるため，実務上の影響も大きい。

　たとえば，製品市場について，米ペットフード大手マース社の子会社によるP&Gのペットフード販売事業の譲受けの事案[6]では，ペットフードをドッグフードとキャットフードに大別した上で，それぞれについてドライタイプ，ウェットタイプ，療法食に分けて市場画定を行っている。その結果，ドライタイプと療法食のドッグフード以外についてはセーフハーバーに該当するとされ，ドライタイプと療法食のドッグフードについてもそれぞれ競争の実質的制限は生じないとされている。他方，一般製品と比して高品質な原材料を使用した高価格帯の高級品・嗜好品である「プレミアムフード」について，公正取引委員会は「他の製品と差別化して開発・商品化して販売」されているものの，「消費者は…一般製品又はプレミアムフードを代替的に選択している」として，同一の市場に属するものとした。この点，仮に一般製品とプレミアムフードで異なる市場が画定された場合には，一般製品またはプレミアムフードのいずれかの市場で両者の合計シェアが高いものとなった可能性もある。

　同様の問題は地理的市場についても生じる。たとえば，BHPビリトンとリオ・ティントによる鉄鉱石の生産ジョイントベンチャーの設立の事案[7]において，公正取引委員会は，輸送費の観点から鉱山の位置により供給には有利不利があり，需要者も海上輸送費が掛かるため自社の高炉から近い供給者から多くの鉄鉱石を調達しているとしながら，実際には需要者は世界各地から調達を行っており，東アジア市場向けと西ヨーロッパ向けの鉄鉱石価格には連動性も認められるとして，「世界海上貿易市場」を地理的市場とした。この点，仮に東アジア海上貿易市場を地理的市場として市場画定した場合には，競争に与える影響が異なるものとされていた可能性がある。

---

(6)　公正取引委員会「平成26年度における主要な企業結合事例」事例2。
(7)　公正取引委員会「平成22年度における主要な企業結合事例」事例1。

324　■ 第8章　業務提携における独禁法上の留意点

　もっとも，シェアが高い場合であっても常に企業結合や業務提携が認められなくなるわけではない。競争の実質的制限が生じるか否かは，321頁以下の(i)〜(ⅷ)にあげられるような諸要素を総合的に考慮するとしており，セーフハーバーまたは準セーフハーバーには該当しなかったとしても，他の要素もあわせて考慮した結果，競争の実質的制限が生じることとはならないとの判断に至ることも当然有り得る。実際にも，近時，検討対象市場で取引されている製品が，技術面・コスト面において優れた別の製品に代替されつつある等の事情を考慮して，国内シェアが100％となるような企業結合を認めた事例(8)や，A製品については当事会社のシェアが非常に高いものの，A製品の需要者は別のB製品の大口需要者でもあり，B製品市場において活発な競争がなされていることから，当事会社としてはB製品市場での競争により，A製品についても需要者から価格引下げ等の圧力を受けている等の事情を考慮して50％を大きく超えるようなシェアの企業結合を認めた事例(9)などが存在している。

　また，複数の製品群について業務提携を行うことを検討しているような場合には，特定の製品についてのみ市場シェアが高くなるとしても，業務提携全体を断念するのではなく，市場シェアの高い製品を業務提携の対象から除く，あるいは業務提携により競争の実質的制限が生じないよう問題解消措置を講じる（たとえば，当該事業について他の競争事業者と締結している既存の別の業務提携を解消する，新規参入や輸入を促進するために，当該事業に不可欠な施設等を他事業者にも利用可能にするなどといった手法が考えられる(10)）等の方法により対応することが考えられる。

③　企業結合規制の手続

(ⅰ)　届出前相談

株式取得等を行う場合，届出会社は，事前届出の前に公正取引委員会に対し

---

(8)　公正取引委員会「平成22年度における主要な企業結合事例」事例2。
(9)　公正取引委員会「平成24年度における主要な企業結合事例」事例3。
(10)　企業結合規制における問題解消措置の類型については，企業結合ガイドライン第6の2参照。

て届出前相談を行うことができる。平成23 (2011) 年7月1日付けで改定された手続ガイドラインにおいては，届出前相談における相談の対象は「届出書の記載方法等」であるとされており，従来の事前相談のように当該企業結合行為が実体規制に抵触するか否かといった点について，この段階で公正取引委員会が実質的な審査をすることは公式には予定されていない。もっとも，実務上は，届出前相談の過程において，当事会社の事業概要，当該企業結合の概要，市場の考え方，市場における競争状況(市場シェア，有力な競争事業者の存在，商品の差別化の程度等)等を説明した上で，公正取引委員会の担当官と当該企業結合が競争に与える影響について協議し，届出前の段階において，少なくとも第2次審査を要する案件であるかどうかなど，一定の感触を掴んだ上で，届出に至るケースが多いように思われる。

　なお，届出の対象とならない企業結合行為についても，届出前相談に準じた相談が可能であるとされている[11]。

(ii)　届出後の手続

　当事会社が公正取引委員会に対する事前届出を行い，公正取引委員会がこれを受理した日から30日間は，株式取得等を実施することができない[12] (以下「待機期間」という)。公正取引委員会は待機期間の間に，第1次審査を行い，当該企業結合行為が独禁法上問題がないと判断して排除措置命令を行わない旨の通知を発するか，より詳細な第2次審査が必要であるとして報告等の要請を行うかを決定することとなる。第1次審査については，原則として非公開で行われる。

　第2次審査に入った場合には，届出受理の日から120日間または公正取引委員会からの要請に応じた報告等を受理した日から90日間のいずれか遅い日まで，待機期間が延長されることになる。当事会社らのシェアが高く，他に有力な競争者が存在しないような事案では，当該企業結合によって競争の実質的制限が

---

(11)　手続ガイドライン7参照。
(12)　ただし，公正取引委員会が必要と認める場合には待機期間を短縮することができる。

生じることとはならない旨の判断を公正取引委員会から受けるために追加的な資料を用意したり，問題解消措置を検討する必要が出てくることがあるところ，実務上，上記のような待機期間のルールを利用して，公正取引委員会からなされた報告等要請の一部について敢えて回答を控えることにより，待機期間の開始を遅らせることがある。第２次審査に入った場合には，その旨が公表されることになる。そして，公正取引委員会は当事会社らに求めた報告等に加え，第三者からの意見聴取等も行った上で，独禁法上問題がないかどうかの判断を行

(図表 8 − 1) 企業結合規制の手続の流れ

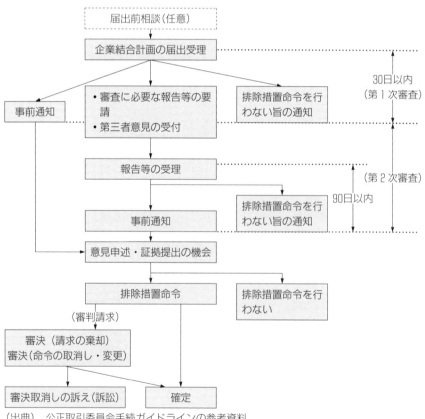

(出典) 公正取引委員会手続ガイドラインの参考資料

う。この点，実務上は，当事会社らの正式決定前に第2次審査に入ることによって当該企業結合の計画が公表されることを嫌って，第2次審査に進むことが明らかになった段階で企業結合の届出を取り下げる例もある。

第2次審査の結果，独禁法上問題がないと判断された場合には，第1次審査の場合と同様，排除措置命令を行わない旨の通知がなされる。独禁法上問題がある場合には，当事会社が問題を解消するための措置を講じない限り，企業結合行為が禁止されることとなる。

⑵　業務提携による水平的競争制限

①　競争事業者間における業務提携

前記(1)記載のとおり，企業結合規制の対象とならない業務提携であっても，通常の事業活動に適用される独禁法上の規制の対象とはなり得る。とりわけ，競争事業者間において業務提携を行う場合，本来競争関係にあるはずの当事者間で事業の一部が共同化されることにより，競争の制限が生じ得ることになる（水平的競争制限）。

近年，日本国内における競争の激化や，グローバルな競争環境の変化に伴って，合併・買収等のM&Aと同様，業務提携についても競争事業者間（同業他社間）で行われるケースが増えている。このことは，2002年に公表された前記「実態調査報告書」においてすでに指摘されていた点であるが，その後10年以上を経て，競争事業者間での業務提携はいっそう増加しているものと推測される。Yahoo! JAPANによるGoogleの検索エンジンおよび検索連動広告配信システムの採用[13]や，鉄鉱石の採掘・販売事業を営むBHPビリトンとRio Tintoによる生産JVの設立[14]のように，日本，さらには世界における経済活動に大きな影響を与える業務提携の事案も生じている。昨今の新聞等のメディアに目

---

[13]　公正取引委員会「ヤフー株式会社がグーグル・インクから検索エンジン等の技術提供を受けることについて」（平成22年12月2日）。
[14]　公正取引委員会「平成22年度における主要な企業結合事例」事例1。

を向けても，ローソンとスリーエフの資本業務提携，ホンダとGMによる燃料電池システムの共同生産および共同調達の検討，かんぽ生命と第一生命の業務提携など，同業他社間における業務提携が数多く報じられている。このような競争事業者間の業務提携は，一般的にいって市場における競争に影響を与える可能性が高いことから，とりわけ独禁法上の規制に注意しながら進めて行くことが必要である。

② 不当な取引制限

独禁法は，競争事業者と共同して相互にその事業活動を拘束し，市場における競争を実質的に制限することを「不当な取引制限」として禁止している[15]。不当な取引制限の典型例としては，入札談合，価格カルテルなど，本来競争関係に立つべき事業者が相互に意思を通じて競争を停止または制限しようとする行為をあげることができる。業務提携はこれらの典型例とは異なり，競争制限のみを目的とする行為ではないものの，事業の一部を共同化する行為であり，共同化される部分について競争の制限が生じ得ることから，その結果として競争の実質的制限が生じる場合には，不当な取引制限に該当し得る[16]。そして，業務提携により競争の実質的制限が生じるかを検討するにあたっては，業務提携によって生じる(i)競争制限的効果と，(ii)競争促進的効果その他のメリットを考慮することになる。

なお，米国においては，競争事業者間における共同行為のうち，カルテル・入札談合等，競争制限のみを目的とすることが明白な行為（いわゆる「ハードコア・カルテル」）については，合意が成立していれば「当然違反（per se illegal）」とされているものの，業務提携等の「非ハードコア・カルテル」については，「合理の原則（rule of reason）」が適用され，競争制限的効果と競争促進的効果その他のメリットとを比較して違法性が判断されることとされており，業務提

---

(15) 独禁法2条6項，3条後段。
(16) なお，業務提携の結果，他の競争事業者を市場から排除するなどした場合には，私的独占や不公正な取引方法にも該当し得るが，以下では業務提携において特に問題となりやすい不当な取引制限に絞って解説を行う。

携の適法性の判断枠組については，概ね日本の独禁法と類似している。

③　業務提携による競争制限的効果

(i)　事業の共同化の範囲

　商品役務の供給コストに対して大きな割合を占める部分について共同化がなされる場合には，業務提携によって市場における価格等に影響が生じやすい。たとえば，一般的にいって商品の生産・販売の全体に係る共同化は，生産のみの共同化よりも価格等に与える影響が大きい。同様の観点で，OEM 供給を伴う業務提携の場合，各事業者の販売数量のうち，OEM 供給による数量がどの程度の割合を占めるかが問題とされる[17]。

　これに対し，共同化がなされる範囲が狭く，価格等に有意な影響を与えない場合には，競争に与える影響は小さい。たとえば，物流の共同化，共同研究開発[18]，共同の販売促進活動，リサイクルの共同実施等について，そのような観点から競争の実質的制限が生じないとされた事例がある[19]。

　もっとも，生産のみの共同化であっても，価格に占める生産コストの割合が大きいことなどから，価格等に与える影響が大きいとされた事例もある[20]。研究開発費についても，たとえば医薬品，ソフトウェア，半導体関連事業などについては，価格に占める研究開発費が相当程度高いケースもあると考えられ，共同化の類型によって価格への影響を画一的に判断することはできない点に留

---

[17]　このような事例として，平成13年度相談事例集事例 7（食品の原材料メーカーの相互的 OEM 供給），平成25年度相談事例集事例 5（競合する工業製品メーカー間の相互 OEM 供給），平成26年度相談事例集事例 8（加工製品メーカーによる製造設備の削減および削減分の OEM 供給）がある。

[18]　なお，共同研究開発については，技術市場に与える影響と，当該技術を使用する商品役務の市場に与える影響の双方について，競争の実質的制限が生じるか否かの検討を行う必要がある。

[19]　これらの事例として，たとえば，平成13年度相談事例集事例 6（食品メーカーによる共同配送），平成16年度相談事例集事例 6（建築資材メーカーによる建築資材の部品の共同研究開発），平成14年度・15年度相談事例集事例 8（家電量販店による共同の販売促進活動），平成20年度相談事例集事例 2（酒類メーカーによる未回収パレットの共同回収）等がある。

[20]　生産の共同化が価格等に大きな影響を与えるとされた事例として，平成13年度相談事例集事例 8（建設資材メーカーの相互的 OEM 供給）がある。

330 ■ 第8章 業務提携における独禁法上の留意点

意が必要である。規格の統一といった一見すると事業の共同化の範囲が広くないように見える行為であっても，それが価格・品質等を左右する重要なものである場合には，競争に与える影響が大きいとされることもある[21]。

(ii) 市場支配的状態がもたらされるか否か

業務提携によって，当該商品役務の供給コストに大きな割合を占める部分について共同化が生じたとしても，市場において他の競争事業者等による牽制力が働き得る場合には，そのような共同化がただちに商品役務の価格等に影響を与えることはなく，市場支配的状態は生じないものと考えられる。

公正取引委員会が公表している業務提携に関するガイドラインとしては，共同研究開発について「共同研究開発に関する独占禁止法上の指針」が，規格標準化について「標準化に伴うパテントプールの形成等に関する独占禁止法上の考え方」が，それぞれ定められているものの，業務提携全般をカバーするような公正取引委員会のガイドラインは存在しない。もっとも，業務提携によって市場支配的状態がもたらされるか否かを検討する上での考慮要素は，基本的には，企業結合行為におけるのと同様である（前記(1)②参照）。一般的にいって，合併等の事業全体の共同化が許される場合であれば，事業の一部の共同化も許されると考えられることから，企業結合ガイドラインのセーフハーバーを満たす場合であれば，通常の場合業務提携も認められることになると思われる[22]（その場合でも後記 3 の情報交換の問題は残る）。

なお，米国においてFTC（連邦取引委員会）および司法省が公表している「競争事業者間の協働に関する反トラストガイドライン」[23]においては，検討対象市場における当事会社の合計シェアが20％以下である場合には，ハードコアカルテルに該当するような場合を除いて，原則として規制対象としないものとさ

---

[21] このような事例として，平成26年度相談事例集相談事例9（測定機器メーカー5社による測定機器の測定方法の統一）がある。

[22] ただし，業務提携に関する公正取引委員会の相談事例では，競争の実質的制限が認められるか否かの検討において，明示的にHHIに言及された事例はない。

[23] 「Antitrust Guidelines for Collaborations Among Competitors」（2000年4月）。

れている。また，欧州においては，TFEU（欧州連合の機能に関する条約）101条3項が，商品の製造または流通の改善，もしくは技術的または経済的発展の促進に寄与し，その結果得られた利益を消費者が適正に享受することができるような事業者間の取決めについては，原則として競争法の適用を除外すると定めており(24)，これを受けて共同研究開発（R&D）および専門家契約（specialization agreements）について，類型的に競争法の適用を除外する一括摘要免除規則（Block Exemption Regulation）が定められている。さらに，欧州委員会により水平的協調行為に関するガイドライン(25)が公表されており，共同研究開発，共同生産，共同購入，商業化（共同販売），標準化の類型ごとに，市場シェアによるセーフハーバー，および競争法への抵触の判断枠組み等が具体的説例を交え示されている（たとえば，共同研究開発協定について検討対象市場における合計シェアが25%以下，共同生産協定について20%以下，共同購入協定について販売市場・購入市場のそれぞれについて15%以下，商業化協定について15%以下である場合には，それぞれ競争制限効果は発生しがたいものとされている）。日本の市場との関係で，業務提携が競争の実質的制限をもたらすものであるかどうかを検討するにあたっても，これら欧米の法規・ガイドライン等は一定の参考になるものと考えられる。

　今後，日本においては，少子高齢化の一層の進行や人口減少に伴ってさまざまな事業分野において国内市場の成熟・縮小が進むものと考えられるところ，国内市場においては高いシェアを有する事業者であってもグローバル競争に対応するためには同業他社との資本・業務提携が避けられないケースも出てくるものと考えられる。このようなケースにおいて，日本国内においても市場支配的状態は生じないと主張するため，当事会社としては，(i)市場画定の観点から，世界市場または東アジア市場の成立を主張する，あるいは(ii)国外からの輸入圧

---

(24)　ただし，目的の達成に必要ではない制限を課すような取決めや，企業に対し，当該商品の主要な部分に関する競争を排除する可能性を与えるような取決めについては，101条3項による適用除外の対象とならない。

(25)　「Guidelines on the applicability of Article 101 of the Treaty on the Functioning of the European Union to horizontal co-operation agreements」（2011年1月）。

力を主張することが考えられるが（前記(1)②参照），国内市場が成熟・縮小する中においては，必ずしも海外事業者から有効な競争圧力が働かない場合も多いものと考えられる。この場合，当事会社としては止むなく国内市場を資本・業務提携の対象から除かざるを得ない場合もあるが，とりわけ需要者が事業者である商品役務（たとえば電化製品・自動車向け部品など）については，仮に国内市場向けについてのみ価格を引き上げた場合には，需要者である事業者が海外生産へのシフトを強めるなどの対応を取ることが想定されることから，国内市場向けのみを区別して価格の引き上げを行うことは困難であるといった主張をすることも考えられるであろう。

④ 業務提携による競争促進的効果

業務提携によって競争促進的効果がもたらされる場合として，たとえば共同研究開発，共同生産，規格標準化等の業務提携により，当事会社においてコスト削減や新規事業に要する時間の短縮等の効率性の向上がもたらされる場合があげられる。この場合，当事会社の効率性が向上する結果，価格低下や製品開発のリードタイムの短縮等の便益が消費者に与えられ，競争事業者に対してもコスト削減や製品開発を促すことになるため，市場全体で競争が促進されることが期待される。

また，競争促進的効果以外のメリットも考慮されないわけではない。たとえば，安全性の確保，環境基準の達成等の正当な目的を有しており，当該目的の達成のために合理的な内容の業務提携であると言い得る場合には，競争制限的効果に鑑みてもなお競争の実質的制限は生じないとされる可能性がある。

⑤ 共同入札・コンソーシアムの組成

入札で受注者を決める商品・役務について，複数の事業者が共同で入札を行ったり，顧客から案件を受注するために複数の事業者がコンソーシアムを組成して入札すること（以下「共同入札等」という）も，それが経済的合理性を有するものである場合には，業務提携の一種，あるいは業務提携に準ずる行為であると

考えることができる。たとえば，入札者が財務的あるいは技術的にみて当該入札案件を単独で受注することができない場合には，共同入札等はむしろ入札参加者を増加させることに繋がるものであって，経済的合理性が認められるものと考えられる。他方で，入札者が単独で受注する能力を有するにもかかわらず，入札に参加する競争者を減らす目的で，共同入札を行ったり，コンソーシアムを組成して入札を行った場合には，違法な入札談合として，不当な取引制限に該当し得るものと考えられる[26]。

⑶　業務提携による垂直的競争制限

　競争関係に立たない事業者間での業務提携については，事業の一部共同化による競争制限が問題になることは比較的少ないと考えられるが，業務提携により市場における競争が制限されたり，競争事業者が排除されるようなケースでは，独禁法上の問題が生じ得るケースも考えられる(垂直的競争制限)。このような場合には，業務提携を行うことが，排除型私的独占や不公正な取引方法(間接取引拒絶・排他条件付取引等) に該当する可能性がある。

　たとえば，ある機械製品（α）の製造・販売業者である A 社が，競争事業者である B 社や C 社を市場から排除するために，α 製品の製造のために必須の部品である β 部品の製造について非常に大きなシェアを有する X 社との間で次世代の β' 部品に係る共同研究開発を行うこととし，その際，X 社との間で，共同研究開発の成果である β' 部品のみならず，それ以外の β 部品についても，B 社や C 社には販売しないよう取り決めたとする。この場合に，競争事業者であ

[26]　OECD（経済協力開発機構）による「公共調達における入札談合撲滅声明」においても，「コンソーシアムを構成する各事業者が経済的，財務的，技術的に単独で契約を締結する能力を有する場合には，コンソーシアムによる入札は認められるべきではない」との表明がなされている。また，米国においては，プライベート・エクイティへの投資案件において複数の投資会社が共同で投資を行うスキーム，いわゆる「クラブ・ディール」が，入札談合にあたる可能性があるとして2006年に司法省が調査を開始したと報じられ，その後売主側から提起された民事訴訟について，投資会社らは2014年までに合計約5.9億ドルを支払って和解したとされている（Greg Roumeliotis "Carlyle Group to pay $115 million to settle collusion suit" Reuter, Aug 29 2014.）。

334 ■ 第8章　業務提携における独禁法上の留意点

るB社やC社が，β部品を調達できなくなった結果，α製品市場から退出を余儀なくされる場合には，このような業務提携は，B社やC社を不当に市場から排除するものであるとして，独禁法違反（排除型私的独占，または間接取引拒絶・排他条件付取引等の不公正な取引方法）となる可能性がある。

⑷　企業結合規制の対象とならない場合の手続

　企業結合規制の対象とならない業務提携については，事前届出は不要である。しかし，前記のような検討の結果，不当な取引制限に該当すると疑われた場合には，公正取引委員会による調査の対象となり得，その結果不当な取引制限に該当すると認定された場合には，独禁法違反として排除措置命令の対象となる。

　また，商品役務の対価に影響を及ぼすような類型の不当な取引制限については，課徴金納付命令の対象ともされている。不当な取引制限に対する課徴金の算定式は以下のとおりである。

$$（課徴金額）=\binom{違反行為期間中の}{対象商品・役務の売上額^{(27)}}×（課徴金算定率）$$

　課徴金算定率は，事業者の規模や業種ごとに**図表8−2**のとおり定められている[28]。

　企業結合規制の対象とならない業務提携についても，取引の実行前に当事会社が任意に公正取引委員会に事前相談に行くことは可能である。この場合，公正取引委員会における担当部署は異なる（企業結合審査については企業結合課，業務提携を含む一般的な取引の事前相談については取引部相談指導室）ものの，上記の

---

(27)　ただし，違反行為が3年を超えて行われた場合には，3年分の売上額とする。
(28)　早期に違反行為をやめた場合には基準の算定率を20％軽減して計算した額が課徴金額となる。違反行為を繰り返した場合または違反行為において主導的な役割を果たした場合にはそれぞれ基準の算定率を50％加算して計算した額が課徴金額となる。違反行為を繰り返し，かつ違反行為において主導的な役割を果たした場合には，基準の算定率を2倍にして計算した額が課徴金額となる。

（図表8-2）　事業者の規模や業種ごとの課徴金算定率

大企業	小売業・卸売業以外	10%
	小売業	3%
	卸売業	2%
中小企業	小売業・卸売業以外	4%
	小売業	1.2%
	卸売業	1%

とおり，競争に与える影響の評価にあたっては，企業結合審査と類似した検討がなされることになる。

3

業務提携に伴う情報交換に関する問題

(1) 競争事業者間における情報交換

① 独禁法における情報交換の位置づけ

前記②(2)②記載のとおり，独禁法は競争事業者と共同して相互にその事業活動を拘束し，市場における競争を実質的に制限することを「不当な取引制限」として禁止しているところ，価格等重要な競争手段の具体的な内容に関して競争事業者間で情報交換を行うことは，不当な取引制限に繋がる行為として独禁法上問題となり得る[29]。とりわけ，個別の需要者に対する価格等の取引条件に係る情報や，現在または将来の予測に関わる情報など，競争上センシティブな情報を交換した場合には，相手方の競争行動を相互に予測することが容易になる結果，両者が同一の競争行動（たとえば，価格の引上げ・維持）を取りやすくなる。

日本の独禁法上は，単に競争事業者間において情報交換が行われるだけであれば，ただちに「不当な取引制限」に該当するものではない。しかしながら，競争事業者間における明示的な合意がなくとも，暗黙の合意が認められれば「不当な取引制限」は成立し得るところ，事業者間で競争上センシティブな情報が交換され，その後，当該事業者らが同一の競争行動に出た場合には，意思の連絡があったと推認されることになる（東京高判平成7・9・25判タ906号136

---

[29] 公正取引委員会「事業者団体の活動に関する独占禁止法上の指針」第二(5)および第二「9　情報活動」参照。

頁（東芝ケミカルⅡ事件））。

　また，海外当局，特に欧州当局との関係では，情報交換そのものが競争法違反に該当するとされる可能性もある。過去においても，1回だけの情報交換であり，かつ競争事業者間の合意がなくとも，協調的行為があれば競争法違反に該当し得ると判示されたケースがある(30)。前記[2](2)③(ii)記載の水平的協調行為ガイドラインにおいても，情報交換の行われた市場の状況（寡占度・透明性・安定性・複雑性・均質性）や情報交換の特性（戦略的情報の有無，市場カバレッジ，集計の頻度，情報の新鮮さ，情報交換の公知性）等の諸要素が事案ごとに考慮されるとしつつも，情報交換が競争法に抵触し得ることを前提としている。

②　親子会社間における情報交換

　親子会社あるいはそれに類する形態によって実質的に一体と言い得る事業者間での情報交換が独禁法上問題となり得るかどうかについて，独禁法および公正取引委員会のガイドラインに明示的な記載はなく，裁判例も存在していない。この点，学説・実務上は，公正取引委員会の「流通・取引慣行に関する独占禁止法上の指針」（以下「流通取引慣行ガイドライン」という）の末尾に記載された「(付)　親子会社間の取引」において，「事業者（親会社）が他の事業者（子会社）の株式を所有している場合において，親子会社間の取引が不公正な取引方法による規制の対象となるかどうか」について指針を示している点を参考に，この基準が不当な取引制限にも適用されるべきであるとする考え方が有力である。

　上記ガイドラインの基準は以下のとおりである。

1　親会社が株式の100％を所有している子会社の場合には，通常，親子会社間の取引は実質的に同一企業内の行為に準ずるものと認められ，親子会社間の取引は，原則として不公正な取引方法による規制を受けない。

2　親会社の株式所有比率が100％に満たない子会社（原則として株式所有比率が

---

　(30)　いわゆる T－Mobile 事件判決（2009年6月4日「Judgment of the Court of Justice in Case C-8/08 T-Mobile Netherlands BV and Others v Raad van bestuur van der Nederlandse Mededingingsautoriteit」）。

338　■第8章　業務提携における独禁法上の留意点

50％超）の場合についても，親子会社間の取引が実質的に同一企業内の行為に準ずるものと認められるときには，親子会社間の取引は，原則として不公正な取引方法による規制を受けない。

3　親子会社間の取引が実質的に同一企業内の行為に準ずるものと認められる場合において，例えば，子会社が取引先事業者の販売価格を拘束していることが親子会社間の契約又は親会社の指示により行われている等，親会社が子会社の取引先である第三者の事業活動を制限する場合には，親会社の行為は不公正な取引方法による規制の対象となる。

4　上記2及び3において，親子会社間の取引が実質的に同一企業内の行為に準ずるものと認められるかどうかは，
(1)　親会社による子会社の株式所有の比率
(2)　親会社からの子会社に対する役員派遣の状況
(3)　子会社の財務や営業方針に対する親会社の関与の状況
(4)　親子会社間の取引関係（子会社の取引額に占める親会社との取引の割合等）
等を個別具体的な事案に即して，総合的に判断する。

これによれば，親会社が株式の100％を所有している子会社との間で情報交換を行うことは，原則として独禁法上問題とならないと考えられる（ただし，入札案件において個別に入札を行うなど，敢えて異なる競争主体として振る舞うなどした場合には別論である）。他方で，親会社の株式所有比率が100％に満たない子会社との情報交換については，株式所有比率，役員派遣状況，財務・営業方針に対する親会社の関与，親子会社間の取引関係等を総合的に判断して，親子会社間での情報交換が実質的に同一企業内の行為に準ずるものと認められるときでなければ，独禁法上問題となる可能性が残ることになる。なお，株式所有比率が100％に満たない親子会社間において情報交換や共同行為を実施するにあたっては，独禁法の問題に加え，親子会社間取引としての適正性や少数株主に対する善管注意義務違反といった観点も問題になり得る点に注意が必要である。

⑵ 業務提携における情報交換

① 業務提携の実施のために必要のない事項についての情報交換

前記 ② のような検討の結果，業務提携それ自体（事業の一部共同化）について
は独禁法上問題ないとされた場合，共同化がなされた部分に限定して，業務提
携の実施のために必要な範囲で行われる情報交換は，基本的に独禁法上問題と
なるものではないと考えられる。

もっとも，業務提携それ自体が独禁法上問題がないかの判断にあたって，一
定の情報遮断措置が取られることが前提とされる場合がある。

たとえば，競争事業者間で相互 OEM 供給を行うケースでは，OEM 供給分に
ついて生産数量の情報が共有され，そのことによって競争的な価格設定が行わ
れなくなる可能性があるが，このような場合に，生産部門と販売部門を分離し，
販売部門には相手方の生産数量情報が渡らないよう情報遮断措置を講じること
によって，競争制限的効果が生じないよう配慮することがある。

このような場合には，情報遮断措置が講じられることを前提として当該業務
提携が認められているのであるから，当然のことながら販売部門間で情報交換
を行うことは認められない。

② 共同化の範囲に含まれない事業についての情報交換

前記①記載のとおり，業務提携の実施後は，業務提携の実施のために必要な
範囲で行われる情報交換は原則として独禁法違反となるものではないが，本来
事業の共同化の範囲に含まれない事項についての情報交換を行う場合には，独
禁法上の問題が生じ得る。

たとえば，共同研究開発自体は独禁法上問題ないとしても，共同研究開発に
本来必要とは思われない，相手方の顧客リストや個別顧客向けの販売価格情報
などを交換することが認められるかは，別途検討が必要である。

もっとも，実務上は情報交換の範囲を事業の共同化がなされた範囲に限定す

ることが容易ではないケースも存在する。

　たとえば，α 製品と β 製品の生産について競合している A 社と B 社が，α 製品についてのみ生産の共同化を実施するケースにおいて，α 製品の生産コストの削減のためには，α 製品を構成する部品・原料の仕入先・仕入価格等の情報交換が必要となると考えられる。しかし，α 製品と β 製品に共通して用いられる γ 部品があった場合に，γ 部品について仕入先・仕入価格の情報交換を行えば，業務提携の対象外である β 製品の生産・販売に関する情報交換をも行っていることになってしまうのである。

　したがって，このような場合であって，かつ γ 部品が β 製品の生産コストに占める割合が大きいときには，γ 部品に関する情報交換は行わないこととするか，少なくとも部品の仕入交渉等に関与しないメンバーのみから構成されるクリーンチームにおいて情報交換を行うなどの対処が必要となってくるものと考えられる。

③　業務提携に至る準備行為としての情報交換

　前記①，②は，実際に業務提携が開始された後に行われる情報交換について述べたものであるが，実務上は，業務提携に先立って，競争事業者間で共同化を行うメリットの有無や，共同化すべき業務の範囲等を検討するために，競争上センシティブな情報を交換する必要が生じることもある。業務提携が実際に開始されるまでは，事業の共同化がなされていない以上，あくまで両当事者は競争事業者として独立して競争に参加していると考えるべきところ，このような業務提携に至る準備行為としての情報交換は，不当な取引制限に該当するリスクがあるようにも思われる（企業結合審査におけるいわゆる「ガン・ジャンピング」に類似の問題）[31]。

---

(31)　ガン・ジャンピングとは，企業結合において競争当局の承認を得る前に実質的に企業結合の一部（たとえば，顧客の移転や競争上センシティブな情報の交換など）を開始してしまうことであり，米国においては，ガン・ジャンピングが独禁法に違反する不当な共同行為であるとして実際に摘発がなされた例も存する（一例として，Complaint, U.S. v. Flakeboard America Ltd., Case No. 3：14-cv-4949 (N.D. Cal filed Nov. 7, 2014)）。

他方で，業務提携に至る準備行為として，必要不可欠な範囲の情報を，必要最低限のメンバーで交換することは，むしろ競争促進的な効果のある業務提携の実施のためにも資するものであって，これを一律に禁ずることは競争政策上も望ましくないと考えられる。

この点について，日本では明確な判断基準は出されていないものの，業務提携の実施そのものが独禁法上問題となるものではないことを前提とすれば，このような業務提携の準備行為としての情報交換もまた，独禁法に違反するものではないと整理することが可能であると考えられる。

第 **9** 章

資本・業務提携における
知的財産法と独禁法の交錯

1

知的財産権に係る資本・業務提携と独禁法

(1) 知的財産権に係る資本・業務提携

　資本・業務提携の中には，知的財産の譲渡・ライセンス等（以下「知的財産取引」という）を伴うものが数多く存在する。たとえば，研究開発コストの低減や知的財産権侵害に基づく訴訟リスクの回避等を目的として知的財産権のクロスライセンスを行うといった典型的な例がこれに含まれることはもちろん，共同研究開発を効果的に実施するためには相互に自社が保有する知的財産を開示・活用することが有用であるし，OEM 供給にあたって，生産を委託する事業者が生産を実施する事業者に対して知的財産のライセンスを行う例もある。そして，これらの業務提携が資本提携を伴うことも少なくない。

　また，特定の商品・役務に関して規格を統一するために，多数の事業者が共同して，あるいは公的機関や事業者団体に参加して，標準規格の策定を行う例もある。このような標準規格策定のための事業者間での協力は，広い意味での業務提携の一種と見ることもできるところ，標準規格に含まれる技術に関して知的財産権が存在し，標準規格に準拠した商品やサービスを提供するにあたり，不可避的にそれらの知的財産権についてライセンスを受ける必要が生じることも多い。

⑵　知的財産制度と競争政策の関係

①　知的財産制度が競争に与える影響

　特許法・著作権法・意匠法等の知的財産制度は，権利者に対して第三者による実施等を禁止する排他的権利を付与することにより，研究開発その他のイノベーションへのインセンティブを与えることをその目的のひとつとするものである。また，技術・著作物・デザイン等（以下「技術等」という）につき知的財産取引を可能にすることにより，技術等の効率的な利用や二次発明・創作による新たなイノベーションの創出を図ることも，知的財産制度の重要な側面である。

　このような知的財産制度は，知的財産権に基づく排他的権利を権利者に付与する点で，競争を制限し，独禁法と相対峙するものであるかのように捉えられることがある。しかしながら，知的財産の創出は，既存の市場で代替品を開発したり，新たな商品・役務に係る市場を創設したりするインセンティブを付与するものである。また，知的財産取引は，新たな技術等の普及を促進することによって，新たな商品・役務に係る市場を創設したり，既存の市場における競争者を増加させたりする効果を有する。したがって，知的財産制度それ自体は競争促進的な側面を有するものであり（dynamic approach），必ずしも独禁法と相対峙するものとして捉えられるべきではない。

　他方で，知的財産権の行使は，その行為態様によって競争に悪影響を及ぼす場合もある。そのため，多くの国・地域における独禁法・競争法においては，知的財産制度の目的を尊重しながらも，知的財産権の行使を無制限に認めるのではなく，一定の競争制限的行為は独禁法違反となり得るとの立場が採られている。

②　知的財産権の行使に係る独禁法の適用

　独禁法21条は，「この法律の規定は，著作権法，特許法，実用新案法，意匠法

346 ■ 第9章 資本・業務提携における知的財産法と独禁法の交錯

又は商標法による権利の行使と認められる行為にはこれを適用しない」と規定
している。公正取引委員会が定める「知的財産の利用に関する独占禁止法上の
指針」（以下「知的財産ガイドライン」という）によれば，ここにいう「権利の行
使と認められる」とは，外形上権利の行使とみられるだけではなく，知的財産
制度の趣旨にかなったものであることを要するものとされている(1)。逆にいえ
ば，外形上権利行使とみられる場合であっても，当該行為の目的・態様・競争
に与える影響等に鑑みて，事業者に創意工夫を発揮させ技術の活用を図るとい
う知的財産制度の趣旨を逸脱したり，同制度の目的に反したりする場合には，
独禁法の適用を受けることになる。なお，知的財産ガイドラインでは，権利保
有者がライセンスを拒絶する行為や，知的財産のライセンスに伴ってライセン
サーがライセンシーに制限を課す行為のうち「技術の利用範囲を制限する行為」
は外形上権利の行使とみられる行為に該当するが，「技術の利用に関し制限を課
す行為」（たとえば，ライセンス技術を利用した製品の販売に係る制限）は，そもそ
も外形上権利の行使とみられる行為にも該当しないものとして独禁法が適用さ
れると位置づけられている。

　諸外国の独禁法・競争法においても，その規定ぶりは国・地域によって異な
るものの(2)，知的財産制度の趣旨・目的から逸脱した行為については独禁法・
競争法の適用が妨げられないという点で概ね共通した規定ないし運用がなされ
ている。

　前記(1)記載のように，資本・業務提携の中には，知的財産取引を伴うものも

---

(1) 知的財産ガイドライン第2の1。
(2) たとえば，中国では(i)知的財産権の行使を一旦独禁法の適用除外とした上で，(ii)知的
　　財産権の行使が権利濫用に該当する場合には，適用除外にあたらない（独禁法が適用さ
　　れる）旨規定している（中華人民共和国独占禁止法55条）。他方，米国の反トラスト法（概
　　要，シャーマン法，クレイトン法，連邦取引委員会法（FTC 法）の3つから構成される）
　　上は，知的財産権の行使に関する適用除外規定は設けられていないが，知的財産権の保
　　持そのものにより市場支配力を有するとの推定は行わないこととされている（たとえば，
　　シャーマン法1条について米国最高裁が判示したものとして，Illinois Tool Works Inc.
　　v. Independent Ink, 547 U.S. 28 (2006)）。また，欧州の競争法上も，知的財産権の行使
　　に関する適用除外規定は設けられていないが，知的財産権の保持そのものが市場支配力
　　を意味しないことは欧州司法裁判所が繰り返し判示しているところである（たとえば，
　　Case C-241/91 and C-242/91 Radio Telefis Eireann and Independent Television
　　Publication Ltd v. Commission, 1995 E.C.R.I-11369）。

多いところ，後記(3)および ② ～ ④ においては，資本・業務提携に伴って行われる知的財産取引について，どのような場合に独禁法との抵触が問題となるかについて論じることとする。なお，資本・業務提携に伴って行われる知的財産取引のうち，頻度や競争に与える影響の大きさに照らして，知的財産のライセンス，とりわけ特許権等に係る技術のライセンスがもっとも重要であると考えられることから，後記(3)および ② ～ ④ においては主として技術のライセンスが行われるケースを念頭に論じることとし，必要に応じて知的財産の譲渡等に伴う留意点について言及する。

③ 知的財産法と独禁法の交錯に関する海外の法制の重要性

知的財産法と独禁法が交錯する論点については，技術の革新に伴って新たな問題が生じるという特徴があり，わが国では顕在化していない論点について米国や EU で議論されていることがある。もちろん，それらの議論がわが国の解釈論にただちにあてはまるものではないが，米国や EU においてどのように議論されているかを理解することは，日本法の下でどのような結論が導かれるのかを考える際の重要な手がかりとなることが少なくない。このため，本章においては，米国や EU における議論の状況についても，必要に応じて言及することとする。

さらに，中国においても「知的財産権の濫用による競争排除・競争制限行為の禁止に関する規定」が公表され，2015年8月1日に施行されている。中国の独禁法については，企業結合に係る審査が日本企業の M&A に多大な影響を与えていることでよく知られているが，ライセンス契約との関係でも，前記規定が施行される前の2015年2月に，クアルコム社が標準必須特許(Standard Essential Patent)に係るライセンス契約の抱き合わせや不合理な特許ライセンス契約を強要したことなどを理由に60.88億人民元（2013年度の同社の中国における売上高の約8％。1人民元＝17円で換算すると約1,035億円）の制裁金を課される等している。日本企業にとっても前記規定を踏まえた今後の実務動向に留意が必要である(3)。

⑶ 独禁法への抵触に関する検討の視点

　技術ライセンスに関して権利保有者が行う行為（以下「検討対象行為」という）が独禁法に抵触するか否かを判断するにあたっては，①当該行為によって市場における競争が減殺されるか否か（競争減殺の有無），および②当該行為が知的財産制度の趣旨・目的から逸脱したものでないか（正当化理由の有無）という視点から検討することになる。

　なお，知的財産のライセンスに係る行為が，不正な競争手段（一般指定8項・9項・14項）に該当する場合や，優越的地位の濫用（独禁法2条9項5号，一般指定10項）に該当する場合にも独禁法違反となり得る[4]が，資本・業務提携に伴ってこのような行為が行われるケースは必ずしも多くないと考えられるため，本稿では不正な競争手段や優越的地位の濫用の観点についての詳細は割愛する。

①　市場における競争に与える影響（競争減殺の有無）

　技術ライセンスに関する行為が，知的財産取引に関する市場（技術市場）および取引の対象となる技術（以下「対象技術」という）を用いた商品・役務に関する市場において競争減殺をもたらすのは，以下のような場合である。

（ｉ）　代替的な技術を有する事業者間において技術ライセンスの条件を取り決めることにより技術市場における競争を回避したり，複数の競争事業者が特定の商品・役務に関する特許権等を持ち寄ったりするなどして，当該商品・役務についての競争を回避する場合（技術ライセンスに係るカルテル：後記 2）

（ｉｉ）　特許権等の保有者が単独または共同でライセンスを拒絶したり，法外な対価を要求したりすることにより，競合他社または潜在的なライセンシー

（3）　王先林「中国独占禁止法による知的財産権濫用規制の新たな展開」（http://www.jftc.go.jp/cprc/koukai/seminar/h27/40_notice.files/160201opseminar_3.pdf）。
（4）　知的財産ガイドライン第4の1(3)。

を排除する場合（技術ライセンスの拒絶等による他事業者の排除：後記③）

(iii)　技術ライセンスの実施にあたり，ライセンサーがライセンシーに課す条件によって，技術市場または対象技術を利用する商品・役務の市場における競争が制限される場合（技術ライセンスに係る条件による競争減殺：後記④）

なお，権利保有者による一連の行為が前記(i)〜(iii)のうちの複数に該当することもあり得る。たとえば，一定の事項に関連する特許権等を保有する複数の事業者がパテントプールを形成するとともに，新規参入者等へのライセンスを拒絶した場合，パテントプールの形成が(i)に該当するとともに，新規参入者へのライセンス拒絶が(ii)に該当する可能性がある。

競争減殺の有無を判断する際の具体的な考慮要素としては，(a)当該行為による制限の内容・態様（たとえば，ライセンスの拒絶により対象技術が全く使えないのか，ライセンスは拒絶されないものの数量制限が付されるのか），(b)対象技術の用途や有力性（たとえば，対象技術がなければ特定の商品・役務を供給することが全くできないのか，対象技術はわずかに生産性を上げるにとどまるのか，代替技術はあるのか等），(c)ライセンサーとライセンシーの競争関係の有無，(d)市場におけるライセンサーおよびライセンシーの地位（市場シェア等），(e)市場全体の状況（市場集中度，差別化の程度，新規参入の難易等）を総合的に勘案することになる(5)。たとえば，検討対象行為が競争者間で行われる場合には，それ以外の当事者間で行われる場合よりも，競争の回避や競争者の排除に繋がりやすいと評価される。また，有力な技術（代替技術が乏しいまたは切替えが困難な技術，デファクト・スタンダードとして確立している技術など）に関する行為は，競争に及ぼす影響が大きいものとなりやすい。

知的財産ガイドラインでは，これらの考慮要素のうち(d)の市場シェアについていわゆるセーフハーバーを設定している。すなわち，対象技術を用いた商品・役務の市場については，一定の行為類型を除き，当該市場において対象技術を

---

(5)　知的財産ガイドライン第2の3。

用いている事業者の合計シェアが20%以下であれば，競争減殺効果は軽微であるとして，セーフハーバーに該当する。また，シェアが算出できないときまたはシェアに基づいて市場への影響を判断することが適当と認められないときは，当該技術以外に，事業活動に利用可能な代替技術の権利者が4以上存在すれば，競争減殺効果が軽微であり，セーフハーバーに該当する[6]。なお，セーフハーバーの対象から除かれている行為は，対象技術を用いた商品・役務に関する販売価格・販売数量・シェア・販売地域・販売先の制限，研究開発活動の制限，改良技術の譲渡義務・独占的ライセンス義務である。これらの行為については，市場シェアが小さくとも競争に影響を与える可能性がある，または知的財産制度の趣旨に著しく反するとの観点からセーフハーバーの対象から除かれているものと考えられる。

米国では，司法省および連邦取引委員会が，知的財産のライセンスに関する反トラスト法ガイドライン（Antitrust Guidelines for the Licensing of Intellectual Property）を公表している。同ガイドライン4.3によれば，①知的財産権に係るライセンス契約の制限が一見して反競争的なものではなく，かつ，②当該制限により実質的に影響を受ける市場においてライセンサーとライセンシーの合計市場占有率が20%以下である場合には，セーフティゾーン（safety zone）として訴追の対象にならないことが示されている。

EUでは，日本でいう独禁法に相当する規定が置かれている「EUの機能に関する条約（Treaty on the Functioning of the European Union[7]）」101条1項が事業者間の協調行為を禁止しているところ，欧州委員会においては，知的財産権のライセンスを含む技術移転に関して同項が適用されないためのセーフハーバーとして，技術移転に関する一括適用免除規則（Technology Transfer Block Exemption Regulation。以下「TTBER」という）[8]および技術移転契約に関する

---

[6] 知的財産ガイドライン第2の5。
[7] Consolidated Version of the Treaty on the Functioning of the European Union, 2012 OJ (C326) 47.
[8] COMMISSION REGULATION (EU) No 316/2014 of 21 March 2014 on the application of Article 101 (3) of the Treaty on the Functioning of the European Union to categories of technology transfer agreements, 2014 OJ (L93) 17.

ガイドライン⁽⁹⁾を策定している。これらによれば，競争者間では市場における
合計シェアが20％以下の場合，それ以外の当事者間では各当事者の市場におけ
る合計シェアが30％以下の場合には，当該技術移転が，ほぼ常に競争減殺効果
を有すると考えられるハードコア制限行為（hardcore restriction）に該当しない
限り，類型的に競争法の適用対象から除外される。セーフハーバーの適用され
ないハードコア制限行為としては，競争者間については，価格制限や，一定の
例外を除く生産量の制限，市場分割，顧客割当，自己の保有する技術の利用制
限等が定められている（TTBER 4 条(1)）。また，競争者以外の当事者間の場合に
は，最高販売価格または推奨価格以外の再販価格拘束，販売地域に関する制限，
最終消費者に対する積極的販売・受動的販売の制限が定められている（TTBER
4 条(2)）。このように，概ね日本の知的財産ガイドラインに定めるセーフハー
バーと似たセーフハーバーが置かれているといえる。

②　知的財産制度の趣旨・目的からの逸脱（正当化理由の有無）

　知的財産制度の趣旨にかなった行為であれば，たとえ（ある一時点において）
競争減殺効果を有する（static approach）ものであったとしてもなお独禁法の規
制対象とされない理由は，当該行為に関連する知的財産が，既存の市場で代替
品を開発したり，新たな商品・役務に係る市場を創設したりするインセンティ
ブを付与するという意味で競争促進的な効果を有する（dynamic approach）とい
う点にある。したがって，権利者が自ら創意工夫を発揮したものではなく，た
とえば，他社から権利を買い集めたり，複数の権利保有者が共同で権利行使を
行って有力な技術を手にしたりした場合には，知的財産制度の趣旨・目的に沿っ
て知的財産権が行使されておらず，（前記 dynamic approach の観点からの）競争
促進的な効果も乏しくなるため，正当化理由が認められにくくなる。
　また，ライセンス契約における制限については，ライセンサーにライセンス

---

(9)　Guidelines on the application of Article 101 of the Treaty on the Functioning of
the European Union to technology transfer agreements, 2014 OJ (C89) 3.

を付与するインセンティブを与えることによって新たな技術等の普及を促し，新たな商品・役務に係る市場を創設したり，既存の市場における競争者を増加させたりするという観点から，一定の制限については正当化理由が認められるべきであるが，ライセンシーが改良発明等の創意工夫を発揮することを妨げたり，負のインセンティブを与えたりする内容の制限は，かえって知的財産制度の趣旨を損ね，知的財産制度が本来有する（前記 dynamic approach の観点からの）競争促進的な効果も失われることになるから，正当化理由が認められにくいものと考えられる。

2

技術ライセンスに係るカルテル

(1) ライセンス契約の締結・実施によるカルテル

ライセンス契約を締結するライセンサーとライセンシーが，対象技術を用いた商品・役務の市場において競争関係に立つ場合，ライセンス契約の締結またはライセンスの実施がカルテル（不当な取引制限）に該当する可能性があることから，合意の内容については慎重な検討が必要となる。ここにいう競争関係の有無は，ライセンス実施前の関係を基準に判断されるが，ライセンス実施前から双方が同一の事業を実施していることまでを要するものではなく，潜在的な競争関係にあることでも足りる。

① 商品・役務の価格・数量についての制限

クロスライセンスではない，片面的なライセンスにおいてライセンサー側の商品・役務供給に制限を課すことは必ずしも一般的ではないと思われるが，対象技術を用いた商品・役務の市場において，競争者間でライセンス（クロスライセンスを含む）を行い，当該商品・役務の価格・数量等について取り決める行為は，価格・数量カルテル（不当な取引制限）に該当する可能性がある。なお，競争者以外との間でのライセンスについても，技術市場において有力なライセンサーが，ライセンシーとの間で対象技術を用いた商品・役務の販売価格につき合意をしたり，ライセンサーがライセンシーに対し一方的に指示をしたりする行為は，再販価格拘束として不公正な取引方法に該当する可能性がある（後記④

(2), **図表9－2参照**)。また、競争者間でのライセンスの場合、ライセンサーがライセンシーに片面的に義務を課す場合であっても、事実上水平的な競争制限効果が生じるケースもある。たとえば、ライセンサーが、ライセンシーに対し、ライセンスの条件として当該商品・役務を一定の価格以下で販売しないよう求める行為は、競争者間であるか否かを問わず、再販価格拘束（垂直的な競争制限）に該当する[10]が、このような再販価格拘束を、競争者間においてライセンシーにライセンサーよりも低い価格での販売をさせないという形で運用するためには、ライセンサーが自己の販売価格をライセンシーに通知しなければならないことから、競争者間におけるライセンスの場合には、事実上ライセンサーとライセンシーの間で価格カルテルを行ったに等しい効果をもたらすことが多いと思われる。

② 実施地域についての制限

ライセンサーがライセンシーに対し、ライセンス技術の実施地域を指定すること自体は、ライセンスを行わない場合と（実施地域を指定しつつも）ライセンスを行う場合とを比較すると知的財産権の有効な利用を促進するものであり、かつ、競争促進効果をも有するため、原則として独禁法違反の問題を生じさせるものではない。

その他、ライセンサーが知的財産権をライセンスすることを条件に、ライセンシーとの間で有利な条件で市場や顧客を分割する合意を行うことがあり得る。特に、クロスライセンスを行う場合には、双方向に義務を課すことが一般的で

---

[10] もっとも、米国においては、このような条件を課すこと自体は反トラスト法違反とならないとの判例がある（United States v General Electric Co., 272 U.S. 476 (1926)）。同判例の考え方（いわゆるGE Doctrine）については、その後、複数のライセンシーに対して同時に再販価格拘束を行うことは許されないなど一定の条件を付加する下級審判決が現れているが、現在もなお有効なものとされている。その背景には、仮にこのような条件を課すことを禁じた場合、ライセンサーはライセンスを行わないことを選択することになり、そもそも競争に参加できない事業者が出てくることから、価格について一定の拘束があるとしても、ライセンスを行うインセンティブを損なうべきではないとの考え方があるとされている。なお、米国においても、カルテルを行ったに等しい効果をもたらす場合までを適法とするものではない。

あろう。このように，対象技術を用いた商品・役務の市場において競争関係に立つ権利保有者が，それぞれの保有する権利につきクロスライセンスを行う場合に，それぞれのライセンスについて異なる実施地域を定めることは，市場分割カルテル（不当な取引制限）にあたり得る。たとえば，A社がB社に対し，α特許についてP地域での独占的実施を許諾し，B社がA社に対し，β特許についてQ地域での独占的実施を許諾した場合，個々のライセンス条件をみれば単に地域を指定したライセンスの実施にすぎないが，結果としてA社がQ地域，B社がP地域で独占的な地位を得ることになり得る。

　他方で，前記のような例において，α特許またはβ特許単独では実施できず，A社・B社はいずれも自己の保有する特許を実施するために相手方の保有する特許につきライセンスを受けなければならないという事情があるケースも考えられる。このような場合には，クロスライセンスの実施は知的財産権の効率的な利用を促進するものであり，正当化理由が認められる方向の事情として考慮されることになると考えられる。

⑵　パテントプール

　パテントプールとは，一定の事項に関連する特許権等を保有する複数の事業者が，自己の保有する権利を特定のエンティティにプールし，参加者は当該エンティティを通じてプールされた権利に関するライセンスを受けるという仕組みを指す。

　パテントプールは，事業活動に必要な技術の効率的な利用に資する場合（たとえば，前記⑴記載のとおり，プールされる特許権等が単独では実施できない場合がこれにあたる）もあり，それ自体がただちに独禁法違反を構成するものではない。もっとも，単独では有力でない特許権等をプールすることによって特許権等の排他的効果を高めようとする場合には，事業者に創意工夫を発揮させ，技術の活用を図るインセンティブを与えるという知的財産制度の趣旨を逸脱し，（前記のdynamic approachの観点からも）競争促進効果に乏しいものとなるおそれも

ある。

たとえば，相互に代替性のある技術につき特許権等を保有する複数のパテントプール参加事業者が，パテントプールからのライセンス条件やライセンス先等につき共同で取決めを行う場合[11]や，パテントプール参加者が対象技術を利用する商品・役務の販売価格・数量・供給先等について共同で取り決める場合[12]には不当な取引制限として独禁法違反となり得る[13], [14]。

(3) 標準規格の策定

一定の商品・役務やその製造プロセスが満たすべき技術上・品質上の基準について標準規格が策定されることがあり，このような標準規格の策定にあたって，関連技術に関する特許権等をプールし，標準規格を実施しようとする事業者に一括してライセンスを行う例がある。標準規格の策定は，新製品・改良品の開発等を促す効果があり，一定の競争促進効果が生じ得るほか，複数の特許権等を多数のライセンシーに対して一括してライセンスすることにより，取引費用の節減や個々のライセンス料の低減の効果が期待できるとされる。

他方で，標準規格の策定にあたって情報交換がなされることにより，競争者間において協調的行動が取られるおそれがあるほか，ほとんどの商品・役務が

---

(11) 知的財産ガイドライン第3の2(1)イ。

(12) 知的財産ガイドライン第3の2(1)ウ。

(13) 米国では，司法省が事例判断（MPEG-2（DOJ 98-C），DVD Pool Toshiba（DOJ 99/2），the 3G Standard（DOJ 02-4））と知的財産のライセンスに関する反トラスト法ガイドライン5.5を通じてパテントプールについての考え方を示してきた。また，事例は多くないが，Federal Circuit も，特許権侵害に対する抗弁としてパテントプールの組成またはパテントプールへの特許の組込みが特許権の濫用（patent misuse）に該当するか否かという観点から判断している（U.S. Philips Corp. v. International Trade Commission, 424 F.3d 1179（Fed. Cir. 2005），Princo Corp. v. International Trade Commission, 616 F.3d 1318（Fed. Cir. 2010））。

(14) EU では，当初は TTBER が対象とするのは二者間の契約のみとされ，3以上の事業者による契約であるパテントプールに係る契約はその対象外とされてきたが，2014年のTTBER の改正により，現在はパテントプールも TTBER の適用対象とされ，パテントプールの設定およびパテントプールからのライセンス許諾にもセーフハーバーが適用される可能性がある。

単一の標準規格に従うこととなれば需要者にとって選択の幅が狭まることになり，標準規格に適合しない技術開発にコストをかけるインセンティブがなくなるため，技術革新が阻害されるおそれもある。

実務上は，標準規格の策定による競争制限を検討するにあたっては，(i)複数の標準規格が競争をしており，特定の標準について市場支配力が発生しない状況にあるといえるか，(ii)対象となる商品・役務のどの範囲について標準化がなされるか，(iii)標準規格が強制力のあるものか，(iv)代替的な標準規格を容易に策定し得るか等を総合的に考慮することになると考えられる。ある商品・役務の主要な競争要素について，ほとんどの事業者が参加する標準規格が定められ，かつ，当該標準規格が強制力があり代替的な標準規格の策定が容易でないといったケースでは，当該標準規格の策定の結果，市場における競争が実質的に制限されるとして，不当な取引制限に該当する可能性があるものと考えられる。

3 技術ライセンスの拒絶等による他事業者の排除

(1) ライセンスの拒絶に係る基本的な考え方

前記①(2)記載のとおり，知的財産制度は，事業者に創意工夫を発揮させ，技術の活用を図るため，権利保有者に技術等の排他的利用権を付与するものである。そして，ライセンスを実施するかどうかは本来権利保有者が自由に決定することができ，ライセンスの拒絶は独禁法上問題とはならないのが原則である。

もっとも，特許権等の権利保有者が自ら創意工夫を発揮したのではなく，他事業者から特許権等の譲渡を受けて権利保有者となった場合や，複数の事業者が自社の保有する特許権等をプールした結果，単独では有力でない特許権等が組み合わさって強い排他的効果を得るに至った場合にまで権利保有者は何らの制限なくライセンスを拒絶することができるとすれば，事業者に創意工夫を発揮させ，技術の活用を図るインセンティブを与えるという知的財産制度の趣旨を逸脱するものとなるおそれがある。そこで，原始的に取得した特許権等について権利保有者が単独でライセンスを拒絶することは基本的に独禁法違反とはならないものの，後記(2)〜(5)記載のように権利行使の態様が知的財産保護制度の趣旨・目的に反するものである場合には，ライセンス拒絶は他事業者の事業活動を不当に排除するものであり，排除型私的独占または不公正な取引方法(単独取引拒絶，共同取引拒絶，差別的取扱い等)として独禁法違反に該当する可能性がある。

米国では，これまでライセンス拒絶の反トラスト法該当性について判示した

最高裁判例は存在しない。他方で，EU では，著作権に関する事例であるが，支配的地位を有する者が，一定の例外的状況に係る要件(15)を満たすライセンス拒絶を行った場合には，それが知的財産権の行使の一環であるとしても市場支配的地位の濫用に該当する可能性があると述べた欧州司法裁判所の判例(16)が存在する。もっとも，技術ライセンスに即していうと，この判例から導かれるのは，市場シェア等のほか当該技術が代替困難であるといった事情を考慮して支配的地位が認められてはじめて一定の例外的状況の下でライセンス拒絶が競争法違反となるということであり，あらゆるライセンス拒絶が競争法違反となるわけではない。

　また，一部の新興国において，ある特許権等を実施することが一定の市場における事業活動において不可欠なものである場合に，対象技術のライセンスを拒絶することは市場支配的地位の濫用に該当し得るとの考え方が採られていることにも留意が必要である。たとえば，中国の知的財産権の濫用による競争排除・競争制限行為の禁止に関する規定 7 条では，権利保有者は，生産事業活動にとって不可欠な技術に係る知的財産権のライセンス供与を拒否することが競争を阻害または制限する場合，合法的理由がない限り，かかるライセンスを拒絶することが禁じられるとされている。この点，日本の知的財産ガイドラインにおいては，ライセンサーがライセンシーに対し優越的地位にある場合(＝ライセンシーにとってライセンスを受けることが不可欠である場合)，ライセンスにあたりライセンシーに対して不当に不利益な条件を付す行為は，優越的地位の濫用の観点から問題となるとされているが，ライセンス自体を拒絶することは優越的地位の濫用に該当するとはされていない(17)。

---

(15)　概要，(i)ライセンスを要求する者が，権利者が提供しておらず，かつ潜在的に消費者の需要が見込まれる新たな商品・サービスを提供することを意図している場合であって，(ii)ライセンス拒絶を正当化する客観的事由がなく，(iii)当該ライセンス拒絶が市場における競争を完全に消滅させることにより権利者が市場を確保することとなる場合。

(16)　Case C-418/01, IMS Health GmbH & Co. OHG v. NDC Health GmbH & Co. KG, 2004 E.C.R.I-5069.

(17)　知的財産ガイドライン第 4 の 1 (3)。

⑵　横取り・買い集め行為後のライセンス拒絶

特定の市場において多数の事業者がライセンスを受けて利用している有力な技術に関する権利を，ライセンシーの中の一部の者が権利者から取得した上，他のライセンシーに対してライセンスを拒絶することにより当該技術を使わせないようにする行為（横取り行為）は，他事業者の事業活動を排除する行為として独禁法違反に該当する可能性がある。また，市場において有力な技術でなくても，特定の競争者にとって代替困難であり事業活動の継続のために必要な技術に関する権利について同様の行為を行った場合には，当該他事業者の競争機能を低下させるものであり，排除型私的独占または不公正な取引方法（取引拒絶等）として独禁法違反に該当する可能性がある。

自ら利用するつもりがないにもかかわらず，自己の競争者が利用する可能性のある技術に係る権利を事前に網羅的に買い集め，競争者に対してライセンスを拒絶してこれらの技術を使わせないようにする行為についても同様である(18)。

これらの行為は，いずれも，事業者が自ら創意工夫を発揮して権利を取得したものではなく，また，競争者を排除する目的で技術の利用を制限する行為であり，知的財産制度の趣旨に反する行為であるといえる。

⑶　差別的なライセンス拒絶

特定の市場における事業活動の基盤を提供しており，多数の事業者がライセンスを受けて利用している有力な技術について，権利保有者が，合理的な理由なく一部の事業者に対して差別的にライセンスを拒絶する行為は，知的財産制度の趣旨を逸脱するものであり，ライセンス拒絶の結果拒絶を受けた事業者の

---

(18)　知的財産ガイドライン第3の1⑴イ・ウ，第4の2⑴。

競争機能が低下させられる場合には，不公正な取引方法（取引拒絶，差別的取扱い等）として独禁法違反となり得る[19]。

⑷　パテントプールの構成事業者によるライセンス拒絶

一定の商品・役務について競争関係にある事業者らが，当該商品・役務に関連する保有特許権等を持ち寄ってパテントプールを形成する場合において，対象技術に係るライセンスはパテントプールを通じてのみ行うこととし，当該商品・役務の市場において競争関係にある他の事業者に対するライセンスを合理的な理由なく拒絶した場合には，排除型私的独占または不公正な取引方法（取引拒絶等）として独禁法違反に該当し得る[20]。

⑸　ロックイン後のホールドアップ行為

複数の事業者が商品・役務の規格を共同で策定する過程で，ライセンスの条件を偽るなど不正の手段によって自己の保有する技術を規格に採用させ，他の技術への切り替えが困難な状況（ロックイン）になった後で，ライセンスを拒絶したり法外なライセンス条件を強要したりする行為は，他の事業者の事業活動を排除するものとして排除型私的独占または不公正な取引方法（取引拒絶・取引妨害等）に該当する可能性がある[21]。

商品・役務の調達を行う発注者が入札の条件とする仕様を決定する過程において，自己の保有する特許権に抵触することを秘して特定の仕様を定めさせるなどの不正な手段を用いた上，発注者がロックインされた後にライセンスを拒絶したり法外なライセンス条件を強要したりする行為も同様である。

---

(19)　知的財産ガイドライン第4の2(3)。
(20)　知的財産ガイドライン第3の1(1)ア。このような行為が独禁法違反とされた事例として，公取委勧告審決平成9年8月6日・平成9年（勧）第5号〔パチンコ特許プール〕審決集44巻238頁。
(21)　知的財産ガイドライン第3の1(1)エ，第4の2(2)。

⑹ 標準必須特許によるホールドアップ行為

① 独禁法違反該当性

特定の商品・役務に関して規格を統一するために，多数の事業者が規格を策定する公的機関や事業者団体（以下「標準化機関」という）に参加して，標準規格の策定を行う例が見受けられる。標準化機関においては，規格の実施にあたり必須となる特許等（以下「標準必須特許」という。Standard Essential Patent の頭文字をとって「SEP」ということもある）の取扱いについて，規格を決定する前にあらかじめ一定のポリシー（以下「IPR ポリシー」という）を定めておくことが一般的である。多くの場合，IPR ポリシーにおいては，標準必須特許を保有する者に対し，保有する標準必須特許を開示すること，および規格策定後に当該標準必須特許を FRAND 条件（Fair, Reasonable and Non-Discriminatory）でライセンスする用意がある旨を宣言することが求められている。また，FRAND 条件でライセンスを受ける意思を有する者であるか否か（後記②も参照）は，ライセンス交渉における両当事者の対応状況に照らして，個別事案に即して判断される[22]。

標準規格が策定されると，当該規格を採用した商品・役務の供給に向けて研究開発投資を行ってきた事業者は，標準必須特許につきロックインされた状態になる。このため，FRAND 宣言を行った標準必須特許保有者が，標準規格策定後になってライセンスを拒絶したり，FRAND 宣言を撤回して標準必須特許実施につき差止請求訴訟を提起した場合，標準規格を採用した商品・役務を供給しようとする他事業者の事業活動が困難となり得る。このため，FRAND 宣言者が標準規格の制定後になってライセンス拒絶や FRAND 宣言を撤回して

---

[22] 知的財産ガイドライン第3の1(1)オ。両当事者の対応状況については，「たとえば，具体的な標準規格必須特許の侵害の事実および態様の提示の有無，ライセンス条件およびその合理的根拠の提示の有無，当該提示に対する合理的な対案の速やかな提示等の応答状況，商慣習に照らして誠実に対応しているか否か」が挙げられているが，これは，欧州司法裁判所が2015年7月に判断した C-170/13 Huawei Technologies Co. v. ZTE Corp., 46 IIC 965（2015）の paragraph 71の内容を踏まえたものである。

法外なライセンス条件を要求する行為（以下「ホールドアップ行為」という）は，排除型私的独占または不公正な取引方法（取引拒絶・取引妨害等）に該当し得る[23]。なお，FRAND宣言の対象となった標準必須特許が譲渡され，権利保有者が変わった場合，新保有者はFRAND宣言に拘束されないため，ホールドアップ行為を行うことは妨げられないかにも思われるが，知的財産ガイドラインは，このような所有者の変更や特許の管理委託がなされた場合であってもFRAND宣言によるコミットの効果が失われるものではないとしている[24]。

② 標準必須特許の特許権者による差止請求の可否をめぐる各国の議論

標準必須特許の特許権者による差止請求と独禁法との関係については，世界中でさまざまな判断がなされており，日本で未解決の論点について各国における議論が参考になる可能性もあるため，ごく概要について紹介しておきたい。なお，差止請求が否定される場合があるとしても，独禁法違反を根拠とするものと，独禁法違反以外の法理を根拠とするものとが存在するため，両者の議論を混同しないように注意が必要である。

まず，日本では，アップル対サムスン事件において，相手方がFRAND条件によるライセンスを受ける意思を有している場合には，FRAND宣言をした特許権者が差止請求を行うことは権利濫用にあたり許されないと判断された[25]。もっとも，この裁判例は，かかる差止請求が独禁法違反に該当するか否かについて述べたものではない点に注意が必要である。なお，独禁法違反に該当するとしても，それによってただちに抗弁が成立して差止請求が否定されると考えるべきなのか，それとも別途権利濫用に該当するような事情を立証して初めて差止請求が否定されると考えるべきなのかについては，議論が分かれている[26]。

米国では，FRAND宣言を行った権利保有者によるホールドアップ行為につ

---

(23) 知的財産ガイドライン第3の1(1)オ，第4の2(4)。
(24) 知的財産ガイドライン第3の1(1)オ。
(25) 知財高大合議決平成26・5・16判時2224号89頁。
(26) 島並良ほか『特許法入門』（有斐閣，2015年）364頁～366頁。

いて，連邦取引委員会が連邦取引委員会法（FTC法）5条違反にあたるとして命令を出した事例[27]がある。もっとも，裁判所は，ホールドアップ行為を行った者による差止請求に対しては，反トラスト法違反を根拠とするのではなく，契約法や，差止めをエクイティの観点から制限するeBay判決[28]に基づいて事案ごとに判断して差止めを否定する傾向にあるといわれている[29]。

欧州では，標準必須特許の特許権者による差止請求権の行使について，その相手方がFRAND条件に基づくライセンス料を支払う意思を有している場合には，EU競争法が禁じる支配的地位の濫用にあたるとした欧州委員会の判断がある[30]。また，欧州司法裁判所は，2015年7月，Huawei事件において，差止請求権の行使に対して競争法違反の抗弁が認められるためには，

(i) 特許権者が，訴訟を提起する前に，侵害されていると主張する特許権を特定するとともに，その侵害態様を明らかにして相手方に警告したこと

(ii) 相手方がFRAND条件によるライセンス契約を締結する意思を表明した後に，特許権者が，ライセンス料とその算定方法を示したFRAND条件によるライセンスのオファーを具体的かつ文書により相手方に提示したこと

(iii) 相手方が，商慣行に従い，誠実にオファーに対応したこと（なお，遅滞戦略を取っていないことを含め，客観的な要素により判断されなければならない）

という要件を満たすことが必要であるとの判断を示した[31]。これは，従前ドイツ最高裁が示していたOrange Book Standard[32]をベースにして，それを発展させたものであるといわれている。また，このHuawei判決の内容は，前記のとおり日本の知的財産ガイドラインにも取り込まれている。

---

(27) USFTC, Decision and Order, In the Matter of Motorola Mobility LLC and Google Inc. (July 24, 2013).

(28) eBay Inc. v. MercExchange, L.L.C., 547 U.S. 388 (2006).

(29) たとえば，Apple Inc. v. Motorola, Inc., 757 F.3d 1286（Fed. Cir. 2014）。

(30) Samsung (Case COMP/C-3/39.939), Motorola Mobility (Case COMP/C-3/39.985).

(31) C-170/13 Huawei Technologies Co. v. ZTE Corp., 46 IIC 965 (2015).

(32) 判決の英訳は，Hanns Ullrich, Patents and Standards －A Comment of the German Federal Supreme Court Decision Orange Book Standard 41 (3) IIC, 337 (2010).

4 技術ライセンスに係る条件に よる競争減殺

(1) ライセンスの範囲に係る条件

　知的財産ガイドラインは，ある技術に関する権利保有者が，他の事業者に対して利用範囲を限定してライセンスを行う行為は，権利の行使とみられる行為であって，通常は独禁法違反に該当しないが，知的財産制度の趣旨を逸脱したり同制度の趣旨に反したりする場合には，権利の行使とは認められず，私的独占または不公正な取引方法に該当し得るものとしている。

　同ガイドラインは，ライセンスの範囲に係る条件の種類ごとに，原則として独禁法違反とならない行為（白条項），公正競争阻害性があれば独禁法違反となる行為（灰条項），原則として独禁法違反となる行為（黒条項）に分類して解説をしており，その分類は**図表9－1**のとおりとなっている。

(2) ライセンスに伴うその他の条件

　ある技術に関する権利保有者は，他の事業者に対してライセンスを行う際に，ライセンスの範囲に係る限定以外の条件（以下「その他の条件」という）を課すことがある。このような条件が付される目的は，技術の機能・効用の実現，安全性の確保，ノウハウ・機密情報の漏洩・流用を防ぐなどさまざまである。知的財産ガイドラインは，このような制限については，円滑な技術取引の促進の観点から一定の合理性が認められる場合も少なくないとしつつ，これらの制限は

366　■第9章　資本・業務提携における知的財産法と独禁法の交錯

（図表9−1）　知的財産ガイドライン　第4−3　技術の利用範囲を制限する行為

(1) 権利の一部の許諾		
ア	区分許諾（技術を利用できる事業活動を限定する行為）	白
イ	技術の利用期間の制限	白
ウ	技術の利用分野の制限	白
(2) 製造に係る制限		
ア	製造できる地域の制限	白
イ	製造数量の制限または製造における技術の使用回数の制限	白/灰[33]
(3) 輸出に係る制限		
ア	輸出の禁止	白
イ	輸出先地域の制限	白
ウ	輸出数量の制限	白/灰[34]
エ	指定事業者を通じた輸出	灰
オ	輸出価格の制限（国内市場の競争に影響ある場合）	黒
(4) サブライセンス先の制限		白

ライセンシーの事業活動の拘束にあたる（知的財産権の行使とみられる行為には該当しない）ことから，個別に独禁法違反の有無を検討する必要があるとしている。

　同ガイドラインは，その他の条件の種類ごとに，原則として独禁法違反とならない行為（白条項），公正競争阻害性があれば独禁法違反となる行為（灰条項），原則として独禁法違反となる行為（黒条項）に分類して解説をしており，その分類は**図表9−2**のとおりとなっている。

---

[33]　最低製造数量・使用回数を定めることは白条項であるが，最高製造数量・使用回数を定めることは灰条項。

[34]　販売地域・数量の制限は通常白条項であるが，ライセンスの対象が国内において消尽していると認められる特許権等の場合，またはノウハウである場合には，灰条項。

④ 技術ライセンスに係る条件による競争減殺 ■ *367*

（図表9－2） 知的財産ガイドライン　第4－4，第4－5　その他の条件

第4－4		
(1)	原材料・部品に係る制限	白
(2)	販売に係る制限	
ア	対象技術を用いた製品の販売地域・数量	白/灰[35]
イ	対象技術を用いた製品の販売先	灰
ウ	特定の商標の使用義務付け	白[36]
(3)	販売価格・再販売価格の制限	黒
(4)	競争品の製造・販売または競争者との取引の制限	灰
(5)	最善実施努力義務	白
(6)	ノウハウの秘密保持義務	白
(7)	不争義務[37]	灰/白[38]
第4－5		
(1)	一方的解約条件	灰[39]
(2)	技術の利用と無関係なライセンス料の設定	灰
(3)	権利消滅後の制限	灰
(4)	一括ライセンス	白/灰[40]
(5)	技術への機能追加[41]	灰
(6)	非係争義務[42]	灰
(7)	研究開発活動の制限	黒/白[43]
(8)	改良技術の譲渡義務・独占的ライセンス義務	
ア	改良技術に係る権利を帰属させる義務・独占的ライセンス義務	黒
イ	改良技術に係る権利を共有とする義務	灰
ウ	改良技術の利用にライセンス技術が不可欠な場合の有償譲渡義務	白
(9)	改良技術の非独占的ライセンス義務	
ア	ライセンシー自身が自由に改良技術を利用できる場合	白
イ	改良技術のライセンス先を制限する場合	灰
(10)	取得知識，経験の報告義務	白/灰[44]

---

[35]　販売地域・数量の制限は通常白条項であるが，ライセンスの対象が国内において消尽していると認められる特許権等の場合，またはノウハウである場合には，灰条項。

⑶ 知的財産に係るライセンス契約の作成に際して

　知的財産に係るライセンス契約を作成する際には，前記の**図表９－１と９－**
２に照らし合わせて検討することが不可欠である。

　また，海外に競争制限効果を及ぼす可能性があるライセンス契約を作成する
際には，当該制限効果を及ぼす可能性がある国において同様のガイドラインが
存在するかを確認し，もしあればそれを参照することが必要となる。各国のガ
イドラインも日本の知的財産ガイドラインと比較して根本的に異なるものでは
ないと考えられるが，たとえば，ある条項が白条項と灰条項のいずれであるか
等については，当該国の競争当局の考え方により結論が異なる場合があり得る

---

(36)　ただし，商標が重要な競争手段であり，かつ，ライセンシーが他の商標を併用するこ
　　とを禁止する場合にはこの限りでない。
(37)　ライセンスの対象となる特許権等について有効性を争わない義務をいう。ライセン
　　シーが保有する権利をライセンサーに対して行使することを禁ずる義務については「(6)
　　非係争義務」で扱う。
(38)　無効にされるべき権利が存続し，当該権利に係る技術の利用が制限されることから，
　　権利の有効性を争うことを禁じる条項自体は灰条項とされるが，権利の有効性を争った
　　場合に契約を解除する旨を定めることは白条項とされる。これは，契約解除を白条項と
　　することによりイノベーションと知的財産権のライセンスを促進することを確保する一
　　方で，権利の有効性を争うことを禁じる条項は灰条項とすることによりイノベーション
　　と競争を阻害するおそれのある無効な知的財産権を除去できるようにする途を残すこと
　　でバランスを図ったものであると考えられるが，たとえば，権利の有効性を争った場合
　　に契約の解除に留まらず違約金の請求等を行う旨定めた場合には灰条項に該当する可能
　　性がある。
(39)　他の独禁法上問題となる制限行為の実効性確保の手段として用いられる場合には不公
　　正な取引方法に該当する。
(40)　技術の効用を保証するために必要な場合など合理性があれば白条項であるが，そのよ
　　うな観点から不要または必要な範囲を超える場合には灰条項。
(41)　プラットフォーム機能を提供するライセンサーが当該プラットフォームを利用して提
　　供される応用技術をプラットフォームの機能に取り込んだ上で新たにライセンスをする
　　場合を指す。
(42)　ライセンシーが保有する権利をライセンサーに対して行使することを禁ずる義務をい
　　う。ライセンスの対象となった特許発明等を前提にライセンシーが開発した改良発明に
　　ついて，ライセンサーに非独占的ライセンスをする義務については「(9)改良技術の非独
　　占的ライセンス義務」で扱う。
(43)　原則として黒条項だが，当該技術がノウハウとして保護される場合にノウハウの流出
　　防止に必要な範囲で共同研究開発を制限する行為は，白条項。
(44)　原則として白条項だが，実質的にライセンシーが取得したノウハウをライセンサーに
　　ライセンスすることを義務付けるものと認められる場合には，灰条項。

と思われる。

　さらに，この白条項・灰条項・黒条項の分類については，ガイドラインの改定により変更がなされる可能性のある性質のものであることに留意が必要である。たとえば，TTBER については，2014年3月に改正された際に，①ライセンシーが知的財産権の有効性について争った場合にライセンサーが非排他的な契約を解除することができる旨の条項，②ライセンシーが技術を改良した場合，当該改良技術についてライセンサーに対してのみライセンスを許諾することを義務づける条項が，日本でいう白条項から灰条項に変更されている。最新の改正以前に執筆された文献・書籍を参照する際には注意が必要である。

第 **10** 章

事業再生の場面における
資本・業務提携

372 ■ 第10章 事業再生の場面における資本・業務提携

1

事業再生の場面における
資本・業務提携の概要

(1) 企業の倒産とスポンサーの重要性

企業が経営危機に陥り，倒産・破綻目前となった場合または倒産した場合(以下「倒産企業等」という)において，廃業するには惜しい優良事業を有している場合には，清算ではなく，再建を検討することになる。そして，このような場面においては，通常，自力で再建することが困難な状況に至っているため，スポンサー選定を行うことが多い[1]。

近時の会社更生手続を利用した大型倒産の事例をみても，スポンサーによる支援を得て更生計画を策定する例が主流であり[2]，また，民間のスポンサーの支援を得る事例のみならず，公的な組織の支援を得て再建を果たす事例も見られる。たとえば，日本航空株式会社(以下「JAL」という)は，企業再生支援機構(株式会社企業再生支援機構法(平成21年法律第63号。以下「機構法」という)に基づき2009年に設立された国の認可法人である[3])がスポンサーとなって約3,500

---

(1) 過剰供給構造にある業種や，公益的な業種である等の理由でスポンサーがつきにくい場合もある(西村あさひ法律事務所＝フロンティア・マネジメント株式会社編『私的整理計画策定の実務』(商事法務，2011年) 147頁)。

(2) たとえば，三光汽船株式会社，エルピーダメモリ株式会社，株式会社林原等の更生手続の事例においては，いわゆる減増資スキーム(既存株式の取得と消却を行い，必要に応じて資本金額の減少を行った上で，新たな株式の発行をすることをいう)を用いたスポンサーによる出資が行われている。また，民事再生手続を利用した直近の上場会社の倒産事例をみても，スカイマーク株式会社においてはスポンサーの支援を得て減増資が実施されており，江守グループホールディングス株式会社においては民事再生手続開始の申立てと同時にスポンサー選定を行ったことが公表され，事業存続のためにスポンサーに対して子会社株式の譲渡等が実施されている。

億円を出資する等して再建を主導し，更生手続開始の申立てから約2年8か月という異例のスピード[4]で再上場を果たしている。

①　資金調達の必要性

倒産企業等においては，①債務の弁済のための原資，②事業継続のための運転資金，③リストラクチャリングに伴う必要経費等を確保する必要があるため，資金ニーズは高い。③の具体例としては，人員削減の一環として行う希望退職者の募集により生じる退職者への退職金支給，不要資産の処理費用（事業所の閉鎖に伴う地主への原状回復費の支払等），契約の見直しや解消に伴うコスト（解約に伴う違約金の支払等），その他設備投資や成長分野への投資等があげられる。また，④特に上場を維持する企業の場合，一定の財務健全性（自己資本）を確保するために資金調達する必要性もある。

②　信用補完の必要性

さらに，別の視点として，信用力のある企業がスポンサーとして倒産企業等との間で業務提携を行うことにより，倒産企業等における金融機関や取引先からの信用不安が払拭されることもある。もっとも，前記のとおり，通常，深刻な経営危機に陥った企業は金銭的な支援を得る必要性が高いことから，業務提携のみで再建を目指す例は多くはない[5]。

---

(3) 企業再生支援機構は，有用な経営資源を有しながら過大な債務を負っている中堅事業者，中小事業者その他事業者に対し，当該事業者に対して金融機関等が有する債権の買取りその他の業務を通じて，その事業の再生を支援することを目的とする（機構法1条）。なお，従前からの事業再生支援に加えて，2013年3月，地域経済活性化事業活動に対する支援に係る業務を担う支援機関として，地域経済活性化支援機構に改組された。

(4) 1962年以降2012年9月までに会社更生法に基づく更生手続開始の申立てをした上場会社139社を対象とする帝国データバンクの調査結果によれば，再上場した企業はわずか9社（6.5％）であり，従前の最短記録は株式会社ヤオハンジャパン（現・マックスバリュ東海株式会社）の約6年10か月であった。また，2000年4月の民事再生法施行後に同法に基づく再生手続開始の申立てをした上場会社118社を対象とする帝国データバンクの調査結果によれば，再上場した企業は1社（株式会社かわでん）にすぎず，再建は容易ではない実態が見てとれる。

374 ■ 第10章 事業再生の場面における資本・業務提携

③ 小 括

このように，事業再構築のための金銭的支援と信用補完の役割を果たすことができる最適なスポンサーを選定することが，倒産企業等の事業再生にとって重要であるといえる。

⑵ スポンサー選定の実務

倒産企業等にとっては，自らの企業価値を最大化し，債権者，取引先その他のステークホルダーにとって総合的に最も有益な相手方をスポンサーとして選定することが重要である。

① スポンサー選定の方法および時期

スポンサー選定の方法としては，相手方との個別交渉方式(相対交渉方式)，入札方式といった手法が存在する。前者の相対交渉方式には，特定のスポンサー候補者とのみ交渉する方式と，複数のスポンサー候補者と交渉する方式とがある。後者の入札方式には，入札者を指定する指名入札方式と，入札者を公募する公開方式とがある。いずれの方法を採るかはケースバイケースであるが，裁判所が関与する法的整理手続においては，透明性の確保の要請が高いため，債権者への説明がしやすい入札方式が用いられることが多い。

また，スポンサー選定の時期についても一様ではないが，一般的には，早期にスポンサー選定を行う方が事業価値の毀損を回避できる[6]。その反面で，私

---

(5) たとえば，株式会社ウィルコム（以下「ウィルコム」という）の事例においては，ソフトバンク株式会社（以下「ソフトバンク」という）との間で業務提携契約を締結し，PHS事業のコスト削減等に関する協力を得ている。もっとも，その後，更生管財人により，業務提携の範囲に留まらないスポンサーとしての全面支援が必要と判断され，ウィルコムとソフトバンクとの間で，事業家管財人の派遣や必要な金銭的支援（出資，貸付け等）を行うこと等を内容とするスポンサー契約が締結された。また，ウィルコムにおいては，更生計画に基づいて，いわゆる100%減増資が行われ，ファイナンシャル・スポンサー（アドバンテッジパートナーズ有限責任事業組合がサービスを提供するファンド）が3億円の出資を行い，当該出資の効力発生日と同日づけで当該出資により引き受けた株式のすべてをソフトバンクに譲渡したことにより，ウィルコムはソフトバンクの100%子会社となった。

的整理手続または法的整理手続開始前にスポンサー選定を行う場合には，情報管理の観点から個別交渉によってスポンサー選定を行わなければならないことが多い。もっとも，かかる選定手続には，候補者間での競争原理や第三者による監督が及ばないことから，選定が不透明な手続の下で行われたり，十分な検証がなされることなく倒産企業等に不利な事業価値が算定されたりするというリスクが指摘されているところである[7]。そして，法的整理手続開始の申立て前にスポンサーを選定し，スポンサー契約を締結した場合に，後の法的整理手続において，債権者，管財人によってスポンサー選定の手続に公正性の観点から疑義があると判断されれば，スポンサー契約が双方未履行双務契約として解除（会社更生法61条1項，民事再生法49条1項）されるリスクもある[8]。

　そのため，選定手続の公正性・公平性等の確保の要請を重視すれば，スポンサー選定の方法としては，私的整理手続または法的整理手続開始後，スポンサー候補者らに十分なデューディリジェンスを実施させた上で，支援内容を提案させる方法が望ましいといえる。ただし，この間，時間の経過に伴う信用不安や，同業他社が情報獲得目的でデューディリジェンスに参加することに伴うノウハ

---

(6)　私的整理手続において事業再生計画を対象債権者に開示する時点ですでにスポンサー選定を終えている場合や，法的整理手続において申立て前にすでにスポンサー選定を終えている場合は，実務上，「プレパッケージ型」と呼ばれる。これについては，どのような要件が満たされればプレパッケージ型手続が許されるかについて議論が重ねられており，特に，民事再生手続の場合を念頭に，お台場アプローチ（須藤英章「プレパッケージ型事業再生に関する提言」事業再生研究機構編『プレパッケージ型事業再生』（商事法務，2004年）101頁以下）や，松嶋英機弁護士の5要件（松嶋英機＝濱田芳貴「事業再生の焦点　日本におけるプレパッケージ型申立ての問題点」銀行法務21　631号（2004年）6頁以下）等が提唱されている。

(7)　髙木裕康「プレパッケージ及びDIPファイナンス」園尾隆司ほか編『最新　実務解説一門一答　民事再生法』（青林書院，2011年）103頁。

(8)　従来，管理型である会社更生手続においては，プレパッケージ型が利用されにくい傾向にあったが，JALの事例は，企業再生支援機構の手続を併用して，同機構との事前調整を経た上で更生手続開始の申立てがなされ，申立ておよび開始決定と同日で支援決定を行っており，ある種のプレパッケージ型ともいえる（事業再生迅速化研究会第2PT「会社更生手続における手続迅速化に関する運用上・立法上の提言（上）」NBL987号（2012年）76頁）。なお，JALの件においては，事前のスポンサー選定のみならず，主要債権者より，①更生手続に移行すること，②一般商取引債権および航空機等のファイナンス・リース債権に係る債務を会社更生法47条5項後段に基づき随時弁済すること等について，あらかじめ承諾を得た本格的な事前調整型の事案であったといえる（山本和彦「日本における本格的な事前調整型会社更生手続の幕開けへ」事業再生と債権管理128号（2010年）4頁）。

ウの流出等により，倒産企業等の事業価値が毀損するリスクも否定できない。また，中小企業等の場合，そもそも企業の知名度や他社の関心の低さ等からスポンサーを探すこと自体が難しく，さらに，倒産企業等自身がデューディリジェンス等の手続の負担に耐えられない等の理由により入札手続まで実施するのは非現実的であるというケースも多い。

そこで，私的整理手続または法的整理手続開始後にスポンサー選定を行う場合であっても，前記の事情に配慮して，早い段階から有利な条件を提示する候補者に絞り込むことも考えられる。この場合においても，再生手続の監督委員および債権者ら関係者から異議がないことを確認した上で手続を進める等，公正性を意識した選定手続の遂行が重要である[9]。

以上のとおり，スポンサー選定の方法および時期については，事業価値の劣化を防止するための時間的制約，当該企業における事業の特殊性，過去の再建に向けての取組みの経緯等，各種事情を総合的に考慮して検討する必要がある。

② スポンサー選定基準

私的整理手続や再建型の法的整理手続においては，スポンサーが金銭的支援を行うとともに，債権者から一定の債権放棄を受けた上で企業の再建を目指すのが一般である。そして，スポンサーによる金銭的支援額いかんで債権者の債権放棄額が変わり得るため，金銭的支援額は債権者にとって最大の関心事である。

殊に，民事再生手続における債務者は公平誠実義務のうち誠実義務(民事再生法38条2項)に基づき，また，会社更生手続における管財人は善管注意義務(会社更生法80条1項)に基づき，それぞれ，債権者への弁済額の極大化が求められる。その一方で，これら再建型の法的整理手続の法の目的として掲げられている，「事業……の再生」(民事再生法1条)および「事業の維持更生」(会社更生法1条)という観点も重要であり，たとえ支援金額が高額であったとしても，事業の再生(維持更生)という観点からみて，事業継続の可能性が低いと認められる

---

(9) 東京弁護士会倒産法部編『民事再生申立ての実務 モデル事例から学ぶ実践対応』(ぎょうせい，2012年) 425頁〔堂野達之執筆部分〕。

場合には，スポンサーとしては適切でないということがあり得る。

　そのため，スポンサー選定手続においては，支援金額が最も重要な要素ではあるものの，スポンサーが提案する支援計画の内容，支援計画の履行可能性，従業員や関係者への影響，事業の再建可能性等の要素を総合的に判断し，スポンサーを決定することとなる。

　この点，スポンサー選定の実体的要件について新たな実務的指針（総合考慮説または二重の基準説）が提唱されており，今後これに対する考察の展開が期待される[10]。また，近時，会社更生において更生手続中にスポンサーが交替する事案が見られるが，スポンサーの属性の多様化や海外からの参入等に伴う競争活性化により，一定程度は不可避であるのかもしれないものの，このような事態は望ましいものとはいえない。特に，更生計画においては，スポンサーが存在する場合はスポンサーに関する条項が更生計画に定められるところ，認可決定があった後にスポンサーを変更するためには，スポンサーを変更し，更生計画の定めを変更する必要が生じたことにつき「やむを得ない事由」（会社更生法233条1項）が必要である。この点，新旧スポンサーの支援内容や条件が異なり，弁済内容や期限が変更され得るため債権者に不利益となる場合には，「更生計画の変更によって不利な影響を及ぼすもの」として変更計画案への債権者による投票（同条2項）が求められる場合もあり得る[11]。

---

(10)　総合考慮説（二重の基準説）とは，第1段階では，合理性の基準が相当する事案と厳格な基準が相当する事案を振り分け，第2段階はそれぞれの基準を具体的に適用するという考え方であり，詳細は高井章光「スポンサー選定の実体的要件」山本和彦＝事業再生研究機構編『事業再生におけるスポンサー選定のあり方』（商事法務，2016年）24頁参照。また，これに対する考察については，南賢一「スポンサー選定の手続的問題」同59頁など。

(11)　株式会社武富士の事案においては，新旧スポンサーの支援内容に変更がないことから，債権者に不利益を与えないものとして扱われた。なお，民事再生においては，説明的記載事項として再生計画に記載された資金調達の方法や調達先を変更する場合，当該条項が認可決定後の資金調達方法を再生計画に記載したもののみに制限する趣旨でなければ，変更手続をとる必要はないと解されている（鹿子木康編『裁判実務シリーズ4　民事再生の手引』（商事法務，2012年）393頁〔佐野友幸執筆部分〕）。もっとも，絶対的記載事項（再生債権者の権利の変更に関する事項等）や相対的必要的記載事項（債務の負担および担保の提供に関する条項等）について，再生計画認可決定後に変更がある場合は，再生手続終了前に「やむをえない事由」がある場合に限り（民事再生法187条）変更が認められる。変更の内容が「再生債権者に不利な影響を及ぼすもの」である場合，変更計画案への投票が必要となる（同条2項）。

2 スポンサーによる支援方法等

(1) 事業再生で用いられるスキーム

　事業再生で用いられる，スポンサーによる支援方法としては，運転資金等の提供のための DIP ファイナンス（再建型の法的整理手続を開始した企業に対する融資をいうが，わが国においては私的整理手続を開始した企業に対するものを含めて広義の DIP ファイナンスという場合がある）による融資のほか，事業の維持・運営のために M&A の手法が用いられることが多い。M&A の手法には大きく分けて，倒産企業等の株式を取得する方法（出資や既存株主からの株式譲渡）と，倒産企業等の事業を切り出しスポンサーまたはその関係会社に事業承継する方法（会社分割，事業譲渡等）とが存在する。前者のうち，出資については，株主責任の一種として，債務者企業が既存株式の一部または全部を無償取得・無償消却し，必要に応じて資本金の額を減少した上で，スポンサーに対して第三者割当増資を行うことが多い（いわゆる減増資スキーム（以下単に「減増資」といい，特に，既存株式の全部を無償取得・消却する場合を「100％減増資」という））。

　方法選択にあたっての判断要素[12]としては，以下の 5 つがあげられ，債務者企業を取り巻く事情を前提にこれらの要素を総合考慮し，事案に応じた最適なスキーム選択が目指されることになる。

---

[12]　東京弁護士会弁護士研修センター運営委員会編『弁護士専門研修講座　倒産法の実務 II －民事再生申立代理人の実務』（ぎょうせい，2011年）199頁〔南賢一執筆部分〕，前掲注(9)・東京弁護士会倒産法部編380頁〔南賢一執筆部分〕。

１つめは，簿外債務の発生リスクである。会社更生の場合には，更生計画認可決定により，更生計画の定めまたは会社更生法の規定によって認められた権利を除いて，すべての更生債権についてその責任を免れることができるが[13]，再生手続においては再生債権の完全失権が徹底されていないため（民事再生法181条参照），失権しないことによる簿外債務の発生リスクが生じる。減増資のスキームによる場合，当該リスクが顕在化する可能性があるため，当該リスクを遮断するニーズが高い事案においては，事業譲渡や会社分割によって，事業を切り出し，当該事業に関連しない簿外債務の承継を極力回避することが多い。ただし，特に私的整理の場合には，旧会社の商号等の続用を理由に請求を受けるリスク（会社法23条１項）や，事業譲渡や会社分割が詐害行為であるとして詐害行為取消しの訴えを提起されるリスク（民法424条１項）は残らざるを得ない。また，2015年５月１日に施行された会社法の一部を改正する法律（平成26年法律第90号）による改正後の会社法においては，詐害的な会社分割等が行われた場合，分割会社が，承継会社・設立会社に承継されない債務の債権者（残存債権者）を害することを知って吸収分割・新設分割をした場合は，残存債権者は承継会社・設立会社に対して，承継した財産の価額を限度として債務の履行を請求することができる旨の規定が設けられたこと（会社法759条４項，764条４項）[14]，ならびに，分割会社に知れていない債権者保護規定として，会社分割に異議を述べることができる債権者であって，各別の催告を受けなかったものは，吸収分

---

[13]　会社更生法においては，民事再生法における自認債権に相当する制度（民事再生法101条３項）がなく，届出のない更生債権等は更生計画に記載されず，免責の対象になる。そのため，更生計画認可決定があったときは，更生計画の定めまたは会社更生法の規定によって認められた権利を除いて，更生会社は，すべての更生債権についてその責任を免れる（会社更生法204条１項柱書）。

[14]　かかる請求権は，民法上の詐害行為取消権と類似の要件・効果を有するが，訴訟外の請求が可能であることから，承継会社・設立会社においては，実際上，対応に迫られるケースも予想される。そのため，あらかじめ残存債権者に対して十分な説明を行い，その理解を得ながら手続を進めることが求められる。なお，会社分割後，分割会社の法的倒産手続（破産手続，民事再生手続または会社更生手続）が開始された場合，債権者平等の原則が優先し，残存債権者は，分割会社に対する本文記載の請求権は行使することができない（会社法759条７項，766条７項）。他方，民法上の詐害行為取消請求訴訟の場合は，倒産手続の開始により，当該訴訟が中断し，破産管財人等が手続を受継する（破産法45条等参照）。

割契約・新設分割計画の内容にかかわらず，分割会社および承継会社・設立会社の双方に対して債務の履行を請求できる旨の規定が設けられたこと（同法759条2項・3項，764条2項・3項）[15]により，偶発債務が承継されるリスクが残る点にも留意が必要である。

2つめは，免除益課税の問題である。当該債務者企業が利用できる繰越欠損金や財産評定損等によって債務免除益を相殺しきれない場合には，事業譲渡や会社分割によって事業を切り出す方法にメリットがある。

3つめは，契約や許認可の承継問題である。債務者企業自身を活かす減増資等のスキームにおいては，いわゆるChange of Control条項（支配権の変動が解除事由や期限の利益喪失事由として規定されている条項）の付されている契約や，一部の許認可を除き，原則として契約や許認可を継続するための手続は必要ない[16]。他方で，会社分割または事業譲渡による場合には，契約や許認可の承継に一定の手続が必要となるのが通常である。このうち契約については，多数の契約から事業が構成されているために個別に債権者から承諾を取得することが困難な場合には事業譲渡は回避されることがある。また，契約を包括的に承継できる会社分割であっても，会社分割による当事者の地位移転について承諾事項となっている契約が複数存在する場合等は，会社分割により契約を包括的に承継することはできても，契約違反を理由に契約相手方に契約を解除されるリスクが残り，かかるリスクを解消するべく契約相手方の承諾を得ようとすると，事務手続の負担の面では事実上，事業譲渡の場合と差異はない場合もある。また，許認可については，事業譲渡では承継が認められないが会社分割であれば承継が認められるものが少なくなく，許認可の新規取得が容易でない場合には，

---

(15) ただし，分割会社が，官報公告に加えて日刊新聞紙または電子公告による公告を行った場合には，不法行為債権者を除き，保護の対象から除外される（会社法759条2項括弧書，764条2項括弧書）。なお，会社更生手続では，更生手続開始後においては更生計画によらなければ更生会社の会社分割を行うことができず（会社更生法45条1項7号），更生計画に基づく吸収分割・新設分割の場合には，会社法759条2項・3項および764条2項・3項の規定は適用されない（会社更生法222条2項，223条2項）。他方，民事再生手続では，会社分割の手続については，会社法759条2項・3項および764条2項・3項の規定が適用される。

(16) 手続が必要となったとしても，届出や報告等軽微な手続で足りる場合が少なくない。

会社分割により承継させる方法が目指されることがある。

　4つめは，従業員のリストラが不可避かどうかである。事業譲渡の場合，一度全員解雇し，再雇用を行うことにより，減増資や会社分割と比較すると，事実上，人員整理が容易になるというメリットがあるといわれる[17]。

　5つめは，時間的切迫性である。たとえば，実務上，更生手続においては更生計画の認可決定までに約11か月程度を要し[18]，再生手続においては再生計画の認可決定を受けそれが確定するまでに約6か月程度を要する[19]。そのため，再生計画または更生計画に基づき事業譲渡を行う場合には，時間の経過に伴う事業価値の劣化が一定程度避けられないため，このような不利益を防止すべく再生計画または更生計画によらない方法（いわゆる計画外事業譲渡[20]）が採られることも多い。

──────────

[17]　事業譲渡を行う場合，労働者の承継の有無およびその範囲は，譲渡企業と譲受企業との間の合意で決定できるのが原則であり，実務的には事業譲渡により雇用契約を承継させるのではなく，譲渡企業において労働者との間の雇用契約はいったん終了し，譲受企業が当該労働者（またはそのうち一部の者）との間で新たに雇用契約を締結することが多い。もっとも，その際に特定の労働者を承継対象から排除する（譲受会社が新規に採用しない）ことが，不当労働行為（労働組合法7条）に該当するとされた事例（東京高判平成14・2・27労判824号17頁〔積極的な組合活動を行った労働者を排除した〕）や，公序良俗違反（民法90条）を理由に事業譲渡の合意のうち特定の労働者を排除する部分が無効と解され，当該特定の労働者も譲受企業に承継されると扱われた事例（東京高判平成17・5・31労判898号16頁〔労働条件の低下に異議のある労働者を排除した〕））が存在することには留意が必要である。

[18]　東京地裁会社更生実務研究会編『最新実務　会社更生』（きんざい，2011年）8頁。

[19]　前掲注[11]・鹿子木編8頁〔鹿子木康執筆部分〕。

[20]　再生手続開始決定後における再生債務者の①営業または事業の全部または重要な一部の譲渡，②子会社等の株式（持分）の全部または一部の譲渡（ただし，ⅰ当該譲渡により譲り渡す株式等の帳簿価額が当該株式会社の純資産額として法務省令が定める方法により算定される額の5分の1（これを下回る割合を定款で定めた場合にはその割合）を超え，かつ，ⅱ効力発生日において，当該株式会社が，当該子会社の議決権の総数の過半数の議決権を有しないことになるとき）は，裁判所の要許可事項とされている（民事再生法42条1項）。DIP型手続である再生手続において，事業譲渡が要許可事項とされている趣旨は，必要性や相当性を欠く事業譲渡が行われることによって，債権者の利益が不当に害される可能性があるためである。また，更生手続においても，更生計画案の付議決定までに行われる事業等の譲渡（改正会社法467条1項1号から2号の2までに掲げる行為）については，裁判所の要許可事項とされている（会社更生法46条2項）。なお，会社分割については，民事再生法上明文の規定はないが，近時，東京地裁においては，民事再生の開始決定時において，債務者が行う会社分割も裁判所の要許可事項として指定される運用が行われている（鹿子木康編『裁判実務シリーズ4　民事再生の手引』（商事法務，2012年）215頁）。他方，更生手続においては，前掲注[15]のとおり，会社分割は更生計画の定めによることが必要であり（会社更生法45条1項7号），債権者の多数決で会社分割が行われることとなる。

以下では，前記の M&A のスキームのうち，資本提携・業務提携について説明する本書の目的に照らして，スポンサーによる出資（減増資スキーム）を想定して説明する。

⑵　再建型の法的整理手続において出資が行われる場合の特則

①　概　　要

　債務超過の株式会社においては，株主に残余財産分配請求権がなく，株式の価値は実質ゼロであるため，株主の権利は債権者の権利に劣後すると解される。また，会社が破綻した場合には，会社の経営に対する株主の関心が薄れ，特に100％減資を行う場合には株主としての権利がゼロになるため，株式の取得（たとえば，定款を変更して全部取得条項を付した上で，取得することが考えられる）や100％減資を行うために必要な株主総会の承認を得るのは著しく困難である。

　そこで，このような会社法上の組織的行為について，会社更生法および民事再生法は特則を設けている。株式会社のみに適用される会社更生法においては，会社の基礎に関わる組織上の事項の変更を原則として禁止し，更生計画の定めによらなければならないとする（会社更生法45条１項）。これに対し，本来中小企業を対象とした再建手続である民事再生法は，債務者である株式会社の組織的事項に介入せず，組織的事項については会社法で定められた機関によるのが原則である。

（ⅰ）　会社更生法の特則について

　会社更生法は，更生手続開始決定後，会社の事業経営権と財産管理処分権を管財人に専属させ（会社更生法72条１項），さらに，会社の基礎に関わる組織上の事項の変更については，会社更生の目的（同法１条）と密接に関連するため，更生手続開始決定後その終了までの間は原則として禁止する（同法45条１項）。具体的には，①株式の消却，株式等売渡請求に係る売渡株式等の取得，株式の併合もしくは分割，株式無償割当てまたは募集株式を引き受ける者の募集（同

法45条1項1号)，②募集新株予約権を引き受ける者の募集，新株予約権の消却または新株予約権無償割当て(同項2号)，③資本金または準備金（資本準備金および利益準備金）の減少（同項3号)，④剰余金の配当その他会社法461条1項各号に掲げる行為（同項4号)，⑤解散または株式会社の継続（同項5号)，⑥会社法676条に規定する募集社債を引き受ける者の募集(同項6号)，⑦持分会社への組織変更または合併，会社分割，株式交換もしくは株式移転（同項7号）については，更生計画の定めによらなければ行うことができず，他方で更生計画の遂行による場合は，会社法上必要な株主総会の承認は不要となる（同法210条)。また，会社更生法は，株主に更生手続に参加する機会を設けている（同法165条1項）ものの，更生会社が更生手続開始決定時において債務超過の状態にあるときは，株主の実質的持分がないため，株主は，更生手続における意思決定に参画する資格（議決権）は認められず（同法166条2項)，更生計画においては最も劣後する利害関係人とされる（同法168条1項・3項)。株式の取得および減資については，更生計画にこれらに関する条項を定めて認可決定を得ることにより，更生会社は株主総会の承認を得ることなく株式を取得し，減資を行うことができる特例が設けられている（同法167条2項，174条，同条の2，210条，212条，214条)。そして，更生手続においては，更生計画は認可決定の時から効力を生ずる（同法201条)。

(ii)　民事再生法の特則について

　再生手続においては，会社更生法と異なり，株主は再生手続に取り込まれず，原則として，再生債務者の組織上の事項についての変更は，再生計画の定めによらずに会社法に則って行うことができる(21)。もっとも，再建には外部からの資本注入(増資)が不可欠である場合も多いところ，株主責任を明確化し，出資

---

(21)　民事再生法は，従前の経営陣の経営権を剥奪せず，再生債務者自らによる財産の管理処分および業務執行（いわゆるDIP型）を原則とすることにより，その自発的な再建を促すことを予定しているという基本的な考え方を反映した規定である（奈良道博「民事再生手続と減資」門口正人編『新・裁判実務体系21　会社更生法　民事再生法』(青林書院，2005年）492頁)。

（図表10－1）　会社の基礎に関わる組織上の行為の手続と計画の効力発生時

内　　容	会社更生	民事再生
会社の基礎に関わる組織上の行為の手続	原則，更生手続中は禁止であり，更生計画の遂行により変更する場合は会社法上の手続を省略または簡略化可	原則，会社法に則り実施可。例外的に，再生計画の遂行や裁判所の許可により，会社法上の手続を省略または簡略化可
計画の効力発生時	認可決定時	認可決定の確定時

者が新たな会社経営に参画しやすい環境を整える必要性は高い。さらには倒産状態の会社の株主は会社経営に関心が低く，手続的協力が得られないことも多々ある。そのため，民事再生法は，手続の柔軟性と実効性を図るために前記原則の例外を設け，株式会社である再生債務者が債務超過の場合には，あらかじめ裁判所の許可を得て，再生計画に定めた場合には，再生計画の認可決定の確定により株式の取得および減資を行うことができるものとしている（民事再生法154条3項，161条，166条1項・2項，183条1項)[22]。なお，再生手続においては，更生手続と異なり，再生計画は認可決定の時ではなく，認可決定の確定を待って初めて効力を生ずる（同法176条）とされている点に留意が必要である。

②　株式の取得に関する定め

更生計画案または再生計画案に株式の取得について定める場合，①会社が取得する株式の数（種類株式発行会社にあっては，株式の種類および種類ごとの数）と②会社が株式を取得する日を定めなければならない（会社更生法174条の2，民事再生法161条1項）。

③　株式の消却

更生手続においては，更生計画において株式の消却についての定めを設け，

---

[22]　園尾隆司＝小林秀之編『条解民事再生法〔第3版〕』（弘文堂，2013年）829頁〔松嶋英機執筆部分〕。

更生計画に基づき株式を消却することができる（会社更生法45条1項1号，174条1号，210条1項）。

　なお，再生手続においては，株式の消却については特段の定めがなく，会社法の手続（会社法178条）による。

④　資本金の額の減少に関する定め

　更生計画案または再生計画案に資本金の額の減少を定める場合，①減少する資本金の額，②減少する資本金の額の全部または一部を準備金とするときは，その旨および準備金とする額，③資本金の額の減少がその効力を生ずる日を定めなければならない（会社更生法174条3号，民事再生法161条3項，会社法447条1項各号）。

　なお，更生計画または再生計画に定めた場合には，会社法上本来必要とされる株主総会の決議（会社法447条1項）が不要とされるほか，債権者保護手続も不要となる（会社更生法212条，民事再生法183条4項）。

⑤　募集株式を引き受ける者の募集に関する定め等

　更生手続においては，更生計画案に募集株式を引き受ける者の募集に関する条項を置く場合，会社更生法175条により，①会社法199条2項に規定する募集事項[23]（1号），②更生計画の定めに従い更生債権者等または株主の権利の全部または一部が消滅した場合（会社更生法205条1項）において，これらの者が会社法203条2項の申込み（引受けの申込み）をしたときに募集株式の払込金額の全部または一部の払込みをしたものとみなすこととするときはその旨（2号），③更生債権者等または株主に対して会社法203条2項の申込みをすることにより更生会社の募集株式の割当てを受ける権利を与えるときはその旨および当該募集

---

[23]　①募集株式の数（種類株式発行会社においては，募集株式の種類および数），②募集株式の払込金額またはその算定方法，③金銭以外の財産を出資の目的とするときは，その旨ならびに当該財産の内容および価額，④募集株式と引換えにする金銭の払込みまたは前号の財産の給付の期日またはその期間，⑤増加する資本金および資本準備金に関する事項。

株式の引受けの申込みの期日（3号）ならびに割当てに関する事項（4号）を定めなければならない。

会社更生法においては，既存の債権者（更生債権者等）の権利を現物出資して(24)債務の株式化を行う，いわゆるデッド・エクイティ・スワップ（DES）を実施する場合の基礎となる規定として，会社更生法175条2号が存在する。すなわち，更生計画の定めに従い，更生債権者等または株主の権利の全部または一部が消滅した場合（会社更生法205条1項参照）において，その者が募集株式の申込み（会社法203条2項参照）をしたときは，募集株式の払込金額の全部または一部の払込みをしたものとみなすことを更生計画案に定めることができる。これに対応して，更生会社は，更生計画案に，①発行する株式の数（種類株式発行会社においては，発行する株式の種類および種類ごとの数），②増加する資本金および資本準備金に関する事項，および③更生債権者等または株主に対して発行する株式の割当てに関する事項を定めることとされている（会社更生法177条の2第1項各号）。

再生手続においては，前記のとおり，会社の組織変更には介入しないという原則がある一方，既存の株主らの同意（株主総会の特別決議）を得ることが困難なケースもあるという実務的要請を踏まえ，民事再生法の平成16年改正において，株式譲渡制限のある会社における第三者割当増資につき，再生計画の条項で定め，裁判所の許可を得ることにより，株主総会の特別決議を省略することが認められた（民事再生法166条の2）(25)。すなわち，再生手続においては，再生債務者が債務超過であり，かつ，当該募集株式を引き受ける者の募集が再生債務者の事業の継続に欠くことのできないものであると裁判所が認めた場合に（同法166条の2第2項・3項），譲渡制限株式に限って，再生計画案に募集株式を

---

(24) 実務においては，債権者がいったん現金で払込みを行った後に，その払込金で債務の一部を弁済する形で行われることもあり，「疑似DES」と呼ばれる（前掲注(1)・西村あさひ法律事務所＝フロンティア・マネジメント株式会社編226頁）。

(25) 当時の商法の定めによれば，株式の譲渡制限のある会社において第三者割当増資を行うには株主総会の特別決議を経る必要があった（旧商法280条の5の2）が，それは再生手続を遂行しようとする会社にとっては不合理との指摘を踏まえ法改正がなされた（園尾隆司「民事再生手続の当面する諸問題と立法課題」NBL721号（2001年）7頁）。

引き受ける者の募集に関する定めを置くことができる（同法154条4項）。この点で，会社更生よりも限定的な態様で再生計画による増資を認めているといえる。なお，かかる募集に関する事項[26]を定めた再生計画案は，再生債務者のみが提出できる（同法166条の2第1項）[27]。

また，民事再生法においては，会社更生法と異なり，再生計画案に定めてDESを行うことができる規定はないため，原則として会社法の手続に則ってDESが行われることになるが，前記の募集株式の引受けに係る規定を用いることができる場合には，株主総会決議ではなく，取締役会決議で新株を発行することができる（民事再生法183条の2第1項）。そして，現物出資の場合，原則として検査役の調査が必要となるが（会社法207条1項・2項・4項），現物出資財産が弁済期が到来している金銭債権であって，募集事項として定めた当該債権の価額が当該金銭債権に係る帳簿価額を超えない場合，検査役の調査等が不要であるため（会社法207条9項5号），再生手続において債権の現物出資たるDESを行う場合にはこれらは不要となる。

⑥　定款の変更

増資を行う際に，増資により，発行済株式総数が，定款に定められた発行可能株式数を超えてしまう点が障害となり得る。

もっとも，会社更生法は，更生手続開始後その終了までの間は，更生計画の定めによる場合か，裁判所の許可を得た場合に定款を変更することを認めている（会社更生法45条2項）。このうち，更生計画の定めによる場合（同法174条5号）に限り，会社法上定款変更を行うために必要とされる株主総会の特別決議（会社法466条）は不要となる（会社更生法210条，213条）。

---

[26]　再生債務者が，再生計画案に募集株式を引き受ける者の募集に関する定めを置く場合，会社法199条1項各号に規定する募集事項を定めなければならない（民事再生法162条）。

[27]　これは，減資に関する条項を含む再生計画案の提出権者が，裁判所の許可を得れば，再生債務者，管財人，届出債権者に認められていることと比して厳格である。その理由としては，再生債権を買い集めた債権者が，再生債務者を乗っ取る目的で再生計画を提出するような事態を回避する必要性があげられる（福永有利監修『詳解　民事再生法〔第2版〕－理論と実務の交錯－』（民事法研究会，2009年）516頁〔山本弘執筆部分〕）。

他方で，民事再生法においては，会社更生法と異なり，前記のとおり組織上の事項である定款の変更は特に禁止されておらず，再生計画の定めによらずに会社法に則って定款を変更することができる。もっとも，再生計画によって定款を変更することも認められており（民事再生法161条4項，183条6項），この場合には，会社法上定款変更を行うために必要とされる株主総会の特別決議は不要となる（同法183条6項参照）。

⑶　改正会社法における大規模な第三者割当増資の留意点

2015年5月1日に施行された会社法の一部を改正する法律（平成26年法律第90号）による改正後の会社法においては，募集株式を引き受けた結果，議決権ベースで50％超の公開会社の株式を保有することとなる場合には，一定の場合に，当該公開会社における株主総会決議が必要となる。

すなわち，公開会社（譲渡制限株式を発行していない会社）は，募集株式の引受人およびその子会社が有することとなる引受け後の議決権の数が，総株主の議決権の数の2分の1を超える場合には，株主に対し，当該引受人（特定引受人）の氏名等を通知または公告（ただし，有価証券届出書により代替することは可能である）しなければならない（会社法206条の2第1項～3項）。そして，総株主の議決権の10分の1以上の議決権を有する株主が当該通知等の日から2週間以内に特定引受人による募集株式の引受けに反対する旨の通知をしたときは，当該公開会社は，払込期日等の前日までに，株主総会決議により当該特定引受人に対する募集株式の割当て等の承認を受けなければならない（同条4項本文）。もっとも，当該公開会社の財産の状況が著しく悪化している場合において，当該公開会社の事業の継続のために緊急の必要があるときは，株主総会決議は不要となる（同項但書）。

事業再生における資本提携案でこの規定の適用が問題となるのは，主に私的整理手続においてスポンサーが出資を検討する場合ではないかと思われる。もっとも，スポンサーが，総株主の議決権の10分の1以上の株主の反対が想定

される場合に，それらの反対株主から，前記の例外規定への該当性を巡って法令違反を理由とする差止めの訴え（会社法210条1号）を請求されるリスクを負ってまで，株主総会決議を経ることなく募集株式の引受けを行うのは極めて例外的な場合といえよう。また，実際上も，スポンサーが出資する場合，総株主の10分の1以上の株主の反対の有無にかかわらず，スポンサーからの役員派遣，資本金の減少等，他の議案についても株主総会決議が必要となるケースが少なくないため，かかる規制による実務上の影響は必ずしも大きくはないと考えられる[28]。

なお，法的整理手続の場面についてみると，まず，会社更生手続では，前記のとおり，募集株式の募集等は更生計画によらなければ行うことができず，更生計画に基づく場合にはそもそも株主総会決議を要しないため，かかる規制による影響はほとんどない。他方，民事再生手続においては，その発行する株式につき譲渡制限の定めのない会社についての特則はなく，前記の会社法の規制が適用される。ただし，債務超過の状態にあり，かつ，当該募集株式の発行等が再生計画の成立または遂行に必要不可欠といえる場合には，前記の例外規定（改正会社法206条の2第4項但書）に該当するとして，取締役会決議により募集株式の発行等を行うことが可能であると解すべきである[29]。

(4) 私的整理手続において出資が行われる場合の留意点

倒産企業等における資本の新規調達は，一般的に，スポンサーや既存の債権者等に対する，いわゆる第三者割当増資によって行われる。私的整理手続中の上場会社に対する出資が行われる場合は，①金融商品取引所規則および金商法の第三者割当の開示規制ならびに②会社法の定める募集株式の発行等に対する有利発行規制が問題となり得る。

---

[28]　土岐敦司ほか「改正会社法が事業再生・倒産処理実務に与える影響」事業再生と債権管理148号（2015年）11頁。
[29]　前掲脚注[28]・土岐ほか12頁。

①第三者割当増資の際の開示規制については，詳細は，第6章を参照されたいが，事業再生の場面においては，希釈化率が25％以上となったり，支配権の異動を伴ったりする大規模な第三者割当増資を行う場合が多いため，既存株主を保護するべく，「経営者から一定程度独立した者による当該割当ての必要性及び相当性に関する意見の入手」や「当該割当てに係る株主総会決議などによる株主の意思確認」が必要となる。また，希釈化率が，原則として上場廃止となる300％を超える場合もあり，その場合には上場廃止が問題となり得る事例もある。

次に，②有利発行規制とは，株主割当て以外の方法で募集株式を（引受人にとって）「特に有利な金額」で発行する場合には，株主総会の特別決議が必要となる（会社法199条2項，201条1項，309条2項5号）というものであり，かかる規制に違反して募集株式の発行等を行おうとする場合には，差止事由（同法210条1号）となるとともに，取締役と通謀して募集株式を引き受けた者は差額支払義務を負い（同法212条1項1号），発行会社の取締役も会社または株主に対して損害賠償責任を負うと解されている[30]。そのため，有利発行規制に違反して募集株式の発行等を行おうとすると，倒産企業等としては，差止請求により予定どおりに資金が得られなくなるとともに，役員が損害賠償責任を負うおそれが生じ，また，スポンサー側としても，差額支払義務を負うことにより追加の資金負担を強いられるおそれが生じるため，慎重な対応が求められる論点である。

一般に，「特に有利な金額」とは，公正な価額に比して有利性が明らかな場合を意味し[31]，公正な価額について，判例は，発行価額決定前の当該会社の株式価格，当該株価の騰落習性，売買出来高の実績，会社の資産状態，収益状態，配当状況，発行済株式数，新たに発行される株式数，株式市況の動向，これら

---

[30]　取締役の会社に対する責任（会社法423条1項）を認めた裁判例として，東京地判平成12・7・27判タ1056号246頁，取締役の株主に対する第三者責任（同法429条）を認めた裁判例として，大阪高判平成11・6・17金判1088号38頁。なお，株主がいずれの責任を追及することも認められるべきと述べるものとして，田中亘「募集株式の有利発行と取締役の責任」新堂幸司＝山下友信編『会社法と商事法務』（商事法務，2008年）143頁。

[31]　神田秀樹編『会社法コンメンタール5－株式(3)』（商事法務，2013年）14頁〔吉本健一執筆部分〕。

から予測される新株の消化可能性等の諸事情を総合し，旧株主の利益と会社が有利な資本調達を実現するという利益との調和の中に求められるべきものであるとしている[32]。そして，市場価格のある株式については，払込金額決定時の株式の市場価格が基準とされるが，再建手続中の会社に対して，スポンサーが市場価格を基準とした払込金額で出資を引き受ける可能性は低く，市場価格を基準に払込金額を決定するのでは資金支援を得ることが容易でないと考えられる。

　そのため，このような事情の下で行われる私的整理手続における第三者割当増資の払込金額は，市場価格を下回ることが多い。もっとも，①再建手続中の会社の市場価格は，流動性の低下により変動しやすく，また，必ずしも適時適切に企業価値を反映しているとは限らないと考えられているほか，②かかる払込金額は，通常，私的整理手続を通じた専門家による厳格な資産評価と事業計画に基づいて，第三者である引受先と交渉の上で定められた価格（独立当事者取引価格）であり，その意味では市場価格との乖離があったとしても，なお公正な価格と評価する余地もないわけではない。

　しかしながら，実務上は，安全サイドに立ち，法的リスクを可及的に低減させるために，有利発行と同様に株主総会の特別決議に付する場合が多い[33]。

⑸　100％減増資スキームにおける会計・税務

①　会計処理

　事業再生の場面において，100％減増資を行う場合，通常，株式の取得は無償で行うため，取得に伴う会計処理は行われない。その後に株式を消却する際には，消却手続の完了時に，当該消却する自己株式の帳簿価額をその他資本剰余金から減額させる必要がある（会社計算規則24条2項・3項，企業会計基準第1号「自己株式及び準備金の額の減少等に関する会計基準」11項）。また，この処理に

---

　(32)　最三小判昭和50・4・8民集29巻4号350頁。
　(33)　前掲注(1)・西村あさひ法律事務所＝フロンティア・マネジメント株式会社編223頁。

よって，その他資本剰余金の額がマイナスになる場合には，事業年度末に当該マイナス額をその他利益剰余金から減額する必要がある（同規則27条3項，29条3項，同会計基準12項）。

次に，資本金の減少たる減資に伴う会計処理については，減資の効力発生時に，当該減少分についてその他資本剰余金を増加させ（会社計算規則27条1項1号，自己株式及び準備金の額の減少等に関する会計基準20項），その上で，事業年度末[34]に，損失処理（会社法452条）として，その他資本剰余金をその他利益剰余金（繰越利益剰余金）のマイナスに充当することとなる（同規則27条2項3号，29条1項3号，同会計基準61項）。

また，資本金以外にも利益準備金や資本準備金が計上されている場合には，これらも減少されることとなる。具体的な会計処理としては，以下のとおり，資本準備金については，まず，資本金と同様に，減準備金の効力発生時に，当該減少分についてその他資本剰余金を増加させ（会社計算規則27条1項2号，自己株式及び準備金の額の減少等に関する会計基準20項），その上で，事業年度末に，損失処理（会社法452条）として，その他資本剰余金をその他利益剰余金（繰越利益剰余金）のマイナスに充当する（同規則27条2項3号，29条1項3号，同会計基準61項）。また，利益準備金については，減準備金の効力発生時に，当該減少分を直接その他利益剰余金（繰越利益剰余金）のマイナスの補填に充当することとなる（同規則27条1項2号，同会計基準21項）。

たとえば，資本金100，資本準備金50，利益準備金50，その他利益剰余金（繰越利益剰余金）マイナス200の会社において，資本金，資本準備金，利益準備金のいずれをも減少させるとともに，100の出資を行う場合の仕訳は以下のとお

---

(34) 更生手続の場合，更生手続開始申立後，開始決定時に事業年度が終了し（会社更生法232条2項），その翌日から更生計画認可時までが翌事業年度となり，それ以降は定款記載の事業年度に戻る。税務上の事業年度も基本的に同様であるが，更生手続開始決定から更生計画認可までに1年以上を要する場合には，開始決定日の翌日から1年間をみなし事業年度として納税申告する(同項但書，法人税法13条1項但書)。そのため，更生計画に基づき減増資を行う場合には，更正計画認可時の翌事業年度に会計処理が行われる。また，再生手続の場合には，開始決定が出ても事業年度は変更されないため，従来どおり定款記載の事業年度に決算・申告を行い，会計処理の時期も計画案の定めに基づく減増資の実施時期による。

りとなる。

【減資・減準備金の効力発生日】
(借方)	資本金	100	(貸方)	その他資本剰余金	150
	資本準備金	50		繰越利益剰余金	50
	利益準備金	50			

【増資の効力発生日】
| (借方) | 現金 | 100 | (貸方) | 資本金 | 50 |
| | | | | 資本準備金 | 50 |

【年度末】
| (借方) | その他資本剰余金 | 150 | (貸方) | 繰越利益剰余金 | 150 |

　この増資の部分を DES（額面金額は200，時価は100とする）によって行う場合には，増資に関する仕訳が以下のとおりとなる。

【DES の効力発生日】
(借方)	DES 対象債権	100	(貸方)	資本金	50
				資本準備金	50
	借入金	200		DES 対象債権	100
				債務消滅益	100

②　税務処理

　事業再生の場面におけるいわゆる100％減増資は，旧株主においては，減資によって有価証券の無償譲渡をしたことになるため，その帳簿価額の全額が譲渡損失として取り扱われることとなる(法人税法61条の2第1項)。また，新株主(スポンサー)においては，原則として出資による課税所得への影響はなく，当該出資により取得する株式の税務上の簿価は，払い込んだ金額と付随費用の額の合計額となる（同法施行令119条1項2号）。

　債務者側においては，増資も減資も資本取引であるため，原則として，課税所得に対する影響はない。もっとも，DES が行われた場合に当該 DES に係る債務に債務消滅益が生じることがあるほか，資本金等の額の増減に伴って外形標

準課税制度に基づく課税に影響が生じることがある。

(i) 100％減増資に際して DES が用いられる場合の課税関係

100％減増資に際して DES が用いられる場合，DES が適格現物出資の要件を満たさない限り（一般的には，100％親子会社間の DES であって，かつ，株式継続保有要件を満たさない限り），債務者側にとっては債務が消滅することによって債務消滅益が発生する可能性があり，また，債権者側にとっては，DES の対象債権の時価（DES によって取得する株式の帳簿価額）と帳簿価額との間に差額が生じている場合には，原則としてその差額が債権譲渡損益として認識されることになる。以下では，DES が適格現物出資の要件を満たさないことを前提に述べることとする。

まず，債務者側では，増加する資本金等の額は，現物出資によって給付を受けた債権の時価となる（法人税法施行令 8 条 1 項 1 号）ところ，事業再生の場面においては，債務超過である等して当該債権の時価が当該債権の額面金額よりも低いと評価されるのが通常であるため，現物出資により受け入れた当該債権が混同消滅（民法520条）する際に，債務者に債務消滅益が生じることとなる（なお，額面金額を返済する能力がある等して，DES に係る債権の時価が当該債権の額面金額と等しい場合には，かかる債務消滅益は生じない）。債務者側では，この債務消滅益を相殺できるだけの青色欠損金があるか，DES を実行するのと同じ事業年度において損金の発生が見込まれるか等を検討することになる。また，更生手続または再生手続その他一定の私的整理[35]において DES が行われる場合には，資産の評価損（相殺後）を計上できるほか，前記青色欠損金に優先して，いわゆ

---

(35) 一定の私的整理とは，法人税法施行令117条 4 号，5 号，24条の 2 第 1 項に要件が規定されており，国税庁によれば，要件のうち「一般に公表された債務処理を行うための手続きについての準則」については，私的整理に関するガイドラインおよび同 Q&A，株式会社整理回収機構（預金保険機構がすべての株式を保有し，不良債権問題の処理促進を業務内容とする，預金保険法上の協定銀行。略称：RCC）が定める準則，中小企業再生支援協議会（中小企業庁）が定める準則，特定認証紛争解決手続および企業再生支援機構（現 地域経済活性化支援機構）が定める準則は，かかる準則に該当することが確認されている。

る期限切れ欠損金を損金に算入できる（法人税法59条1項1号および2項1号）ため，これらの制度を用いることにより債務消滅益を相殺できないかについても検討する必要がある。

次に，債権者側では，DESにより取得した株式の税務上の取得価額は，DESに係る債権の時価となるのが原則である（法人税法施行令119条1項2号）ため，当該債権の帳簿価額（額面金額ではない）との差額は，債権譲渡損益として益金または損金に算入されることになる。ただし，合理的な再建計画によらないDESについては，債権譲渡損の一部または全部が寄付金として取り扱われる可能性があることに留意が必要である（法人税基本通達2-3-14。ただし，更生計画の定めによるDESの場合には，同通達14-3-6が，合理的な再建計画によるか否かに言及することなく，債権者が取得した株式の税務上の取得価額はDESによって取得した株式の時価としているため，通常このような問題は生じないと考えられる）。

(ii) 減増資による外形標準課税における影響

第一に，100％減増資を行った結果，外形標準課税が適用されたり，外形標準課税が適用されなくなったりすることがあり得る。すなわち，外形標準課税は，普通法人である資本金1億円超の大法人に適用され，1億円超か否かの判定は，各事業年度終了の日等の現況により判定される（地方税法72条の2第2項，地方税法の施行に関する取扱について（道府県税関係）第3章第1節第1の1の2(3)）ため，資本金1億円超の大法人の資本金が100％減増資により1億円以下となった場合には，外形標準課税の適用対象外となり，逆に，資本金1億円以下の法人が増資により資本金が1億円超となった場合には，外形標準課税の適用対象となる。

第二に，外形標準課税が適用される場合であっても，100％減増資に伴って欠損塡補を行った結果，外形標準課税における法人事業税の資本割の計算に影響が生じ得る。すなわち，法人税法上は，減資により減少した資本金と同額だけ資本金等の額が増加し（法人税法施行令8条1項12号），また，減準備金は何ら資本金等の額に影響しない結果，会社法上の減資・減準備金は，課税上は存在し

ないものとして取り扱われるところ，①平成13年4月1日から平成18年4月30日までの間に資本もしくは出資の減少（金銭その他の資産を交付したものを除く）による資本の欠損の塡補または旧商法289条1項および2項に基づく資本準備金の取崩しによる資本の欠損の塡補を行った場合，ならびに，②平成18年5月1日以後に会社法446条に規定する剰余金（同法447条または448条の規定により資本金の額または資本準備金の額を減少し，剰余金として計上したものに限る）を，同法452条の規定により損失の塡補に充てた場合には，法人事業税の資本割の課税標準の計算にあたって，資本金等の額からその資本の欠損の塡補に充てた金額が控除される（地方税法72条の21）。

　第三に，外形標準課税が適用される場合であっても，外形標準課税における法人事業税の付加価値割の計算に影響が生じる場合がある。すなわち，法人事業税の付加価値割の単年度損益の算定においては，原則として欠損金の繰越控除の適用はないこととされているが，会社更生等に伴う債務免除等があった場合の期限切れ繰越欠損金の損金算入は認められる（地方税法72条の18，同法施行令20条の2の11）[36]。

---

[36]　事業再生研究機構税務問題委員会編「事業再生における税務・会計Q&A〔増補改訂版〕」（商事法務，2011年）464頁～466頁〔上田憲治執筆部分〕。

3 種類株式による出資について

(1) 種類株式の設計

　倒産企業等への出資の際，種類株式を発行する場合の大半は，既存債権者らがDESを実行する場合であり，倒産企業等が債務免除を受けることが困難または適当でない等の理由からDESが行われる。DESにより株主となる債権者らは，会社の経営関与権（議決権）に関心がない一方，配当は優先的に受領することを希望する等，普通株式とは異なる設計を望むことが多いのが通常である。

　また，既存債権者らではなく，スポンサーが倒産企業等に対し資本提供する場合，リスクを伴う出資であり，スポンサーはリスクに相応するリターンを要求するのが通常である。しかし，上場維持を図る場合や，取引先との関係強化のために取引先を株主として存続させる必要性がある場合等には，100％減増資によることなく出資を行うこともあり得る。その場合には，既存株主がなお倒産企業等に残るため，スポンサーは，普通株式へのリターンを既存株主と分け合わなくてはならない。そこで，事業再生の場面における募集株式は，リスクに伴うリターンをスポンサーに付与することで株式の魅力を高めるべく，普通株式ではなく種類株式が用いられることも多い[37]。以下では，会社法上規定される種類株式（同法108条）のうち，事業再生の場面において用いられる典型的

---

[37]　前掲注(1)・西村あさひ法律事務所＝フロンティア・マネジメント株式会社編224頁。

な条項を紹介する[38]。

① 配当に着目した設計

まず、剰余金の配当について普通株式よりも優先して支払われる配当優先株式（会社法108条1項1号）が存在する。優先配当の定めは、確定額で定めることのほか、算式等によって定めることも可能であり、たとえば、各事業年度末の貸借対照表に基づいて計算された純資産額が一定額を超えた場合にのみ優先配当を受けられるといった条件を付すことも可能である。また、優先配当を受けた後、さらに普通株式と同じ割合で配当を受ける権利を有する旨の条項（参加条項）や、優先配当を受けることができなかった場合に当期の優先配当額を翌期の優先配当額へと繰り越す旨の条項（累積条項）を定めることも可能である。償還を前提とする優先株式を設計する場合には、債務者に償還へのモチベーションを与える観点から、参加条項・累積条項を定めることを検討することになる[39]と思われる。

---

[38] たとえば、再建型の私的整理のうち、公表されている準則（私的整理に関するガイドライン（2001年6月に発足した私的整理に関するガイドライン研究会により、同年9月公表）や、事業再生ADR（裁判外紛争解決手続の利用の促進に関する法律2条3号の認証紛争解決手段））に基づく事案においては、DESの実施等により種類株式を発行した多くの事案（株式会社明豊エンタープライズ、株式会社マルマエ（以下「マルマエ」という）、東海アルミ箔株式会社（以下「東海アルミ箔」という）において、次に述べる無議決権・優先的配当・優先的残余財産分配請求権が設計されている。また、普通株式への転換に着目した設計に関し、マルマエの事案においては、当該種類株式の株主は、当該種類株式発行から5年後（2016年）以降4年間、普通株式を対価として取得請求権を行使することが可能であり、会社側も2016年以降いつでも取得条項に基づき普通株式を対価として当該種類株式を強制取得することができるものとされ、算定方法や交付価額の調整式が定められているとともに、金銭を対価とする取得請求権・取得条項も規定されている。なお、行使期間や算定式は個別の事案によるが、同様に、普通株式への転換と金銭を対価とする取得請求権・取得条項を付与する設計は、複数の事案においてみられる（日本インター株式会社、株式会社コスモスイニシア、株式会社さいか屋等）。他方で、金銭を対価とする取得請求権は付与しない事案（株式会社新日本建物）や、普通株式への転換予約権を付与する事案（東海アルミ箔）等も存在する。

[39] ただし、普通株式について配当を行わない場合には、参加条項はそれほど債務者に償還へのモチベーションを与えるわけではないと考えられる。

② 議決権に着目した設計

次に，普通株式と同様の議決権を与えることも，議決権の全部または一部を制限することも可能である（会社法108条1項3号）。たとえば，配当優先株式について，単に常に議決権を制限する旨の条項を定めることも可能であるほか，原則としては議決権を制限するが，優先配当を受けられない場合には議決権が復活するという条項を定めることも可能である。スポンサーによっては，議決権付株式を取得することにより債務者企業の経営に関して事実上の責任を問われることになるリスクを回避すること，法令上の制約（たとえば，銀行法上の5％ルール[40]に抵触することを回避するため）等の理由で，無議決権株式とすることを希望することもある。なお，一部でも譲渡制限が付されていない株式を発行している会社においては，議決権制限株式の数が発行済株式総数の2分の1を超えないように留意する必要がある（会社法115条参照）。

種類株式を発行した場合には，一定の事項（会社法322条1項各号に規定する定款変更，株式に係る行為または組織再編行為等[41]を行おうとする場合において，ある種類の株式の種類株主に損害を及ぼすおそれがあるとき）は，通常の株主総会とは別個に当該種類の種類株式を保有する種類株主による種類株主総会が必要となる。この点に関し，会社法上，同法322条1項2号から13号までの行為については種類株主総会を必要としない旨の定款の定めを置くことも可能であるため，種類株主の権利保護の要請と倒産企業等の事業活動の柔軟性の確保のバランスを考慮して，かかる定款の定めの要否を検討する必要がある。

---

(40) 銀行法16条の3第1項において，銀行またはその子会社は，合算して国内の一般事業会社の総株主の議決権の5％を超える議決権の取得・保有が禁止されている。もっとも，当該5％ルールは企業再生の支障となっていたことから，2014年4月1日に施行された金融商品取引法等の一部を改正する法律（平成25年法律第45号）により，企業再生や地域経済の再活性化に資する効果が見込める場合において，銀行等による資本性資金の供給をより柔軟に行うべく規制緩和がなされている。

(41) 定款の変更（イ　株式の種類の追加，ロ　株式の内容の変更，ハ　発行可能株式総数または発行可能種類株式総数の増加（1号）），株式売渡請求に係る対象会社の承認（1号の2），株式の併合または株式の分割（2号），株式無償割当て（3号），株式を引き受ける者の募集（4号），新株予約権を引き受ける者の募集（5号），新株予約権無償割当て（6号），合併（7号），吸収分割（8号），吸収分割による他の会社がその事業に関して有する権利義務の全部または一部の承継（9号），新設分割（10号），株式交換（11号），株式交換による他の株式会社の発行済株式全部の取得（12号），株式移転（13号）。

③　残余財産分配請求権に着目した設計

　残余財産分配請求権についても，普通株式よりも優先する条項を定めることが可能であり（会社法108条1項2号），償還を前提とする優先株式を設計する場合には，償還額（基本的には発行価格とほぼ同額である）の範囲内で普通株式に優先させることになるものと思われる。

④　普通株式への転換に着目した設計

　種類株式は，そのままでは，債務者企業にとって再上場の支障となったり，スポンサーにとって処分手段が限定されたりするため，あらかじめ普通株式に転換するための条項を置くのが通常である。また，スポンサーは，事業再生に係る計画の内容に従って債務者企業の再生が図られず，スポンサーに対する配当や償還等がなされない場合に自ら経営に参画するべく，種類株式を普通株式に転換するための条項を置くことを希望する場合もある。

　このような種類株式の普通株式への転換に関する条項の定め方としては，会社側のイニシアチブで転換する取得条項（会社法108条1項6号）に関する定めを置くものと，株主側のイニシアチブで転換する取得請求権（同項5号）に関する定めを置くものとがある。また，双方の定めを置くことも可能である。

　取得条項・取得請求権のいずれについても，その設計に際しては，主に転換比率（同法108条2項5号ロ，108条2項6号ロ），転換事由（会社法108条2項6号イ，107条2項3号イロ）・転換時期（同法108条2項5号イ，107条2項2号ヘ）が問題となる。転換比率については，具体的な数値で定める必要はなく，交付する株式の数が確定できるものである限り算定方法を定めることで足り，固定のもの，市場株価がある場合には市場価格等の一定の基準価格（転換価額）で払込価格を除することによって定まるもの等，柔軟な規定が可能であるが，転換後に普通株式に係る発行可能株式総数を超えることとなる種類株式は，会社法114条2項1号に反することとなるため，特に転換価額の下方修正を認める場合には，種類株式の発行要項のドラフティングに際して留意が必要である。また，株式分割等が行われた場合にその比率にあわせて転換条件を調整する希薄化防止条

項が置かれるのが通常である。

その他の視点として，スポンサーが取得請求権を行使する場合には，スポンサーが単独で債務者企業の経営権を確保できるよう，転換後の議決権が総株主の議決権の3分の2以上となるよう設計し，特別決議事項についても他の株主の拒否権を排除しておくことがある。

⑵　事業再生の場面で特に問題となる開示規制

上場会社が種類株式を発行する場合には，その募集の形態に応じて，有価証券届出書や臨時報告書の提出が必要となる（金商法5条，24条の5第4項）点に留意が必要である。詳細については，第6章を参照されたいが，事業再生に際して上場会社が種類株式を発行する場合には，実務的には主に以下の事項が問題となる。

第一に，種類株式の発行時には，当該株式を引き受けるスポンサーが1名であったとしても，普通株式を対価とする取得条項や取得請求権が付されており，スポンサーまたは債務者企業の自由な裁量等により短期間に普通株式に転換されることが相当程度認められるものについては，臨時報告書ではなく，有価証券届出書の提出が必要とされる（開示ガイドラインCⅢ(1)④）。

第二に，取得請求権に関して転換価格の下方修正を定めようとする場合には，当該株式がMSCBに代表される「行使価額修正条項付新株予約権付社債券等」（開示府令19条8項・9項）に該当しないか（該当する場合には，投資者保護のための詳細な開示が求められることになる）についても検討が必要である。

4 スポンサー契約

(1) スポンサー契約の内容

債務者企業とスポンサーとして選定された者との間で締結される，債務者企業に対する支援に関する契約を，一般に「スポンサー契約」という。

スポンサー契約についても，基本合意を締結した上で，平時のM&A契約において締結されるような詳細な最終契約を締結する場合もあれば，基本合意を締結することなく当初より最終契約を締結する場合もある。また，合意の内容・詳細さについても，契約当事者の関係，契約交渉の経緯，時間的制約等の事情によってケースバイケースである。近時は，入札手続によってスポンサー選定が行われることも多く，その場合には，債務者企業が，入札手続において，あらかじめスポンサー契約のドラフトを提示し，スポンサー候補には支援に関する提案書の提出を求めると同時にそのスポンサー契約のドラフトにスポンサー候補が必要と考える修正を履歴付きで入れてもらい，その修正内容もスポンサー選定の一要素とするという手法が確立しつつある[42]。また，入札の過程でスポンサー候補にドラフトの修正案を提示してもらい，その内容について債務者企業とスポンサー候補とが意見交換を行うことを通じて，両者の間の理解の齟齬を事前に埋める手続が行われることもある。

なお，スポンサー契約を締結するには，再生手続においては監督委員の同意，

---

[42]　前掲注[12]・東京弁護士会弁護士研修センター運営委員会編214頁〔南賢一執筆部分〕。

更生手続においては裁判所の許可(43)が必要となる点に留意が必要である。

⑵　スポンサー契約の主な条項

　スポンサーとしては，スポンサーとしての権利・利益を確保するべく，通常の資本提携契約と同様に，スポンサー契約において，表明保証，誓約事項，前提条件等の条項を規定することを希望するのが通常である。実際に，事業再生におけるスポンサー契約においてこれらの条項が置かれることは少なくなく，特に，法的整理手続に入らずに再建することを目指すスポンサー契約においては，事業再生に伴うリスクを最大限排除しようとするスポンサー候補により，スポンサー候補に相当程度有利な内容でスポンサー契約が締結されることも少なくない。

　他方で，法的整理手続の下で再建することを目指すスポンサー契約においては，債務者企業の再生を容易ならしめるために債務者企業に配慮した条項が設けられるほか，表明保証，誓約事項，前提条件等についても，平時におけるM&Aと比較してスポンサー候補にとって負担の少ない形で定められることも少なくない。以下では，法的整理手続の下で再建することを目指すスポンサー契約について，平時におけるM&A契約と比較しながら，代表的な特徴を述べることとする。

①　弁済原資の確定

　スポンサー選定手続においてスポンサー候補が行う提案により，債務者企業に対する資金支援額が概ね確定し，その後，それを前提として具体的な弁済額または弁済率を確定する作業が必要となる。近時は，債務者企業の早期再建を目的として，スポンサーによって資金支援がなされた後に速やかに債務を一括

---

(43)　東京地裁の運用上，再生手続においては，再生手続開始決定と同時に，監督委員の同意を要する行為として「事業の維持再生の支援に関する契約」を，また，更生手続においては，更生手続開始決定と同時に，裁判所の許可を要する行為として「更生会社の事業の維持更生の支援に関する契約」の締結を指定している。

弁済する例が多いが，事案によっては，スポンサーによる債務者企業への金銭的支援を前提に，当該金銭的支援がなされた後の債務者企業の収益を基に数年をかけて残りの債務を弁済する例もある。

　また，通常は，具体的な弁済額または弁済率を確定できなくなることから，スポンサー契約上，スポンサーによる出資金額を事後的に大幅に調整する条項を設けることは容易でないことが多い。他方で，債務者企業側のニーズで価格調整規定を設けることはある。たとえば，再生手続において，事業の継続に必要な財産に担保権が設定されている場合には，担保を抹消して当該財産を受け戻すために，優先債権者である担保権者（別除権者）に対して弁済を行うことが通常であるところ，担保権者との交渉の過程で弁済額を増額せざるを得ない場合には，それに合わせてスポンサーからの支援額を増額させる条項を置くことがある。

②　クロージングの条件

　平時における M&A 契約においては，クロージングの条件として，①契約違反がないこと，②表明保証違反がないこと，③取引の実行に必要な決議が行われていること，④（対象会社の役員が辞任する場合には）当該役員が辞任していること，⑤取引の実行に必要な許認可等が取得できていること（独禁法上のクリアランスの取得を含む），⑥契約締結後に重大な事象が発生または判明していないこと（いわゆる MAC アウト条項），⑦引受側において資金が調達できていること（いわゆるファイナンス・アウト条項）等が検討される。

　しかしながら，事業再生におけるスポンサー契約においては，債務者企業の早期再建と，再生計画・更生計画の履行可能性を確保する観点から，債務者企業または更生管財人としては，スポンサー側の事情を取引実行条件とする規定を盛り込むことには否定的な態度で臨むことが多い。また，スポンサー側の事情にあたるとはいえない取引実行条件についても，できる限り，債務者企業または更生管財人においてコントロールできる範囲に限定的に定めようとすることが多い。具体的には，スポンサー側の事情による取引実行条件である，前記

⑦のいわゆるファイナンス・アウト条項については，再生計画・更生計画の履行可能性が確保されないため，受容れが容易でない場合が多い。また，前記①は「重大な」契約違反がないことと限定し，前記②は「（債務者企業または）管財人が知る限り」表明保証違反がないこと（また，後述するように，個別の表明保証の内容についても限定的に定める）と債務者企業または更生管財人がコントロールできる範囲に限定することが多いように思われる。さらに，前記⑥のMACアウト条項についても，受け容れられないか，受け容れるとしても相当程度限定的となる場合が少なくないのではないかと思われる。

③ 解除事由

　平時におけるM&A契約においては，①重大な表明保証違反，②取引実行条件（前提条件）が成就されないまま取引実行期限が経過したとき，③重大な事象が発生または判明した場合等が解除事由として定められることが多い。

　この点，事業再生におけるスポンサー契約においては，前記のとおり，債務者企業の早期再建と再生計画・更生計画の履行可能性を確保することが重視されるため，解除事由についても限定的に規定されることが少なくない。また，法的整理手続特有のものとしては，裁判所に提出する再生計画案または更生計画案について，不認可決定が確定した場合や，再生手続や更生手続の廃止決定が確定した場合等が解除事由として定められる例が多い。

④ 補償，表明保証

　平時におけるM&A契約においては，対象会社に関する事項について詳細な表明保証がなされ，当該表明保証の違反に基づき相手方が損害を被ったときに，一定の範囲で賠償が認められる補償条項が規定されることが多い（ただし，資本・業務提携契約に限っていえば，引受人が発行体に補償請求を行うと，発行体の価値が減少し，ひいては引受人が保有する発行体に係る株式の価値が一部減殺することになるため，表明保証違反については補償事由としないこともある）。

　しかしながら，事業再生におけるスポンサー契約においては，前記のとおり，

債務者企業の早期再建と，再生計画・更生計画の履行可能性を確保することが重視されるため，債務者企業または更生管財人としては，事後的に債務者企業から資金が流出し，再生計画・更生計画の履行可能性が確保されなくなるおそれのある補償条項を全面的に受け容れることは難しい場合が多い。仮に受け容れるとしても，補償金額に上限を付したり，あるいは，補償事由を契約違反に限り，表明保証違反を補償事由としない等限定的に定められることが多い。

また，表明保証の内容についても，その違反が補償事由となったり，クロージング条件の不充足をもたらしたりすることがないよう，債務者企業または更生管財人としては，債務者企業の内容や資産に関する事項について表明保証を行うことはできるだけ避ける傾向にある。なお，表明保証違反が補償事由とならない場合には，通常，表明保証違反の効果はクロージング条件の不充足・解除のみとなるため，クロージングを行うことができない事由・スポンサー契約を解除するのもやむを得ない事由は何かという観点から，表明保証の対象事象について交渉がなされることとなる。

その他，表明保証の内容を検討する際に考慮すべき事項として，更生手続の場合には，更生計画の認可決定をもって届出のない更生債権はすべて失権する（会社更生法138条1項，204条1項柱書）ため，平時におけるM&Aと比較すると，会社の内容や資産に関する表明保証違反があったとしても対象会社自身に偶発債務が生じるリスクは低いと考えられる。もっとも，この場合においても，過去の法令違反等が判明する等して，債務者企業またはスポンサーのレピュテーションが低下し，将来の営業利益が低下することはあり得るのであって，債務者企業における偶発債務の問題と，将来における債務者企業およびスポンサーの機会損失の問題とは，区別して検討する必要があることに留意すべきである。

⑤　誓約事項

平時におけるM&A契約においては，クロージング前の誓約事項として，発行会社の役員辞任に係る義務，発行会社の事業運営方法に係る規定，発行会社

の情報へのアクセス権の付与等が，クロージング後の誓約事項として従業員の雇用維持，競業避止義務等が定められることが多い。

まず，クロージング前の誓約については，事業再生におけるスポンサー契約も基本的には平時と同様であるが，債務者企業としてはクロージングに至らない事態を避けるべく，債務者企業が負うべき義務の範囲を限定的に定めることを希望することが多い。他方で，スポンサー契約に特有なものとしては，クロージングまでに債務者企業の資金繰りが悪化した場合にスポンサーが必要な資金の貸付けを行う等，事業継続のために必要な処置を行う旨の条項が定められる場合がある。

また，再生手続に特有の論点として，担保抹消等には別除権者の同意および監督委員の同意が必要であり，再生債務者の一存で行うことができない。そのため，再生債務者としては，結果的に担保が抹消できなかった場合にスポンサーから債務不履行責任を追及されることのないように，担保抹消等については，担保抹消等が行われるよう努力する旨の努力義務を定めるにとどめることを希望することが多い。これに対して，スポンサー側としては，担保抹消等ができていることをクロージングの前提条件とし，担保抹消等ができなかった場合には取引を実行しないオプションを確保することを検討することになる。

次に，クロージング後の誓約については，債務者企業または更生管財人としては，会社更生法の目的である「事業の維持更生」(同法1条)，民事再生法の目的である「事業……の再生」(同法1条)の観点から，債務者企業が引き続き事業を継続していくために必要な条件をスポンサーに要求することを検討する必要がある。その具体的な内容としては，従業員の雇用維持，設備投資・社名の維持，一定期間の株式の転売禁止・組織再編行為の禁止や，従前の取引先の尊重等の義務等があげられる。

⑥ fiduciary out 条項

再生手続および更生手続においては，前記1(2)②に記載のとおり，弁済額を極大化する要請があることとの関係で，プレパッケージ型のスポンサー選定手

続によって選定されたスポンサーとの間のスポンサー契約については，事後的により優れた提案をする第三者が現れた場合にその提案を拒絶することができるかが問題となり得る。この点については，債務者側としては，新たに現れた候補者の支援を受けてスポンサー契約に違反するか，既存の候補者の支援を受けて法令に基づく義務に違反するかの二択を迫られることを避けるべく，独占交渉権の例外として，既存の候補者よりも良い条件の資金支援の提案があった場合に，一定の手続を経た上で既存の契約から離脱する権利（Fiduciary Out 条項）を規定することがある。

　具体的には，スポンサー以外の第三者から，スポンサー支援の打診を受けた場合（打診を受けた取引を，以下「代替取引」という）に，代替取引が一定の条件を満たすときには，計画案の提出前に限り，当該第三者との間で協議・交渉を開始することができると定めるものである。この「一定の条件」の例としては，①既存スポンサー契約よりも，債権者にとって弁済率および履行可能性の観点から有利なものであるか，有利なものになると合理的に見込まれること，②監督委員が，債務者に対して代替取引の交渉を行うよう書面で勧告したこと等を定めることが考えられる。

　その上で，代替取引が成立した場合であって，一定の条件を満たすときには，債務者は，既存のスポンサーに対し，ブレークアップフィーを現実に支払った上で，スポンサー契約を解除できるよう，解除権を留保しておくことが考えられる。この「一定の条件」としては，①代替取引の提案が主要な条件を明示した法的拘束力のある書面によりなされた履行可能性の高いものであり，かつ，既存のスポンサー契約よりも債権者にとって弁済率が明確に有利であること，②監督委員が，債務者に対して代替取引の提案者をスポンサーとするよう書面で勧告したこと，③既存スポンサーが一定期間内に代替取引よりも債権者にとって有利な再提案を行わなかったこと等のすべての条件を満たす場合等と定めることが考えられる[44]。

---

(44)　前掲注(9)・東京弁護士会倒産法部編98頁〔金山伸宏執筆部分〕。

⑶　その他の留意点

　当初は私的整理手続による再建を目指したものの，その後にやむを得ず法的整理手続に移行する場合がある。この場合の留意点としては，前記①(2)①に記載のとおり，スポンサー選定の手続に公正性の観点から疑義があると判断された場合や，債権者に対する弁済の極大化を目指すものではないと判断された場合には，プレパッケージ型の場合と同様，スポンサー契約が双方未履行双務契約として解除されるリスクがある（会社更生法61条１項，民事再生法49条１項）。また，スポンサーによってすでに資金支援が実施されていた場合には，当該資金支援に係る債権が更生債権または再生債権等として取り扱われることにより，他の更生債権または再生債権等と同様にカットの対象となり，回収不能に陥るリスクがある。特に，後者については，このような取扱いがなされてしまうと，法的整理目前であればあるほど，スポンサーが見つからないという悪循環を生み出すことにもなりかねない。

　そこで，かかる資金支援に係る債権については，①担保を設定し，別除権や更生担保権としておくことのほか，②法的整理手続に移行したときに裁判所の許可を得て共益債権化することや，③新たなスポンサーが就任する場合には，ブレークアップフィーとして当該貸付金額の100％についての弁済を新スポンサーに行わせる等して手当てすることによって，スポンサーの権利を保護し，もって安定的な再建を果たすことが目指されることになる。さらに，④2014年１月に施行された産業競争力強化法（平成25年法律第98号）により，私的整理段階でのつなぎ融資の円滑化を目的とする支援措置が設けられた。すなわち，(ⅰ)事業再生 ADR 手続[45]において，特定認証紛争解決事業者が，(a)当該つなぎ融資が事業継続に欠くことができないものであること，(b)当該つなぎ融資に係る

---

[45]　裁判外紛争解決手続の利用の促進に関する法律（平成16年法律第151号）に基づく認証 ADR 制度に立脚し，経済産業大臣の認定を受けた特定認証紛争解決事業者（産業競争力強化法51条１項・２項）が関与する事業再生支援制度をいう。

債権を他の債権者に優先して弁済することについて ADR 手続に参加している全債権者の同意があること，を確認した場合（産業競争力強化法58条）には，(ii)会社更生または民事再生に係る手続に移行した後，裁判所は，(i)の事実を考慮した上で，更生計画または再生計画において当該つなぎ融資を優先して弁済するよう「差を設けても衡平を害しない場合」に該当するか否かを判断するものとされており（会社更生法168条1項但書または民事再生法155条1項但書），当該つなぎ融資の優先弁済が認められる余地がある（産業競争力強化法59条，60条）(46)。今後，これら支援制度の活用を大いに期待したい。

---

(46) 経済産業省『産業競争力強化法逐条解説』（http://www.meti.go.jp/policy/jigyou_saisei/kyousouryoku_kyouka/kommentar/index.html）234頁～238頁。

第 **11** 章

クロスボーダーの
資本・業務提携

1

総　論

　近年，日本企業の活動はますますグローバル化しており，これまで海外進出をしていなかった企業も含め，多くの日本の企業が海外の国々に進出している。特に，近時では，欧米のみならず，アジア，中南米，アフリカ等の新興国への進出が目立っているところである。新しい国・地域への進出の方法としては，駐在員事務所・現地法人・支店等自らの拠点を置き，一からビジネスを始めることも考えられるが，この場合，時間も手間もかかる。そのため，すでにその国・地域で事業を行っている現地企業との資本・業務提携を行うことによって，速やかにかつ効率的に新しいマーケットへの進出をはかる企業も多い。

　海外のパートナーとの資本・業務提携により，どのようなシナジーを創出し，事業を成功に導くかについての基本的なポイントは，本書でこれまで解説してきたところが当てはまるものと考えられる。もっとも，言葉も文化も法制度も異なる国・地域において資本・業務提携を行う場合，日本における資本・業務提携の場合とは異なる注意が必要になる場合も多い。たとえば，自国の市民・経済を守るための外資規制がある国や，市場の競争の平等性を守るための強力な競争法がある国がある。また，日本のようなシビル・ローの国のみではなく，英米法系のコモン・ローの国もあり，契約書の記載について日本にはないルールがある国もある。さらに，準拠法や紛争解決機関をどこにするかにより，紛争が生じた際に大きな影響が生じ得る。そこで，本章では，クロスボーダーでの資本・業務提携を行う場合に特に注意する必要がある点を，資本・業務提携を行うまでの場面ごとに分けて，具体例をあげながら解説する。

2

交渉開始過程の問題

⑴ フィージビリティースタディー

　海外での新しい業務展開を検討する上では，市場調査やパートナー先の選定のみならず，外資規制等の法律上の制限も確認する必要がある。かかる調査を行わずに，本格的な DD や現地パートナーとの交渉を行い，後で根源的な問題を認識したということであれば，時間とコストの無駄が生じてしまう。特に後記の点は，資本・業務提携ができるのか，どのような提携が可能かといった根源的な問題であり，早めに確認をすることがその後の交渉等にも役立つ。

①　外資規制

　外国資本による投資は，その国にとって，海外からの資本注入というメリットがある反面，巨大資本により，内国産業が荒らされる危険性も孕んでいる。最近は，多くの国において，規制を緩和する傾向にあるが，かかる危険から市民およびその国の企業を守るために，どの国でも多かれ少なかれ，外国資本の参入について何らかの規制を有する[1]。特に主権維持や防衛に関する産業，水・水道・電気・ガスのようなライフラインに関係する産業については，外資の参入が制限されることが多い[2]。

　したがって，そもそも，資本提携が，同国の外資規制上，禁止または制限されることはないか，また制限されるとして，出資可能最大比率は何％か等を，早い段階で検討，確認しておく必要がある。その結果次第では，早々にディー

414 ■ 第11章　クロスボーダーの資本・業務提携

ルの検討を中止すべきという判断に行き着くことも珍しくはない。また，外資
規制はその国のその時々における政策と非常に密接な関係があるため，その国
における政治や政局の影響を受けることが多く(3)，国によっては改正が頻繁に
行われるという点に特徴がある。そこで，対象国への進出を検討する日本企業
においては，対象国の政治状況に鑑み，内国保護寄りの政策から外資規制が厳
格化されるトレンドなのか，それとも自由主義的な政策に基づき規制が緩和さ
れるトレンドなのか，大局的な予測を持つことが中長期的な投資の展望を描く
上で有益となる場合もあり，また，実際に進出する際には必ず最新の外資規制
を確認する必要がある。

---

(1) 外国人の就労許可の取得も厳格に制限している国がある。たとえば，タイなどにおい
ては，外国人を1人雇用するにはタイ人を4名雇用しなければならないものとされてお
り，タイ人の雇用確保を重視する同国の姿勢が見て取れる。このような規制はアジア諸
国以外にも存在し，たとえば，ブラジルにおいては，労働者が3名以上の会社において
は，従業員の3分の2以上がブラジル人でなければならず，かつ全賃金のうち3分の2
以上がブラジル人に対し支払われる必要がある。ペルーにおいては，経営者，特殊技能
者などを除き，外国人労働者数は全従業員の20%以下，給与額は全従業員総額の30%以
下とされている。また，南アフリカ共和国においては，黒人に対する人種差別の歴史的
背景からBEE法（Broad Based Black Economic Empowerment Act）に基づく黒人
優遇政策がとられており，政府調達や公共事業等において，黒人による経営支配，黒人
の技能開発等の黒人への貢献度に関連する諸要素から算定される一定のスコアを満たす
ことを参加要件または優遇的取扱いの条件とされている。これらの雇用をめぐる規制は，
海外に進出する日系企業にとっても大きな制約の1つとなる。また，たとえば，スリラ
ンカでは，外国企業が同国に進出する場合，税制面での優遇等の理由から，スリランカ
投資庁（Board of Investment，「BOI」）による登録を受けて事業を行うことが多く見ら
れるところ，BOIとの協定において，外国人雇用に際しては，その事前承認を得なけれ
ばならないとされることもある。
(2) たとえば，ここ最近，日系企業の進出が多いインドネシアにおいては，新投資法12条
2項により，武器，弾薬，爆発物，戦争用機材の生産等国防産業への外国資本の投資が
禁止され，また，ほかの分野においてもネガティブリストにより外資の参入が制限され
ているものがある。中南米への進出を検討する日本企業から特に関心が高いブラジル，
メキシコ，コロンビア，ペルー，チリにおいては，原則として外国資本による100%の出
資が可能であるが，国防その他の観点から外国資本の投資が例外的に制限されるという
制度設計になっている（山口勝之＝森本大介＝清水誠「ラテンアメリカ進出法務の基礎
(1)(2)(3)」NBL1058号（2015）35頁，同1060号（2015）53頁，同1062号（2015）38頁）。
(3) たとえば，近時日本企業のキューバに対する注目度が大いに高まっているが，その背
景には，ラウル・カストロ議長の下で進められている経済改革（2013年政法令313号に基
づくマリエル開発特区の創設や2014年の新外国投資法の制定等を含む）に加えて，2015
年の米国との国交正常化およびこれに伴う今後のキューバにおけるビジネス機会の拡大
に対する大きな期待がある。また，アルゼンチンにおいても，2015年に成立したアクリ
政権下において外国為替規制が順次緩和されるなどしており，今後，外国資本による投
資を容易にする規制緩和がますます進むことが期待される状況にある。

なお，外資規制が想定するディールの障害にはならないと判断されるとして
も，外資規制がある国においては，一定の株主の異動等に伴い，外資規制を司
る所管庁への届出，通知等の手続が要求されることもある。これらの手続に一
定の時間を要することもあり得るため，日本におけるディールとは異なるスケ
ジュールの工数が発生することについても，頭の片隅においておくべきである。

　外資規制がある国において往々にして問題となるのが，外資規制回避のため
のいわゆるノミニースキームの存在である。ノミニースキームとは，一般的に
は，ある国において外資規制下にある事業について，外国企業が現地企業を通
じて当該事業に参入することを目的として，当該国の国籍を有する者（名義株
主）に融資をした上で，当該国の企業に出資をさせるとともに，当該出資に係る
株式を当該融資の担保に取る等の方法により，実質的に現地企業を支配すると
いう類のスキームを指す。この点，このような，規制回避目的によるノミニー
スキームに対する当局の見解や取締りの姿勢は，国によって区々であるものの，
全体的な傾向としては，これまで事実上黙認され，広く蔓延してきたノミニー
スキームについて，各国当局としても，徐々に，それを違法なものとして把握
し，取締りの対象として積極的に捉える姿勢を充実させる途上にあるというの
が，実務的な感覚である[4]。

　したがって，資本提携にあたり，外資規制の問題に直面したとしても，違法
なノミニースキームには傾斜しないということが，言うまでもなく肝要であ
る[5]。また，そもそも資本提携を考える既存の外国企業において，不自然な株
主構成が発見された場合には，そのようなノミニースキームの可能性も念頭に
おいて調査を進めることが推奨される。

---

[4]　たとえば，ノミニースキームの活用が広く行われているインドネシアにおいても，2007
　　年に制定された投資法において，ノミニースキームの効力を否定するものと解される条
　　項が置かれた。それ以降，従来は業務としてノミニースキームを行っていた会計事務所
　　等も，現在は，これを行わなくなっているところが増えている模様である。
[5]　そもそも，ノミニースキーム自体，本来自社が持つべき株を個人に持たせる点におい
　　て，当該個人との関係が悪化した場合のリスク，当該個人の死亡（相続発生）リスク，
　　出資のエグジットの際の足かせになるリスク等が懸念されるものであり，不安定かつ危
　　険を孕むものである。

416 ■ 第11章　クロスボーダーの資本・業務提携

　なお，日本企業の活動が特に活発である ASEAN 主要国の主な外資規制の一覧は後記のとおりである（**図表11-1**）。

（図表11-1）　ASEAN 主要国の主な外資規制

国名	概要
シンガポール	歴史的にも，外国資本の受入れに積極的であり，外資規制は極めて限定的[6]。
インドネシア	2007年投資法に基づく大統領令により，同国において，外国資本の参入が禁止または制限される事業のリスト（いわゆるネガティブリスト）が公表されている[7]。 　(1)　投資が禁止されている業種 　　　農業，林業，工業，運輸，情報通信技術，教育・文化，観光・創造経済の分野の一定の業種につき，外資による投資が禁止。 　(2)　投資が制限されている業種 　　　農業，林業，海洋・漁業，エネルギー・鉱物資源，工業，国防・警備，公共事業，商業，観光・創造経済，運輸，情報通信技術，金融，銀行，労働・移住，教育・文化，保健の各分野における一定の業種につき，その規制の内容および外資による最大持株比率等が定められている。 　　　具体的には，各業種について，以下のような分類に応じた規制が指定されている。 　　１．零細中小企業，協同組合のために留保される業種 　　２．パートナーシップが条件づけられる業種 　　３．外資比率が制限される業種 　　４．特定の立地に制限される業種 　　５．特別許可を要する業種 　　６．内資100％に限定される業種 　　７．外資比率が制限され，かつ特定の立地に限定される業種

---

(6)　外資の参入に対する規制がある産業としては，放送事業，新聞，ガス，電気，規制製品の製造（ビール，たばこなど），光ディスク製造，銀行業，法律業務などが挙げられるが，これらの多くは，外資向け特有の規制ではなく，内資企業にも適用されるものである。

(7)　なお，最新の情報として，2016年2月，インドネシア政府により，ネガティブリストの改正が公表され，同年5月18日から施行された。2014年以来，約2年ぶりの改正であり，外食産業，建設ビジネス，製薬業等の産業分野で，外資出資比率制限の緩和が行われている。注目される点として，2014年のネガティブリストにより，外資出資上限比率が100％から33％まで引き下げられた「ディストリビューター業」について，本改正により，2年とたたないうちに今度は再び67％まで引き上げられており，やや朝令暮改の感も否めない内容となっている。

	8．特別許可が必要で，かつ外資比率が制限される業種 9．内資100％に限定され，かつ特別許可が必要な業種 10．ASEAN諸国の投資家向けに限定される外資比率，または特定の立地に限定される業種
マレーシア	2009年以降，外国資本投資規制緩和の流れが顕著であり，現在でも，個別の所管庁による出資条件等の規制は残っているものの，多くの産業で自由化が実現している。その主要な状況は以下のとおりである[8]。 　(1)　国家権益に関連する産業 　　　水，エネルギー，電力，放送，防衛，保安等の産業においては，外資の参入は30％までに制限。 　(2)　製造業 　　　現在，自動車を除くほぼすべての業種で，外国資本100％での参入が可能となっている。 　(3)　サービス業 　　　広範な資本規制が存在するものの，2009年頃から規制緩和の流れが広がり，コンピュータ関連サービス業，観光業，道路運送業，ビジネスサポート業等の一部の業種についての出資規制の撤廃や緩和が続く。もっとも，未だに多くの産業で出資規制が残っており，スーパーマーケット，ガソリンスタンド，新聞販売店等の特定の小売業については，外資の参入が規制される。また，投資銀行，保険会社，イスラム保険会社等については，外国資本は70％までとされる。
タイ	外国人事業法[9]別表1～3により，原則として外国事業者の参入が禁止される業種を列挙。これらの事業を外国人が行うためには，事前に，外国人事業委員会の許可等に基づく外国人事業許可を得る必要あり[10]。別表1の業務については外国人事業許可の対象とはならず，また，別表2の業務は別表3の業務よりも許可を得るのが困難であるとされる。 　(1)　別表1－外国人の営業を禁止する事業 　　　新聞，放送，稲作，畜産，林業，漁業，古美術品取引，土地取引等が対象となる。 　(2)　別表2－国家安全保障に係る，または文化，伝統，地場工芸，天然

---

(8)　マレーシアでは，経済的に弱い立場に置かれがちであった現地民（ブミプトラ）を保護するための政策として，同国における事業につき，ブミプトラの資本保有比率を広く30％以上とする目標が設定されていたが，2009年の外国投資委員会（Foreign Investment Committee）の解散により，一般的な30％規制は撤廃された。

(9)　個別の事業法（たとえば，保険，陸上輸送など）により，外国資本の参入が規制されている産業分野もあり，そのような場合，当該個別法が外国事業法に優先するのが原則である。

(10)　タイには，投資委員会による投資奨励策も存在しており，投資奨励が得られれば，外国人事業許可を得ずとも，前記外国人事業法別表にあたるような業務をも行うことが可能となる場合がある。

	資源・環境に影響を及ぼす事業 　　銃器，軍用機等の製造，販売，国内陸運，水運，空運等，タイ伝統 文化品の製造，岩塩事業，鉱業等が対象となる。 　(3)　別表3－タイ人に外国人との競争準備がまだ整っていない事業 　　会計・法律サービス，一定の建設業，広告業，ホテル業，飲食物販売 業，その他のサービス業等が対象となる。 サービス業については，別表3の広範な表現からして，幅広く規制の網が かけられていると考えられている(11)。
ミャンマー	具体的な外国資本参入規制として，以下のようなものが挙げられる(12)。 　(1)　国営企業法による，一定分野における，民間参入制限（政府が認め 　　た場合を除き，原則として民間による参入は認められない） 　　　銀行・保険事業，ラジオ・テレビ放映事業，郵便・通信事業，航空・ 　　鉄道事業，発電事業，石油・天然ガスの採掘・販売，魚・えびの養殖 　　等。 　(2)　外国投資法による外国資本投資規制(13) 　　(a)　外国投資法施行規則7条～10条に基づき，ミャンマー国民のみが 　　　実施することができるとされる事業 　　　　伝統的な製造業，サービス業，農業，畜産業および漁業について， 　　　25項目にわたり，具体的事業が列挙されている。 　　(b)　ミャンマー投資委員会（Myanmar Investment Commis- 　　　sion）通知（2014年49号）による外資規制（いわゆるネガティブリ 　　　スト） 　　　(i)　禁止される経済分野（11分野） 　　　　　自然林の管理，航空交通管制業務，電力システムの管理等 　　　(ii)　ミャンマー国民との合弁事業の形態においてのみ許可される経 　　　　済分野（30分野） 　　　　　一定の製造販売業，商業建築物，アフォーダブル住宅の建設業 　　　　　等 　　　(iii)　特別な条件の下で許可される経済分野

----

(11)　たとえば，純粋な対顧客向けビジネスとしてのサービス業はもちろん，タイ地域統括
　　会社として，グループ会社に対する営業・管理支援を行うに止まるとしても，（有償無償
　　で行うとを問わず，）それらの業務をもって，「サービス業」に該当すると判断される可
　　能性がある。
(12)　同国においては，外資参入規制の根拠となる法令が複数あり，それらの相互関係が不
　　明瞭である上，その解釈および運用も安定していない。したがって，規制の検討にあたっ
　　ては，法文の解釈のみに依拠せず，関係当局への個別的照会を踏まえて最終判断をすべ
　　き必要性が高い。なお，2016年半ばを目途に，新たな投資法が策定される計画もあり，
　　これまでをみる限り，制度改正が頻繁である点にも留意が必要である。
(13)　外国投資法は，本来的には，外国資本の投資を奨励する法律であるものの，同法（同
　　法に基づく施行規則および通知を含む）に基づき，本文記載のような外国資本投資規制
　　が存在する。

	a．関係官庁の承認を得て，合弁であれば許可される経済分野（43分野） b．一定の条件を満たし，合弁であれば許可される経済分野（21分野） また，不動産の保有規制による事実上の外資規制や，卸売業・小売業に関する事実上の制限や規制も存在する。

② 強制公開買付け（Mandatory Offer）

上場会社と資本提携を行うために，その株式を取得する場合に，その株式の取得割合によっては支配権の移動が生じるものとして，公開買付け，すなわち，その会社の全株主に対して，株式の買付けの申込みを行うことが強制される場合がある[14]（このような制度がない国もある）。国・地域によっては，第三者割当のような新規発行での株式の引受けによる持株比率の上昇も対象になる場合がある。全株式の取得には，十分な資金が必要であり，また，その場合には上場廃止となり得るため，資本・業務提携として企図しているものと違う結果が生じてしまう可能性もあり，どの程度取得すれば，公開買付けが強制されるのか，その要件は確認する必要がある。なお，その要件となる基準は，国・地域によっても異なり得る点も念頭に置くべきであろう（図表11−2）。

③ 競 争 法

第8章においてすでに述べたところではあるが，資本・業務提携の態様によっては，企業結合規制の対象となり，市場占有率等によっては提携自体が法律上禁止され，あるいは，規制当局による企業結合審査のため事前届出が必要となる。また当該審査の結果，市場における競争が実質的に制限されるとして事業の一部門の切り出し等の問題解消措置を求められる場合がある。

資本・業務提携を行うに際しては，提携当事者の世界各国における売上およ

---

(14) 全株ではなく，部分的な強制公開買付けが認められる場合もある（シンガポール，Monetary Authority of Singapore（MAS）発行の Singapore Code on Take-overs and Mergers（Take-over Code）規則16では例外的に部分的公開買付けを認めている。

420 ■ 第11章　クロスボーダーの資本・業務提携

（図表11-2）　強制公開買付けの基準の例

国名	概要
英国，香港，シンガポール	議決権の30％以上の取得，または30％から50％をすでに保有している場合には，12か月間で2％を超える追加取得。
ブラジル	(i) 株式取得の結果，対象会社が上場廃止となる場合，(ii) 買主が対象会社の「支配権」を取得する場合（なお，「支配権」について法令上数値に基づいた明確な定義は存在しない）），および(iii) 支配株主が，対象会社の株式を追加取得した結果，対象会社の株式の流動性に影響が生じる場合。
マレーシア	議決権の33％以上の取得，または33％から50％をすでに保有している場合には，12か月間で2％を超える追加取得。
インドネシア	株式の保有割合が50％を超える取得。
タイ	議決権の25％，50％または75％までの株式の取得。

び市場占有率等を確認し，当事者間で競合が認められる国・地域において企業結合規制が存在するか，また，存在するとして事前届出等の企業結合審査の対象になるか否かを検討することになる。

　海外において事前届出等の企業結合審査への対応が必要となる場合，国・地域によって所要時間や必要書類は異なるし，規制当局の審査体制の成熟度や判断の予見可能性もさまざまである。特に複数国において届出を要するような場合には，クロージングまでにすべての対象国との関係でクリアランスが取得できるよう，各国の審査制度を踏まえて，慎重なスケジューリングが必要となる。また，提携に関する契約締結や開示時期との整合性についても考慮が必要である。

　これまでも米国，EU，中国における競争法については，その手続に要する負担の大きさもあり重要視されていたところであるが，近時，アジア各国においても競争法の整備が急ピッチで進められている[15],[16]。直近では，ASEAN Economic Community（ASEAN 経済共同団体）発足に関して合意されたブループリントに基づき，2015年にフィリピン，ミャンマー各国において競争法が制定されている。また ASEAN 加盟国以外では，香港の競争条例が2015年12月に施行されている。

アジア各国の競争法制度は，現在急速な変化の途上にあり，また運用が活発になされているかも国ごとにかなりばらつきがあるため，各国の競争法の有無，制度の内容，運用状況について最新の情報を入手することが重要である。

⑵ 基本合意書の締結

資本・業務提携といったその企業にとって重要な取引を行う場合，秘密保持契約や Memorandum of Understanding や Letter of Intent といった基本合意書を交渉の最初に締結するのは，クロスボーダー取引においてもよく見受けられるものであり，基本的な注意点は，第2章に記載のとおりである。

この点，提携先が上場している会社である場合には，たとえ機関決定を経ていない，法的拘束力のない合意書であっても，それが株価に影響のある情報と判断される場合には，開示が求められる国・地域もある。これは，日本の取引所の規則に基づく適時開示と類似の規制ではあるが，そのタイミング（機関決定

⒂　ASEAN において執行されている企業結合規制として，たとえば，シンガポールでは，英国競争法および EC 競争法を参考にしたといわれており，2004年10月に Competition Act が制定され，企業結合規制に関する条項は2007年1月1日から施行されている。2007年の施行後，企業結合審査の届出は，2015年末までに合計51件（Competition Commission of Singapore のウェブサイト（https://www.ccs.gov.sg/）において公表されている情報に基づく）がなされており，比較的活発に運用がなされているといえる。他方で，マレーシアの競争法では企業結合に関する規制は規定されていない。また，最近施行された香港の競争条例では，企業結合規制の適用があるのは，電信事業条例（Telecommunication Ordinance）に基づく許認可の保有者が直接または間接的に関与している場合のみに限定されている。

⒃　ブラジルにおいても，ブラジルに影響を及ぼし，ブラジル競争法上の「集中行為」に該当し，かつ一定の収益基準に該当するあらゆる取引に対し，ブラジルの競争当局である経済擁護行政委員会（CADE）に対する届出義務が課される。「集中行為」とは，幅広い概念であり，対象会社に対するマイノリティー出資も該当し得る。収益基準は，(i)取引の当事者の一方が属する経済グループの，取引の直前事業年度におけるブラジルでの収益の合計が7億5,000万レアル超であり，(ii)取引のほかの当事者が属する経済グループの，取引の直前事業年度におけるブラジルでの収益の合計が7,500万レアル超であること，とされている。当事者は，CADE による承認がなされるまで，取引を実行したり，その他「ガン・ジャンピング」に該当する行為をしてはならない。CADE による審査期間は，原則240日間であるが，CADE は90日間の範囲で当該期間を延長することができる。競争を制限する効果が潜在的に低い一定の取引については，迅速手続によることができる。

後）が日本におけるものと異なる場合があるため，注意が必要である[17]。

　なお，準拠法をそのパートナーと事業を行う地域とするか，第三国とするか，および，紛争解決機関を裁判所にするか仲裁機関にするかの問題は後述するが（後記③(2)），秘密保持契約・基本合意書の段階で定めた準拠法・紛争解決方法と，その後締結される株式引受契約，株式買取契約，資本・業務提携契約の準拠法・紛争解決方法とを異なるものとすることは実務上好ましくない。これは，ある契約の違反が，別の関連契約の違反をも構成する場合が少なくないからである。提携当事者間で複数の契約を締結する場合や，別の当事者との間で提携の履行と密接に関連する契約を締結するような場合に，各契約が異なる準拠法・紛争解決方法を定めていると，ある紛争の解決にどの契約の準拠法や紛争解決方法が適用されるのかが曖昧となり，それらの決定自体が紛争の種になりかねない。また，複数の国の準拠法が関連するとなれば，複数の国の弁護士に案件の分析を依頼する必要も生じ，紛争解決コストも増大する。根拠となる準拠法や紛争解決機関ごとに矛盾する判断が出てしまうリスクも否定できない。一体的かつ一貫した解決が可能となるよう，準拠法・紛争解決方法については，秘密保持契約や基本合意書締結の段階から，慎重に交渉する必要がある。

⑶　Ｄ　Ｄ

　どの程度の規模の出資や提携を行うかにもよるが，クロスボーダーでの資本・業務提携契約においても，DD を行うことは多い。この点，その地域の法律により企業の機関設計には差異があり[18]，国・地域により法令・規制の定めかたは違うとしても，DD で確認すべき大項目は，どの国・地域のものでも基本的に共通するものと思われる（会社法関係（設立関係書類，定款，取締役等の機関の選任，株主・資本，従前の株式移転，新株発行手続についての確認），ファイナンス契

---

[17]　マレーシアのように，法的拘束力もなく取締役会決議などの機関決定を経ていない基本合意書でも，それが公開されれば株価に影響が生じ得るものについては，締結時に開示することが求められる国・地域がある（マレーシア上場基準9.04条(o)）。

約，担保，不動産（所有・賃貸），知的財産，労働問題，固定資産，許認可，関連当事者取引，保険，訴訟，環境等）。

　もっとも，DDのために要求した書類が実際に保管されているか，そもそも，法令・規制を遵守しているかは国・地域ごとに非常にばらつきがあり，日本国内と同レベルでのコンプライアンスを求めるとすると，そもそも取引がほとんど成立しない国もある。この点は，その国・地域ごとのプラクティスを勘案して判断する必要がある。

　また，書類が受領できたとしても，その書類が正確に権利関係を反映していない場合もある。不動産の登記制度を設けている国でも，すべての不動産について登記が完了していないところもある。また，登記がされていても，当局において記録の一部が保管されていないといったことも少なくない。さらに，ノミニースキームを用いることにより真の権利者が不動産登記簿や株主名簿等に現れない場合もある。日本の企業のように反社会的勢力との関係の根絶を図りたい企業においては，非常に頭の痛い問題である（そのため，DDとは別に調査機関を雇用し，背後の権利関係を調査する事例もある）。

　また，アジア，中南米，アフリカ等の新興国は，贈収賄リスクが高いことでも知られており，資本・業務提携を行う場合における贈賄防止DDの重要性は日本企業や欧米の企業との資本・業務提携の場合よりも高くなる点には留意が必要である[19]。

　さらに，たとえば環境法における罰則が日本法と比較して厳格である場合がある等，法令の違反があった場合のインパクトが大きく異なる場合があり，リ

---

[18]　たとえば，英国法系の会社法を有する地域では，会社秘書役（company secretary）という日本にはない法定の機関がある。会社秘書役は，概要，会社のために会社法上要求される各種登録・届出・通知，株主総会の運営，議事録の作成・保管等に関する事務を行う者を意味する。外部の者がなることが多く，会社の設立関係書類，定款，株主総会・取締役会議事録を保管しているとともに，これらの作成に携わっていることが多いため，DDを行う際には，かかる会社秘書役の協力が必要となる。また，インドネシアでは，取締役のほかに，取締役会による会社の経営を監督し，取締役会に対して助言をする責任を負うコミサリスで構成されるコミサリス会があり，取締役会と会社との間に利益相反がある場合など，会社の業務執行を行うことができる等，重要な役割を果たしている。

スクの評価は日本国内の取引以上に慎重に行う必要がある場合がある。

（図表11－3） アジア・中南米・アフリカ諸国の CPI（2015年）[20]

アジア諸国	中国	37（168か国中83位）
	フィリピン	35（168か国中95位）
	タイ	38（168か国中76位）
	インドネシア	36（168か国中88位）
	ミャンマー	22（168か国中147位）
中南米諸国	チリ	70（168か国中23位）
	ブラジル	38（168か国中76位）
	メキシコ	35（168か国中95位）
	アルゼンチン	32（168か国中107位）
アフリカ諸国	南アフリカ	44（168か国中61位）
	ケニア	25（168か国中139位）
	タンザニア	30（168か国中117位）
	ナイジェリア	26（168か国中136位）

(19) M&A の際に合併や事業譲渡を利用し，対象会社の権利義務を承継したような場合には，対象会社が買収前に行っていた贈賄行為に係る債務も承継してしまう可能性があり，また，2014年1月29日に施行された，ブラジルの Anti-Corruption Law のように，株式譲渡によって完全子会社化した場合であっても，買収後の親会社が責任を負う枠組みが採用されているケースもあるため，買主としては，自らが不測の偶発債務を負うことを回避するため，贈賄防止 DD は重要である。また，買収後の親会社の責任が問われる枠組みがとられていない国における M&A においても，仮に対象会社において買収前の贈賄行為が存在し，買収後に当局の調査が行われたような場合，調査等への対応費用がかかるのみならず，万が一贈賄防止法規違反として対象会社が罰金等を支払った場合，対象会社の企業価値が毀損し，買主グループ全体のレビュテーションへの影響は無視できないものと思われる。そこで，M&A，贈賄リスクに焦点をあてた DD を行うことが推奨される（木目田裕監修『危機管理法大全』（商事法務，2016年）351頁〔森本大介・河本貴大執筆部分〕）。

(20) 地域的な贈賄リスクを把握する指標としては，国際的な NGO 団体である Transparency International が毎年公表している腐敗認識指数(Corruption Perceptions Index。以下「CPI」という)が用いられることが一般的である。CPI は，贈賄リスクがない状態を100点満点として，各国の贈賄リスクを100点から0点で評価する指標である。2015年の CPI については，http://www.transparency.org/cpi2015/を参照。

425

3

契約の締結

(1)　契約に関する一般的な問題

　DD が終わり，次のステップに進むことを決め，いよいよ資本・業務提携のための契約，すなわち，株式引受契約や株式買取契約，資本・業務提携のための株主間契約や合弁契約等を締結していくことになる。基本的な考え方は，本書第 3 章から第 5 章にて詳述した点が参考になるが，法制度の差異により，その様式等多少異なる点もある。

　後記では，英国法の流れを汲む法体系を有する国（英国，オーストラリア，シンガポール，マレーシア，香港，南アフリカ共和国，インド等）との間で契約を締結する際に，日本の法律との考え方の違いでよく問題になるものを列挙している。

①　約　　因

　約因(Consideration)がなければ契約としての執行力が原則的に認められないという考え方がある。その例外として，Deed という形式を用いることが求められる（国により異なるが，多くの場合，サイン権限のある者のサインとともに，カンパニーシールという印影を用いることで要式性を高める。日本の企業はかかるカンパニーシールを有さないため，代表社印で代用する例等を見るがどのような手続を経るべきかは，現地法に則った確認が必要となる）。

426 ■ 第11章　クロスボーダーの資本・業務提携

②　損害賠償額の予定（Liquidated Damages）

　損害賠償額の予定はペナルティーの意味合いを有する場合には執行力が認められず，契約上記載される違約金の予定額は，合理的な理由に基づいて算出されたものである必要がある。これは，遅延利息の利率においても問題とされ得るものであり，その利率が，遅延が生じた場合に生じ得る損害として計算されたものと説明できる必要がある。

③　Privity of Contract と第三者権利保護法

　日本同様，契約上の権利を主張できるのは，契約当事者のみであるということが原則である。もっとも，英国，シンガポール，香港等では，この例外を設け，第三者の権利保護を図るため，特定の第三者に対して，契約当事者になっていない契約上の権利の行使を認める法令がある。かかる法令による第三者の権利行使を排除するため，このような法律がある国においては，実務上，契約書に当該法令の規定を排除する旨を明示することが多い[21]。

④　サイン権限者の確認

　日本では代表取締役に対外的代表権があるが，国・地域によっては，その地位に就けば法令上代表権がある日本の代表取締役に相当する者がいない場合がある。たとえば，英国法系の Managing Director は，必ずしも対外的代表権があるとは限らず，代表権は取締役会にあり，そこからの授権が必要とされる場合がある（または定款上代表権が規定されている必要がある）。そのため，資本・業務提携契約のような重要な契約を締結する際には，特に，契約の調印者が代表権を有する者か，取締役会議事録等，授権に必要な書類により確認をする必要がある[22]。このような確認は必ずしも容易ではないことも多く，契約を締結す

---

[21]　英国の Contracts（Rights of Third Parties）Act 1999，シンガポールの Contracts（Rights of Third Parties）Act（Chapter 53B），2016年1月1日に施行された香港の Contracts（Rights of Third Parties）Ordinances などがある。

[22]　かかる授権が適式になされていることやそれを証する取締役会議事録（場合により委任状）などの提出を，契約の実行の前提条件とすることが多い。

る際には，これらの権限の点を含め，現地の弁護士による Legal Opinion の提出を求めることも多い。

⑵　準拠法をどうするか，紛争解決方法をどうするか

①　準拠法の選び方

　会社の設立および存続に関する事項や，株式に付帯する権利に関しては，原則としてその会社の設立準拠法により処理される。もっとも，当事者間の債権債務関係については，当事者の選択した法の適用を許容する国が多いと思われる。この場合，契約の履行や解釈に争いが生じたときには，当事者の選択した準拠法に従って争いが解決されることになる。準拠法になじみのない法律を選択した場合には，思わぬ法規制が適用される可能性もあるので，選択した準拠法において契約の履行や解消に支障になる法令がないか，契約締結前に基本的なポイントを確認することが望ましい[23],[24]。

②　裁判と仲裁の選択

　紛争が生じた場合の解決方法としては，一定の交渉期間を定めたり，調停を行う旨を定めることもあるが，最終的な解決手段は，強制力のある訴訟か仲裁によることになる。紛争解決条項は，前向きな提携交渉をしている際には見落とされがちであるが，複雑化しやすい国際紛争がいざ生じた場合には，解決のスピードや帰趨を決する重要な意味を持つ。国際的な提携契約において裁判か仲裁かを選択するにあたり最も注意すべき点は，執行力の問題である。第12章 ③ (4)でも触れるように，外国判決の執行がときに不可能または困難である一

---

[23]　たとえば，インドネシア民法には，契約の解除に裁判所の許可を必要とする規定があり，当該規定の適用を排除する旨を明記せずにインドネシア法を準拠法に選択してしまうと，提携先が重大な契約違反を犯しても裁判所の許可を得るまで契約を解消できないという事態になりかねない。
[24]　日本法のように，継続的契約の法理により提携関係の解消が制約され得る場合もあり，注意が必要である（詳細は第12章 ④ (1)を参照）。

方，仲裁判断は，外国仲裁判断の承認および執行に関する条約（いわゆるニューヨーク条約）に基づき，締約国においては一定の条件の下で執行が可能である[25]。したがって，判決の執行力に問題があり，他方で仲裁判断の執行力が認められる場合には，紛争解決方法として仲裁を選択するのが穏当である。そのほか，裁判か仲裁かを選択するにあたっての考慮要素として，公平性・中立性，時間・費用，手続の内容・柔軟性，秘密性，判断権者の専門性や質，準拠法との関係等が挙げられる。提携に関連する契約が複数ある場合に，各契約間の紛争解決方法を同一にしておくべきことは，準拠法と同様である。

③　裁判を選択するにあたっての留意点

裁判による紛争解決を選択する場合には，執行力に加え，当該国の訴訟制度や訴訟実務にも注意が必要である。先進国の裁判所を選ぶ場合においても，たとえば，米国企業との提携において米国裁判所での裁判を選択することは，執行力の観点からは問題が少ないが，ディスカバリーが存在することに伴う手続的・金銭的な負担は見逃せない。また，裁判管轄地と，その訴訟当事者の所在国との関係（条約の有無等）によっては，送達に長期間を要する場合があること，有効な送達が可能か疑義がある場合があること[26]等にも留意が必要である。加えて，裁判手続は多くの国で一般に公開されるため，裁判手続において営業上の秘密保持を適切に図ることができるかにも留意すべきである。他方，新興国においては，裁判官の汚職や証拠の偽造の横行，現地企業優遇等の面で，裁判所の公平性・信頼性に疑問がある国がある。また，裁判運営が停滞しており判決までに異常に長期間を要するおそれ，逆に審理期間が短く十分な準備を

---

(25)　台湾はニューヨーク条約に加盟していないが，仲裁法において，同条約に準拠した外国仲裁判断の執行・承認に関する規定を有しており，実際に，日本を含む外国でなされた仲裁判断が執行された例がある。

(26)　たとえば，日本から台湾への送達には，正式な国交がないこともあって障害が多く，適法な方法としては公示送達によらざるを得ない。そのため，台湾企業に訴状を送達したものの同社が日本の裁判に応訴せず欠席判決が確定した場合に，当該判決が台湾で執行可能かについては疑義が残る（孫櫻倩「米国・中国・台湾企業との国際取引契約における紛争解決手段選択の視点〔下〕」商事2018号（2013年）42頁以下）。

できないおそれ，法制度の不備や法曹の質の問題から予想に反する判断や準拠法選択を無視するかのような判断が出るおそれもあり，特に注意が必要である。こうした訴訟制度・訴訟実務に関する注意点に加え，裁判所へのアクセスの良さや，関係資料の翻訳が必要か，弁護士報酬（の一部）が敗訴者の負担とされるかも，コストの観点から留意すべき点である。

④　仲裁を選択するにあたっての留意点

仲裁を選択する場合，特定の仲裁機関を指定した仲裁条項を入れることが一般的である。仲裁条項においては，一般に，仲裁地，仲裁機関，適用する仲裁規則，仲裁人の人数・選任方法，仲裁手続の言語を規定すべきであるが，この中で特に重要なのは仲裁地である。仲裁手続の進行や仲裁判断の効力（取消し）の場面においては，仲裁地の裁判所が関与する可能性があるため，裁判所の中立性や公正性に疑問のある地を仲裁地に選んだ場合，仲裁による実効的な紛争解決が阻害される可能性がある。ニューヨーク条約締結国の都市を選択することは当然として，アクセスの良さや仲裁人の得やすさ，中立性も勘案した上で，親仲裁的な仲裁法・判例法を有する仲裁地を選択し[27]，その地において国際的な評価を得ている仲裁機関を選択することが望ましい[28],[29]。

もっとも，新興国においては，仲裁条項が必ずしも妨訴抗弁として機能しない場合があることには注意が必要である。日本では，仲裁合意が存在する場合

---

[27]　国際的に評価が高く，利用の頻度も多い仲裁地として，ロンドン，パリ，ジュネーブ，ストックホルム，ニューヨーク，香港，シンガポールを挙げることができる。

[28]　日本の仲裁機関としては，日本商事仲裁協会（JCAA）が挙げられる。その他，国際的に評価の高い著名な仲裁機関としては，国際商業会議所仲裁裁判所（ICC），ロンドン国際仲裁裁判所（LCIA），ストックホルム商業会議所仲裁協会（SCC），アメリカ仲裁協会（AAA），香港国際仲裁センター（HKIAC），シンガポール国際仲裁センター（SIAC）が挙げられる。

[29]　提携先との関係から，必ずしもそのような選択をできない場合もあろう。そうした場合には，なるべく早い段階で，選択した仲裁地や仲裁機関についての知識を有する専門家とコンタクトを持っておくことが重要である。近時では，仲裁手続を迅速に進めるために仲裁人の選任期間を短く設定している仲裁機関が多い。いざ仲裁申立書を受け取って初めて起用する専門家を検討するということだと，仲裁規則が定める期間内に適切な専門家を得たり十分な方針立案をしたりすることが困難になる危険性がある。

には，仮に裁判所に訴訟が提起されたとしても，仲裁合意が無効であるなどの例外的な場合を除いて訴訟は却下される（仲裁法14条１項）。しかし，仲裁関連法規が十分に整備されていない国や，裁判官の仲裁に対する理解が乏しい国においては，裁判所が仲裁条項の存在を無視して訴訟手続を進めてしまう場合もある(30)。このようなリスクは，たとえ仲裁地に中立公正な国を選んだとしても避けられない。外国企業が，自身の所在する国において訴訟を提起し，当該国の裁判所が仲裁合意が存在するにもかかわらず裁判管轄権を認めてしまえば，当該国での訴訟に巻き込まれざるを得ないからである(31)。仲裁条項を契約に盛り込むことは，紛争の実効的な解決に有効な手段であるが，国によっては，訴訟を避ける万能な手段とはいえない点は，リスク要因として留意する必要がある。

⑶　株式取得に関する契約

①　株式の種類

　資本提携を行うのであれば，株式を既存の株式から取得するか，新規発行された株式を引き受けることになるものと思われるが，優先配当等の配当や清算時の残余財産の分配，ほかの株式への転換権・転換条項，現金償還権・償還条

---

(30)　インドネシアでは，紛争の当事者が，仲裁条項を無視してインドネシアの裁判所に訴えを提起し，自身の請求を契約責任に基づく請求ではなく不法行為責任に基づく請求と構成した上で，不法行為請求であるから契約上の仲裁条項は適用されない，との主張を行うことがある。仲裁条項が不法行為請求もカバーする文言になっていれば，このような主張は本来認められるべきではないはずだが，インドネシアの裁判所がこのような主張を受け入れてしまい，日本企業がインドネシア裁判所での訴訟を強いられるということも実際に起きている。また，国際仲裁の分野においては，たとえ仲裁条項以外の契約条項が無効・取消しなどにより効力を有しないものとされても，仲裁条項は当然にはその効力を失わない，とする仲裁合意の分離可能性の理論が存在する（日本では仲裁法13条６項がこれを定めている）。しかし，国や裁判官によっては，かような理論への理解が乏しく，裁判官が「提携先が仲裁条項を含む契約の有効性を争っている以上，裁判所が契約を有効と判断するまでは仲裁条項の効力は認められない。したがって，訴訟手続を進める」との判断をしてしまう場合もある。このような判断が下れば，仲裁条項が規定されていたとしても，実質的には訴訟を通じた紛争解決を避けられなくなってしまう。

(31)　仲裁条項を無視して下された判決を他国で執行できるかについては争う余地があるが，通常，判決がなされた国においては執行される可能性は排除できない。したがって，当該国の裁判所が裁判管轄を認める以上，そのような訴訟手続を違法・不当な手続として無視してよいかには，慎重な判断を要する。

項，議決権の有無，割合等について差異を設けた複数の種類の株式を設けることで，当初は社債型の優先株式として保有し，将来的に普通株式に転換する，現金償還して資本提携関係を解消する，会社経営の重要事項についての拒否権を持つ（黄金株の利用）等，提携の対応に応じて複数の種類の株式を利用することは考えられる。もっとも，国・地域によって株式の内容の定めの柔軟性は異なる。株主平等の原則が徹底されており，株式の内容を変えることが認められない，または制限的な場合もある[32]。逆に，定款を変えずに，発行会社を含めた株主間契約で，配当の割合を変えることができる場合もある。契約によるかかる取扱いが可能かは，法律のみならず，税務・会計上の問題がないかも確認する必要がある。

② 発行・譲渡手続の違い

株式の発行・譲渡の手続については，たとえば，新規発行の場合には，払込金は株式発行の前履行でなければならないか[33]，株主となるタイミングはいつか，当局への届出や株券の発行のタイミングはいつか，株券の発行は必要か等が問題になる場合がある。

また，株式の譲渡の場合にも，何をもって譲渡と考えるか（合意か，株券の譲渡しか，株主名簿の書換えか）について，国によって違いが生じる。また，印紙税（stamp duty）の支払が求められる国・地域もある[34]。

---

[32] 会社の行為の特定の事項について拒否権を有するいわゆる黄金株は，拠出した資本に応じたリスクを負担するという株主平等原則に反するものであり，証券取引所に上場している場合には，その上場規則により，黄金株の発行が認められない，または制限される場合が多い。

[33] 多くの国では，日本のように，株式発行のためには払込金など発行の対価が発行会社に支払われている必要があるが，ケイマンのように，後履行を認めている国・地域もある。また，全額払込みが行われなくても，株式を発行することができる国・地域もある（シンガポール会社法65条(2)等）。

[34] スタンプ・デューティーは印紙税と訳されることが多いが，印紙税が課されるか否かは，譲渡人と譲受人がその発行会社の設立準拠法所在国の居住者か，取引自体がその国で行われたかにかかわらず，その譲渡は，設立準拠法所在国の印紙税の対象になるなど，日本の印紙税とは性格が異なるところがある。また，印紙税が支払われていない譲渡証書は，証拠能力が認められないといった効果を有する場合がある（シンガポール印紙税法52条(1)等）。

さらに，株式譲渡のための決済の方法についても，国・地域によってやり方が異なる場合がある。日本においては銀行送金が一般的ではあるが，送金指示から資金を受領するまでに時間がかかるため，ある口座に決済資金を預けて契約上定めた前提条件がすべて満たされた際に資金移動を生じさせる方法（エスクロー方式）や，小切手やキャッシャーズオーダーを用いることにより資金の移動のタイムラグを極力小さくする方式がとられている場合がある。また，資金移動それ自体について，当局の承認・届出等が必要となる場合がある。国によってはその国の貨幣以外の通貨が使えない場合もあるので，この点は事前に確認する必要がある。

⑷　資本・業務提携契約

①　組織体の違い

会社の組織体としては，多くの国・地域で，会社の実質的所有者である株主と，経営を行う取締役といった機関を有する。もっとも，日本の株式会社でいうところの監査役のような機関等，それ以外の組織体は差異があることも多く見受けられる。たとえば，代わりに取締役が業務監査を行う地位にあったり，会計については外部機関である会計監査人が行う場合もある。また，前述した会社秘書役といった会社の議事録や当局への届出を行う機関がある場合もある。

また，シンガポールや香港のように，上場企業において，日本の委員会等設置会社に近い形態（指名委員会，報酬委員会，監査委員会）が会社経営の基本形態とされているところもある。

資本・業務提携を行う上で，こういった組織体の違いは，どのポジションに何名自らの会社の者を派遣するかで問題になるところである。

なお，外資規制の1つの態様として，その国・地域の会社法において，一定の取締役や執行役の資格として国籍要件が求められることもある。また，フィリピン等，外資規制に基づく外資比率に応じた割合に外国人取締役の登用が限定される国もある。

さらに，多くの国において，株式会社（Corporation）型の組織体と合同会社（LLC）型の組織体が存在するが，いずれの組織体を用いるべきかは，必ずしも両組織体の制度上の差異だけを比較して決定するのではなく，その国においてどちらがより一般的に用いられているか（その結果として，役職員やアドバイザーもどちらの運用により慣れているか）という観点からも検討する必要がある。

②　支配権の考え方の違い

資本・業務提携や合弁を行う上で，何％の株式を取得するかは，その後の会社経営にどこまで意見を言えるかの問題に直結するため重要な問題である。この点を考慮するには，株主総会での決議の方法が重要になる。つまり，普通決議は過半数を超えるかどうかで判断されるべきところ，特別決議においては，その国・地域によって考え方が異なり，日本のように3分の2を基準にするところもあれば，4分の3を基準にするところもある[35]。また，さらに加重した要件が求められる場合もあり得る。どのような事項がどの決議方法で定められるか（または定めるか）が重要であるとともに，その決議方法の中身も国により異なるため，注意が必要である。

また，会社の支配権について，定款や株主間契約の規定によってどの程度自由に設計できるかも考慮する必要がある。

---

(35)　英国，オーストラリア，インド，シンガポール，マレーシア，香港等，英国法系の会社法を有する国では4分の3が特別決議の基準となっている。

4 関係の終了

(1) 清算の難易

　資本関係の解消が，パートナーに対してその保有する株式のすべてを売却する，またはパートナーからすべて購入するといった会社の存続を前提にするものではなく，会社を解散することで清算をするというような場合，清算が満了するまでの期間が長期に及ぶ場合がある。特にタックス・クリアランスに時間がかかるときが多く，これにより，債務超過になっていない会社においても清算までに1年ほどかかるケースは少なくない。また，清算前の従業員の解雇に時間がかかる場合もある[36]。

(2) 紛争が生じた場合の問題

　契約関係の解消は，紛争が生じやすい時点であるのみならず，紛争が生じた場合に当事者の事業運営に多大な影響を及ぼす。契約書において解消事由や手続を十分に規定しておくこと，実際の解消の際に契約書が定める解消手続を漏れなく取るべきこと，早期の事実関係把握と戦略立案が望ましいことは，国内

---

[36]　インドでは撤退に伴う従業員の失職が会社側の解雇とみなされるため，直近12か月の労働日平均で100名以上の従業員を雇用する使用者は，事業閉鎖予定日の90日前までに，閉鎖の理由を明記した所定の申請書により，州政府に対する認可申請が必要となるが，州政府はかかる認可に消極的であるため，好条件で自主退職などを促すことで従業員を100名未満にすることがあるが，かかる交渉に難航し，長期化することがある。

での例と変わらないが，国際的な提携解消の場合には，提携先との文化的差異からやりとりや認識に齟齬が生じ，紛争が複雑化しやすい。円満な解消を目指して交渉をすることは好ましいことであるが，それゆえに意思表示の内容が曖昧になってしまったり，受け止め方の違いから感情的な対立を生んだりしないよう，注意すべきである。

　実際に紛争が生じてしまった場合，特に新興国において注意が必要なのは，関係当局や警察が紛争に関与してくる可能性である。国によっては，事件が民事紛争に留まらず，刑事捜査や関係者の身柄拘束，関連するライセンスの停止等にも発展しかねないため，早期から慎重な対応が求められる。国家権力への賄賂が横行している国もあり，特に提携先が現地有力企業の場合等は，提携先が関係当局や警察，法曹とのコネクションを利用する可能性もある[37]。また，紛争発生時に関係資料を確認しようとしたところ，契約書の原本を含む重要書類が何者かによって持ち出されており見当たらないというケースも見られる。原本以外による立証を原則認めない裁判所もあるほか，原本がなければ紛争の相手方が証拠を偽造した際にこれに対抗する手段が乏しくなってしまうため，日常的に重要書類の管理に注意を払う必要がある。加えて，第三者が紛争の存在を聞きつけ，解決を仲介する等と述べて役員や従業員にコンタクトしたり，紛争に関する情報を引き出そうとしたり，関係者や第三者への賄賂を持ちかける例もある。紛争に関する情報は社内でも必要最低限の範囲でのみ共有する，コンプライアンス違反の疑いを生じさせる行為には一切関与しないよう社内および現地弁護士の認識を徹底する，といった対応が推奨される。

---

(37)　たとえば，インドネシアでは，政治家や警察の汚職が横行しているとされるが，司法機関もその例外ではなく，たびたび裁判官や弁護士が汚職に手を染めている。著名な例では，2013年に当時の憲法裁判所長官が収賄容疑で逮捕されている。同裁判官は，複数の事件で総額500万米ドル以上の賄賂を受領していたとされ，終身刑を言い渡されている。

5

弁護士の選び方・付き合い方

　ここまでに記載した法律問題について確認するためには，現地法の弁護士の力が必要になる場合が多い。もっとも，どの弁護士または法律事務所が，この資本・業務提携の分野を得意とするのか，ほかの弁護士と比較して優秀か，報酬額はその国・地域において高めなのか，クライアントの要望に応じたサービスを提供できるのか等を知るのは，初めてその国や地域でビジネスを行う者にとって簡単なことではない。国や地域によっては，弁護士であると名乗れば弁護士としての業務ができるところもある。また，言葉の問題もある。英語が公用語でない国においては，現地の弁護士が指摘する法律問題がどの法律の問題か確認するのは難しい。また，そもそもの法律の考え方や企業文化が日本と共通するものではなく，仮に英語でコミュニケーションがとれる国において，英語が堪能な人が話をしても，専門用語が多かったり意思決定の進め方についての基本的な考え方が異なったりすることから，会社側の問題意識を現地の弁護士に正確に伝えたり，現地の弁護士の助言を正確に理解したりするのに骨が折れることもある。

　そのような状況の中でよい弁護士を探すには，現地企業や現地に長く駐在している人からの情報を収集する必要がある[38]。最近では，日本の弁護士が海外のさまざまな地域に駐在している例も多く，幅広いネットワークを持つ法律事

---

[38]　自らのウェブサイトを開設している法律事務所も多く，また，信憑性はともかくとしても，インターネット上で検索をすれば，その国の法律事務所の評判等何らかの情報は入手することは，昨今難しくなくなっている。また，The LEGAL 500（http://www.legal500.com/）というサイトでは100を超える地域・国の法律事務所・弁護士を紹介しており，こういったサイトから情報を入手することも考えられる。

務所もある。前記のような方法を活用することでできる限りよい現地の法律事務所を見つけることが案件をうまくいかせるためにも必要になろう。

また，雇用する現地の法律事務所を見つけた後，実際に案件を進めていく上では，日本の弁護士に依頼をする場合とは異なる状況が生じ得る。たとえば，依頼内容をどのように伝えるかは，そもそもの文化等，背景事情が異なる中でのやりとりとなるため，ミスコミュニケーションを生みやすい[39]。依頼や質問の中身は誤解の生じないよう，伝えたいことを明確に整理，文書や図等を使って丁寧に説明する必要があるだろう。また，時間に関しての感覚も国や地域によって異なる。依頼に対する結果が実際に必要なタイミングよりも早く出るよう余裕を持ったスケジューリングをすることを推奨する。

上述のとおり，クロスボーダーの資本・業務提携では，国内で完結する資本・業務提携とは別の論点が生じ得る。もっとも，提携という目的が同じである以上，国内かクロスボーダーであるかにより，重要な点は変わりなく，また，資本・業務提携の相手方のみならず，その弁護士や自らの現地の弁護士の人間性を尊重したコミュニケーションが案件を成功に導くものと思われる。

---

[39] 普段携わっている日本の法律や規制を念頭に，その国・地域に同様の法律問題がないかその国・地域の弁護士に質問を投げるケースがよく見受けられる。もっとも，その国・地域の弁護士からすると，日本の法律・規制についての認識がないため，投げかけている依頼の趣旨を理解できず，違う方向からの回答が返ってくる例は多く見受けられる。ミスコミュニケーションによりやりとりに時間がかかれば，弁護士報酬も多くなり，時間も手間も過大になる。最初の質問をいかに丁寧にするかで，最終的な時間とコストに大きく影響が生じ得る。

第 **12** 章

資本・業務提携の解消

1 資本・業務提携の解消に関する問題点の概要

　資本・業務提携の解消の原因としては，①資本・業務提携の目的を達成したり，あるいは事業環境の変化により業務提携の目的が達成できなくなったりしたことを理由に合意により解消するもの，②意図していたとおりに成果があがらなかったり，経営方針に違いが生じたりしたことを理由に，一方当事者が解消を希望するもの等，さまざまな類型が想定される。特に②一方当事者が解消を希望するケースにおいては，解消をめぐる交渉が難航した場合，裁判所や仲裁機関での紛争に発展することも少なくなく，近時においても，スズキ株式会社がフォルクスワーゲン AG との間の資本・業務提携の解消を発表し，国際商業会議所国際仲裁裁判所に対して英国における仲裁を申し立て，最終的に資本・業務提携に係る包括契約の解除とフォルクスワーゲン AG が保有するスズキ株式の処分等を命じる仲裁判断がなされた事案は，世間の耳目を集めた。

　以下では，資本提携・業務提携の解消に際して考慮するべき留意点について概観した上で（後記 2 および 3 ），最後に業務提携を解消する際に問題になることの多い継続的契約の解消制限法理（後記 4 ）について述べる。

2 資本提携の解消に際して 考慮するべき留意点

⑴ 資本提携の解消の方法

　資本提携の解消の方法としては，①提携先の株主が第三者に株式を譲渡する方法と，②発行体が提携先の株主から自社株買いにより株式を取得する方法とが考えられる。このうち，①第三者に株式を譲渡する方法については，特定の第三者に売却する方法と，不特定多数の第三者に売却する方法とが考えられ，後者の場合には市場を通じて売却されることになる。

⑵ 第三者に株式を譲渡する方法

① 会社法上の規制

　まず，株式に譲渡制限が付されていない場合には，第三者に対する株式の譲渡について，会社法上は特段の制限は存在しない。

　他方で，株式に譲渡制限が付されている場合には，株主は，第三者に対する株式の譲渡に際し，発行体に対して当該第三者が株式を取得することについて承諾するか否かの決定を請求し，定款に定められた譲渡制限の内容に応じて，発行体の株主総会または取締役会の決議による譲渡を承認する旨の決定を受ける必要がある（会社法136条～139条）。発行体は，譲渡を承認しない旨の決定をした場合には，当該株式を自ら買い取る（同法140条1項）か，または買取人を指定しなければならない（同条4項）。そして，発行体が譲渡承認の請求の日から2

週間以内に承認するか否かの決定を通知しなかった場合や，譲渡承認の請求に対して承認しない旨の決定を通知してから10日以内に指定買取人が買取りの通知を行わず，かつ，40日以内に発行体が自ら買い取る旨の通知を行わなかった場合には，その時点において発行体が譲渡を承認する旨の決定をしたものとみなされる（同法145条）。

また，株式の譲渡に際して，発行体が株券を発行している場合には，株式の譲受人が発行体に対して株券を提示することにより，単独で株主名簿の名義書換請求を行うことができる（会社法133条2項，同法施行規則22条2項1号）。一方で，発行体が株券を発行していない場合には，原則として譲渡人および譲受人が共同して株主名簿の名義書換請求を行わなければならない（同法133条2項，同法施行規則22条1項）。

②　金商法上の規制

(i)　株主側の規制

(a)　売出規制

提携先が発行体の主要株主（自己または他人の名義をもって総株主等の議決権の10％以上の議決権を保有している株主。金商法163条1項）である場合には，当該提携先が保有する株式を相対取引によって第三者に売却する行為は，一定の適用除外規定に該当しない限り，売出規制に服することとなる。

この点に関し，「有価証券の売出し」とは，概要，すでに発行された有価証券の売付けの申込みまたはその買付けの申込みの勧誘のうち，①50名以上の者（プロ向け勧誘の要件を満たした有価証券を取得する適格機関投資家を除く）を相手方として行う場合，および②いずれの私売出しの要件も満たさない場合をいう（第一項有価証券の場合。金商法2条4項1号および2号）。もっとも，譲渡制限のない有価証券の売買については，発行者・発行者関係者・主要株主等が所有しているものを除き，「有価証券の売出し」から除外されている（金商法施行令1条の7の3第7号）ため，資本提携の解消の局面において売出規制が問題となるのは，提携先が発行体の主要株主である場合がほとんどである（なお，上記の除外される

者同士の譲渡制限のない有価証券の売買についても「有価証券の売出し」から除外されている（同条8号））。

かかる「有価証券の売出し」に該当する場合には、売出規制に服することとなるが、資本提携の解消の局面において売出しが行われるのは、通常は既開示の有価証券であるため、有価証券届出書の提出までは不要であることが多い。もっとも、その場合においても、売出価額の総額が1億円未満である場合を除き、発行体は目論見書の作成義務を負い（金商法13条1項）、発行体および有価証券の売出しをする者等は目論見書をあらかじめまたは同時に交付しなければならない（同法15条2項）[1]。また、目論見書の作成・交付義務の遵守を担保する観点から、発行体は、売出しが開始される日の前日までに、有価証券通知書を管轄財務局長に提出しなければならない（同法4条6項）。売主の立場に立った場合、発行体の了解が得られなければ目論見書の交付が困難であるという問題があるほか、仮に発行体の了解が得られていたとしても、当該手続に要する期間等を勘案する必要がある。

なお、資本業務提携の解消の場面において、売出規制に服するか否かを検討する際の論点として、当事者の双方が特定投資家（適格機関投資家（有価証券に対する投資に係る専門的知識および経験を有する者として、定義府令10条に定める金融商品取引業者等の者）、国、日本銀行、投資者保護基金その他の定義府令23条に定める法人。金商法2条31項）であって、「当該有価証券の公正な価格形成および流通の円滑を図るために行うものであって、取引所金融商品市場における当該有価証券の売買価格を基礎として取引条件を勘案した適正な価格で行うもの」（金商法施行令1の7の3条4号）という適用除外規定を検討することがある[2]。「当該有

---

[1] ただし、買主となる者がすでに当該有価証券と同一の銘柄を所有する者である場合には、当該買主となる者の同意を取得することによって目論見書の交付義務を免れることができる（金商法15条2項2号イ）。コール・オプションまたはプット・オプションの行使により株式譲渡が起こる場合には、買主となる者がすでに当該有価証券と同一の銘柄を所有するのが通常であるため、当該買主となる者の同意を得ることによって目論見書の交付義務を免れることが考えられる。

[2] この適用除外規定の解釈については、2009年12月22日付けパブリックコメントのQ21～Q24。

価証券の公正な価格形成および流通の円滑を図るために行うものであって」の要件は，その有価証券の売買を取引所金融商品市場において行うことにより，市場価格に大きな影響を及ぼすと懸念される場合において，市場価格に影響を及ぼさず，その有価証券の流通が円滑に行われるように行う有価証券の売買をいう趣旨とされている。また，「適正な価格」については，金融商品取引所等の有価証券の価格を基準として，手数料およびリスク等を考慮したものであると考えられているが，基本的には取引所金融商品市場における売買価格に近似する価格に限られるものとされているため，この適用除外規定の要件を満たすためには，市場価格を大きく上回る価格で取引を行うことはできない点に留意が必要である。

(b)　**インサイダー取引規制**

　資本提携に係る株式の発行体が上場会社等である場合には，その株式の処分に際しては，金商法上のインサイダー取引規制が及ぶ。したがって，資本提携の解消に際して上場会社等の株式を処分する場合には，その時点において当該会社の重要事実に該当し得る情報を知っているか否かを慎重に検討する必要があり，業務提携の過程で当該会社の重要事実に該当し得る情報を知っている場合には，当該情報が公表されない限り，いわゆるクロクロ取引の適用除外規定（金商法166条6項7号，167条5項7号）を利用して株式を処分することが検討されることになる。

　このいわゆるクロクロ取引は，双方当事者が互いに未公表の重要事実の存在を知っており，両当事者が合意の上で証券市場によることなく相対で取引を行う場合には，情報の偏在がなく，一方が他方に比べて著しく有利な立場で取引を行うという関係にないため，通常，証券市場の公正性と健全性に対する投資家の信頼を害することもないことから，インサイダー取引規制の適用除外とされているものである[3]。この規定の要件を満たすためには，①取引の両当事者

――――――――――
(3)　横畠裕介『逐条解説　インサイダー取引規制と罰則』（商事法務研究会，1989年）158頁。

が会社関係者または情報受領者であること，②取引の両当事者がその職務等に関して未公表の重要事実を知ったことが必要である。この点，これらに加えて，取引の両当事者が知っている重要事実の内容を認識していることが必要であり，取引を行った相手方がたまたま会社関係者で未公表の重要事実を知っていた場合には適用除外とならないとする見解もある(4)。また，クロクロ取引の適用除外規定は，市場内取引では利用することができないところ，ToSTNet 等の立会外取引も市場内取引であると整理されているため，ToSTNet 等の立会外取引はクロクロ取引の適用除外規定の対象とならない点に留意する必要がある。

　また，上記②の要件との関係で，両当事者間において認識している重要事実に差がある場合，たとえば，両当事者が知っている重要事実が全く異なる場合（一方が計画中の M&A に関する情報を知っており，他方が剰余金配当に関する情報を知っている場合等）に限らず，両当事者が認識している重要事実につき程度の差がある場合（業績予想の修正の値が異なる等）であっても，かかる差が投資者が投資判断をする上で有意な差であれば，適用除外が認められず，そのまま取引を行った場合にはインサイダー取引規制に違反する可能性がある(5)ため，十分に注意する必要がある。実務上は，相手方が知っている重要事実と，自らが知っている重要事実に齟齬がないことを確認するため，当事者間で締結する株式譲渡契約等において，重要事実の内容を具体的に記載し，両当事者が認識している事実が一致していることを確認するとともに，それ以外に両当事者が認識している重要事実のないことを互いに表明保証した上で，取引を行うという対応がされることが多いように思われる。

　さらに，資本提携を解消するために上場会社等の株式を処分するに際して，その相手方において総株主の議決権数の5％以上を取得することとなる場合には，かかる「買集め行為」の重要事実について（金商法167条1項，同法施行令31条），これを知る関係者が，当該事実の公表(6)前に当該株式の売買等を行わない

---

(4)　議論の詳細については，木目田裕＝上島正道監修『インサイダー取引規制の実務〔第2版〕』（商事法務，2014年）373頁以下〔上島正道執筆部分〕。

(5)　前掲注(4)・木目田＝上島監修376頁〔上島正道執筆部分〕。

(6)　「買集め行為」の重要事実を含む公開買付け等事実の「公表」には，①上場会社等が公

446 ■ 第12章 資本・業務提携の解消

よう注意することも必要となる。

(c) 短期売買取引規制

　資本提携によって提携先の総株主等の議決権の10％を保有する主要株主となっている場合には，当該株式を処分する行為について，金商法上の短期売買取引規制に服する可能性がある。すなわち，金商法上，上場会社等の主要株主が，当該上場会社等の株式について，自己の計算においてそれに係る買付け等をした後，6か月以内に売付け等をして利益を得た場合には，当該上場会社等においては，主要株主に対して，当該利益を上場会社等に提供することを請求することができるため（金商法164条1項），特に提携開始から短期間のうちに，資本提携を解消したり，資本提携に係る保有持株数を減らしたりする場合には，留意が必要である。

　なお，10％以上の議決権を所有しない状態から株式の買付けによって10％以上の議決権を所有することになる場合には，当該買付けが「主要株主による取得」に該当しないため，その後に売付け等により利益を得たとしても，返還請求の対象とはならない(7)。そのため，提携先の株式の保有割合が10％以下の状態から資本提携に伴う株式取得によって提携先の主要株主となる場合には，その後に株式を買い増していない限り，仮に短期間のうちに保有する提携先の株式を売却する場合でも，短期売買取引規制の適用対象とはならない。

(d) 公開買付け規制

　資本提携の解消にあたって，**図表12−1**に該当するような方法により有価証券報告書の提出義務を負う会社が発行する上場会社等の株式を処分する場合には，公開買付けによることが義務づけられる（金商法27条の2第1項）。

　　開買付者等となる場合に，他社株公開買付けおよび買集めに係る公開買付け等事実について，金融商品取引所において電磁的方法により公衆縦覧に供される措置による方法（金商法施行令30条1項2号），および②上場会社等以外の者が公開買付者等となる場合，公開買付者等が，その公開買付け等に係る株式の発行体に対し，公開買付け等事実を金融商品取引所に通知することを要請し，当該要請に基づいて発行体が公開買付け等事実を金融商品取引所において電磁的方法により公衆縦覧に供する方式（同項4号）も含まれる。

(7)　神崎克郎ほか『金融商品取引法』（青林書院，2012年）1278頁。

（図表12－1）　強制公開買付けの適用類型

> ① 市場外において，（買付けの日も含めて）61日以内に10名を超える者から株券等の買付け等を行い，当該買付け等の後の株券等所有割合が５％を超える場合（１号）
> ② 市場外において，（買付けの日も含めて）61日以内に10名以下の者から株券等の買付け等を行い，当該買付け等の後の株券等所有割合が３分の１を超える場合（２号）
> ③ 一定の立会外取引により株券等の買付け等を行い，当該買付け等の後の株券等所有割合が３分の１を超える場合（３号）
> ④ 急速な買付け等（３か月以内に，市場外における買付け等が５％超含まれ，かつ全体として10％超の取得を市場内外における買付け等や新規発行取得により行うもの）を行い，買付け等の後の株券等所有割合が３分の１を超える場合（４号・６号）
> ⑤ 他者が行う公開買付けの期間中に，当該公開買付けの対象となっている株券等に係る株券等所有割合が３分の１超である株主が，５％超の株券等の買付け等を行う場合（５号）

　この点，資本提携の解消にあたって，株式の処分後の相手方の株券等所有割合が３分の１を超える場合には，**図表12－1**の②または③の要件のいずれかに該当し，公開買付けを行うことが義務づけられることになる。また，株式処分後の相手方の株券等所有割合がただちに３分の１を超えない場合であっても，資本提携の解消にあたって株券等所有割合にして５％超の上場会社等の株式が処分されるときには，たとえば当該株式処分から３か月以内に発行体から当該株式処分の相手方に対して第三者割当増資が行われ，その結果として，当該相手方において全体として10％超の上場会社等の株式を取得し，かつ，株券等所有割合が３分の１を超える場合には，**図表12－1**の④の要件に該当し，当初の株式の処分が強制公開買付け規制に抵触してしまうことになるため，留意が必要である。

(e)　**大量保有規制**

　上場会社が発行する株式等の処分に際しては，金商法上の大量保有規制にも留意する必要がある。すなわち，上場会社の株式につき，株券等保有割合が５％を超える場合には，当該株券の保有者は大量保有報告書を提出する必要があり（同法27条の23第１項），また，大量保有報告書を提出した後に株券等保有割合が１％以上増減した場合には，変更報告書を提出する必要がある（同法27条の25第

１項）。

(ii) 発行体側の規制

　総株主等の議決権の10％を保有する主要株主に異動があった場合には，臨時報告書の提出が必要となる（金商法24条の５第４項，開示府令19条２項４号）。したがって，資本提携によって提携先が主要株主となっている場合や，資本提携の解消に伴い，株式処分の相手方が当該取得によって新たに主要株主となる場合には，発行体において，主要株主の異動に係る臨時報告書の提出が必要となる点に留意が必要である。

③　金融商品取引所の規則上の規制

(i)　適示開示規制

　金融商品取引所の規則上，上場会社またはその子会社が「業務上の提携の解消」を決定した場合には，軽微基準に該当しない限り，適時開示が必要となる（たとえば，東証有価証券上場規程402条１号 p，403条１号 h）。具体的には，上場会社において資本提携を伴う業務上の提携を解消する場合には，①相手方の会社の株式もしくは持分を取得している場合にあっては，取得している相手方の株式もしくは持分の帳簿価額が，直前連結会計年度の末日における連結純資産と連結資本金のいずれか大きい金額の10％に相当する額以上である場合，または，②相手方に株式を取得されている場合にあっては，相手方に取得されている株式数が，直前連結会計年度の末日における発行済株式総数の５％超である場合に，適時開示が必要となる（たとえば，同規程施行規則401条４号 b）。

　また，上場会社において，総株主等の議決権の10％を保有する「主要株主または主要株主である筆頭株主の異動」が生じた場合にも，適時開示が必要となる（たとえば，東証有価証券上場規程402条２号 b）。

(ii)　公開買付け等事実の通知

　前述のとおり，インサイダー取引規制に関して，他社株公開買付けおよび買

集めに係る公開買付け等事実については，いわゆる適時開示による方法が「公表」に該当する（金商法施行令30条1項2号および4号）。このこと等に対応して，同法の規定に基づいた公開買付け等事実の金融商品取引所への通知が可能とされている（たとえば，東証有価証券上場規程414条7号）。

④　そのほかの法律上の規制

加えて，特に海外のパートナーとの間の資本提携においては，たとえば当事者間ではプット・オプションまたはコール・オプションにつき合意がなされていたとしても，その行使に伴う株式譲渡が，外為法そのほかの株式取得を規制する法令（相手方の所在地国の現地法令を含む）に抵触することとなる場合には，届出や報告等の一定の手続・期間を要する場合もあることに留意する必要がある。

また，業種によっては，特別の主要株主規制が置かれていることもあるため，留意が必要である。たとえば，金融商品取引業者の主要株主[8]となった者は，その議決権保有割合や保有目的等を記載した届出書を当局に提出する必要があり（金商法32条1項），また，主要株主でなくなったときにも，遅滞なくその旨を当局に届け出る必要がある（同法32条の3）。

⑤　発行体における契約上の留意点

発行体が締結している取引先との間の契約において，発行体の親会社・主要株主の異動や支配権の変動，資本構成の変化等が，契約の解除事由や期限の利益喪失事由等として規定されていることがある。このような場合，資本業務提携の解消に伴う株式譲渡等によって発行体の株主構成に変化が生じるときには，当該契約の相手方に状況を説明する等して，取引の継続に向けた対応が必要になる場合がある。

---

(8)　会社の総株主等の議決権の20％（会社の財務および業務の方針の決定に対して重要な影響を与えることが推測される所定の事実がある場合には15％）以上の数の議決権を有している者をいう（金商法29条の4第2項）。

⑥　買収防衛策への対応

　買収防衛策が導入されている場合には，資本提携の解消について発行体の賛同が得られていないと，第三者に株式を売却することが容易でなかったり，売却に時間を要したりすることがあるため，留意が必要である。

　事前警告型買収防衛策が導入されている場合には，議決権割合が一定以上となる株式取得行為を行う前に，まず買付者が発行体に意向表明書を提出し，それに対して発行体が買付者に対して提供を要求する情報のリストを交付し，買付者においては当該情報を発行体へ提供した上で，発行体の取締役会や第三者委員会による検討結果を待つ，といった手続を履践する必要がある。

⑶　自社株買いによる方法

　自社株買いの方法としては，市場取引，自社株TOB，ToSTNeT（東証）の市場立会外取引，市場外での相対取得の各方法があるが，資本業務提携の解消の場面のように特定の株主から自己株式を取得することを目的とする場合には，市場取引の方法は採り得ないと考えられる。そのほかの方法は，以下に述べるような手続の容易性，費用，税務上のメリット等を総合考慮して選択されると考えられる。

①　各手法共通の留意点

　いずれの方法による場合であっても，自己株式の取得は分配可能利益の範囲内でしか行うことができない（会社法461条）。そのため，分配可能利益が不足する場合には，あわせて減資・減準備金を行うことにより分配可能利益を確保する必要があるが，それでも分配可能利益が不足する場合には，基本的には自己株式の取得の方法によることは難しい。

　また，発行体の置かれた状況によっては，自己株式の取得が，特定の株主に対する利益供与禁止規制（会社法120条）違反となる可能性もある。すなわち，判例においては，「会社から見て好ましくないと判断される株主が議決権等の株

主の権利を行使することを回避する目的で，当該株主から株式を譲り受けるための対価を何人かに供与する行為は，……『株主の権利の行使に関し』利益を供与する行為というべきである」と判示されており[9]，この判例を受けて，特定の株主からの自己株式の取得が，利益供与禁止規制に違反する場面があり得ると理解されている。また，裁判例においては，敵対的な株式大量保有者に会社側から退場を持ちかけるための支出が利益供与禁止規制に違反するとされた例も存在しており[10]，提携先との関係が悪化したこと等が原因で資本提携の解消に至るような場合には，取引スキーム・事情によっては，提携先が議決権等の株主の権利を行使することを回避することを意図して自己株式の取得を行ったと認定されるおそれも否定できない点に留意する必要がある。

② 自社株 TOB による場合

(ⅰ) 会社法上の規制

会社法上は，特定の第三者から取得する場合以外においては，①取得する株式の数，②取得の対価，および③取得期間を株主総会決議（普通決議）において定めることにより，自己株式を取得することができる（同法165条1項，156条1項）。また，取締役会設置会社においては，定款の定めにより，上記の株主総会決議に代えて，取締役会決議により自己株式を取得することができる（同法165条2項または459条1項1号）。実務的には後者の例によることが多い。

(ⅱ) 金商法上の規制

(a) 手続規制

自己株式の取得を自社株 TOB により行う場合には，金商法に基づき公開買付開始公告を行い（同法27条の22の2第2項，27条の3第1項），公開買付届出書を提出して（同法27条の22の2第2項，27条の3第2項），金商法上の手続規制に則って買付けを行う必要がある。また，この場合には，公開買付代理人を選任

---

(9) 最判平成18・4・10民集60巻4号1273頁。
(10) 東京地判平成7・12・27判時1560号140頁。

452 ■ 第12章　資本・業務提携の解消

する必要があり、そのための手数料が必要となる。

　自社株 TOB 自体は、特定の株主から株式を取得することを目的とする制度ではないが、市場価格よりもディスカウントした価格を公開買付価格として設定することによって、特定の株主のみに応募のインセンティブがある状態を作り出すことができるため、資本・業務提携の解消の場面においても、このような方法によって、当該提携先の株主から自己株式を取得することは可能であると考えられる。ただし、TOB 期間中に市場価格が下落した場合には、設定した買付価格がディスカウントした価格でなくなる結果、ほかの株主にも応募のインセンティブが生じて、ほかの株主からも株式を取得しなければならない事態に陥ったり、あるいは TOB に上限を付しているような場合には、当該提携先の株主において手残り株（売却しきれない株式）が生じたりすることがあり得る点には留意が必要である[11]。

(b)　インサイダー取引規制に係る重要事実の公表および通知義務

　金商法上のインサイダー取引規制との関係では、自社株 TOB は、業務等に関する重要な情報を有する会社自身が行う公開買付けであるため、取引の公正性を確保する観点から、発行体において未公表の重要事実があるとき、または公開買付期間中に発行体に重要事実が生じたときには、当該重要事実の公表および通知義務が課せられている（同法27条の22の3）。そして、後者の場合は、公開買付期間が当該公表日から10日を経過した日より前に終了するときは、10日を経過する日まで公開買付期間を延長し、その旨を公告または公表しなければならない（自社株府令25条、同法27条の22の3第4項）。

---

[11]　実際に資本・業務提携の解消の場面で自社株 TOB が行われた例として、2015年5月20日に公開買付開始公告が行われた栄光ホールディングス株式会社による自社株 TOB がある。この例においては、自社株 TOB の直後に、株式会社増進会出版社の完全子会社である株式会社 ZE ホールディングスが、栄光ホールディングス株式会社に対してさらに価格を上乗せした他社株 TOB を行うことが同時に公表されたため、自社株 TOB の期間中に市場価格が下落することはなく、また、応募を合意していた大株主以外の株主の多くは、他社株 TOB に対してその保有株式を応募した結果、大株主の保有していた株式はすべて自社株 TOB の上限内で買い付けられている。本事例のスキームの詳細については、森本大介ほか「自社株公開買付けと他社株公開買付けの価格差組合せ取引の検討－増進会出版社による栄光ホールディングスの完全子会社化事例を踏まえて－」商事2077号（2015年）40頁。

(c) 大量保有規制

金商法上の大量保有規制においては，発行体が保有する自己株式については保有株券等の数から除外されているため（金商法27条の23第4項），発行体においては，自社株TOBによって株券等保有割合が5％を超えた場合や，すでに大量保有報告書を提出している場合に自社株TOBによって株券等保有割合が1％以上増減したときにも，大量保有報告書または変更報告書を提出する必要はない。ただし，資本提携の解消に伴い自社株TOBに保有株式を応募した株主側においては，変更報告書を提出する必要がある（同法27条の25第1項）。

(iii) 金融商品取引所の規則上の規制

金融商品取引所の規則上，上場会社またはその子会社が「自己株式の公開買付け」を決定した場合には，適時開示を行う必要がある（たとえば，東証有価証券上場規程402条1号x，403条1号o）。また，公開買付けの結果についても，別途の適時開示を行う必要がある。

③ ToSTNeT による場合

ToSTNeT によって自己株式を取得する場合，具体的には，①終値取引（ToSTNeT－2）による方法と，②自己株式立会外買付取引（ToSTNeT－3）による方法とが考えられる。概要，いずれの方法によっても前日最終値段で決済され，市場価格に影響を与えることなく自己株式を取得することができる。

①終値取引（ToSTNeT－2）では，第三者が買付けに参加する可能性があり，かつ，時間優先で売買が成立するのに対し，②自己株式立会外買付取引（ToSTNeT－3）は，買方を発行体に限定した自己株式取得専用の取引であるため第三者が買付けに参加する可能性はなく，また，時間優先で売買が成立するのではなく，買付数量に相当する売付数量を金融商品取引所が定める配分方法に従って配分する点に特徴がある。実務的には，資本業務提携の解消の場面においては，提携先から確実に株式を取得し，発行体の望まない第三者が提携先の株式を買い付けないようにするという目的に照らし，第三者が買付けに参加

する可能性のない，②自己株式立会外買付取引（ToSTNeT-3）による方法がとられることが多いであろう。

(i) 会社法上の規制

会社法上の手続は自社株 TOB による場合と同様であり，一定の事項を株主総会決議（普通決議）において定めることにより自己株式を取得することができる（同法165条1項, 156条1項）。また，取締役会設置会社においては，定款の定めにより，株主総会決議に代えて，取締役会決議により自己株式を取得することができる（同法165条2項または459条1項1号）。

(ii) 金商法上の規制

(a) インサイダー取引規制

自己株式を取得する場合にも，金商法上のインサイダー取引規制の適用が問題となる。ToSTNeT は，発行体が自己株式の取得を行う前日の夕方に，当該取得を行う旨を公表し，多くの場合は結果として特定の株主から株式を取得するが，前記(2)②(i)(b)のとおり，いわゆるクロクロ取引の適用除外規定は，ToSTNeT を含む概念である市場内取引においては利用することができない。そのため，会社に重要事実が存在している場合には，事前に公表する等して，未公表の重要事実が存在しない状況にする必要がある。

(b) 大量保有規制

前記②(ii)(c)のとおり，金商法上の大量保有規制においては，発行体が保有する自己株式については保有株券等の数から除外されているため（金商法27条の23第4項），大量保有報告書または変更報告書を提出する必要はない。ただし，資本提携の解消に伴い保有株式を売却した株主側においては，変更報告書を提出する必要がある（同法27条の25第1項）。

(iii) 金融商品取引所の規則上の規制

金融商品取引所の規則上，上場会社は，「会社法第156条第1項の規定によ

る[12]自己株式の取得」を行うことを決定した場合には，適時開示を行う必要がある（たとえば，東証有価証券上場規程402条1号e）。

④　市場外での相対取引による場合

(i)　会社法上の規制

特定の株主から市場外で相対取引によって株式を有償で取得する場合には，会社法上，①取得する株式の数（種類株式発行会社においては，株式の種類および種類ごとの数），②株式を取得するのと引換えに交付する金銭等の内容およびその総額，③株式を取得できる期間，および④取得条件の通知を行う当該株主の氏名（または名称）を株主総会の決議（特別決議）により定める必要がある（会社法160条，309条2項2号）。また，この場合には，発行体は株主に対して，議案を自己も売主に加えたものに変更するよう請求することができる旨を通知しなければならず（同法160条2項），株主は，株主総会の5日前（株式譲渡制限会社においては3日前。定款でそれを下回る期間を定めることも可能である）までに，会社に対してかかる請求を行うことができるものとされている（同条3項，同法施行規則29条）。

上場会社においては，取得価額が市場価格以下の場合には，ほかの株主からの上記請求権を排除し（会社法161条，同法施行規則30条1号），特定の株主から自己株式を取得することができる。もっとも，この場合でも，上記のとおり，必ず株主総会決議（特別決議）を要するため，実務上の負担は決して軽くなく，上場会社における実例は多くない。

(ii)　金商法上の規制

(a)　インサイダー取引規制

金商法上のインサイダー取引規制については，相対取引の相手方となる特定の株主との関係では，前記(2)②(i)(b)のとおり，いわゆるクロクロ取引の適用除

---

[12]　会社法163条および165条3項の規定により読み替えて適用する場合を含む。

外を利用することが可能である。

(b) 大量保有規制

前記②(ii)(c)のとおり，金商法上の大量保有規制においては，発行体が保有する自己株式については保有株券等の数から除外されているため（金商法27条の23第4項），大量保有報告書または変更報告書を提出する必要はない。

(iii) 金融商品取引所の規則上の規制

前記③(iii)のとおり，金融商品取引所の規則上，上場会社において自己株式の取得を行うことを決定した場合は，適時開示を行う必要がある。

⑷ 税務上の取扱い

① 第三者に株式を譲渡する方法

資本提携を解消して提携先株式（以下では上場株式の場合を想定する）を第三者に売却する場合には，譲渡した株主側（以下では法人の場合を想定する）においては，譲渡した株式の取得価額と譲渡価額との差額について，株式譲渡差益または差損が発生することになる（法人税法61条の2第1項）。他方，発行体においては，株主の構成に異動が生じるにすぎず，自らの保有する資産等が移転するわけではないため，譲渡損益課税が課されることはない。

② 自社株買いによる方法

自社株買いによる方法については，その手法によって税務上の取扱いが異なり得るため，スキーム選択にあたっては，税務の取扱いにも配慮する必要がある。前記(3)で述べたそれぞれの自社株買いの方法ごとの税務上の取扱いは，以下のとおりである。

(i) 自社株TOBまたは市場外での相対取引による場合

自社株TOBまたは市場外での相対取引により，発行体が自己株式を有償取

得した場合には，発行体においては，自己株式の取得対価として株主に対して交付した金銭等の価額の合計額から，取得株式に対応した資本金等の額（取得資本金額，法人税法施行令23条1項4号）を減算し，その金額を超える部分があれば，その金額を利益積立金額から減算する（同法施行令9条1項13号）。

　たとえば，資本金等の額が2,000万円，発行済株式総数が20万株の会社において，8万株の自己株式を1株200円で取得する場合，まず，資本金等の額の減算額は，資本金等の額（2,000万円）に，取得株式数（8万株）を発行済株式総数（20万株）で除して算出される0.4を乗じた800万円となる。このとき，減算する利益積立金額は，自己株式の取得に要した金額（1,600万円）から資本金等の額の減算額（800万円）を減じた800万円となる。

　一方，この場合，譲渡した株主側においては，原則として，当該利益積立金に相当する部分が利益の配当とみなされるが（法人税法24条1項4号），①譲渡した株主が発行体の発行済株式の総数の3分の1超に相当する数の株式を6か月以上引き続き保有していたときにはみなし配当金額の全額が，②譲渡した株主が発行体の発行済株式の総数の5％超3分の1以下に相当する数の株式を保有していたときにはみなし配当金額の50％が，また，③譲渡した株主が発行体の発行済株式の総数の5％以下に相当する数の株式を保有していたときにはみなし配当金額の20％が，それぞれ益金不算入となる（同法23条1項・6項・7項，同法施行令22条の3第1項・2項，同条の3の2第1項）。そして，交付を受けた金銭等の価額からみなし配当金額を控除した部分である取得資本金額と，譲渡直前の株式帳簿価額との差において，株式譲渡差益または差損が発生することになる（同法61条の2第1項）。

　また，譲渡した株主側においては，みなし配当の額に相当する金額に対し，税率15.315％の所得税が課され，発行体が当該所得税の源泉徴収義務を負うこととなる（所得税法212条3項）。

　たとえば，上記の例において，譲渡した株主側においては，1株当たり取得価格70円の株式を200円で売却した場合，まず，上記の例の利益積立金に相当する800万円が，みなし配当の額となる。このとき，交付を受けた金銭等の価額

（1,600万円）から，みなし配当金額（800万円）を控除した800万円が取得資本金額となり，譲渡直前の株式帳簿価額（560万円）との差額である240万円が，株式譲渡差益となる。一方で，みなし配当金額（800万円）に対し課される所得税は，120万円（税率15％で計算）となる。

(ii) ToSTNeT による場合

ToSTNeT を含む市場内取引によって自己株式を取得する場合には，譲渡した株主側において，みなし配当が生じない取扱いとされており（法人税法24条1項4号括弧書），交付を受けた金銭等の価額から譲渡直前の株式帳簿価額を控除した株式譲渡損益に対して法人税が課税される。また，発行体においても，利益積立金額は減算されず，自己株式の取得対価の全額に相当する額を，資本金等の額から減算することになる（同法施行令8条1項18号）。発行体においては，みなし配当に関する所得税の源泉徴収義務も生じない。

たとえば，前記(i)の例において，まず譲渡した株主側については，交付を受けた金銭等の価額（1,600万円）から譲渡直前の株式帳簿価額（560万円）を控除した1,040万円が，株式譲渡差益となる。一方，発行体については，自己株式の取得に要した金額（1,600万円）の全額が資本金等の額から減算されることとなる。

⑸ 会計上の取扱い

① 第三者に株式を譲渡する方法

資本提携を解消して提携先株式（以下では上場株式の場合を想定する）を第三者に売却する場合，売主においては，交付された現金等の対価と提携先株式の簿価との差額を譲渡損益として会計処理することになる。

たとえば，前記⑷と同様の例において，1株当たりの簿価が70円の株式8万株を1株200円で第三者に売却する場合における仕訳は，以下のとおりとなる。

<売主>

現金及び預金　　　　　1,600万円　／　提携先株式　　　　　　　560万円

　　　　　　　　　　　　　　　　　　　提携先株式売却益　　　1,040万円

　<買主>

提携先株式　　　　　　1,600万円　／　現金及び預金　　　　　1,600万円

②　自社株買いによる方法

　自社株買いを行う場合における発行体および株主の会計処理は，それぞれ以下のとおりとなる。

　まず，発行体においては，取得した自己株式の取得原価をもって「純資産の部」の株主資本から控除するものとされ，また，期末に保有する自己株式については，一括して純資産の部の株式資本の末尾に控除する形式で表示するものとされている（企業会計基準第1号「自己株式及び準備金の額の減少等に関する会計基準」7項・8項）。また，「純資産の部」の各項目の変動を記載する株式資本等変動計算書においては，自己株式について，①当事業年度期首および当事業年度末の自己株式数ならびに当事業年度に増加または減少した自己株式数，および②自己株式の種類ごとの変動事由の概要を記載するものとされている（財務諸表等規則107条1項）。

　一方，譲渡した株主側においては，会計上，発行体の自己株式取得の相手方である譲渡株主の会計処理については，特に定めが設けられていないところ，実務上，単に保有株式を第三者に譲渡する場合と同様に会計処理するものとされている。

　この場合の仕訳は，基本的に前記①と同様であるが，譲渡した株主側において逆に譲渡損が出るケースとして，たとえば，前記(4)と同様の例において，1株当たりの簿価が300円の株式8万株を1株200円で自社株買いを行う場合における仕訳は，以下のとおりとなる（所得税の税率は15%で計算）。

460 ■ 第12章　資本・業務提携の解消

```
<売主>
現金及び預金          1,600万円  ／ 提携先株式          2,400万円
提携先株式売却損        800万円  ／

<発行体>
自己株式           1,600万円  ／ 現金及び預金        1,480万円
                            ／ 預り源泉所得税         120万円
```

⑹　連結・持分法適用の解消

　資本提携の際に，提携先を連結子会社(連結財務諸表規則5条，財務諸表等規則8条3項）または持分法適用関連会社（連結財務諸表規則10条，財務諸表等規則8条5項)としていた場合には，資本提携の解消に際して，これらの取扱いについても変更が必要となる。また，子会社および関連会社についての関連当事者としての開示についても，資本提携を解消して提携先との資本関係がなくなる場合には，以後は関連当事者としての開示は不要となる（同規則8条17項）。

　なお，期中において子会社株式の売却が行われた場合，当該売却日において連結から外れるのが原則であるが，みなし売却日の規定により当該売却日の前後のいずれかの決算日において売却がなされたものとみなして処理することができる（企業会計基準第22号「連結財務諸表に関する会計基準」6頁注5[13]）。

⑺　ま と め

　以上の自社株買いの方法ごとのメリットおよびデメリットをまとめると，**図表12－2**に記載のとおりである。

---

[13] 「支配獲得日，株式の取得日又は売却日等が子会社の決算日以外の日である場合には，当該日の前後いずれかの決算日に支配獲得，株式の取得又は売却等が行われたものとみなして処理することができる。」と規定する。

②　資本提携の解消に際して考慮するべき留意点　■　*461*

（図表12－2）　自社株買いの方法ごとのメリット・デメリット

方法（価格）	メリット	デメリット
自社株TOB （ディスカウント価格）	• 株主総会の普通決議 or（定款の定めがある場合）取締役会決議で決定可能 • 売主において，みなし配当の益金不算入のメリット	• TOB規制に服する • 市場価格よりもディスカウントでの取得にならざるを得ない • 特定の株主以外の株主からも取得しなければならない可能性が完全には否定できない • 手続に費用を要する • インサイダー情報を事前に公表する等する必要がある
ToSTNeT （前日終値）	• 株主総会の普通決議 or（定款の定めがある場合）取締役会決議で決定可能	• 特定の株主以外の株主からも取得しなければならない可能性が否定できない • インサイダー情報を事前に公表する等する必要がある
市場外での相対取得 （ディスカウント価格）	• 市場価格以下で取得する場合には，特定の株主からのみ取得できる • 売主において，みなし配当の益金不算入のメリット • インサイダー情報についてクロクロ取引の適用除外規定を利用することが可能	• 株主総会の特別決議が必要である

3

業務提携の解消に際して
考慮するべき留意点

(1) 商品・製品の在庫，瑕疵担保責任等

　まず，業務提携の解消に際して問題になる事項として，商品・製品の在庫の
処理や，その際の瑕疵担保責任の取扱いが考えられる[14]。

　商品・製品の在庫については，たとえば生産業務や販売業務の提携の場合に
は，委託者側にとっては，図面等を提供して生産委託し製造された製品や販売
を委託した製品が，業務提携の解消後も契約によるコントロールが及ばないと
ころで流通し続けてしまう点をリスクと考えることがある。他方で，受託者側
にとっては，生産提携の場合には，すでに仕入れた原材料が無駄になってしま
うことを避けたいであろうし，販売提携の場合には，すでに仕入れた製品が在
庫のままデッドストックとなってしまうことを避けたいと考えるのが通常であ
ろう。

　そのため，業務提携解消後の製品の取扱いについては，契約において，生産・
販売の中止義務や在庫の破棄義務を規定するとともに，生産提携の場合には，
委託者による受託者からの製造済みの製品の買取りや供給した原材料の買取り
を定める条項を，また，販売提携の場合には，委託者による在庫の買取りを定
める条項を規定しておくことも考えられる。また，業務提携の解消後は，取引

---

[14]　淵邊善彦編著『シチュエーション別　提携契約の実務〔第 2 版〕』（商事法務，2014年）
　　　151頁〔花本浩一郎ほか執筆部分〕。

関係が終了し，合意順守のインセンティブが働きにくくなるため，在庫処分に関する証明書の発行義務を課したり，義務違反行為が発見された場合の違約金条項を設けたりすることも考えられる。

一方，たとえば販売業務の提携の場合に，業務提携解消後の在庫の販売が禁止され，破棄を義務づけられてしまうと，破棄のための費用が生じてしまうほか，業務提携の解消時点ですでに契約済みの販売先から債務不履行責任を追及されるおそれがある。そこで，業務提携の解消に際しても即時の在庫破棄までは求めず，すべての在庫の納品が終了した時点で契約が終了する建付けにすることや，契約期間終了後も一定の期間は委託先が在庫を販売することを許容することも多い。もっとも，その際には，当該製品に係る瑕疵担保責任についてもその責任範囲を明確にするべく，契約期間終了後の一定期間は責任を追及することができることを定める条項を明示的に規定しておくことが必要である。

また，契約終了後に第三者から責任を追及された場合（たとえば製造物責任の追及や第三者の知的財産権を侵害している旨のクレーム等）において，提携元と提携先のいずれが対応し，いかなる範囲で責任・費用を分担するかについても，業務提携契約において規定しておくことが望ましい。

⑵　従業員・設備等の処理

業務提携に際して，従業員を雇用し，設備等を拡充している場合には，それらの対応方針や費用負担についても問題となり得る。

まず，従業員については，判例上確立された「解雇権濫用法理」のもと，一方的に解雇を行うのが容易ではなく，また，解雇を行った場合には，従業員からの訴訟リスクを伴うほか，レピュテーションリスクが生じることも少なくない。そのため，業務提携を解消する場合であっても，雇用を維持する，または合弁会社のパートナーにおいて従業員を引き取る方向で検討することがある。このような場合には，契約終了時に，委託元または従業員を引き取らない合弁会社のパートナーが，相手方に対して一定の費用を負担する旨を合意して，解

464 ■ 第12章　資本・業務提携の解消

決が図られることになる。もっとも，雇用問題については従業員の立場を踏まえて慎重に検討する必要があり，実際に業務提携を解消する時点において，個別の従業員の意向も踏まえて対応せざるを得ないため，従業員の取扱いに関する事項を業務提携契約書に具体的に規定していたとしても，それを従業員に強制することはできず，実際には，そのような事情も踏まえて，業務提携の解消時には従業員の取扱いについて真摯に協議し互いに協力する，といった抽象的な記載をするにとどめることも少なくない。

　また，業務提携に際し，工場や設備等を設置した場合には，業務提携の終了に際し，工場や設備等を処分する旨，およびその場合の費用負担についても合意する必要がある。工場の処分については，買手候補者が，売手に対し，工場の土地に土壌汚染や埋蔵物がみつかったときの費用負担を要請する場合には，その点への対処についても検討が必要となる。

⑶　知的財産権等の処理

　業務提携の解消に際し，提供した顧客情報等の営業情報，図面等の技術情報，ノウハウ，そのほかの知的財産権をどのように取り扱うかは非常に重要な問題である[15]。

　まず，特許権等の法律により特許権者が排他的権利を取得する知的財産権のライセンスに係る業務提携については，業務提携の解消さえ合意すれば，それに伴って特許権等の実施権の付与が終了するため，その後の契約相手方による特許権等の実施は特許権等の侵害として損害賠償・差止めの対象にすることができる。これに対して，契約相手方としては，契約終了とともに実施権の付与について即時終了することで良いか，それとも一定の経過措置を定める必要があるかを検討する必要がある。たとえば，業務提携の解消時の在庫品が特許権の対象となる場合には，それらについて一定の期間内で販売許諾を得るか，特

---

[15]　西岡祐介＝高谷裕介「資本提携・事業提携解消時の諸問題から見た提携契約作成の実務〔下〕」資料版商事336号（2012年）17頁。

許権者による買取りを求めるか等を検討する必要がある。また，特許権等の実施権の付与に基づいて生じた改良発明や共同開発した製品に係る知的財産については，当初の業務提携契約においてその取扱いを合意しておくべきであるが，もし合意していない事項が発見された場合には契約解消時にその取扱いを合意すべきである（改良発明の取扱いについては，第5章④を参照されたい）。

　他方で，顧客情報等の営業情報，図面等の技術情報，ノウハウ等の知的財産については，業務提携の解消を約束するだけでは足りない。なぜなら，業務提携を解消するだけではそれらの情報の受領者は法律上も契約上もそれらの情報の使用を禁止されないからである。情報の開示者としては，情報の受領者に対して，業務提携の解消に際し，提供した営業情報，技術情報およびノウハウの化体した文書および電磁的記憶媒体の一切について，その返還または破棄を求め，以後それらを使用しない旨および第三者に提供しない旨を合意する必要がある。これに対して，契約相手方としては契約終了に際して一定の経過措置等を定める必要があるかを検討する必要があること，および，改良発明や共同開発した製品に係る知的財産の取扱いを検討する必要があることは，前記の知的財産権の場合と同様である。

　もっとも，このような契約上の対処を講じたとしても，業務提携の解消後においては，それまでの取引関係が終了する等して，場合によっては当事者間の提携終了後の合意順守へのインセンティブが十分に働かなくなってしまうおそれがあるほか，業務提携解消後の情報やノウハウの利用行為については外部から発見・立証することが困難なことも多い。さらには，仮に発見・立証することができたとしても，紛争解決には長期の時間を要する上，海外では当該情報やノウハウの使用を差し止めたり，損害賠償を請求したりすることや，さらには請求が認められたとしてもそれを海外で執行することについては，法制度上困難を伴う場合もある。そのため，情報やノウハウの提供を受けた当事者が，契約に違反してそのような情報やノウハウを利用するリスクについて，契約によって100％実効的にカバーすることは不可能であるといわざるを得ない。

　これは非常に難しい問題ではあるが，将来業務提携が解消される可能性があ

る以上は，業務提携に際していかなる技術情報をどのように提供するのか，具体的には，提供する技術情報の範囲，それらの管理方法，提携先従業員に対する技術指導のあり方等につき，提供する段階から，将来業務提携が解消される可能性を見据えて慎重に検討する必要がある。たとえば，契約に違反した情報やノウハウの利用行為の存在を容易に主張・立証できるようにする観点からは，情報やノウハウに接することができる者を限定して列挙したり，アクセス履歴を保存したりすることが考えられる。

⑷　紛争解決の方法

①　紛争解決方法の選択

業務提携の解消に際しては，それまでに獲得した利益の配分や，解消によって生じる損失の負担等をめぐって，当事者間で紛争が発生する場合がある。紛争が発生した場合，まずは協議によって解決を図ることが通常であるが，それでも解決できない場合には，第三者を介在させた紛争解決が必要となる。

主な紛争解決の方法としては，裁判手続による方法と仲裁手続による方法とがある。どちらの紛争解決方法を選択するかは，**図表12－3**に記載された各手続のそれぞれの特徴を踏まえて，ケースバイケースで判断する必要がある[16]。

裁判手続と仲裁手続とを比較すると，裁判手続は原則公開であるが，仲裁手続は非公開であり，紛争の存在や内容等を第三者に対して秘密にすることができる。業務提携の解消に際して発生する紛争は，たとえば，機密性のある情報の取扱いが争点となる場合や，紛争の存在・原因等を第三者に知られたくない場合もあり，そのような場合には，手続が公開されない仲裁手続にメリットがある。

また，仲裁手続は，裁判手続における控訴・上告のような制度がなく，一回限りの判断により確定的な判断がなされる手続であるため，裁判手続に比べて

---

[16]　藤原総一郎編著『M&Aの契約実務』（中央経済社，2010年）281頁。

（図表12－3）　裁判手続と仲裁手続の差異

	裁判手続	仲裁手続
判 断 者	資格ある裁判官	当事者が選任する仲裁人
審理手続	民事訴訟法に従う	当事者の合意による(17)
公 開 性	原則公開	非公開
上 訴	あり（三審制）	なし(18)
費 用	法定の申立費用等	仲裁人への報酬支払等を含む手続費用すべて
紛争処理に要する期間	比較的長期間	比較的短期間

早期に紛争が解決する可能性が高い（ただし，一定の場合には裁判手続に訴えることが可能である）。さらに，当事者の紛争の実態に適した仲裁人を判断者として選任することができる可能性があるため（たとえば，M&A取引のプラクティスに精通した専門性の高い仲裁人を任命することも可能である），裁判手続に比して，より紛争の実態に適した解決策が期待できる側面もある。

　一方で，仲裁手続の場合には，事実認定等の法曹実務に精通した裁判官による過去の判例の集積に依拠した三審制が保証されている裁判手続に比べると，手続の安定性という面ではデメリットもある。

　この点，海外企業との間の業務提携等の国際的な要素を含む契約の場合には，外国における判決または仲裁判断に係る承認・執行の実効性等の観点も考慮して，紛争解決の方法を選択する必要がある(19)。すなわち，裁判手続による場合

---

(17)　仲裁における審理手続の準則は，当事者が合意により定めるところによるものとされているが（仲裁法26条），実務上は，International Chamber of Commerce（ICC）やUnited Nations Commission on International Trade Law（UNCITRAL），一般社団法人日本商事仲裁協会（JCAA）といった機関が作成した仲裁規則を選択する形で合意がなされることが多い。

(18)　ただし，仲裁合意が無効，取消しその他の事由により効力を有しないとき等の一定の場合には，裁判手続に訴えることが可能である（仲裁法14条）。

(19)　海外企業との間の取引における紛争解決手段の選択の際の視点については，森本大介＝前田葉子「米国・中国・台湾企業との国際取引契約における紛争解決手段選択の視点〔上〕」商事2014号（2013年）28頁。

には，外国判決の国内における承認・執行を認める国際条約が整備されていないため，ある国でなされた外国判決がそのほかの国でただちに効力を承認され，強制執行がなされるとは限らない。たとえば，日本で外国判決を承認・執行するための要件は，民事訴訟法118条に定められているが，同条4項においては，「相互の保証があること」が要件として定められており，日本で承認・執行することを求められている外国裁判所の判決がなされた国においても，日本でなされた判決の承認・執行が可能であることが要求されている。この点，過去の裁判例においては，中国についてこのような相互保証がないと判断したものがある[20]。

これに対し，仲裁手続の場合には，140か国以上が加盟しているニューヨーク条約[21]が存在し，条約加盟国においては，ニューヨーク条約の下で定められる外国仲裁判断の承認・執行のための共通の条件に服しており，相互に外国仲裁判断の承認・執行を認め合う関係にあることから，多くの国において外国での仲裁判断を執行することが可能である[22]。

また，裁判手続の場合は，たとえば日本の裁判所で手続を進めるためには，英語の書類についても原則として和訳する必要があるが，仲裁の場合には英語のまま手続を進めることも可能であるため，仲裁手続を選択することにより，関連書類の翻訳に要する膨大な手間と費用を節約することが可能になる。

以上のような状況を踏まえて，特に海外の業務提携先との間の業務提携の解消を含む紛争の解決にあたっては，実務上は仲裁手続が用いられることが多い。

---

[20] 大阪高判平成15・4・9判時1841号111頁，東京地判平成27・3・20判タ1422号348頁。

[21] 1958年にニューヨークにおいて署名された外国仲裁判断の承認および執行に関する条約（Convention on the Recognition and Enforcement of Foreign Arbitral Awards）。加盟国は，2016年8月1日時点において156か国に及んでおり，日本の裁判例で相互保証の存在が否定されている中国も加盟している。なお，最新の加盟国は，http://www.newyorkconvention.org/contracting-states/list-of-contracting-states で確認することができる。

[22] もっとも，ニューヨーク条約の加盟国であっても，外国仲裁判断の承認・執行のための手続に長期間を要する国もあるため，仲裁地を決定する際には，当該国における外国仲裁判断の承認・執行のための手続の内容や，実務上の運用についても，事前に確認しておく必要がある。

②　業務提携契約における対応

　紛争解決の方法については，前述のような検討を踏まえた上で，業務提携契約を締結する段階で，あらかじめ契約上に規定しておくことが通常である。

　紛争解決手続として裁判手続を選択する場合には，裁判管轄をどの裁判所にするか，また，当該管轄を専属的合意管轄（合意した管轄のみとする）とするか非専属的合意管轄とするか（合意した管轄のほか，民事訴訟法の規定に従って認められる管轄に訴えを提起することも可能である）を選択するべきである。一般には，訴訟遂行の負担を軽くする観点から，自己の所在地の裁判所を専属的合意管轄とすることが有利である。仮に合意しない場合には，①被告の住所地・主たる事務所の所在地（民事訴訟法3条の2第1項・3項），②義務履行地（同条の3第1号）等の民事訴訟法の管轄の規定に従って認められる管轄の中から選択する必要があるため，自ら訴える場合には自己の所在地の裁判所を選択できない可能性があるし，相手方から訴えられる場合にも自己の所在地以外の裁判所に訴えられる可能性がある。

　また，海外企業との間の業務提携等の国際的な要素を含む場合には，よりいっそう管轄を合意する必要性が高い。すなわち，国際裁判管轄については国際的に統一的なルールが定められているわけではなく，管轄を合意していなければ，基本的には訴えが提起された国の裁判所における国際裁判管轄のルールによって管轄が判断されるため，裁判所が管轄についてどう判断するかの予測が難しく，かつ，いざ紛争になったときには訴訟の入口のところで時間・費用を費やすことになってしまう。また，なじみのない国で訴訟を提起された場合には，国内で自己の所在地以外の裁判所に訴えを提起される場合とは比較にならないほど大きな負担となるおそれがある。もっとも，当事者間で管轄を合意していれば，合意の内容・方式に瑕疵がある場合[23]や，所定の裁判権を行使できない

---

(23)　「契約内容との関係の有無にかかわらず，あらゆる紛争はカリフォルニア州の裁判所が管轄する」との裁判管轄の合意は，「一定の法律関係に基づく訴え」に関して合意しなければならないという民事訴訟法3条の7の規定の趣旨等に照らして無効との判断を示した裁判例がある（東京地中間判平成28・2・15判例集未登載（平成26年㋬第19860号））。

470 ■ 第12章　資本・業務提携の解消

争いの管轄を合意する場合等[24]でなければ，基本的には多くの国でその合意内容が尊重される。管轄の合意をするにあたっては，訴訟遂行の負担だけではなく，強制執行の可否や対象となる資産や証拠の場所，契約の準拠法，さらには言葉の便等の諸要素を総合的に考慮して裁判管轄を検討する必要がある。

　一方，紛争解決手続として仲裁手続を選択する場合には，業務提携契約において仲裁条項を定める必要がある。仲裁は当事者の合意に基づく紛争解決手段であるため，手続等のすべてを当事者が決めることも可能である（アドホック仲裁）が，仲裁規則等が完備された仲裁機関を利用する方が便利であり，多くの場合は仲裁機関が利用される。この場合，仲裁条項においては，まずはどこで仲裁するかを決め，その地にある仲裁機関を選択することになる。日本の仲裁機関としては，一般社団法人日本商事仲裁協会（JCAA）[25]，海外の仲裁機関としては，国際商業会議所国際仲裁裁判所（ICC）等が有名である。仲裁機関を選定した場合には，原則として当該仲裁機関の規則が適用されることになるが，より詳細に，仲裁人の人数や選定方法，仲裁言語，費用の分担等について，あらかじめ定めておくことも可能である。

⑸　清算条項，完全合意条項

　特に合弁会社を清算する場合においては，清算に関する合意書に記載されている内容を除き，一切の債権債務を負担していない旨の清算条項を合意する等して，各当事者にいかなる債権債務があるのかを確定することが目指されることが多い。

　また，清算条項を定めつつ，当該合意書等に記載されていない事項については一切合意が存在しない旨をあわせて明記しておくことにより，将来の紛争を回避することも考えられる。このような条項は完全合意条項と呼ばれ，もとは

---

[24]　知的財産権の有効性は知的財産権を保護する国に管轄権があると解されるのが典型である（民事訴訟法3条の5第3項参照）。

[25]　一般社団法人日本商事仲裁協会（JCAA）の推薦仲裁条項は，http://www.jcaa.or.jp/arbitration/clause.html にて入手することができる。

英米法上の Parol Evidence Rule[26]というルールに関連して形成された条項であり，日本法においてはこれに対応する準則は存在していない。もっとも，裁判例においては，完全合意条項についてその文言どおりの効力を認め，契約の解釈にあたっては，専ら各条項の文言のみに基づいて当事者の意思を確定しなければならないと判示するものが存在しており[27]，日本法下においても，完全合意条項の定めがある場合には，当該条項を定めた契約当事者の合理的意思その他契約条項の解釈をとおして，状況に応じた一定の効力が認められている。

ただし，完全合意条項の定め方はさまざまであるところ，たとえば「本契約は完全な合意である」といった抽象的な文言では，なお交渉経緯等が契約の解釈の際に考慮される可能性が残ってしまうため，より確実に効果を得るためには，その趣旨を直截的に記載する必要があるとの指摘がある[28]。そこで，もし合意書等以外の証拠排除を意図するのであれば，より直截に，かつ，一定程度詳細な証拠契約的な規定とすべきであり，このような規定がある場合には，契約当事者が意図した効力が認められる可能性が高くなると考えられる[29]。

---

[26]　Parol Evidence Rule とは，当事者間において書面により合意がなされた場合には，その書面がその合意事項に関する唯一の証拠であり，実際の合意が書面化された合意内容とは異なることを，従前の取決めや交渉経緯等書面外の証拠を用いて証明することはできないというルールである。この Parol Evidence Rule には，合意書が対象事項に関する合意をすべて表しておらず，不完全であるか，または曖昧である場合には，その合意書以外の証拠を用いることができるという例外があるため，その例外を生じないようにするのが，完全合意条項である。ただし，完全合意条項を定めたとしても，依然として，契約の文言解釈の際に交渉経緯等が考慮される可能性まで否定されるものではないと理解されている。

[27]　東京地判平成 7・12・13判タ938号160頁。そのほか，東京地判平成18・12・25判時1964号106頁において，完全合意条項の規定を根拠に，契約に明記されていない条項を含む契約が成立したという原告の主張が排斥されているほか，名古屋地判平成19・11・12金判1319号50頁においても，契約条項の解釈に際して，完全合意条項の存在が重要な考慮要素の１つとされている。

[28]　完全合意条項があったとしても，契約締結に至るまでの交渉経緯等については，裁判所による契約文言の合理的意思解釈に際して用いられる可能性が否定できないことを指摘するものとして，前掲注(16)・藤原編著294頁。

[29]　たとえば，前掲注(27)・東京地判平成 7・12・13において効力が認められた条項には，「当事者は，本契約の用語は本契約の目的物に関する当事者の最終的な表現であり，以前または同時のそのほかのいずれの契約を証拠として，これを否認してはならないと意図する。当事者はさらに，本契約はその用語の完全かつ排他的陳述を構成するものであること，および本契約に取り入れられているすべての司法上，行政上またはそのほかの法的手続において，いかなる外部の証拠を導入してはならないことを意図する」と定められていた。

472　■ 第12章　資本・業務提携の解消

4

業務提携の解消に対する
法的制約

(1)　継続的契約関係の解消制限法理

　業務提携契約を解消する場合，契約期間の更新を拒絶することが考えられる
が，日本法のもとでは，契約の性質上，当事者の一方または双方の給付がある
期間にわたって継続的に行われるべき継続的契約については，やむを得ない事
由または信義則違反等がなければ，その更新拒絶は認められないとする多数の
裁判例が存在するところである。これは，約定解除権の行使についても同様で
あり，契約上は解除事由が存在する場合であっても，やむを得ない事由または
信義則違反等がなければ，解除が認められないとの判断がなされる場合があ
る[30]。

　業務提携関係の解消に際し，前記のような継続的契約関係の解消制限法理が
適用されるか否かは，事実関係によるところも大きく，ケースバイケースとい
うことになろうが，業務提携関係の解消にあたって，判断が裁判所に持ち込ま
れた場合には，更新拒絶や約定解除権の行使が制限される可能性があることは
十分に認識しておく必要がある。

　継続的契約関係の解消制限法理の適用にあたって考慮される要素については，

---

[30]　文献としては，中田裕康『継続的売買の解消』（有斐閣，1994年）および加藤新太郎編
『判例Check 継続的契約の解除・解約 改訂版』（新日本法規，2014年）が詳しい。ま
た，過去の裁判例については，升田純『現代取引社会における継続的契約の法理と判例』
（日本加除出版，2013年）。

（図表12－4）　継続的契約関係の解消制限法理の考慮要素

① 　明示の契約
② 　取引慣行・意識
③ 　当事者の属性・立場（社会的・経済的な力の格差，被解消者へのさまざまな負担の義務づけの有無）
④ 　被解消者の事情（現実の負担，投資，依存度，被解消者が使用していた名称等）
⑤ 　解消者の事情（④所定の被解消者の負担等についての解消者側からの要求の有無，ほかの取引先との取引状況）
⑥ 　解消者による取引の継続を表明する旨の言動および被解消者側に期待を抱かせるような事情の有無
⑦ 　取引状況（取引開始に至る経緯，取引期間）
⑧ 　被解消者の貢献
⑨ 　解消時の解消者の態様

多くの分析が試みられているが，学説においては**図表12－4**に記載のとおり整理されている[31]。

　この点，**図表12－4**の③（当事者の属性・立場）については，両当事者の力関係に差があり，被解消者の立場が弱い場合には，契約解消が認められにくく，一方で，両当事者の交渉力等が対等な関係にある場合には，契約解消が認められやすくなる。たとえば，銀行間の相互のATM等による現金の払出し等に係る業務提携契約について，一方の銀行（A銀行）が顧客手数料の無料化等の事業展開を行ったことにより，他方の銀行（B銀行）がA銀行に支払う利用料が増加したため，B銀行が同契約を解約したという事案において，両当事者はいずれも自らの経営判断に基づいて対等な立場で契約関係に入った者であり，その間に契約関係をめぐる情報の非対称性があるわけではなく，一方の事業が委託契約に基づく取引に全面的に依存しているといった関係が存するわけでもないことを理由に，委託契約が継続的契約であるからといって，これを解約するのにやむを得ない事由等が必要とされる理由はないとして，B銀行による解約を認めた裁判例[32]等がある。

---

[31]　前掲注[30]・中田477頁以下。
[32]　東京地判平成23・7・28判時2143号128頁。

474　■　第12章　資本・業務提携の解消

　また，**図表12-4**の④（被解消者の事情）については，被解消者の継続的契約
への事業上の依存度が高い事実や，ほかの業者への切り替えが難しいといった
事情がある場合には，解約が認められにくくなる。被解消者が零細企業であり，
解約されることによって事業が立ち行かなくなってしまうような場合等がその
典型例である。たとえば，新聞社が販売店との間の新聞販売店契約の更新を拒
絶した事案において，販売店において建物の増改築や従業員の雇用等に相当多
額の資金を投資していることに加えて，当該営業が生活の基盤となっている点
を指摘して，契約の更新を拒絶するためには，正当な事由，すなわち新聞販売
店契約を締結した趣旨に著しく反し，信頼関係を破壊したことにより，同契約
を継続していくことが困難と認められるような事情が存在することが必要であ
るとして，新聞社による更新拒絶は認められないとした裁判例[33]等がある。

⑵　業務提携契約における対応

　前述の継続的契約関係の解消制限法理の考慮要素を踏まえると，業務提携契
約を締結する際には，以下のような点に留意する必要があると考えられる[34]。

①　業務提携契約の解消事由の明確化

　まず，当事者間で業務提携関係を解消する交渉を行うにあたっては，**図表
12-4**の①（明示の契約）においても要素の１つとしてあげられているように，
まずは契約に規定されている内容が前提となり，それが契約の相手方を説得す
る材料にもなることから，業務提携契約の締結に際して解除事由を検討するに
あたっては，将来いかなる事態が発生する可能性があるか，どのような事態が
生じれば契約関係を解消することを希望するかを検討の上，できる限り解除事
由を明確化・具体化しておくことが望ましいと考えられる[35]。被解消者の義務

---

[33]　福岡高判平成19・6・19判タ1265号253頁。
[34]　前掲注⒂・西岡＝高谷16頁以下。
[35]　継続的契約に関する裁判例および学説においては，契約自由の原則から原則として自

内容が明確かつ具体的に規定され，その違反が解除事由になることが明記されていれば，契約解消の合理性を主張しやすくなる[36]。

②　業務提携契約期間の短期化

業務提携期間を１年程度の短期に設定することは，**図表12－4**において要素の１つとしてあげられている⑦（取引状況）との関係で，契約解消が認められやすくなる観点から有効であると考えられる。この場合，更新条項の定め方についても検討が必要になるが，**図表12－5**の４つのパターンのうち，①と②は両当事者ともが更新を望まなければ更新できない点，③と④は両当事者ともが終了を望まなければ終了できない点で，大きな違いが存する。

（図表12－5）　更新条項の定め方

①　「原則終了，例外的に一方当事者から申出があった場合には合意により更新」
②　「原則更新，例外的に一方当事者から申出があった場合には終了」
③　「原則終了，例外的に一方当事者から申出があった場合には更新」
④　「原則更新，例外的に一方当事者から申出があった場合には合意により終了」

業務提携契約を締結し，または業務提携契約を更新・改定する際には，継続的契約関係の解消制限法理の適用可能性も踏まえて，将来において契約を更新しやすい規定にするのか，それとも解消しやすい規定にするのかを検討した上で，いかなる更新条項を定めるかについて交渉することが望ましい。

業務提携期間が短期間に設定されていても，更新が繰り返されて取引が長期化すれば，解消に際してやむを得ない事由が求められる可能性は高くなることは否定できない。もっとも，裁判例においては，期間満了の都度更新契約を締

由に解除できるとする立場と，解除するにはやむを得ない事由等が必要であるとする立場とに分かれているが，裁判例においては，やむを得ない事由等を不要として結論的に解消を認めるものが増加しているとの指摘もある（中田裕康ほか「〔座談会〕継続的契約とその解消」判タ1058号（2001年）24頁〔中田発言〕）。

[36]　管楽器の販売契約について，楽器の卸販売業者において競合する他社の管楽器を販売したこと等を理由に契約を無催告解除したところ，契約書において明文で競合する他社との取引を禁止した規定が定められていないことを理由の１つとして，無催告解除が無効とされた裁判例として，東京地判平成5・2・10判タ848号221頁がある。

結することにより商品販売契約を継続してきたケースについて，更新を重ねて継続されてきた契約であっても，更新が当然に予定されていたものではなく，契約の更新のためには双方の合意が必要であり，契約期間満了の際には，各当事者において契約期間中に生じた事情等を考慮して契約関係を終了させることを望む場合には，更新しないことを選択できる権利が留保されていたことを指摘して，契約関係の終了を認めたものも存在している[37]。したがって，業務提携期間を短期間とし，**図表12－5**の①と②のパターンのように，両当事者ともが更新を望まなければ更新できない，すなわち原則として期間満了に伴い契約関係が終了する建付けとしておくことは，継続的契約関係の解消制限法理の適用を回避する観点からは，有効な対応であると考えられる。一方，**図表12－5**の④のパターンのように，期間満了後においても自動的に更新される建付けとなっている場合には，解消に際してやむを得ない事由が求められる可能性が高くなるように思われる[38]。

③　相当な解約予告期間の設定

　被解消者が新たに取引先を見つけたり，事業転換をするために必要となる期間を考慮した一定の予告期間を設けることは，**図表12－4**において要素の1つとしてあげられている⑨（解消時の解消者の態様）との関係で，契約解消を認められやすくする観点から有効であると考えられる。

　どの程度の予告期間を設けるべきかについては，裁判例の中には，1年間の解約予告期間を要するとしたものもあるが[39]，実務的には，業務提携契約を締

---

[37]　東京高判平成4・10・20判タ811号149頁。

[38]　自動更新条項の存在が，契約の更新を拒否して契約を終了させてもやむを得ない正当な理由を要する根拠の1つとされた裁判例として，東京地判平成9・3・5判時1625号58頁がある。一方，化粧品の販売代理店契約について，従前の契約に定められていた自動更新条項が削除された等の契約締結時の事情から，契約期限までに契約の更新について合意をしない限り，契約は更新されないことが合意されていたと認定した裁判例として，東京地判平成22・1・29判タ1334号223頁がある。

[39]　東京地判平成22・7・30判時2118号45頁は，ワインの販売代理店契約について，通算して18年にわたって取引関係を継続し，販売店においてはその間に売上げを大幅に伸ばしてきたといった事情を踏まえると，販売代理店契約を解約するためには，4か月の解約予告期間では足りず，1年間の予告期間を設けるか，その期間に相当する損失を補償

結する時点においては予告期間は長くても３か月程度に留めておき，実際に契約を解消する時点において，その時の事情に応じて契約上の期間を超えて予告期間を確保すべきと考えられる事情があれば，その都度対応することが考えられる。裁判例においても，契約上は１か月と規定されている予告期間を超えて約２か月間の予告期間を確保して解約権を行使したことを考慮要素の１つとして，約定解約権の行使を有効としたものが存在する[40]。

④　損失補償

　図表12－４において要素の１つとしてあげられている④（被解消者の事情）との関係で，被解消者にとって事業上の依存度の高い業務提携や，取引の性質から被解消者の設備投資が高額になる業務提携等については，継続的契約関係の解消制限法理が適用されやすくなる。そのため，契約解消を認められやすくするべく，図表12－４において要素の１つとしてあげられている⑨（解消時の解消者の態様）との関係で，業務提携契約の締結時に，解消時における一定額の補償金支払に関する規定を定めておき，当該補償金の支払のみによって契約解除が可能となる旨の規定を設けておくことが考えられる。このような条項を定めておけば，いわば契約当事者にとっては業務提携関係の解消が予定されていたものとみることができよう。

　一方，継続的契約関係の解消制限法理の適用を受けるリスクが少ないと考えられる場合には，被解消者からの請求を封じるために，業務提携契約において，契約解消時の損失補償等は一切行わない旨を契約書に明記しておくこともある[41]。

　　すべき義務を負うとして，差し引き８か月分の営業利益の損失分の損害賠償を認めている。
[40]　東京地判昭和62・12・16判時1289号68頁。
[41]　前掲注[14]・淵邊編著82頁〔古西桜子ほか執筆部分〕。

第 **13** 章

資本・業務提携に際して
留意すべき裁判例

1

資本・業務提携に関連する裁判例

　本章においては，資本・業務提携に際して留意すべき裁判例を概観する。

　資本・業務提携に際しては，ⅰ）契約の交渉過程における法的拘束力のある合意の成否，交渉破棄・契約破棄に伴う一方当事者の責任等，ⅱ）法令違反または不当な目的によるものであることを理由とする，特定の提携先に対する新株発行・自己株式処分の差止め，ⅲ）特定の提携先に有利な価額で新株発行・自己株式処分を行ったことを理由とする，公正な価額との差額填補責任，ⅳ）有利発行における受贈益課税，ⅴ）資本提携契約・合弁契約における役員選任や株式の取扱い等をめぐる各種条項の有効性・効力等，ⅵ）提携またはその交渉過程で開示された情報の取扱い，ⅶ）一連の提携契約につき，包括的な契約の一部または複数の契約のうちの1つの解除をした場合のその他の契約・条項の取扱いについて，紛争が生じることが少なくない。

　以下では，それぞれの場面について問題となった裁判例の要旨を紹介するとともに，どのようにその論点が問題となるのか，また，裁判例を踏まえて資本・業務提携契約上どのような対処が可能なのか，どのような点に留意すべきなのかについて述べる。

2 交渉過程において合意の成否・内容等が問題となった裁判例

　資本・業務提携の交渉過程において，合意の成否，合意の内容等をめぐって当事者間で争いとなることがある。具体的には，(i)法的拘束力のある合意を締結する前に交渉が決裂した場合に，交渉を破棄された当事者が，相手方に対して何らかの責任を問うことや，(ii)基本合意を締結した後，一方当事者が，当該基本合意上の義務に違反した場合（たとえば，独占交渉条項に違反して，第三者と交渉を行った場合）に，他方当事者が，当該合意に法的拘束力があると主張し，相手方に対して，当該合意に基づく違反行為の差止めや，損害賠償を請求することがある。

⑴　法的拘束力のある合意を締結する前における交渉決裂に関する裁判例

　法的拘束力のある合意を締結する前に交渉が決裂した場合，交渉を破棄された当事者としては，相手方に対し，①すでに合意は成立していたと主張し，契約上の債務不履行責任を問う，②合意は成立していなかったとしても，交渉破棄について信義則上の責任を問う等して争うことが考えられる。

　まず，①の合意の成否は基本的に事実認定の問題であるため，具体的にどのような交渉状況であったかを検討することになる。東京地判平成16・1・26判タ1157号267頁（後記裁判例(a)）では，合弁会社設立について合意が成立していたか否かが争われたところ，両当事者それぞれが基本合意案を提案している段階であり，結局基本合意書も締結に至らなかったとして，その後の条件交渉いか

んでは，合弁会社設立について合意されない可能性が大きかったと認定され，合弁会社設立の合意が認められなかった。

　また，②交渉破棄について，本来，契約自由の原則によれば，交渉をしたにもかかわらず契約を締結しなかった場合に，それだけを理由に法的責任を問われることはないはずである。しかしながら，裁判例は，相手方に契約締結は確実との信頼を惹起し，それに基づく行動を取らせておきながら，後に交渉を破棄した場合には，破棄した当事者の責任を認めている[1]。この点，裁判例の傾向からは，締約は確実であるとの信頼の惹起が認められるには，契約の基本的事項に関する了解と，一方当事者の締約に向けた確固たる意思表明が要求されると指摘されている[2]。そして，かかる交渉破棄についての責任が争われた事案として，東京地判平成16・1・26判夕1157号267頁，および最判平成2・7・5集民160号187頁（控訴審：東京高判昭和62・3・17判夕632号155頁[3]（後記裁判例(b)））が存在するところ，東京地判平成16・1・26判夕1157号267頁では，交渉を中止したことは，私企業の自由な経済活動における合理的な経済判断として許容されると判示された。これに対して，東京高判昭和62・3・17判夕632号155頁では，前記裁判例の傾向に沿って，当事者間において契約締結の準備が進捗し，相手方において契約の成立が確実のものと期待するに至った場合には，他方当事者に，誠実に契約の成立に努めるべき信義則上の義務があると判示された。

　これらの裁判例を踏まえ，資本・業務提携契約の交渉においては，最終合意がなされるまで交渉破棄があり得るということを，両当事者が認識できるような形で残しておくことが考えられる。たとえば，基本合意に至るまでの間は，

---

(1)　最判昭和58・4・19判時1082号47頁，池田清治「暫定的合意の効力」別冊ジュリ194号（2008年）110頁。

(2)　前掲注(1)・池田110頁。

(3)　同裁判例の評釈として，池田真朗「契約締結準備段階の信義則違反と損害賠償責任」法セ397号（1988年）100頁，高裁民法判例研究会ほか「契約締結拒絶と信義則」法時60巻5号（1988年）103頁，岩井俊「契約の成立が確実視されるに至ったのちに契約の成立を不可能にした当事者に不法行為責任が認められた事例」判夕臨時増刊677号（1988年）82頁，前掲注(1)・池田110頁。

（基本合意を締結した後に比べると必要性は高くないが）上記を議事録等で確認しておくことが考えられるし，基本合意を締結する場合には，基本合意書上に，最終合意を締結する義務はなくいつでも交渉を終了させることができる旨を謳うことも少なくない。

(a) 東京地判平成16・1・26判タ1157号267頁

【事案の概要】

X社は，Y社と合弁会社の設立に関する交渉（本件交渉）を行っていたが，Y社が本件交渉を中止したことから，同社に対し，(i)同社が本件交渉を不当に破棄した等と主張して，合意の債務不履行に基づく損害賠償等を請求し，(ii)また，副位請求として，信義則上の義務違反に基づく損害賠償等を請求した。これに対し，Y社は，合弁会社を設立する合意は成立していないこと等を主張し，損害賠償責任の有無を争った。

【判決の要旨】

(i) 合弁会社を設立する合意の成否について，X社は，それまでY社が提案する合弁会社設立に反対しており，ようやく合弁会社設立に係るLetter of Intentの締結を要求したにすぎず，この時点では，合弁会社化に向けた主要な条件については，両社それぞれが提案している段階であったこと，結局同Letterの締結にさえ至らなかったこと等から，合弁会社設立の諸条件は流動的であり，その後の条件交渉いかんでは，合意されない可能性が大きかったというべきであるとして，当該時点では，合弁会社設立の合意は成立していなかったと判示した。

(ii) 信義則上の義務違反に基づく損害賠償責任の有無について，そもそも，本件交渉の中止の原因は，Y社が他社と合併したことにあるとはいえず，また，仮に中止の一因であったとしても，X社とY社は合弁会社設立の合意に至っていないのであるから，Y社が本件交渉を中止したことは，私企業の自由な経済活動における合理的な経済判断として許容されるものと解されると判示し，信義則上の義務違反に基づく損害賠償責任を認めなかった。

(b) 東京高判昭和62・3・17判タ632号155頁

【事案の概要】

　X社は，Y社との間で共同事業を行う基本合意を締結したが，その後，Y社の取締役会で承認が得られず共同事業は不成立となった。そこで，X社が，Y社に対し，Y社がX社の共同開発契約（本件契約）が締結されると期待していた利益を正当な理由なくして侵害したとして，不法行為に基づく損害賠償を請求した事案である。

【判決の要旨】

(ⅰ)　一方の当事者が相手方との契約の締結を不可能ならしめた場合における信義則上の義務および責任の有無につき，信義誠実の原則は，契約締結に至る準備段階においても妥当するものと解するべきであり，当事者間において契約締結の準備が進捗し，相手方において契約の成立が確実のものと期待するに至った場合には，その一方の当事者としては，相手方の当該期待を侵害しないように誠実に契約の成立に努めるべき信義則上の義務があるものというべきであるとして，特段の事情がない限り，相手方に対する違法行為として損害賠償責任を負うと判示した。

(ⅱ)　その上で，本件においては，Y社はX社に契約が確実に成立するものとの期待を抱かせるに至ったものと認定し，前記信義則上の義務の違反を認め，本件契約の締結に関して負担した費用を当該義務違反と相当因果関係にある損害にあたるとして，本件契約の締結に関する費用についてY社のX社に対する損害賠償責任を認めた。なお，名誉，信用が毀損されたことによる慰謝料や，本件契約が履行された場合の得べかりし利益の喪失については，仮にそのような損害が生じたとしても，本件契約の締結後にこれが破棄された場合は格別，本件のような契約等の準備段階においては，前記義務違反と相当因果関係を欠くとして，損害賠償請求を認めなかった。

⑵　合意の法的拘束力の有無が問題となった裁判例

　M&A の交渉過程においては，第 2 章で述べたとおり，最終契約（Definitive Agreement）を締結する前に，その時点で合意できる事項につき，基本合意（具体的な書面の表題は，基本合意書，覚書，Letter of Intent，Memorandum of Understanding 等，さまざまなものがあり得る）を締結することが少なくない。

　基本合意にあたっては，①どの条項について法的拘束力を認め，どの条項について法的拘束力を認めないかにつき当事者間で合意がなされるのが一般であるが，②法的拘束力の有無につき，何ら明確な規定が置かれないこともある。①のケースについては，当事者間の法的拘束力の有無に関する合意が有効か，②のケースについては，当該基本合意の内容に法的拘束力が認められるかがそれぞれ問題となる。もっとも，実際の紛争の場面において問題となるのは，当事者の理解が書面上に現れていない②のケースである。特に，基本合意においては，独占交渉権に係る条項を定めることが多く，一方当事者が独占交渉権に係る条項に違反した場合において，当該条項の法的拘束力の有無が争われること等が考えられる。

　この点，独占交渉権に係る条項の違反に基づく差止仮処分や損害賠償請求が問題となった事案として，最決平成16・8・30判時1872号28頁[4]（後記裁判例(a)），東京地判平成18・2・13判時1928号 3 頁[5]（後記裁判例(b)）が存在する（い

---

[4]　同決定の評釈として，志田原信三「第三者との間で会社の営業の移転等に関する協議を行うことなどの差止めを求める仮処分命令の申立てについて保全の必要性を欠くとされた事例」最判解民平成16年度528頁，山田剛志「M&A 契約と独占交渉権」判時1894号（2005年）181頁，沖野眞已「企業間の協働事業化に関する基本合意における『独占交渉権条項』の効力」ジュリ臨時増刊1291号（2005年）68頁，小川雅敏「第三者との間で会社の営業の移転等に関する協議を行うことなどの差止めを求める仮処分について保全の必要性を欠くとされた事例」判タ臨時増刊1215号（2006年）236号，神谷高保「企業買収の基本合意書中の協議禁止条項の効力」別冊ジュリ205号（2011年）194頁。

[5]　同裁判例の評釈として，吉川吉樹「協働事業化に関する基本合意に基づく独占交渉義務等の違反と損害賠償」判時1947号（2007年）172頁，河上正二「協働事業化に関する基本合意による交渉の一方的破棄と最終契約が成立した場合の得べかりし利益を基準とす

ずれも，いわゆる住友信託銀行対 UFJ ホールディングス事件に関する裁判例である）。

　これらの裁判例では，最高裁によって基本合意に定められた独占交渉義務に法的拘束力が認められたにもかかわらず，①最終契約が成立した可能性は相当低いこと，および，最終契約が成立しなかったときの損害が契約成立への期待にすぎないのに対し，第三者との協議等を差し止めると相当大きな損害が生じることから，差止めは認められず，また，②最終契約が成立しなかった可能性が否定できないことから，履行利益相当額の損害賠償請求も認められていない。したがって，独占交渉権に係る条項の実効性を確保するためには，基本合意書上に，(i)独占交渉権を付与された当事者に差止請求権がある旨を明記しておくことや，(ii)保全の必要性があることを認識している旨を具体的な事案に即して記載し，保全の必要性を争わない旨を記載しておく（その結果，差止めの仮処分が認められる可能性が高まる）ことが指摘されている[6]が，実務的にはそこまでの内容を合意することは容易でなく，(iii)違約金条項によって担保する例が多いように思われる。

(a)　最決平成16・8・30判時1872号28頁
（住友信託銀行対 UFJ ホールディングス事件）

【事案の概要】

　X 社は，Y 社らとの間で，Y 社の一定の営業等（本件対象営業等）の移転等からなる事業再編および業務提携に関して基本合意（本件基本合意）を締結していたところ，Y 社らが，第三者との間で，本件対象営業等の移転等に関する協議等を開始した。本件基本合意においては，基本合意の目的と抵触し得る取引等

　　　る損害賠償の可否」リマークス34号（2007年）34頁，野村修也「①業務提携を企図した協働事業化に関する本件基本合意の法的性質，②本件協働事業化に関する最終契約が成立した場合の履行利益は独占交渉義務違反および誠実協議義務違反と相当因果関係があるとは認められないとされた事例」金法1780号（2006年）75頁，藤田寿夫「業務提携の基本合意と最終契約の締結義務・誠実交渉義務」リマークス35号（2007年）50頁。
(6)　池田裕彦「独占交渉権の実効性を高める M&A 実務」ビジネス法務 4 巻11号（2004年）24頁。

に係る情報提供・協議の禁止条項〔本件条項〕が定められていたが，法的拘束力に関する規定は存在しなかった。

　X 社は，当該 Y 社らの行為は，本件条項に違反するものであると主張し，差止めを求める仮処分命令の申立てを行ったが，Y 社らは，保全の必要性を欠く等と主張して争った。

【決定の要旨】

(i)　本件条項に法的拘束力があることを認めた上で，Y 社らが独占交渉義務を負うことを認めた。

(ii)　しかし，本件条項に基づく Y 社らの第三者との間の情報提供・協議の差止めの可否につき，①Y 社らの本件条項の違反により X 社が被る損害は，X 社と Y 社らとの間で最終的な合意が成立するとの期待が侵害されることによる損害にすぎず，事後の損害賠償によっては償えないほどのものとまではいえないこと，②本件基本合意に基づく最終的な合意が成立する可能性は相当低いこと，③他方，本件差止めが認められた場合に Y 社らの被る損害は，相当大きなものと解されること等を総合的に考慮し，保全の必要性を否定し，差止めの仮処分を認めなかった。

(b)　東京地判平成18・2・13判時1928号 3 頁
　　　（住友信託銀行対 UFJ ホールディングス事件）

【事案の概要】

　前記(a)の事案において，X 社が，Y 社らの行為は，本件基本合意に基づく独占交渉義務および誠実協議義務に違反するものである等と主張して，Y 社らに対し，債務不履行に基づく損害賠償（履行利益相当額）等を請求した。Y 社らは，これに対し，両義務は消滅し，また，義務違反と履行利益相当額の損害との間に因果関係は認められない等と主張して，損害賠償義務の存否を争った。

【判決の要旨】

(i)　Y 社らが独占交渉義務および誠実協議義務に違反したか否かにつき，協議，交渉を重ねても，社会通念上最終契約が成立する可能性がなかったとま

では断定できないため，本件条項に基づく独占交渉義務および誠実協議義務は消滅しておらず，Y 社らにこれらの義務の違反が認められると判示した。

(ii) その上で，当該義務の債務不履行等と相当因果関係にある損害の範囲につき，Y 社らがこれらの義務に違反していなかったとしても最終契約が成立しなかった可能性は否定できない以上，これらの義務の債務不履行等と履行利益との間に相当因果関係は認められないと判示し，損害賠償義務を負わないと判示した（X 社は，履行利益相当額の損害額についてのみ主張し，それ以外の損害について何ら主張していなかった点に留意が必要である。なお，本件は東京高裁において，和解により解決した）。

3

募集株式の発行差止めに係る
仮処分

　資本・業務提携に際して，しばしば募集株式の発行差止めに係る仮処分の請求がなされることがある。具体的には，第三者が現経営陣の同意を得ずに会社支配権の取得を図るのに対抗して，発行体が経営陣に友好的な別の第三者に対して株式を発行し，資本・業務提携を行うことを図るも，会社支配権の取得を図る株主からその差止めの請求がなされるものである[7]。

---

[7]　募集株式発行の差止事件は，主に，①会社の外部の人間が，現経営陣の同意を得ずに，会社支配権の移動を図る敵対的買収型と，②株主間や，経営者と株主の間で支配権をめぐる争奪が生じる内部紛争型に大別でき（温笑侗「発行済株式総数を超える新株発行の差止めの可否」ジュリ1346号（2007年）95頁），各類型について以下の裁判例があげられる。
　　①　敵対的買収型の事案として，新潟地判昭和42・2・23判時493号53頁，大阪地決昭和48・1・31金判355号10頁，大阪地決昭和62・11・18判時1290号144頁，大阪地決昭和62・11・21資料版商事47号34頁，東京地決昭和63・12・2判時1302号146頁，東京地決平成元・7・25判時1317号28頁，東京地決平成元・9・5判時1323号48頁，大阪地決平成2・6・22判時1364号100頁，大阪地決平成2・7・12判時1364号104頁，東京地決平成16・6・1判時1873号159頁（後記(2)裁判例），東京高決平成17・3・23判時1899号56頁，千葉地決平成20・6・26金判1298号64頁，東京高決平成21・12・1金判1338号40頁。
　　②　株主間の支配権争奪の事案として，大阪地堺支判昭和48・11・29判タ304号249頁，東京地判昭和58・7・12判時1085号140頁，京都地判平成4・8・5金判918号27頁，さいたま地決平成19・6・22金判1270号55頁が存在する。また，経営者と株主の間の支配権争奪の事案として，東京地判昭和27・9・10判タ23号33頁，東京地決昭和52・8・30金判533号22頁，東京地決平成10・6・11資料版商事173号192頁，東京高決平成16・8・4金判1201号4頁（後記(1)裁判例(a)），大阪地決平成16・9・27金判1204号6頁，大阪地決平成18・12・13金判1259号40頁，東京高決平成20・5・12金判1298号46頁，東京高決平成21・3・30金判1338号50頁，仙台地決平成26・3・26金判1441号57頁，山口地判平成26・12・4金判1458号34頁が存在する。なお，内部紛争型ではあるが，取締役間の支配権争奪の事案として，東京地決平成20・6・23金判1296号10頁（後記(1)裁判例(c)）が存在する。
　　なお，そのほかに，募集株式発行の差止事件（決定文からは前記のいずれの部類に該当するのか不明なもの，支配権の対立とは場面を異にするもの等）として，東京地判昭和28・2・23下民集4巻2号253頁，佐賀地決昭和51・4・30判時827号107頁，大阪地決

490 ■ 第13章 資本・業務提携に際して留意すべき裁判例

　この点，株主は，募集株式の発行が法令もしくは定款に違反し，または著し
く不公正な方法により行われる場合には，会社に対して当該募集株式の発行の
差止めを請求することができる（会社法210条）。実務的には，募集株式の発行ま
でに時間的な猶予があまりないため，発行差止めの仮処分を申し立てることに
なるが，その事由としては，「不公正発行」と，有利発行規制違反を理由とする
「法令違反」の双方が主張されることも少なくない。以下では，この募集株式の
発行差止めに関する裁判例を紹介する。

(1)　不公正発行

　裁判例上，新株発行が著しく不公正な方法によるか否かの判断枠組みについ
ては，支配権の維持等の不当な目的を達成するための手段として行われる新株
発行か否かを基準に判断されることとなり，新株発行に複数の目的が同時に存
在する場合は，資金調達等の正当な目的よりも支配権の維持等の不当な目的が
新株発行の主要な目的と評価されるときは，当該新株発行は不公正発行に該当
するという，いわゆる「主要目的ルール」が，ほぼ定着している[8]。東京高決
平成16・8・4金判1201号4頁[9]（後記裁判例(a)）も，主要目的ルールに依りつ

　　昭和48・1・31金判355号10頁，大阪地岸和田支決昭和47・4・19判時691号74頁，東京
　　高判昭和48・7・27判時715号100頁，神戸地判昭和51・6・18判時843号107頁，東京地
　　決平成6・3・28判時1496号123頁，名古屋地決平成12・1・19判時1715号90頁，福岡地
　　決平成12・7・14判時1729号121頁，東京地決平成18・7・26資版商事270号257頁，仙
　　台地決平成19・6・1金判1270号63頁，横浜地決平成19・6・4金判1270号67頁，東京
　　高決平成24・7・12金判1400号52頁（後記(1)裁判例(b)），東京高決平成26・5・29LEX/
　　DB25504116が存在する。
(8)　江頭憲治郎『株式会社法〔第6版〕』（有斐閣，2015年）764頁。
(9)　同裁判例の評釈として，鳥山恭一「筆頭株主の著しい持株比率の低下と新株発行の差
　　止め」法セ601号（2005年）122頁，布井千博「一部上場会社において筆頭株主の持株比
　　率を著しく低下させる新株発行について『著シク不公正ナル方法』によるものと認めら
　　れなかった事例」金判1209号（2005年）55頁，松嶋隆弘「一部上場会社において筆頭株
　　主の持株比率を著しく低下させる新株発行について『著シク不公正ナル方法』によるも
　　のとは認められなかった事例」判タ臨時増刊1184号（2005年）154頁，新山雄三「一部上
　　場会社において筆頭株主の持株比率を著しく低下させる新株発行について『著しく不公
　　正なる方法』によるものと認められなかった事例」判タ1212号（2006年）67頁，前掲注
　　(7)・温198頁。

つ，その具体的適用について判示し，会社の発展や業績の向上という正当な意図を認定している。また，東京高決平成24・7・12金判1400号52頁[10]（後記裁判例(b)）は，日本版 ESOP 導入に向け，従業員持株会支援会（SPV）に対して行われようとしていた新株発行について，差止めに係る仮処分の請求がなされた事案であり，従前主要目的ルールが適用・運用されてきた事案と異なり，資金調達という側面を有していない事案であったが，依然として主要目的ルールが適用されている。

　従前の裁判の運用としては，不当目的が優越していたとは滅多に認定されず，資金調達の必要性が認定されれば，取締役会の判断が尊重される傾向が強いとの指摘がなされているが[11]，近時の裁判例においては，資金調達の必要性に関して，その前提となる事業計画や提携計画等を踏まえて，合理性について詳細に分析・検討を行い，仮に新株発行がなされた場合の持株比率の変動の程度や，取締役交代の可能性に対する影響等も勘案する傾向がみられると指摘されている[12]。東京地決平成20・6・23金判1296号10頁[13]（後記裁判例(c)）では，主要目的ルールに依りつつ，資金調達の一般的な必要性があったことは否定できないとしながらも，保有資産の売却等による資金調達を行っていないこと，割当先に議決権を与えたこと等について合理的な理由を説明できていないこと等を理由に新株発行の差止めを認めている点に，特徴がある。特に，同決定が，「割当先に議決権を与えたこと」について，(i)取締役間において支配権をめぐり対立が生じている場面において，成否の見通しが必ずしもつかない反対派取締役の解任が議案となっている株主総会の直前に新株発行が行われ，しかも，(ii)あ

---

(10)　同裁判例の評釈として，弥永真生「日本版 ESOP と新株発行差止め」ジュリ1447号（2012年）2頁，白井正和「日本版 ESOP と不公正発行」ジュリ臨時増刊1453号（2013年）97頁，和田宗久「日本版 ESOP 導入における SPV への第三者割当てと不公正発行」金判1415号（2013年）2頁。

(11)　前掲注(8)・江頭765頁。

(12)　前掲注(10)・和田4頁。

(13)　同裁判例の評釈として，王子田誠「募集株式の発行が不公正発行にあたるとして新株発行差止めの仮処分命令申立てが認容された事例」金判1312号（2009年）23頁，若松亮「主要目的ルールに関する裁判例の検討」判タ1295号（2009年）61頁，仮屋広郷「著しく不公正な方法による募集株式の発行」ジュリ臨時増刊1376号（2009年）112頁。

らかじめ反対派取締役を解任する旨の会社提案に賛成することを表明している割当先に会社法124条4項に基づき議決権を付与することを予定していたという事情をもって，特段の事情がない限り，新株発行は，既存の株主の持株比率を低下させ現経営者の支配権を維持することを主要な目的としてされたものであると推認できると判示していることが注目されるべきである。

　このような近時の裁判例の傾向に照らせば，資本・業務提携に際して新株発行を行う場合には，当該新株発行の必要性を合理的に説明できるような事業計画や提携計画等を用意しておくことが重要である。また，支配権をめぐり対立が生じている段階において，会社法124条4項に基づいて基準日後の株主に議決権を付与することについては，募集株式発行の差止めリスクを高める可能性があるため，慎重な判断が必要である。そのほか，近時は，上場会社・有価証券報告書提出会社が第三者割当増資を行うに際しては，プレスリリース・有価証券届出書において新株発行の必要性を詳細に記載することが必要であり（東証有価証券上場規程402条1号a，402条の2，金商法5条1項，同法施行令8条1項1号，開示府令第二号様式記載上の注意23－3，23－8），将来その内容が裁判の証拠となり得ることにも留意が必要である。

(a)　東京高決平成16・8・4金判1201号4頁

　　（ベルシステム24新株発行差止仮処分申立事件）

【事案の概要】

　Y社と，同社の筆頭株主であるX社との間において，Y社の経営方針等をめぐって確執が生じていたところ，Y社は，A社と業務提携（B社に対する新株発行（本件新株発行）による資金調達を前提とするもの（本件業務提携））の交渉を開始し，Y社の取締役会において，本件新株発行を承認した（なお，本件新株発行が行われた場合，X社のY社に対する持株比率は約39.2％から約19％に減少する一方，B社の持株比率は過半数となる）。X社は，本件新株発行は著しく不公正な方法による株式発行にあたる等と主張し，本件新株発行の差止めを求める仮処分申立てを行った。

③ 募集株式の発行差止めに係る仮処分 ■ *493*

【決定の要旨】

本件新株発行が著しく不公正な方法による株式発行にあたるか否かについて，（第1審・東京地決平成16・7・30判時1874号143頁において，「著しく不公正なる方法」による新株発行とは，不当な目的を達成する手段として新株発行が利用される場合をいうと解されるところ，株式会社においてその支配権につき争いがあり，従来の持株比率に重大な影響を及ぼすような数の新株が発行され，それが第三者に割り当てられる場合に，その新株発行が特定の株主の持株比率を低下させ，現経営陣の支配権を維持することを主要な目的としてされたものであるときは，不当な目的を達成する手段として新株発行が利用される場合にあたるというべきと判示されているところ，かかる一般論については特段言及せずに，）本件業務提携に係る事業計画（本件事業計画）のために本件新株発行による資金調達を実行する必要があり，かつ，本件事業計画自体にも合理性があると認められる本件においては，仮に，本件新株発行に際しY社経営陣の一部が，X社の持株比率を低下させて自らの支配権を維持する意図を有していたとしても，当該意図が本件新株発行の唯一の動機であったとは認め難い上，その意図するところが会社の発展や業績の向上という正当な意図に優越するものであったとまで認めることは難しく，著しく不公正な方法による株式発行にあたるということはできないと判示した。

(b) 東京高決平成24・7・12金判1400号52頁
　　（ダイヤ通商事件）

【事案の概要】

Xは，Y社の筆頭株主であり，同社の前代表取締役を務め，役員退任後も相談役としてY社の取締役会に出席していた。Xの後任である代表取締役Aは，ほかの取締役等と，いわゆる日本版ESOP（Y社が，一般社団法人たる従業員持株会支援会Zを割当先として新株を発行する）の導入について検討を開始した。Y社は，Xからの株主提案を受け，Xの娘婿Bを役員として選任すること等を議題として定時株主総会を招集したが，Aは，ESOPの導入を提案し，監査役らが強硬に反対する中，前記会社提案の撤回および新株発行（本件新株発行）を決議

した（なお，本件新株発行が行われた場合，Xの持株比率は20.98％から19.25％に低下する）。Xは，本件新株発行は著しく不公正な方法による株式発行にあたると主張し，本件新株発行の差止めを求める仮処分申立てを行った。

【決定の要旨】

　本件新株発行が著しく不公正な方法による株式発行にあたるか否かについて，「著しく不公正な方法」による新株発行とは，不当な目的を達成する手段として新株の発行が利用される場合をいうと解されるところ，会社の経営支配権につき争いがある中で，既存の株主の持株比率に重大な影響を及ぼすような数の新株が発行され，それが第三者に割り当てられる場合に，当該新株の発行が既存の株主の持株比率を低下させて現経営陣の会社支配権の維持を主要な目的としてされたものであるときは，不当な目的を達成する手段として新株の発行が利用される場合にあたると判示した第1審決定（東京地決平成24・7・9金判1400号45頁）を引用した上で，Y社がESOPを導入した目的につき，XとAの確執が表面化する前から導入の検討を重ねていたこと，Zや従業員持株会が保有するY社株式の議決権の行使についてY社の経営陣の不当な支配が及ばないような配慮がなされていること，および，決議当時，株価が低くESOPを導入することに一定の合理性があったことから，従業員の意欲を高めること等を目的として導入されたものであると認定した。また，Xの持株比率の低下は，20.98％から19.25％に低下する程度のものにすぎないこと，ZのY社株式の議決権は従業員の意思に基づいて行使されることから，Xが本件新株発行により受ける不利益は重大とはいえないとして，本件新株発行が，Xの持株比率を低下させることを主要な目的として行われたとは認められないと判示した。

　(c)　東京地決平成20・6・23金判1296号10頁

　　　（クオンツ新株発行差止仮処分申立事件）

【事案の概要】

　Y社において，取締役AらとBらとの間に経営支配権をめぐる争いが生じたところ，Aらは，取締役会において，Bらの解任議案の株主総会への上程を

決議し，前記解任議案に賛成する取締役D・Eに対し新株を発行することを決定し（本件新株発行），同人らが当該株主総会の基準日後に株式を取得した株主であるにもかかわらず，同人らに対して会社法124条4項に基づき当該株主総会における議決権を付与した（なお，本件新株発行が行われた場合，D・Eが第1位，第2位の株主（持株比率9.26%，8.16%）となり，第5順位（持株比率1.71%）であったX社は第7順位の株主（持株比率1.43%）となる）。X社は，本件新株発行は，著しく不公正な方法による株式発行にあたると主張し，本件新株発行の差止めを求める仮処分申立てを行った。

【決定の要旨】

本件新株発行が著しく不公正な方法による株式発行にあたるか否かについて，上記裁判例(b)と同様，主要目的ルールに基づいて判断されるべき旨を述べた。そして，会社の支配権につき争いがある状況下で，既存の株主の持株比率に重大な影響を及ぼすような数の新株を発行して第三者に割り当て，かつ，新株発行が，成否の見通しが必ずしもつかない反対派取締役の解任が議案となっている株主総会の直前に行われ，しかも，あらかじめ反対派取締役を解任する旨の会社提案に賛成することを表明している割当先に会社法124条4項に基づき議決権を付与することを予定していたということを認定した上で，ほかにかかる新株発行を行うことを合理化できる特段の事情がない限り，本件新株発行は，既存の株主の持株比率を低下させ現経営者の支配権を維持することを主要な目的としてされたものであると推認できるというべきであると判示した。その上で，社債の償還を求められていた等，Y社に資金調達の一般的な必要性があったことは否定できないが，Y社は保有資産の売却等による資金調達を行っていないことや割当先に議決権を与えたことについて合理的な理由を説明できておらず，本件新株発行を行うことを合理化できる特段の事情の存在までは認められないため，本件新株発行は，既存の株主の持株比率を低下させ現経営者の支配権を維持することを主要な目的としてなされたものであると認めるのが相当であると判示し，著しく不公正な方法によるものであると認定した。

(2) 有利発行

　公開会社は，原則として，取締役会の決議により新株発行に係る募集事項を決定するが，新株発行の発行価額が引受人にとって特に有利な金額である場合は，既存株主の利益の保障のため，株主総会の特別決議を経ることを要し，当該金額で当該者を募集することが必要な理由を説明しなければならない（会社法199条2項，3項，201条1項）。この点，特に有利な価額であるにもかかわらず，前記手続を履践しない場合には，株主は，当該新株発行を法令違反を理由に差し止めることができる（同法210条1号）。

　この特に有利な価額の意義に関し，最判昭和50・4・8民集29巻4号350頁[14]は，まず，①公正発行価額について，本来は，新株主に旧株主と同等の資本的寄与を求めるべきものであり，発行価額は旧株の時価と等しくなければならないとしつつ，資本調達の目的を達成することの見地からは，原則として発行価額を多少引き下げる必要があり，この要請を全く無視することもできないとして，発行価額決定前の当該会社の株式価格，当該株価の騰落習性，売買出来高の実績，会社の資産状態，収益状態，配当状況，発行済株式数，新たに発行される株式数，株式市況の動向，これらから予測される新株の消化可能性等の諸事情を総合し，旧株主の利益と会社が有利な資本調達を実現するという利益との調和の中に求められるべきとした上で，②発行価額決定の数日前の終値，前1週間，前1か月の終値平均の単純平均を基準に，公募株数が大量であることや株式市況の見通し等を勘案して10%値引きした発行価額について，有利発行には該当しないと判示した。

　もっとも，第6章でも述べたとおり，例外的に，投機や株式買占め等の一定

---

[14]　同判例の評釈として，川口冨男「株主以外の第三者に対する株式のいわゆる時価発行における発行価額が『著シク不公正ナル発行価額』にあたらない場合」最判解民昭和50年度129頁，中村建「買取引受と不公正発行価格」別冊ジュリ180号（2006年）58頁，山神理「株式の有利発行」神田秀樹＝武井一浩編『実務に効く M&A・組織再編判例精選』（有斐閣，2013年）54頁。

の事情により株式の市場価格が急騰した場合等，合理的な理由がある場合については，発行価額決定直前の株価を公正価額算定の基礎から排除し，あるいは，発行価額決定直前からさかのぼった一定期間の平均株価を公正価額の基準とすることができるものと考えられている。

この点，東京地決平成16・6・1判時1873号159頁[(15)]において，発行会社は，新株発行の約4か月前から株価が急激に上昇していることについて，株価の操縦，投機を目的とした債権者らの違法な買占めを原因とするものであり，算定基礎から排除すべきであると主張したが，債権者らは長期的に保有する目的で株式を取得したと窺われること，発行会社の業績も改善していること，証券業界における債務者の業績の評価も向上していること，同業他社の株価も同時期に高騰している事例があること，新株発行の約4か月前から一定の価格以上で推移していることを考慮して，当該株価の上昇は一時的な現象にとどまるものと認めることはできず，当該市場価額を算定の基礎から排除すべき理由はないと判示された。

資本・業務提携において，新株発行を行う場合であって，株価が高騰している場合，当該高騰している株価を払込金額の算定基礎から排除する場合には，株価が高騰している期間，同業他社の株価の状況，発行会社の業績の状況，業績の評価等を分析し，当該高騰はあくまで一時的な現象にとどまるとの説明が可能か，検討する必要がある。また，近時は，上場会社・有価証券報告書提出会社が第三者割当増資を行うに際しては，プレスリリース・有価証券届出書において払込金額の算定根拠を詳細に記載することが必要であり（東証有価証券上場規程402条1号a，同規程施行規則402条の2，金商法5条1項，開示府令8条1項1号，第二号様式記載上の注意23－5），特に，プレスリリースにおいては，払込金額が割当予定先に特に有利でないことに係る適法性に関する監査役または監査

---

(15) 同決定の評釈として，鳥山恭一「買占めによる株価の高騰と新株の有利発行」法セ603号（2005年）122頁，出口正義「買収防衛策としての第三者割当増資と公正な発行価額」ジュリ1339号（2007年）170頁，太田洋「宮入バルブの新株発行差止申立事件東京地裁決定－東京地裁平成一六年六月一日決定とその意義」商事1702号（2004年）24頁，行澤一人「募集株式の有利発行と市場価格」法教374号（2011年）119頁，田中亘「募集株式の有利発行」別冊ジュリ205号（2011年）52頁。

498 ■ 第13章 資本・業務提携に際して留意すべき裁判例

委員会が表明する意見等をわかりやすく具体的に記載する必要があり（東証有価証券上場規程施行規則402条の２(2)b），また，有利発行に該当すると判断した場合には，有価証券届出書に，その理由および判断の過程ならびに当該発行を有利発行により行う理由を具体的に記載することが必要である（開示府令８条１項１号，第二号様式記載上の注意23－５b）。したがって，これらの内容が，将来裁判の証拠となり得ることにも留意が必要である。

● 東京地決平成16・6・1判時1873号159頁
　（宮入バルブ新株発行差止仮処分申立事件）

【事案の概要】

　Y社の株主であるXらが，Y社に対し，取締役５名および監査役１名の選任を求める株主提案を行ったところ，Y社は，当該提案の後の取締役会において，Aに対し，普通株式を発行価額393円（本件発行価額）で発行する（本件新株発行）旨の決議（本件決議）を行い，当該新株に議決権が付与されるよう，株主総会の基準日を３か月後に変更する旨の公告(16)を行った。Xらは，本件新株発行は，特に有利な発行価額によるものであるにもかかわらず株主総会の特別決議を経ていない違法がある等として，本件新株発行の差止めを求める仮処分申立てを行った。

【決定の要旨】

(i)　特に有利な価額の意義について，公正な発行価額よりも特に低い価額をいうとした上で，公正な発行価額とは，発行価額決定前の当該会社の株式価格，当該株価の騰落習性，売買出来高の実績，会社の資産状態等の諸事情を総合し旧株主の利益と会社が有利な資本調達を実現するという利益の調和の中に求められるべきものであるが，原則として，発行価額決定直前の株価に近接していることが必要であると判示した。

---

(16)　基準日後に株式を取得した者に株主総会での議決権を認めることができる旨の規定（会社法124条４項）は，平成17年の会社法制定時に設けられたものであり，当該事案の当時は，基準日後に株式を取得した者に株主総会での議決権を認めるためには，株主総会の基準日を変更する必要があった。

(ii) また，Y社株式の市場価額は，Xらの違法な買い占めにより急激に上昇していたため，公正な発行価額の算定の基礎から排除すべきであるというXらの主張について，XらはY社に対する企業買収を目的として長期的に保有するために株式を取得したものと窺われること，発行会社の業績も改善していること，証券業界におけるY社の業績の評価も向上していること，同業他社の株価も同時期に高騰している事例があること，新株発行の約4か月前から一定の価格以上で推移していることから，当該Y社の株価上昇が一時的な減少に止まると認めることはできないとして，当該市場価額を算定の基礎から排除すべき理由はないと判示した。

(iii) その上で，本件発行価額393円について，鑑定に基づいて決定されたものではあるが，本件直前日の株価と著しく乖離している（たとえば，本件決議前日の株価1,010円の約39%，決議直前日の価格に0.9を乗じた909円の約43%）上，当該乖離が客観的な資料に基づいて前記考慮要素を斟酌した結果であるとは認められないとして，特に有利な発行価額といわざるを得ないと判示した。

500　■ 第13章　資本・業務提携に際して留意すべき裁判例

4

有利発行に係る差額塡補責任に係る裁判例

　株主総会の特別決議を経ずに，公募・第三者割当の方法により特に有利な払込金額で募集株式の発行等を行った役員等は，公正な払込金額との差額につき，会社に対する損害賠償責任を負う可能性があり（会社法423条1項），かかる会社に対する損害賠償責任について，株主は，代表訴訟を提起することができる（同法847条1項）。実際に，会社に対する損害賠償責任を認めた裁判例として，①東京地判平成12・7・27判タ1056号246頁[17]，②最判平成27・2・19金判1465号16頁[18]が存在する。

　また，役員等は，会社に対する損害賠償請求（会社法423条1項）のほかに，第三者に対する損害賠償責任を負う可能性がある（同法429条1項）。実際に，第三者（具体的には株主が責任追及を行うことが考えられる）に対する損害賠償責任を認めた裁判例として，③東京地判昭和56・6・12判時1023号116頁[19]，④東京地判平成4・9・1判時1463号154頁[20]，⑤大阪高判平成11・6・17判時1717号144

---

[17]　同裁判例の評釈として，伊藤靖史「株主総会の特別決議を経ないでなされた有利発行と株主代表訴訟」商事1703号（2004年）42頁。

[18]　同裁判例の評釈として，久保田安彦「アートネイチャー株主代表訴訟事件最高裁判決の検討」商事2071号（2015年）15頁，松中学「非上場会社の有利発行の判断基準　アートネイチャー株主代表訴訟」ビジネス法務15巻8号（2015年）46頁，黒沼悦郎「非上場会社における『特ニ有利ナル発行価額』」金判1471号（2015年）12頁，廣瀬孝「非上場会社が株主以外の者に発行した新株の発行価額が商法（平成17年法律第87号による改正前のもの）280条ノ2第2項にいう『特ニ有利ナル発行価額』に当たらない場合」ジュリ1485号（2015年）100頁。

[19]　同裁判例の評釈として，今井宏「第三者に対する新株の有利発行と取締役への賠償請求」別冊ジュリ100号（1988年）40頁，生田治郎「非公開株式の株価算定に関する判例分析（下）」商事1130号（1987年）8頁。

[20]　同裁判例の評釈として，神谷高保「新株を特に有利な価額で発行した取締役と引受人の賠償責任」ジュリ1078号（1995年）111頁。

頁[21]，⑥東京地判平成24・2・7 LEX/DB25491791が存在し，会社に対する責任の追及が可能な場合であっても，株主個人に対する責任の追及もあわせて可能であると考えられている[22]。

また，取締役・執行役と通謀して，著しく不公正な払込金額[23]で募集株式を引き受けた者は，会社に対し，公正な払込金額との差額に相当する金額を支払う義務を負う可能性があり（会社法212条1項），かかる会社に対する損害賠償責任について，株主は，代表訴訟を提起することができる（同法847条1項）。なお，引受人の差額支払義務と，取締役等の損害賠償義務は，不真正連帯債務の関係に立つと解されている[24]。

資本・業務提携に際して募集株式の発行等を行う場合には，発行会社の取締役・執行役，引受人ともに，有利発行に係る差額塡補責任について連帯債務を負うこととなるおそれがあることから，当該募集株式の発行等が，特に有利な払込金額となっていないかには細心の注意が必要である。

---

[21] 同裁判例の評釈として，居林次雄「新株発行無効の訴えに対する請求棄却の判決が確定した後における当該新株発行に係る取締役の義務違反を理由とする旧株主の商法二六六条ノ三第一項の規定に基づく当該取締役に対する損害賠償請求の可否」金判1096号（2000年）54頁，加藤貴仁「新株発行の有利発行と商法266条ノ3の責任」ジュリ1225号（2002年）95頁。

[22] 株主が，第三者に対する損害賠償責任を追及できるかという点に関連して，違法な有利発行により損害を被るのは，株主ではなく会社であり，株主は，当該会社の損害の反射的な効果（間接損害）を受けるにすぎないという考え方と，有利発行により，株主に直接損害が生じるという考え方とが存在する。裁判例については，損害が間接損害であるか直接損害であるかを問わず，仮に間接損害であるとしても株主の直接請求は妨げられないというものが多数であるが，他方で，株主は，間接損害については，専ら代表訴訟によって取締役の責任を追及すべきであって，第三者に対する損害賠償責任の規定に基づく損害賠償請求を直接行うことは認められないとする裁判例（大阪高判昭和63・8・9公刊物未登載）も存在するところである（田中亘「募集株式の有利発行と取締役の責任－会社の損害か株主の損害か－」新堂幸司＝山下友信編『会社法と商事法務』（商事法務，2008年）163頁，165頁，169頁）。

[23] 著しく不公正な払込金額とは，裁判例上，特に有利な発行価額と同じ意味で用いられていると解されている（江頭憲治郎＝中村直人編著『論点体系　会社法2　株式会社II』（第一法規，2012年）153頁〔小林俊明執筆部分〕，最判昭和50・4・8民集29巻4号350頁，東京高判昭和46・1・28高民集24巻1号1頁，大阪地判平成2・5・2金判849号9頁）。

[24] 大隅健一郎＝今井宏『会社法論　中巻〔第3版〕』（有斐閣，1992年）662頁。

502 ■ 第13章　資本・業務提携に際して留意すべき裁判例

●最判平成27・2・19金判1465号16頁
（アートネイチャー株主代表訴訟）

【事案の概要】

　A社が，その役員であるYらに対し新株発行を行ったこと等について，A社の株主であるXが，特に有利な価額による発行に必要な手続を経ていない法令違反がある等として株主代表訴訟を提起した事案である[25]。

【判決の要旨】

　新株発行の価額の公正性について，非上場会社の株価算定についてはさまざまな評価手法が存在しており，どの手法を用いるべきかについて明確な判断基準が確立されていないこと等に鑑みれば，取締役会が，新株発行当時，客観的資料に基づく一応合理的な算定方法によって発行価額を決定しているにもかかわらず，裁判所が事後的に他の評価手法を用いたりして特に有利な発行価額かどうかを判断するのは，取締役らの予測可能性を害することになり相当ではなく，非上場会社が株主以外の者に新株を発行するに際し，客観的資料に基づく一応合理的な算定方法によって発行価額が決定されているといえる場合には，その発行価額は，特段の事情のない限り，特に有利な価額による発行とはいえないとした上で，本件新株発行の発行価額については，①会計士が決算書等の各種資料等を踏まえて株価を算定していること，②配当還元法が不適切とは一概にはいい難いこと，当該算定結果の報告から新株発行に係る取締役会決議まで4か月程度が経過しているもののその間に株価を著しく変動させるような事情は生じていたとは窺われず，一応合理的な算定方法によるものといえることから，特に有利な価額による発行ではないと判示した。

---

[25]　なお，第二審である東京高判平成25・1・30金判1414号8頁においては，A社が，Yらに対して行った自己株式処分について，著しく不公正な価額により行われたものである等の点も争われた。この点，同裁判例は，自己株式処分の価額の公正性について，非上場会社においては，自己株式処分に関する規制の趣旨，目的を踏まえ，同処分が行われた経緯，目的，数量，会社の財務状況等の諸般の事情を考慮して判断するのが相当であるとした上で，A社の株式は，役員等の関係者の間で当該処分が行われた価額で取引されてきたものであること等に照らすと，著しく不公正な価額とはいえないと判示した。

5

有利発行に係る受贈益課税に関する裁判例

　有利発行に際して，引受人に対していかなる課税がなされるかについては，租税法令上明文の規定はないが，一般に，有利発行がなされると，引受人が，その取得した新株等の時価と払込金額との差額分の利益を得る一方で，引受人以外の既存株主がその保有株式につき価値の希釈化による損失を被ることから，引受人が法人の場合には受贈益課税，個人の場合には一時所得課税等（法人税法22条2項，所得税法36条1項）がなされるものとされている[26]。

　以下のとおり，最判平成18・1・24判時1923号20頁[27]（後記裁判例(a)），東京

---

[26]　かかる課税が同項の文理との関係でどのように基礎づけられるのか，特に，「誰から」の受贈益について課税しているのかという点については，従来から争いがあり，学説においては議論がやや混乱していた（発行会社説，既存株主説）が，最判平成18・1・24判時1923号20頁（後記裁判例(a)）を契機として，近時では，学説上，引受人に対する受贈益課税は，租税法上も，会社法上の考え方と同様に，「発行会社からの」利益の移転に基づくものではなく，「既存株主からの」利益の移転に基づくものと解すべきであるとする見解（既存株主説）が優勢になりつつあると指摘されている（太田洋編著『M&A・企業組織再編のスキームと税務－M&Aを巡る戦略的税務プランニングの最先端－〔第3版〕』（大蔵財務協会，2016年）311頁以下〔太田洋執筆部分〕）。

[27]　同裁判例の評釈として，森康博「在外子会社の第三者有利発行増資による価値の移転と法人税法22条2項」税務弘報54巻4号（2006年）53頁，品川芳宣「海外子会社株式に係る含み益の増資移転における収益認識と当該株式の評価方法　オープンシャホールディング事件」T&AMaster162号（2006年）16頁，高野幸大「法人税法22条2項の無償取引の意義」民商法雑誌135巻1号（2006年）238頁，川端康之「最近の最高裁租税判例について　オウブンシャ・ホールディング事件」国際税務26巻9号（2006年）43頁，川田剛「外国子会社の第三者株式割当てと親会社への受贈益課税の可否　オウブンシャ事案に係る最高裁判決」国際税務26巻3号（2006年）50頁，浅妻章如「オウブンシャホールディング事件　子会社株式含み益移転と法人税法22条2項『取引』」旬刊速報税理28巻7号（2009年）32頁，「子会社が新株を著しく有利な価額で関連会社に発行したことは，資産価値の移転に当たり，法人税法22条2項にいう取引に該当するとされた事例」月刊税務事例39巻2号（2007年）82頁，細川健＝藤田章「現物出資と第三者割当ての税務（上）オウブンシャホールディング事件（最高裁平成18年1月24日第三小法廷判決）を題材にして」税務弘報56巻7号（2008年）161頁，細川健＝藤田章「現物出資と第三者割当ての税務（下）オウブンシャホールディング事件（最高裁平成18年1月24日第三小法廷判決）

高判平成22・12・15税務訴訟資料260号順号11571[28]（後記裁判例(b)）に照らせば，概ね，①既存株主と当該引受人との間に有利発行による経済的価値の移転に関する何らかの「合意」が存在するような類型や，②当該引受人が発行会社を支配していて，その支配力を用いて，当該会社の外部少数株主から一方的に（移転された持分に係る）経済的価値を「吸い上げる」ような類型において，有利発行を受けた引受人に対して受贈益課税がなされるものと考えられる[29]ため，有利発行に際しては税務の面についても特に留意が必要である。

(a) 最判平成18・1・24判時1923号20頁
（オウブンシャホールディング事件）

【事案の概要】

X社が，オランダにおいて設立した100％子会社であるA社をして，A社の発行済株式総数の15倍の新株を著しく有利な価額で，X社の関連会社であるB社に割り当てる発行をさせたところ（X社の持株割合は6.25％に減少），B社から対価を得ることなくX社の保有するA社株式に表章されたA社の資産価値の相当部分をB社に移転したものであり，当該資産価値の移転はX社のB社に対する寄附金にあたると認定され，法人税の更正処分等を受けたことから，X社が更正処分等の一部取消しを求めた事案である。

【判決の要旨】

法人税法22条2項の「取引」の要件について，X社の有するA社株式に表章

を題材にして」税務弘報56巻9号（2008年）165頁，渕圭吾「法人税法22条2項にいう『取引』の意義　オウブンシャホールディング事件」水野忠恒ほか『租税法判例百選〔第5版〕』（有斐閣，2011年）100頁，藤曲武美「損金の額　有価証券の評価損(2)」税務弘報60巻8号（2012年）140頁，大石篤史「税務上の否認」神田秀樹＝武井一浩編『実務に効くM&A・組織再編判例精選』（有斐閣，2013年）238頁，一原友彦「有利発行による第三者割当増資と旧株主（法人）への課税　オウブンシャホールディング事件上告審判決」行政判例研究会編『行政関係判例解説平成18年』（ぎょうせい，2006年）132頁。

[28] 同裁判例の評釈として，船越真史「平成22年分課税関係訴訟裁判例の動向(3)実体法関係・法人税(1)」月刊税務事例45巻1号（2013年）88頁。

[29] もっとも，②の類型については，東京高判平成22・12・15税務訴訟資料260号順号11571において特に明言されているものではないため，今後，裁判例等により，引受人に対して受贈益課税がなされる場合の外延および受贈益課税のための要件が明確化されることが期待される（前掲注[26]・太田329頁）。

された同社の資産価値については，X社が支配し，処分することができる利益として認められるとした上で，かかる利益をB社との合意に基づいて同社に移転したといえ，当該資産価値の移転は，X社において意図し，かつB社において了解したところが実現したものであり「取引」に該当するものと判示した。

(b) 東京高判平成22・12・15税務訴訟資料260号順号11571
（タイ子会社有利発行事件）

【事案の概要】

　X社は，タイ王国に，自己が直接および間接に発行済株式総数の100％を有する連結子会社A社を，また，A社が発行済株式総数の73.71％，X社が2.46％を直接保有する連結子会社B社（残りの28.83％は外部株主が保有）を有していた。この状況の下，X社は，B社の新株を時価を大幅に下回る額面価額で引き受け，持株割合を47.06％まで引き上げたところ，時価と払込価額との差額について，法人税の更正処分等を受けたことから，X社が更正処分等の一部取消しを求めた事案である。

【判決の要旨】

(i)　法人税法22条2項の「取引」の要件について，①本件においてはX社に利益が生じているか否かが問題となっているのであって，株式を引き受けていない旧株主に寄附金課税をする上で当該旧株主と新株主との間における資産価値の移転が問題とされた最判平成18・1・24とは事案を異にするというべきであり，旧株主と新株主の関係において取引を構成しなければならない必要はないとした上で，新株を発行した会社と当該新株を引き受けた者との間に「取引」が存在するということができるのは明らかであると判示した。

(ii)　法人税法22条2項の「収益」の要件について，取引自体から生ずる収益だけではなく，取引に関係した基因から生ずる収益を含む意味であるとした上で，発行会社と新株主との間に経済的利益の移転がない場合であっても有利発行により新株主が経済的利益を得ていれば当該収益が益金となる旨判示し，時価と払込価額との差額分に係る受贈益課税を認めた。

6

資本提携契約・合弁契約上の
各種条項に係る裁判例

　資本提携契約・合弁契約の作成にあたっては，裁判例を踏まえて，各条項の有効性，実効性等を検討する必要がある。以下では，資本提携契約・合弁契約の作成にあたって理解しておくべき裁判例を紹介する。

(1)　取締役選任等に関する合意に係る裁判例

　会社法の原則に従えば，累積投票制度が採用されていない限り，総株主の議決権の過半数を保有していない株主は，単独で会社の役員を選任することができない。したがって，資本提携の提携先株主，合弁会社における少数派株主は，別途多数派株主と合意しない限り，自らの指名する者を当該会社の役員として選任することが難しい。

　しかしながら，一定の割合の議決権を保有する資本提携の提携先株主または合弁会社の株主としては，資本提携・合弁事業について成果を上げるとともに，監督するために，自己の指名する者を取締役または監査役として派遣することを希望することも少なくない。このような事情から，株主間で，出資比率に応じて取締役の選任権を与える合意がなされることが多い(30)。

　第4章で述べたとおり，出資比率に応じた取締役の選任権を定める方法の1つとして，株主のそれぞれが出資比率に応じた人数の取締役を指名する権利を

---

(30)　宍戸善一ほか『ジョイント・ベンチャー戦略大全　設計・交渉・法務のすべて』（東洋経済新報社，2013年）87頁。

有する旨，および，両株主は指名された者が合弁会社の株主総会において取締役として選任されるよう議決権を行使しなければならない旨を定める方法がある[31]。かかる方法については，議決権拘束契約の有効性，および相手方が議決権拘束契約に反して議決権を行使し，または行使しようとしている場合にどのような救済が認められるかが問題となる。

①　株主総会における議決権拘束契約の有効性・効力

　株主総会における議決権拘束契約の有効性については，かつては無効とする学説もあったが，現在では，原則として有効であるという点で異論はみられない[32]。もっとも，拘束の態様が無制限であり会社支配の手段として濫用される場合や，会社法の精神または公序良俗に反する場合には，無効になるとする学説が多い[33]。

　この点，東京地判昭和56・6・12判時1023号116頁[34]は，経営権をめぐり対立していた原告と被告が締結した，双方が代表取締役となる旨の裁判外の和解の効力について，仮に契約上の厳格な義務を定めたものであるとしても，当時生じていた当事者間の紛争を解決するための方策として定められた暫定的な義務にすぎないとみるのが相当であり，仮に当事者間で将来に及ぶものと約束したとすれば，取締役の選任を株主総会の専決事項とし，取締役の任期を2年と定める法の趣旨に反するため，当該訴訟外の和解から約15年経た後において法的

---

[31]　なお，そのほかに，出資比率に応じた取締役の選任権を定める方法としては，以下の方法が考えられる。
　①　合弁会社を種類株式発行会社として，株主がそれぞれ異なる種類の株式を保有し，資本提携契約・合弁契約および合弁会社の定款において各種類の株式に係る株主総会において一定人数の取締役を選任する旨の規定を設ける方法
　②　資本提携契約・合弁契約および合弁会社の定款において，取締役選任の決議要件を加重する方法
[32]　前掲注(24)・大隅＝今井79頁。なお，学説の変遷については，森田果「株主間契約(1)」法協118巻3号（2001年）66頁以下を参照されたい。
[33]　旧商法についての文献であるが，大森忠夫「議決権」田中耕太郎編『株式会社法講座第3巻』（有斐閣，1956年）903頁等。
[34]　同裁判例の評釈として，前掲注(19)・今井40頁，同生田8頁等。

拘束力を認めることは相当でないと判示している[35]。しかし，当該裁判例に対しては，議決権行使の趣旨，期間，解約権等を総合的に勘案し，濫用的な会社支配がなされず，株主の利益が保護されるのであれば，それを満たす取締役選任に係る議決権拘束契約は，たとえ契約の期間が長くとも，会社法の精神と矛盾するものではなく，むしろ，閉鎖会社においては会社内部の権限分配を株主間の自治に委ねる方が合理的であるともいえることからすれば，当該合意の効力を制限的に解することについては，疑問がある[36]。

したがって，前記の裁判例にかかわらず，通常の資本・業務提携契約における議決権拘束契約は，有効と解されるべきと考えたく，今後の議論や裁判例の蓄積を待ちたい。

② 取締役会の権限事項に関する合意の有効性・効力

東京高判平成12・5・30判時1750号169頁[37]（後記裁判例）は，株主間における取締役会の権限事項に関する合意は有効であると判示している。

同裁判例においては，合意を有効とする根拠は，株主総会の権限事項に関する合意と同様に，取締役会が多数決によって決議される機関であることに求められている。もっとも，取締役は，善管注意義務・忠実義務を負っているため，会社の利益のために議決権を行使しなければならず，議決権拘束契約は取締役が負う会社法上の義務を当然の前提として締結されるものであり，具体的事情

---

[35] なお，東京高判平成12・5・30判時1750号169頁以前に株主総会における議決権拘束契約が問題となった裁判例として，東京地判昭和25・10・25下民集1巻10号1697頁が存在する。もっとも，従業員たる株主が，従業員持株として当該議決権行使が拘束される株式を取得した経緯（何ら経済的な対価を払うことなく恩恵的に割り当てられた等）という特殊事情を前提とした上で，議決権拘束の合意も不合理とはいい難いと判断したものであり，議決権拘束契約の有効性一般を射程に入れるものではないと評価されている（河村尚志「株主総会・取締役会における議決権の行使についての合意の効力」商事1710号（2004年）85頁）。同裁判例の評釈として，長浜洋一「従業員団体規約の効力（大倉憲章）」別冊ジュリ20号（1968年）66頁。

[36] 森田果「株主間契約(5)」法協120巻12号（2003年）16頁，潘阿憲「株主総会および取締役会における議決権行使の合意の効力」ジュリ1247号（2003年）158頁。

[37] 同裁判例の評釈として，鳥山恭一「株主間合意の拘束力」法セ563号（2001年）107頁，森田章「株主間合意の有効な範囲と損害賠償責任」判時1770号（2002年）194頁，前掲注[35]・河村83頁。

の下で議決権拘束契約に従うことが取締役の善管注意義務に違反することとなる場合には，善管注意義務の履行を優先しても契約違反とされるべきではないとの指摘がなされている(38)。

● 東京高判平成12・5・30判時1750号169頁

【事案の概要】

　A社を含む同族企業グループの代表取締役等を務め，これを経営していたX1とYは，①それぞれの子が，4年以内にA社の取締役に就任し，②約8年後に各社の代表取締役に就任すること，③X1およびYはそれぞれ①の際に代表取締役を退任し，その後約10年間，同額の報酬を受け取ること等を合意した（本件合意）。しかし，Yらが株主総会，取締役会においてこれらの合意に反する議決権行使を行ったため，X1およびX2は，Yが本件合意に違反したことにより，取締役報酬を受け取ることができなかった等として，その一部について債務不履行による損害賠償を請求したところ，Yが当該合意の有効性や法的拘束力を争った事案である。

【判決の要旨】

(i)　代表取締役の選定に係る合意（合意②）については，議決権拘束契約であるとした上で，取締役会において誰を代表取締役に選定するかについてあらかじめほかの取締役と協議することは何ら不当ではなく，その際，取締役会における議決権の行使について一定の者を選定すべきことを約束したとしても，取締役会が多数決によって決議される機関であることに鑑みれば，何ら旧商法の精神に反するものとはいえず，合意は有効であると判示した。

(ii)　また，取締役選任に係る合意（合意①）については，議決権拘束契約であるとした上で，本来，株主がどのように議決権を行使するかは株主の自由であり，旧商法上，株主総会は株式数の多数によって決議される機関とされていることに鑑みれば，株主が多数の賛成を得るためにほかの株主に働きかけて

(38)　前掲注(35)・河村87頁。

前記のような合意をすることは，何ら不当ではなく，旧商法の精神に反するものともいえず，合意は有効であると判示した。

(iii) X1およびYが同額報酬を受領するとの合意（合意③）については，議決権拘束契約であるとした上で，約18年の長きにわたって議決権の行使に拘束を加える当該約束は，議決権の行使に過度の制限を加えるものであり，その有効性には疑問があり，少なくとも，相当の期間（約10年）を経過した後においては，X1およびYは合意③には拘束されないものというべきであると判示した。

③　議決権拘束契約や定款に反する議決権行使に係る裁判例

株主が，議決権拘束契約に反する議決権行使を行おうとしている場合，当該契約の相手方としては，議決権拘束契約に基づき，議決権行使の差止めを求めることが考えられる[39]。

議決権拘束契約に反する議決権行使の差止めの可否については，傍論ではあるが，名古屋地決平成19・11・12金判1319号50頁[40]（後記裁判例）において，原則として認められないが，(i)株主全員が当事者である議決権拘束契約であること，(ii)契約内容が明確に議決権を行使しないことを求めるもの（たとえば，どの相手方との間の，どのような行為（株式譲渡，株式交換等）を承認する議決権を行使しないこと等）といえることの2要件を満たす場合には，例外的に差止請求が認

---

[39]　なお，前掲注(31)の①種類株式を発行する場合や，②決議要件を加重する場合等，定款に規定を設ける場合，当該定款の規定に違反して取締役を選任しようとする株主総会について，株主総会開催禁止の仮処分を求めることが考えられる。もっとも，学説上争いはあるものの，株主総会開催禁止の仮処分命令に違反して株主総会が開催されたとしても，当該総会における決議は，有効であると解するのが有力説であるため，留意が必要である（東京高判昭和62・12・23判タ685号253頁も当該有力説に立つものと解されている（坂倉充信「株主総会開催停止の仮処分命令に違反してされた株主総会決議が不存在又は無効とはいえないとされた事例」判タ臨時増刊735号（1990年）258頁））。

[40]　同裁判例の評釈として，野田耕志「株主間契約に基づき議決権行使の差止めが請求された事例」ジュリ1395号（2010年）164頁，釜田薫子「議決権拘束契約に基づき議決権行使の差止めが請求された事例」商事1934号（2011年）46頁，浅妻敬＝行岡睦彦「M&Aの実施に対する債権者・契約関係者等からの提訴」神田秀樹＝武井一浩編『実務に効くM&A・組織再編判例精選』（有斐閣，2013年）36頁。

⑥　資本提携契約・合弁契約上の各種条項に係る裁判例　■　*511*

められる余地があるとされている。したがって，資本提携契約・合弁契約を作成する際は，差止請求が認められる余地を残すという観点からは，どのような相手方との間のどのような行為についてどのような議決権行使をしてはならないかを明確に定めるべきである。

なお，議決権拘束契約に違反した議決権行使がなされた場合，差止めが認められない場合であっても，相手方に対し，債務不履行に基づく損害賠償を請求することは可能である(41)。

●名古屋地決平成19・11・12金判1319号50頁

【事案の概要】

　X社，Y社およびA社（Y社の子会社）は，X社とA社の経営統合のため，Y社によるA社の株式譲渡を禁止する条項を含む合意書（本件合意）を締結した。その後，A社は，A社およびB社の株式交換契約の承認を目的とする臨時株主総会の開催を予定した。これに対しX社が，Y社は，株式譲渡禁止条項に基づき，A社の臨時株主総会においてA社およびB社の株式交換契約の承認を目的とする議案（本件議案）に賛成してはならない不作為義務を負うと主張して，同条項に基づく差止請求権を被保全権利として，当該議案に賛成する議決権行使の差止めの仮処分を求めた事案である。これに対して，Y社は，合意上は「株式の譲渡」が制限されているにすぎず，株式交換契約の承認に賛成してはならない不作為義務等は負わないと主張した。

【決定の要旨】

(i)　Y社が本件議案に賛成してはならない不作為義務を負うか否かについて，そもそも株式譲渡禁止条項の「株式の譲渡」に株式交換が含まれるとの疎明が足りず，本件議案に関して議決権を行使してはならない不作為義務を負うとはいえないとして，差止請求権は認められないと判示した。

(ii)　その上で，傍論として，仮にY社がX社が主張するような不作為義務を負

---

(41)　前掲注(37)・森田197頁。

うとして，当該不作為義務に基づき Y 社の議決権行使を差し止めることができるかについて，原則として，議決権行使の差止請求は認められないが，(a)株主全員が当事者である議決権拘束契約であること，(b)契約内容が明確に議決権を行使しないことを求めるものといえることの 2 要件を満たす場合には，例外的に差止請求が認められる余地があるというべきであると判示した。なお，(b)の要件を必要とする理由について，債権者と債務者間の債権的効力を超えて，差止請求が認められることとなれば，その影響はほかの株主にも及ぶことになる上，本件合意締結時には，議決権拘束契約に基づく議決権行使の差止めについて判断した判例が見当たらず，これを否定する学説が優勢であったことからすれば，法的安定性を害するおそれがあるため，いかなる（たとえば相手方が誰か等）株式交換に関する議決権行使が禁止されるかについて議決権拘束契約の規定上，明確であることを要すると解するのが相当であるとした。

⑵　拒否権条項を無視してなされた行為の有効性

前記⑴のように，合弁会社の株主間において出資比率に応じた取締役の選任について合意したとしても，会社法における資本多数決原則の下，合弁会社の株主総会決議事項も，取締役会決議事項も，多数派株主単独で意思決定がなされ，少数派株主が合弁会社の意思決定に関与できなくなる可能性は依然として存在する。そこで，合弁会社における一定の重要事項の決定について，少数派株主の意見を反映させるために，資本多数決原則の修正として，少数派株主に拒否権を与えることが考えられる[(42), (43)]。詳細は第 4 章を参照されたい。

----

(42)　一般的に，重要な財産の処分もしくは譲受け，多額の借財もしくは保証，重要な契約の締結または解除，合併，分割，事業譲渡，解散等の合弁会社の根本的な変更，出資比率の変更や合弁事業の範囲の拡大等に関係する決議事項等について拒否権が設定されることが多い。

(43)　なお，拒否権を定める方法としては，以下の方法が考えられる。
　　①　資本提携契約・合弁契約において，一定の重要事項の決定については少数派株主の事前の承認を必要とする旨（拒否権条項）を定める方法

この点，①資本提携契約・合弁契約において，一定の重要事項の決定については少数派株主の事前の承認を必要とする旨（拒否権条項）を定めた場合，かかる少数派株主の事前の承認を得ずに行われた行為は，そのことのみを理由としては無効とはならず，会社法上の救済手段を講じられない可能性がある(44)。他方，②資本提携契約・合弁契約および合弁会社の定款において，合弁会社を種類株式発行会社として，一定の重要事項について，少数派株主を構成員とする種類株主総会の決議を必要とする旨を定めた場合，または，③資本提携契約・合弁契約および合弁会社の定款において，一定の重要事項の決議要件を加重した場合，かかる規定を無視して合弁当事者の一方によりなされた行為，すなわち，必要な株主総会決議，種類株主総会決議もしくは取締役会決議を欠いてなされた，または決議が無効であり，もしくは取り消された場合における当該行為の効力が問題となる。

かかる行為の効力については，当該行為の種類によって結論が異なると解されている(45)。現在の裁判例・学説の状況は，概要，以下のとおりである。

① 無効であると解されている場合

（i）株主総会決議を欠く合併，会社分割等の合弁会社の組織に関する行為

（ii）株主総会の特別決議を欠く営業譲渡（最判昭和61・9・11集民148号445頁(46)）

---

② 資本提携契約・合弁契約および合弁会社の定款において，合弁会社を種類株式発行会社として，一定の重要事項について，少数派株主を構成員とする種類株主総会の決議を必要とする旨を定める方法

③ 資本提携契約・合弁契約および合弁会社の定款において，一定の重要事項の決議要件を加重する方法

(44) 淵邊善彦編著『シチュエーション別 提携契約の実務〔第2版〕』（商事法務，2014年）236頁〔柏健吾＝中川浩輔執筆部分〕。

(45) 行為の種類に応じて効力を検討した文献として，鴻常夫「取締役会の決議の瑕疵」竹内昭夫編・鈴木竹雄先生古稀記念『現代商法学の課題（上）』（有斐閣，1975年）59頁以下。

(46) 同判例は，株主総会の特別決議によって承認する手続を経由していなければ，営業譲渡は，何人との関係においても常に無効であると判示した。同判例の評釈として，落合誠一「無効な営業譲渡契約と信義則」ジュリ臨時増刊887号（1987年）98頁，上柳克郎「営業譲渡契約の無効を主張することができない特段の事情」民商法雑誌96巻1号（1987年）125頁等。

514 ■ 第13章　資本・業務提携に際して留意すべき裁判例

②　無効とはならないと解されている場合

(ⅰ)　募集株式の発行や社債の募集等，取引の安全が強く要請される取引[47]

　裁判例上，取締役・取締役会に募集株式の発行等の権限がある場合，募集株式の発行等が適法な決議等を欠いてなされたとしても，当該発行は無効とはならないと解されている[48]。また，社債発行については，取締役会の決議に瑕疵があったとしても，有効であると解するのが通説である[49]。

(ⅱ)　取締役会決議を欠く重要な業務執行

　取締役会決議を欠く重要な業務執行については，原則として有効であるが，取引の相手方が決議の不存在について悪意または過失がある場合には，無効であると解されている（最判昭和40・9・22民集19巻6号1656頁[50]）。

　なお，相手方が無過失であると認められるためには，(a)その取引が取締役会決議を要するのか否かおよび(b)取締役会決議がなされたか否かにつき調査する必要があるとするのが，裁判例の立場である[51]。この点，特に(b)が問題となった事案として，以下の裁判例が存在する。

　・最判平成11・11・30金判1085号14頁（控訴審：福岡高那覇支判平成10・2・24

---

[47]　前掲注(8)・江頭772頁，809頁。

[48]　最判昭和36・3・31民集15巻3号645頁。同判例の評釈として，石田満「瑕疵ある取締役会決議に基づく新株発行の効力」別冊ジュリ116号（1992年）150頁，前田庸「瑕疵ある取締役会決議にもとづく新株の発行」ジュリ臨時増刊296-2号（1964年）126頁，水田耕一「代表取締役が有効な取締役会の決議なくしてした新株発行の効力」法セ66号（1961年）70頁。

[49]　流通証券たる社債の発行については，取引の安全の要請が大きく，また，社債の発行という本来取引的な行為について取締役会の決議が要求される趣旨は，会社の内部的な意思決定の問題として対内的手続を定めるにすぎないと解されるためである（前掲注(45)・鴻70頁）。

[50]　同判例は，代表取締役が行った取締役会の決議を要する対外的な個々的取引行為に関する取締役会の承認決議を欠く場合について，代表取締役は，株式会社の業務に関し一切の裁判上または裁判外の行為をする権限を有する点に鑑みれば，当該取引行為は，内部的意思決定を欠くに止まるから，原則として有効であって，相手方が当該決議を経ていないことを知りまたは知り得べかりしときに限って無効であると解するのが相当であると判示した。同判例の評釈として，豊水道祐「一　株式会社の代表取締役が取締役会の決議を経ないでした対外的な個々的取引行為の効力　二　中小企業等協同組合が代表理事に対し委任できる業務執行の意思決定の権限の範囲」最判解民昭和40年度337頁，米沢明「代表取締役の代表権に対する制限」別冊ジュリ116号（1992年）96頁等。

[51]　前掲注(8)・江頭427頁。

⑥　資本提携契約・合弁契約上の各種条項に係る裁判例　■　*515*

金判1039号 3 頁）⁽⁵²⁾

- 最判平成11・ 6 ・24金判1070号10頁（控訴審：東京高判平成11・ 1 ・27金法1538号68頁）⁽⁵³⁾
- 東京地判平成12・ 3 ・13判タ1063号162頁⁽⁵⁴⁾

これらの裁判例においては，金融機関が，貸入れまたは連帯保証の際に，取締役会議事録の確認を行わない場合や，当該議事録の提出を拒否されながらも

---

(52)　X 社の代表取締役 A が，ノンバンク Y 社から総計29億円を借り受けた際に，X 社の取締役会決議を経ずに X 社所有の不動産に抵当権を設定し登記を経由した事案である。Y 社の担当者は，X 社の取締役会決議の有無について確認していなかった。X 社は，Y 社に対し，当該抵当権設定は，X 社の取締役会決議を経ておらず，Y 社の担当者は悪意または過失がある等と主張して，抵当権登記の抹消を求めた。

　　この点，Y 社の過失の有無について，①仮に X 社の取締役会を開催していれば，承認決議がなされたであろうと思われる状況にあったこと，②地元商工会議所の会頭等のような人物であれば，当然 X 社の社内手続も経ているであろうし，わざわざ確認するのは失礼であると考えたこと等から，取締役会の決議がされているかどうかの確認をしなかったことをもって Y 社に過失があったということはできないと判示した。

(53)　Y 社の代表取締役 A が，Y 社の関連会社である B 社が X 銀行から10億円を借り入れた際に，Y 社の取締役会の決議を経ずに，X 銀行との間で，当該 B 社の債務について保証予約（本件保証予約）を締結した事案である。X 銀行担当者は，保証予約の締結にあたり，B 社の専務取締役 C に Y 社の取締役会議事録の提出を求めたが，C がこれを拒んだため，それ以上議事録の提出等を求めていなかった。X 銀行が，Y 社に対し，保証債務履行として貸付金返済等を求めて提訴したところ，Y 社は，X 銀行は決議不存在について悪意または過失がある等として，本件保証予約の有効性を争った。

　　この点，X 銀行の悪意・過失の有無について，①本件保証予約の締結までの経緯等に鑑みれば，本件保証予約は A および Y 社専務取締役の共謀により行われたものであり，締結自体に必要な諸手続はとられていたこと，②本件保証予約の窓口役ともいうべき C に議事録の提出を求めているところそれ以上に提出を求めること等を要求することはいささか酷であること等から，X 銀行に悪意・過失があったとは認められないと判示した。

　　同判例の評釈として，山谷耕平「代表取締役が取締役会の決議を経ないで行った保証予約の効力」銀行法務21　573号（2000年）41頁参照。

(54)　Y 社の代表取締役 A が，取締役会の決議を経ないで，X 信託銀行との間で85億円の保証契約を締結した事案である。X 信託銀行は，Y 社に対し，保証債務の履行として85億円の支払等を求めて提訴したところ，Y 社は，X 信託銀行は決議の不存在について悪意または善意有過失であるため当該保証契約は無効である等として，その有効性を争った。

　　この点，取引の相手方である X 信託銀行の過失について，X 信託銀行は，①一度も取締役会決議を経ているかどうかを確認したことがなく，取締役会の議事録の写しを提出するように求めたこともないこと，② X 信託銀行が，Y 社が保証契約について東京支店限りの決済を意図していたことを知ってから念書差入れまでの 1 週間足らずの間に，Y 社が本当に保証契約について取締役会の承認決議を取り付ける意思を有するに至ったのか，実際に承認決議を経たのかについて積極的に確認して然るべきであり，それは当然に X 信託銀行の通常の与信業務の内容として期待されているというべきであること等から，X 信託銀行には，取締役会の決議が存在しないことを知らなかったことについて過失があると判示した。

取引を行った場合であっても，当該金融機関の過失は認められることなく，取引は有効であるとされており，相手方に対して取締役会決議を欠くことを理由として取引の無効を主張できるケースは限定されている。

また，最判平成21・4・17判タ1299号140頁[55]は，取締役会の決議を欠く重要な業務執行について，取締役会の決議を経ていないことを理由とする取引の無効は，原則として会社のみが主張することができ，会社以外の者は，当該会社の取締役会が前記無効を主張する旨の決議をしている等の特段の事情がない限り，これを主張することができないと解するのが相当であると判示した。

以上のとおり，一方の合弁当事者が，他方の合弁当事者の拒否権を無視して新株発行や社債の募集を行ったとしても，当該新株発行や社債の募集の無効を主張することはできない可能性が高い。

また，一方の合弁当事者が，取締役会決議を経ずに，他方の合弁当事者の拒否権を無視して重要な業務執行を行った場合は，①当該取引の相手方が悪意または有過失であるという事情がない限り，当該取引は有効である上，②相手方が悪意または有過失であったとしても，当該合弁会社をして無効を主張する旨の決議をさせない限り，拒否権を無視された他方合弁当事者は，当該取引の無効を主張することができない可能性が高い。

このように，拒否権を無視してこれらの行為がなされた場合においても，当該行為の無効を主張することができない可能性が高いことに鑑みれば，少数派株主としては，多数派株主が拒否権を無視した場合について，合弁契約上，違約金条項，高額で株式を譲渡できるプットオプション条項，安価で株式を取得できるコールオプション条項等による救済手段を手当てしておくことが重要である。

---

(55) 同判例の評釈として，山田真紀「株式会社の代表取締役が取締役会の決議を経ないで重要な業務執行に該当する取引をしたことを理由に同取引の無効を会社以外の者が主張することの可否」最判解民平成21年度278頁，山本爲三郎「代表取締役がなした重要業務執行行為につき，取締役会決議を欠くことを理由とする無効主張は，原則として会社以外の者はできない」判時2060号（2010年）178頁，松中学「取締役会決議を経ない重要な取引と無効の主張権者」ジュリ臨時増刊1398号（2010年）120頁，山田知司「株式会社の代表取締役がした重要業務執行について取締役会決議を欠くことを理由とする無効主張は，会社以外の者は原則としてできない」別冊判タ29号（2010年）188頁。

⑶ 株式譲渡の制限に係る合意を無視して行われた株式譲渡の有効性

　会社法上，株式は原則として自由に譲渡できるが(同法127条)，資本提携契約・合弁契約においては，一般的に，契約当事者である合弁会社の株主が共同して事業を営むことが想定されているため，通常，会社法に定める取締役会または株主総会による株式譲渡の承認に加えて，合意をもってその保有する株式に一定の譲渡制限が付される[56]。

　この点，かかる合意の有効性については，①会社が当該契約の当事者である場合と，②会社が当該契約の当事者ではない場合(たとえば，株主間での契約等)とに分類した上で，①の場合は，会社法127条の脱法行為であり原則として無効であるとするのが従前の多数説であるが，契約自由の原則が妥当し，公序良俗に反する場合に無効とされるにすぎないとする見解も存在する。他方，②の場合については，個別的に設定される債権的な制限である以上，会社法127条が直接的に関係する場面ではないことから，契約自由の原則に委ねられているため，原則として有効であり，実質的に，当該合意が会社との合意である等，①の潜脱となる場合には，例外的に公序良俗違反等により契約の効力が否定されると解するのが通説である[57]。

　裁判例上は，従業員持株制度に関連してかかる合意の有効性が問題となっており，従業員が退職時に会社に対し自己の取得価額と同額で株式を譲渡する義務を負う旨等の条項が有効か否かという形で売渡強制条項の有効性が争われてきており，従業員が自由な意思で制度趣旨を了解して株主になった以上，当該

---

[56]　たとえば，①ほかの当事者の同意を得ない限り，株式を譲渡しまたは担保設定することが禁止される旨の条項(同意条項)，②譲渡する場合はまず他方当事者に譲渡を申し入れなければならず，他方当事者は一定の譲渡価格で購入することできる旨の条項（先買権条項)，③一定の事由が生じた場合に，当該事由が生じた当事者は，他方当事者に対し，その保有する株式を一定の価格で譲渡しなければならない旨の条項(売渡強制条項)等がある。

[57]　以上につき，弥永真生『リーガルマインド会社法〔第14版〕』(有斐閣，2015年) 70頁。

条項は有効であるとしている（①従業員株主と会社間の合意を有効とした裁判例として最判平成7・4・25集民175号91頁[58]，②従業員株主と持株会間の合意を有効とした裁判例として最判平成21・2・17判時2038号144頁[59]（後記裁判例））。

　なお，どのような株式譲渡制限の合意が公序良俗違反として無効となるかという基準については，会社が当事者であるかどうかということのほか，制限譲渡の態様（投下資本の回収可能性を制限するかどうか）や，対価の合理性等を考慮して判断されると指摘されている[60]。

　そして，合弁契約における株式譲渡制限の合意に反して株式譲渡がなされた場合，当該合意は当事者間の債権的な効力を有するにすぎず，株式譲受人の善意悪意を問わず，当該譲渡は有効であると解されている[61]。なお，仮に合弁契約における株式譲渡制限の合意に反して，多数派株主により株式譲渡がなされようとしている場合，少数派株主が譲渡承認を拒否することも困難である。

　これらの点に鑑みれば，合弁当事者としては，他方の合弁当事者が株式譲渡

---

[58]　同判例の評釈として，前田雅弘「従業員持株制度と退職従業員の株式譲渡義務」別冊ジュリ205号（2011年）46頁。

[59]　同判例の評釈として，弥永真生「日刊新聞紙を発行する新聞社における従業員持株制度における合意の有効性」ジュリ1374号（2009年）22頁，鳥山恭一「日本経済新聞社の社員株主制度と最高裁判決」金判1312号（2009年）1頁，川島いづみ「株式会社の従業員がいわゆる持株会から譲り受けた株式を個人的理由により売却する必要が生じたときは持株会が額面でこれを買い戻す旨の当該従業員と持株会との間の合意が有効とされた事例」判時2060号（2010年）174頁，中村信男「新聞社の従業員持株制度における株式譲渡制限に関する合意の有効性」ジュリ臨時増刊1398号（2010年）118頁等が存在する。

　そのほか，①神戸地尼崎支昭和57・2・19下民集33巻1〜4号90頁（同裁判例の評釈として，前田雅弘「従業員持株制度と退職従業員の株式譲渡義務」別冊ジュリ116号（1992年）38頁等），②名古屋高判平成3・5・30判タ770号242頁（同裁判例の評釈として，高松宏之「従業員持株制度をとる会社で，会社と持株従業員との間に交わされた，従業員が取得した株式はその従業員の退職時に取得価格（額面価格）と同一価格で会社の取締役会の指定する者に譲渡する旨の契約の効力」判タ臨時増刊821号（1993年）188頁等），③東京高判平成5・6・29判時1465号146頁（同裁判例の評釈として，藤原俊雄「従業員持株制度をとる会社の株主が社員持株会に加入するに当たり同会と締結した株式譲渡制限の契約が有効とされた事例」判タ907号（1996年）66頁，藤原俊雄「株式　持株会・従業員間の株式譲渡制限契約の効力」判タ975号（1998年）36頁，畠田公明「従業員持株制度を採用した会社の従業員で組織された持株会（権利能力なき社団）と従業員との間でされた同会の持分の譲渡を制限する契約が民法90条に違反しないとされた事例」判時1470号（1993年）208頁等）等が存在する。

[60]　黒田伸太郎「株式譲渡制限等に関する合弁契約の効力」判タ1104号（2002年）53頁。

[61]　前掲注[57]・弥永70頁。

⑥　資本提携契約・合弁契約上の各種条項に係る裁判例 ■　　*519*

制限の合意に違反した場合に備えて，合弁契約上，違約金条項等を定めることにより，契約の遵守を担保しておくことが重要である。

●最判平成21・2・17判時2038号144頁

【事案の概要】

　新聞社 Y1社では，株式譲渡に取締役会の承認を要し，かつ譲受人を Y1社の事業関係者に限る旨を規定しており，Y1社の従業員持株会 Y2では,従業員たる株主が属人的理由で株式を売却する必要が生じた場合は，Y2が株式を額面額（取得額と同額）で買い戻す旨のルール（本件ルール）が成立していた。Y1社の従業員である X1らは，Y2との間でかかるルールに従う旨の合意（本件合意）をしたが，その後，X1は，Y1社に対し，X2から同人名義の Y1社株式を譲り受けたと主張して，譲渡承認，および株主名簿の名義書換手続等を求めた。これに対し，Y1社は当該譲渡を承認せず，また，Y2は，本件合意に基づき Y2が本件株式を譲り受けたとして Y1社の承認を得たため，X1らが，Y1社らに対し，本件合意に基づき，本件株式の株主権の確認，名義書換を求めて提訴した事案である。

【判決の要旨】

　従業員持株会と株主との間の売渡強制条項を含む合意の有効性につき，Y2におけるルールの内容は合理性がないとはいえないとした上で，①本件ルールに従って株式を取得しようとする者としては，将来の譲渡価格が取得価格を下回ることによる損失を被るおそれもなく，譲渡益を期待し得る状況にもなかったこと，②X2はそのような本件ルールの内容を認識した上で，自由意思によりY2から額面額で本件株式を買い受け，本件ルールに従う旨の本件合意をしたものであって，Y1社の従業員等が株式を取得することを事実上強制されていたというような事情は窺われないこと，③Y1社が，多額の利益を計上しながら特段の事情もないのに配当を行わず，社内に留保していたというような事情もみあたらないことを理由として，本件合意は，会社法107条および127条の規定に反するものではなく，公序良俗にも反しないから有効であると判示した。

⑷　合弁会社の終了または継続に係る経営判断に関する裁判例

　合弁会社の経営が悪化し，合弁会社を継続するか，解散させるか，またどのように継続・解散させるかが問題となることは少なくない。

　かかる場合において，合弁当事者の取締役の善管注意義務違反が問題となった事例として，東京地判平成15・5・12金判1172号39頁[62]（後記裁判例(a)），東京地判平成8・2・8資料版商事144号111頁[63]（後記裁判例(b)），最判平成12・9・28金判1105号16頁（控訴審：東京高判平成8・12・11金判1105号23頁）[64]（後記裁判例(c)）が存在する。

　これらの裁判例においては，意思決定の過程（第三者の意見の取得状況，社内での検討状況等），意思決定の内容（経営戦略の内容，実際の収益状況の推移等）等を考慮して，かかる判断が，取締役の経営判断として裁量の範囲であるか否かが判断されている。

　特に，①グループ会社の解散の事例（後記裁判例(a)）においては，その判断の前提として，当該会社を存続させることが経営方針と合致するかどうか，当該会社との関係を維持することが今後の経営戦略および成長にもたらすメリット，デメリット等を検討していたかどうか，検討の経緯（時期，当時の業界の再編事情等）がどのようであったかが認定されており，合弁会社の解散を検討する際には，これらの事項を検討し，その経緯・結果を資料に残しておくことが重要であるといえる。

---

[62]　同裁判例の評釈として，居林次雄「取締役が当初予定されていた持株会社構想から離脱する判断をしたことについて取締役の善管注意義務ないし忠実義務違反が認められなかった事例」金判1185号（2004年）60頁，吉川栄一「持株会社構想からの離脱と株主代表訴訟」ジュリ1316号（2006年）181頁。

[63]　同裁判例の評釈として，松山三和子「株主代表訴訟において取締役の善管注意義務等違反が否定された事例」金判1017号（1997年）41頁，野田博「海外合弁会社支援のための株式買取と取締役の責任」判タ975号（1998年）13頁。

[64]　同判例の評釈として，布井千博「破綻に瀕したグループ企業に対する金融支援と取締役の責任」金判1111号（2001年）60頁。

また，②株式の買収の事例（後記裁判例(b)）は，その判断の前提として，銀行のM&A部門，海外事業コンサルタント等，M&Aについて知識・経験を有すると認められる第三者の意見を得ていることが認定されており，合弁会社の株式の買収・売却を検討する際には，中立な第三者たる専門家の意見書等を取得しておくことが重要であることを示唆するものといえる。

③グループ会社に対し金融支援を行った事例（後記裁判例(c)）では，経営上特段の負担とならない限度でグループ企業の関係にあるほかの企業の経営維持・倒産防止のために無担保貸付けや保証を行うことは原則として裁量内の行為であるということができるが，支援先の会社の倒産が具体的に予見可能で，当該金融支援によって経営の立て直しが見込めない場合に，無担保で金融支援を行うことは，裁量の範囲を逸脱して，善管注意義務・忠実義務違反となるものと判示されている。したがって，合弁会社に対して無担保での金融支援を行う場合には，当該支援が経営上特段の負担とならない限度であるかどうか，支援先の会社の倒産が具体的に予見可能で，当該金融支援によって経営の立て直しが見込めないかどうか（たとえば，融通手形の交換先が倒産したことにより債務を負い経営に決定的な悪影響を及ぼし，経営の基盤が危うくなったこと等）を検討する必要がある。

(a)　東京地判平成15・5・12金判1172号39頁

【事案の概要】

A社とB社は，将来的に持株会社方式により事業統合を行うことを計画（本構想）し，将来両社の完全親会社となるべきC社を合弁で設立したが，その後，A社が当該持株会社移行に参加しない旨の取締役会決議をし，A社およびB社は，それぞれC社の解散決議を行った。A社の株主であるXが，A社の代表取締役Yに対し，Yの私利私欲により前記B社との取決めを撤回し，A社に損害を与えたとして，その賠償を求めて株主代表訴訟を提起した。

【判決の要旨】

Xが主張するように，本構想の撤回がYの私利私欲によるものであるとは認

められないとした上で，本構想の放棄に関してYに善管注意義務違反が認められるか否かにつき，(i)本構想は，当初，各社に裁量が認められていた内容であったが，約5年後には，C社の統制が強化される内容に変容しつつあったことから，Yは，本構想に危機感を抱くようになっていたこと，(ii)そのころ，A社は，業界再編の中心にあり，業界再編の機会を逃さないことが自社の利益に資するものと判断し，再編を検討していたこと，(iii)Yは，A社役員と合宿を行ってA社の将来的な基本戦略や本構想への参加によるメリット・デメリットの検討を行ったこと，(iv)A社の取締役会において，本構想がA社の経営方針と合致しなくなったこと，C社からA社の重要な経営方針について妨害かつ抑圧的言動がなされたこと，環境が激変して業務再編成が進む中，本構想はグループ経営の戦略会社としての機能を果たしていないことを理由として，本構想からの離脱を決定したことを認定した上で，Yは，本構想の内容が変更していく中，ほかの取締役らとも議論を尽くし，A社の今後の経営戦略および成長も踏まえた上で，本構想からの離脱を決意し，かつ，C社を存続させることによる社内および社外に対する悪影響を勘案して，C社を解散することを決定したというものであり，Yの判断は，A社の将来を踏まえてその利益の追求を目指したものであって，取締役の裁量の範囲であるというべきであって，善管注意義務に違反しないとした。

(b)　東京地判平成8・2・8資料版商事144号111頁

【事案の概要】

A社は，米国の会社であるB社と，米国に出資比率50対50の合弁会社C社を設立した。C社の業績は赤字が続いており，A社において，C社がB社に対する新株割当てを行うことを承認したことにより，A社の持株比率は5％に低下していた。C社の経営は厳しい状態が続き，A社とB社の協議の結果，A社は，B社が保有する全株式を取得することとした。これについて，A社の株主Xが，A社の取締役Yらに対し，C社の買収に関連してA社に損害を与えたとして，その賠償を求める株主代表訴訟を提起した。

6 資本提携契約・合弁契約上の各種条項に係る裁判例 ▮ 523

【判決の要旨】

(i) 取締役の経営判断に係る善管注意義務違反の判断基準について，取締役の経営判断において，その前提となった事実の認識に重要かつ不注意な誤りがなく，意思決定の過程・内容が企業経営者として特に不合理・不適切なものといえない限り，当該取締役の行為は，取締役としての善管注意義務ないしは忠実義務に違反するものではないとした。

(ii) その上で，C社の買収についてYらが善管注意義務違反となるか否かについて，銀行のM&A部門，海外事業コンサルタント等，海外M&Aについて知識・経験を有すると認められる者の意見を求め，その賛成を得ていること，買収後C社の収益状況が著しく改善されたこと，会社買収に伴う負担は合弁事業から合弁相手を撤退させ，事業の円滑な引継ぎを受けて完全な支配権を取得するための対価として総合的にその妥当性をみるべきものであり経営上の裁量判断の対象となるところ，対価の額が経営裁量の範囲を逸脱していると認めるだけの根拠はないこと等を理由として，Yの行為は，善管注意義務に違反するものではないと判示した。

(c) **最判平成12・9・28金判1105号16頁**（控訴審：東京高判平成8・12・11金判1105号23頁）

【事案の概要】

A社が，グループ企業の関係にあるとみられるB社の破産前後に，同社に対して無担保貸付けや債務保証等の支援を行ったところ，A社の株主Xが，A社の代表取締役Yらに対して，B社の破産によりA社が被った損害の賠償を求めて株主代表訴訟を提起した事案である。Yらは，B社への支援は，グループ企業の関係にあるA社の信用維持のために行ったもので，経営判断に関する問題であり，取締役としての義務に違反するものではない等と主張して争った。

【判決の要旨】

以下の内容の控訴審を是認した。

(i) グループ企業とみられる関係にあった会社に対する多額の無担保貸付け等

が取締役としての善管注意義務に違反するか否かについて，会社は，営利の追求を目的とする企業であり，その危険と責任において経営を行い，会社の存続発展を図っていかなければならないのであるから，取締役が会社の経営方針や政策を決定するにあたり，ある程度の危険を伴うことがあるのは当然のことであって，会社の取締役が，相互に資本関係がないにしても，人的構成および事業運営の面において密接な関係にあり，『グループ企業』と見られる関係にあるほかの営利企業の経営を維持し，あるいは，倒産を防止することが，ひいては自己の会社の信用を維持し，その利益にもなるとの判断の基に，当該企業に対して金融支援をすることは，それが取締役としての合理的な裁量の範囲内にあるものである限りは，法的責任を追及されるべきことではないと判示した。その上で，支援先の企業が倒産することが具体的に予見可能な状況にあり，当該金融支援によって経営の建直しが見込める状況にはなく，したがって，貸付金が回収不能となり，または保証人として代位弁済を余儀なくされた上，弁済金を回収できなくなる等の危険が具体的に予見できる状況であるにもかかわらず，なお無担保で金融支援を行うことは，もはや取締役としての裁量権の範囲を逸脱するものというべきであると判示した。

(ii) 本件においてＹらに善管注意義務違反が認められるかについては，Ｂ社が，その融通手形の交換先が倒産したために負債を負い，Ｂ社の経営に決定的な悪影響が及び，経営の基盤が危うくなった時点で，Ｂ社が倒産に至ることが具体的に予見可能な状況にあったと認定して，それ以降は，Ｂ社に対する多額の貸付けや債務保証はＡ社の取締役としては差し控えるべきであり，仮に貸付け等を行うとしても，Ｂ社の倒産に備え確実な担保を徴する等の十分な債権保全措置を講じるべきであったとして，当該措置を行わずに貸付け等を行ったＹらの行為は，善管注意義務に違反すると判示した。

6 資本提携契約・合弁契約上の各種条項に係る裁判例 ■ *525*

⑸ M&A 契約に関する裁判例[65]

① 契約の構造に関する裁判例

M&A 契約においては，一般的に，両当事者が行うべき義務（たとえば，株式譲渡の場合には買主の代金支払と売主の株式の移転等）が定められた上で，これらの義務の履行（クロージング）について前提条件（Condition Precedent）が定められることが多い。

前提条件は，一般的に，前提条件が充足されない場合には取引を実行する義務を負わず，取引が実行された以上は前提条件の充足・不充足によって取引自体の効力に影響が生じないという結論を意図して定められているものといえる[66]。この点，東京地判平成25・1・28判時2193号38頁[67]（後記裁判例参照）においても，前提条件は，クロージングまでの間に前提条件が充足されなかった場合には，①義務を履行せず他の債務等についても原状に復して取引から離脱するか，②前提条件の全部または一部を放棄してクロージングを実行するかを自由に選択することができるようにしたものと解する旨判示されており[68]，

---

[65] 本文に記載する裁判例のほか，表明保証に関する主要な裁判例として，東京地判平成18・10・23金法1808号58頁，東京地判平成22・3・8判時2089号143頁，東京地判平成23・4・15LLI/DB06630215，大阪地判平成23・7・25金判1375号34頁，東京地判平成24・1・27判時2156号71頁，東京地判平成24・3・27LEX/DB25492660，東京地判平成24・4・25LEX/DB25493539，東京地判平成24・5・22LEX/DB25494299，東京地判平成25・11・19LEX/DB25516097等が存在する。

[66] 藤原聡一郎編『M&A の契約実務』（中央経済社，2014年）133頁。

[67] 田路至弘ほか「株式譲渡による M&A における表明保証条項につき，売主の表明保証違反を理由とした代金の支払拒絶が認められなかった事例」商事2012号（2013年）67頁，坂本達也「株式譲渡による企業買収における表明保証条項につき，売主の表明保証違反が否定された事例」金判1449号（2014年）2頁，渡辺伸行＝春日舞「クロージングの前提条件を充足しない場合におけるクロージング日後の代金支払拒絶」金法2023号（2015年）100頁，洪那桓「企業買収契約における表明保証条項違反の成否」ジュリ1484号（2015年）127頁。

[68] なお，前提条件の法的性質については議論があり，学説上，①民法上の停止条件（民法127条1項）と解する説，②義務の履行を一定の条件にかからしめる旨の合意（履行条件）と解する説，③クロージング後は前提条件の不成就を主張することができない特約付き停止条件と解する説があるが，同裁判例が上記①から③までのいずれの見解によるのかは明らかではない（前掲注[67]・渡辺＝春日100頁）。

実務において意図されている結論が認められている。

　なお，前記第3章②(7)のとおり，M&A契約においては，クロージング後は補償条項やその他の方法により解決を図ることを前提として，クロージング後は解除できない旨を定めるのが一般的であるが，上記東京地判平成25・1・28判時2193号38頁は，かかるクロージング後の解除制限の考え方についても認めている。

●東京地判平成25・1・28判時2193号38頁

【事案の概要】

　XらおよびY社は，Y社がXらからA社の発行済株式の一部（本株式）を譲り受ける取引に当たり，①Y社はXらに対して本株式譲受けの対価を2回に分けて支払い，XらはY社に対し当該第1回目の支払期日に本株式に係る全株券等を交付する旨，②Y社の代金支払義務はXらの表明保証が重要な点において真実かつ正確であることを条件（本件条件）として履行される旨の規定（本件条項）を含む株式譲渡契約（本件契約）を締結した。第1回目の支払期日にY社はXらに対し契約に従って代金の一部を支払い，XらはY社に株券等を交付したが，Y社が第2回目の支払期日に代金の残額の一部を支払わなかったことから，Xが，Y社に対して本件契約に基づく売買代金のうちの残代金および遅延損害金の支払を求めた事案である。Y社は，本件条項は代金支払債務の停止条件を定めるものであり，Xらの表明保証の重要な点において虚偽ないし不正確な点があったことから，条件未成就を理由として残金の支払を拒むことができるとして，残代金等の支払義務の存否を争った。

【判決の要旨】

(i)　本件条項の趣旨について，①買主であるY社がA社の経営権を自己に移転させていながら，代金の支払自体を拒むことができるとするのは，双務契約としての対価的均衡を失し，本件条項においてかかる趣旨として合意したものと認めるべき特段の事情は見出し難いこと，②本件契約は株式譲渡完了後は厳格に契約解除事由が制限されていること，③本件条項も「クロージン

グの条件」として規定されており，Y社の自由な裁量で放棄し得る旨定められていることを理由として，本件条項は，クロージングをしなくてよいという取引実行条件を定めたもの（すなわち，クロージングが完了する第2回支払期日までの間に本件条件が充足されなかった場合には，Y社において，残代金の支払をせず，本件契約を原状に復して取引から離脱する権利を有し，その権利を行使して取引から離脱するか，あるいは本件条件の全部または一部を放棄してクロージングを実行するかを自由に選択することができるようにしたもの）と解するのが相当であると判示した。

(ii) 本件における残金支払の拒絶の可否について，表明保証違反があったとしてもY社において第1回支払期日までに株式の譲渡の実行を受けながら，クロージングの日である第2回支払期日までに上記権利を行使しない場合には，その後は表明保証違反を理由に損害賠償請求ができるに留まり，契約解除が制限されるのと同様の趣旨で，本件条項に基づき代金の支払を拒絶して取引から離脱することは許されず，ましてや取引を離脱することなく代金の支払を拒絶することも許されないと判示した。

②　価格調整条項に関する裁判例

M&A契約上，譲渡価額としては，①固定額，②クロージングまでに生じる事象（剰余金の配当，退職慰労金の支給等）を踏まえてクロージング時点で価額が確定するような算式，または，③クロージング日時点での財務状況を踏まえてクロージング後に譲渡価額の調整を行う旨等が規定されることが一般的である。

上記③クロージング後の譲渡価額の調整については，契約締結時点で参照した対象会社の財務諸表に基づき調整前譲渡価額を定めた上で，クロージング後，クロージング時点での財務諸表を作成して両財務諸表の差異に基づく調整を行う旨規定することが多いが，クロージング後に，比較対象とする財務数値の確定に関して紛争が生じることが少なくなく，たとえば，クロージング時点での財務諸表の作成に関して会計処理方法が争われた事案として，東京地判平成20・12・17判夕1287号168頁[69]（後記裁判例参照）が存在する。実務上は，契約

528 ■ 第13章 資本・業務提携に際して留意すべき裁判例

交渉の段階で，価格調整の比較対象となる財務諸表について，適用する会計基準，作成方法等について協議の上，契約において明確に規定しておく必要がある。

また，前記裁判例では，財務諸表の確定手続が機能しない状態に陥った場合には，価格調整条項に基づく調整差額の支払請求はできない旨判示し，当該確定手続に係る債務不履行に基づく損害賠償の問題として処理している。実務的には，一方当事者の裁量によって確定手続が途中で機能しなくなることがないよう，一方当事者の裁量に係る事項について期限を設けたり，みなし規定を置いたり，両当事者が合意できない場合の処理方法をあらかじめ決めたりしておくことが重要である。また，M&A契約においては，損害賠償請求の原因となる事実や損害額を限定する合意がなされる場合も少なくないが，そのような合意を行う場合には，当該合意が価格調整条項に係る債務不履行に基づく損害賠償請求権を不当に制限することがないように留意すべきである[70]。

● 東京地判平成20・12・17判タ1287号168頁

（アプラス買収訴訟）

【事案の概要】

　X社，Y社およびA社が，X社の保有するA社株式（本株式）をY社に譲渡することを合意し，本株式の譲渡を実行したが，当該合意に係る契約（本合意書）において，A社の中間期プロ・フォーマ貸借対照表（9月期決算書をプロ・フォーマ修正基準により修正したもの）の純資産額から基準日プロ・フォーマ貸借対照表

---

[69]　島田邦雄ほか「(1)株式の譲渡代金の算出についての手続に関する合意が，当該譲渡代金の差額の支払請求権の存否の判断の前提となる事実についての仲裁鑑定契約ではないと判断された事例，(2)前記(1)の手続を経ていないことを理由に譲渡代金の差額の支払請求権の行使が認められないとされた事例，(3)前記(1)の手続を遵守しない買主らに対する売主の債務不履行に基づく損害賠償請求を認めた事例，(4)前記(1)の手続に関して当事者間で合意に至らない事項についての調査検討を第三者に委託する意思表示の請求を棄却した事例」商事1858号（2009年）44頁，久保大作「M&A取引における株式売買価格調整条項の解釈」ジュリ1402号（2010年）143頁，金丸和弘「M&A契約の重要条項の解釈」神田秀樹＝武井一浩編『実務に効くM&A・組織再編判例精選』（有斐閣，2013年）15頁。

[70]　前掲注[69]・島田ほか15頁。

（3月期決算書をプロ・フォーマ修正基準により修正したもの）の純資産額を控除した額に応じて譲渡価額を調整する旨の規定（本規定）があり，当初3月期決算と同一の基準および手続で決算値を出すと本規定に基づく調整差額が約50億円のプラスとなったが，A社がその後，Y社の会計基準および手続に準じて決算値を出すと調整差額が100億円のマイナスになると主張したことから，X社が，Y社に対して，本合意書上のプロ・フォーマ貸借対照表の確定手続（本確定手続）が機能しない状態に陥った場合には，同手続を経ることなく，直接的に客観的に生じた調整差額支払請求権に基づき差額の支払を請求できる等として，本規定に基づき約50億円の調整差額の支払を求めた事案である。Y社は，本確定手続を経ずに調整差額の請求はできない等と主張して争った。

【判決の要旨】

(i) 本確定手続を経なくても調整差額の請求ができるか否かについて，本合意書には，確定手続が機能しない状態に陥った場合には本確定手続を経なくとも調整差額の支払請求権に基づいて調整差額の請求ができる旨の合意に係る規定はなく，他にかかる合意の成立を認めるに足りる証拠はない等として，本確定手続を経ておらず，プロ・フォーマ貸借対照表が確定していない以上，X社はY社に対して調整差額を請求することはできないと判示した。

(ii) 中間期貸借対照表は「日本において一般に公正・妥当と認められる会計基準に従い，かつ，基準日貸借対照表と同一の会計処理の原則および手続を適用して作成されなければならない」と定めている条項の趣旨について，基準日貸借対照表の会計処理の原則を変更することを許容する趣旨ではないとし，A社が提出した中間期貸借対照表はY社の会計基準に準拠して会計処理を変更したものであり，A社の当該書類の提出は債務の本旨に沿った履行とはいえず，Y社のA社をして本件合意書に従った中間期貸借対照表等の提出義務を遵守させる義務に違反するものであると判示し，A社が本合意書に従って適正に作成された中間期貸借対照表等を提出すればX社がY社に対し調整差額として請求できていたと推認される約50億円について，X社のY社に対する債務不履行に基づく損害賠償請求を認めた。

③ 表明保証条項・補償条項に関する裁判例

ア 表明保証条項の性質，解釈に関する裁判例

表明保証は，契約の当事者が相手方に対し，一定の事実関係，法律関係を表明した上で，その内容の真実性，正確性を保証するものである。表明保証条項については，一般的に，入念な確認を経て契約に規定されることから，表明保証条項の内容や趣旨をめぐって当事者間に見解の相違が生じた場合，原則として文言解釈によるべきであると解されている[71]。もっとも，裁判例上，必ずしも契約文言・M&A 実務とは一致しない解釈が示された事例が少なくないため，留意が必要である。

(i) 表明保証違反を説明義務違反と構成する裁判例

まず，東京地判平成23・4・19金判1372号57頁[72]（後記裁判例(a)）や，東京地判平成19・7・26判タ1268号192頁[73]（後記裁判例(b)）においては，表明保証を契約締結過程における説明義務または情報提供義務を基礎づけるものと構成した上で，当該説明義務または情報提供義務に違反したか否かが検討されている[74]。しかし，前記第 3 章 ② (3)のとおり，M&A 契約において表明保証条項お

---

[71] 辰巳郁「表明保証と当事者の主観的事情〔上〕サンドバッギングの可否を中心に」商事1998号（2013年）92頁。

[72] 同裁判例の評釈として，椙村寛道「株式譲渡契約において，売主 Y が，買主 X に対して，財務内容・資産状況等を表明・保証をした場合，Y が表明保証上の責任を負うか否か，すなわち Y の本件契約上の表明および保証が重要な点で正確であったと認められるか否かは，X が本件契約を実行するか否かを的確に判断するために必要となる表明・保証の対象たる事項にかかる客観的情報が正確に提供されていたか否かという観点から判断される」NBL973号（2012年）92頁，酒井太郎「表明保証責任の対象となる不実開示の意義」金判1417号（2013年）2頁，大久保圭「買収監査と表明保証・補償責任」神田秀樹＝武井一浩編『実務に効く M&A・組織再編判例精選』（有斐閣，2013年）4頁。

[73] 同裁判例の評釈として，梅村悠「株式譲渡契約における表明・保証と説明義務」ジュリ1406号（2010年）157頁。

[74] 表明保証違反の法的性質については，判例学説上確立した見解は存在しないものの，概要，①瑕疵担保責任の1つである損害賠償についての特約（瑕疵担保特約説，堂園昇平「表明・保証をめぐる東京地判平18.1.17」金法1772号（2006年）4頁）または②表明保証条項および補償条項を特別な損害補償に関する合意（損害担保契約説，青山大樹「英米型契約の日本法的解釈に関する覚書（下）－『前提条件』，『表明保証』，『誓約』とは何か」NBL895号（2008年）73頁）と整理されている。本文記載の裁判例は表明保証違反と説明義務違反を混同しているものと考えられる。

⑥　資本提携契約・合弁契約上の各種条項に係る裁判例　■　*531*

および補償条項が規定される場合，通常は，表明保証の対象とした事項に起因して生じるリスクについては表明保証条項に基づいて分配することを企図するものであり，説明義務を問題とする等，かかる合意と離れてリスク分配を行うような解釈はなされるべきではない。

(ii)　**表明保証事項を限定する裁判例**

また，前記裁判例（東京地判平成23・4・19金判1372号57頁（後記裁判例(a)），東京地判平成19・7・26判タ1268号192頁（後記裁判例(b))），東京地判平成22・3・8判時2089号143頁[75]においては，契約上特に限定がなされていないにもかかわらず，表明保証の対象を重要なものに限定したり，表明保証違反が重大な場合にのみ補償を認めると限定する解釈がなされているため，留意が必要である。

(iii)　**相手方の表明保証違反に関する認識を表明保証違反の要件とする裁判例**

さらに，東京地判平成18・1・17判時1920号136頁[76]（後記裁判例(c)）におい

───────────────

[75]　X社が，Y1社からその保有するY2社の株式を譲り受けるにあたり，Y1社との間で，Y1社が，当該株式譲渡契約締結日および譲渡日において，修正貸借対照表の基準日以降Y2社の財政状態に悪影響を及ぼす重要な事実が生じていないことを表明保証する旨（本条項）定めた株式譲渡契約を締結したが，①営業利益が中期計画において予想されていた額よりも減少したこと，②譲渡日前に土地の価値が下落し，実質的にY2社が債務超過となったことから，本条項に違反するものとして，Y1社およびY2社に対して，株式譲渡契約の解除を主張し，不当利得返還請求権に基づき支払済みの譲渡代金の返還を求めた事案において，同裁判例は，①「財務状態に悪影響を及ぼす重要な事実」とは，かかる悪影響を及ぼす具体的な事実をいい，財務状態を示す数値の悪化自体はこれに該当せず，また，②Y2社に関する考え得るすべての情報について細大漏らさず表明保証の対象とするのは譲渡人に過大な負担を課すものであって相当でないし，株式譲渡契約の締結にあたりそのようなすべての情報を譲渡人が把握しなければならないものとも解されないとして，社会的な不動産市況の下落というような，Y2社の資産に固有に生じるものではない一般的普遍的な事象については，本条項においてY1社による表明保証の対象となるものではないと解するのが相当である旨判示し，Xの請求を棄却した。同裁判例の評釈として，髙橋美加「株式譲渡契約における表明保証の対象」ジュリ1439号（2012年）115頁，淵脇大樹「表明保証条項の実務上の論点の検討」金法1935号（2011年）102頁，金丸和弘「M&A契約の重要条項の解釈」神田秀樹＝武井一浩編『実務に効くM&A・組織再編判例精選』（有斐閣，2013年）15頁。

[76]　同裁判例の評釈として，藤原俊雄「企業買収（M&A）における売主の表明，保証違反について売主が買主に対する損害補償義務を負うとされた事例」判タ1243号（2007年）35頁，潮見佳男「消費者金融会社の買収に際しての表明・保証違反を理由とする売主の損害補填義務」金法1812号（2007年）67頁，松尾健一「株式売買契約における表明・保

ては，傍論ではあるが，契約上は特に規定されていないにもかかわらず，表明
保証の相手方の，表明保証違反に関する認識が要件として考慮されており，表
明保証の相手方が，表明保証違反の事実につき悪意または重過失である場合に
は，表明保証に違反した当事者に対する，表明保証違反に基づく補償請求が認
められない可能性があることが示唆されている[77]。しかし，悪意または重過失
の場合に，表明保証違反に基づく補償請求が認められるか否かという点は，契
約の解釈により導かれるべき問題であるところ，当事者において，表明保証の
相手方の主観を要件とする意思が存在しないのであれば，それに反するような
解釈はなされるべきではない[78]。

(iv) 表明保証条項において定めるべき内容

上記(i)および(ii)の各裁判例を踏まえ，表明保証条項による救済を求める当事
者としては契約時に期待したとおりの救済が得られるように，また，表明保証
条項による責任を負担する当事者としては契約時に画定した範囲を超えて責任

証条項違反について売主が損害補償義務を負うとされた事例」商事1876号（2009年）51
頁，渡邊博己「M&A契約における表明保証と契約当事者の補償責任－損害担保契約の一
類型としての整理」NBL903号（2009年）64頁，森倫洋「アルコ事件－企業買収（M&A）
における売主の表明，保証違反に基づく補償請求」野村修也＝中東正文編『別冊金融・
商事判例　M&A判例の分析と展開』（経済法令研究会，2010年）196頁。

[77] その他，東京地判平成23・4・15LLI/DB06630215では，X社が，Y社からその保有す
る対象会社の株式を譲り受けるにあたり，Y社との間で，Y社が，財務諸表の作成基準
日以降，対象会社の財務状態等に悪影響を及ぼし，またはそのおそれのある事由もしく
は事象は存在していないことを表明保証する旨（本条項）等を定めた株式譲渡契約を締
結したが，Y社に表明保証違反があったとしてY社に対して補償請求をした事案におい
て，同裁判例は，開示された財務諸表の作成基準日以降に生じ，財務諸表に反映されて
いないため，X社が知り得ない対象会社の財務状態等に悪影響を及ぼし，またはそのお
それのある事由もしくは事象についての危険をY社が負担することにあると解され，財
務諸表の作成基準日以降に何らかの債務が発生すればただちに同条項違反となると解さ
れるものではなく，「事由若しくは事象」とは，X社が認識し得ないものに限られる等と
判示し，デューディリジェンスにおいてX社に対して開示されていた支払債務等の存在
について，当該表明保証条項への違反はないと認定し，X社の請求を一部棄却した。

[78] 宍戸善一監修『会社法実務解説』（有斐閣，2011年）140頁〔佐藤丈文執筆部分〕。同文
献では，たとえば，実務上，契約締結の時点では，表明保証違反について悪意であって
も，当該事実に基づいて現実に発生する可能性の多寡や，影響額の評価が未確定である
場合には，時間的制約のもと，そのような未確定のリスクの評価に交渉の時間を費やさ
ずに，リスクが発生した後のリスク分配の問題として表明保証違反に基づく補償請求を
定めることも少なくないことから，表明保証の相手方の悪意または重過失を要件とする
と，当事者の合理的な意思に反することとなると指摘されている。

を負担させられることのないように，契約書上に当事者の意図を明確にし，将来表明保証条項をめぐって紛争になった場合に，裁判所に当事者意思を正確に認定してもらえる可能性を高める工夫をすることが考えられる。具体的には，(i)資本・業務提携契約上に，表明保証条項の趣旨は，当事者間のリスク分配を目的としており，説明義務または情報提供義務を定めたものではないこと，表明保証条項の違反に基づく補償は，一定の事由により生じた損害を一定の要件の元に塡補することを定めた損害担保の合意としての性質を有することを明記しておくことが考えられる。また，(ii)資本・業務提携契約上に，表明保証の対象が重要なものに限定されるか否か，表明保証違反に基づく権利の発生に，違反の重要性が必要であるか否かを明記しておくことが考えられると指摘されている[79]。もっとも，実務上は，前記(i)や(ii)まで記載されている例は多くない。

　また，実務的には，前記裁判例（東京地判平成18・1・17判時1920号136頁）（後記裁判例(c)）のように，表明保証の相手方が悪意または重過失であった場合には表明保証に基づく補償請求が認められない可能性があることに留意した上で，表明保証の相手方となる場合には，当事者の合理的な意思を明確にするため，資本・業務提携契約上，デューディリジェンスその他の手段により表明保証の相手方が入手した情報は，表明保証に基づく補償請求等，表明保証に関する救済手段に影響を与えない（表明保証に違反した当事者は免責されない）ことを明記しておくとともに，表明保証の相手方において，契約締結時に特定の表明保証事項の違反について認識がある場合には，表明保証とは別途，当該事項について，具体的に損害が発生した時点において事後的に補償を請求する旨（特別補償ともいわれる）を定めることが考えられる[80]。

---

[79] 以上につき，松原大祐＝石﨑泰哲「表明保証に関する裁判例と契約条項の整備」ビジネス法務13巻10号（2013年）36頁。

[80] 以上につき，前掲注[79]・松原＝石﨑36頁，前掲注[78]・宍戸監修141頁〔佐藤丈文執筆部分〕。

(a) 東京地判平成23・4・19金判1372号57頁

【事案の概要】

X社が，Y社から，Y社の子会社A社の発行済株式の全部を譲り受けた（本契約）が，株式取得後に，A社とその顧客との間の機械売買契約（本件機械売買契約）が解除され，本来受領すべき売買代金を受領できなくなったことに関し，X社がY社に対して本契約において合意された表明保証に違反するとして，損害賠償を求めた事案である。Y社は，本契約の実行日前に，本件機械売買契約について解約となることがほぼ確実と考えられること等をX社に連絡しており，最終的に自らの経営判断で本契約を実行したX社が責任を負うべきである等として，損害賠償責任の存否を争った。

【判決の要旨】

(i) 表明保証条項の法的性質について，本件機械売買契約実行後に発現するリスクについては，本来X社がその責任を負うべきものとした上で，その前提として正確な情報開示に基づく適格な企業評価が求められ，本契約上も，表明保証という形で，正確な情報開示がY社の義務として定められていると判示した。

(ii) 本件において本件機械売買契約の帰趨をめぐってY社が表明保証上の責任を負うか否かについては，結局のところ，X社が本契約を実行するか否かを的確に判断するために必要となる本件機械売買契約に係る客観的情報が正確に提供されていたか否かという観点から判断すべきであると判示した。

(iii) また，Y社に本契約上の義務違反が認められるか否かについて，契約上は，表明保証違反に基づく補償条項の要件として「重要な点」との要件は定められていなかったにもかかわらず，特段の理由を示さずに，表明保証の対象たる事項について「重要な点で」不実の情報を開示し，または情報を開示しなかったとの事情は認められないとして，義務の違反はないとした。

(b)　東京地判平成19・7・26判タ1268号192頁

【事案の概要】

　Y社らからY社の子会社であるA社の発行済株式の全部を譲り受けたX社が，Y社らがA社に関して株式譲渡基本契約締結前に行った説明には，店舗の閉鎖損や契約内容等について虚偽説明があり，Y社らがA社の資産を実際の価値よりも高くみせかけた結果，X社は，店舗の閉鎖により返還されると説明されていた賃貸借に係る保証金が，実際には原状回復費用に充当され，返還を受けられない等の損害を被ったとして，Y社らに対して，表明保証違反に基づき損害賠償を請求した事案である。

【判決の要旨】

(i)　表明保証違反に基づく損害賠償条項の法的性質について，Y社らが十分かつ正確な情報開示を行ったことを保証するものであり，情報開示が不十分であったためにX社に損害が生じた場合には，損害賠償を行うべきことを定めたものであると判示した。

(ii)　もっとも，情報開示やその正確性保証の対象の範囲について，考え得るすべての事項を情報開示やその正確性保証の対象とするというのは非現実的であり，その対象は，自ずから限定されて然るべきものであるとして，本契約の表明保証条項は，企業買収に応じるかどうか，あるいはその対価の額をどのように定めるかといった事項に関する決定に影響を及ぼすような事項について，重大な相違や誤りがないことを保証したものと解するべきであると判示し，本件においては，Y社らが開示した店舗閉鎖費用に係る資料は概算を算定した参考資料の域を出るものではなかったが，これを受領したX社としては，当該資料に記載された費用以外にも，保証金から控除される費用（中途解約による違約金）が大幅に増額され，保証金が全額消却されるような事態が生ずるとは考えないのが通常というべきであるとして，中途解約による違約金の存在について説明をしなかった限度において説明義務違反が存在するとして，損害賠償責任を一部認めた。

536 ■ 第13章　資本・業務提携に際して留意すべき裁判例

(c)　東京地判平成18・1・17判時1920号136頁

【事案の概要】

　X社が，消費者金融業を営むA社の発行済株式（本件株式）の全部をYらから譲り受けたが，A社の貸借対照表に不当に計上された資産が存在することから，Yらに対して，株式譲渡契約（本件株式譲渡契約）において合意された表明保証に違反するとして，不当に計上された金額等に相当する額の損害賠償を求めた事案である。これに対し，Yらは，当該金額の処理（本件処理）について説明をしており，X社は，本件処理について知った上で本件株式譲渡契約を締結したものであるから，Yらは免責される等と主張して争った。

【判決の要旨】

(i)　本件処理および本件処理に関する資料を開示していないことが表明保証違反となるか否かについて，本件処理は，企業会計原則等に違反していること，実際の財務内容が貸借対象表の記載と異なること，本件処理は会社の財産および損益の状態を正確に判断するのに必要な事項であり貸借対照表および損益計算書の作成に関する重要な会計方針であるから，決算書上本件処理を注記して開示すべきであったが，これを行わなかったことを認定し，表明保証事項に違反していると判示した上で，本件処理により水増しされた本件株式の譲渡価格，訴訟追行費用について，損害賠償責任を認めた。

(ii)　なお，（X社が本件株式譲渡契約締結時に本件処理について悪意ではなかったと認定した上で，）X社が本件株式譲渡契約締結時に，本件処理を知らなかったことについて重過失が存在する場合に，Yらの表明保証責任が免責されるか否かについて，X社が本契約を締結した際に本件処理を知らなかったことについて重大な過失が存在した場合について，公平の見地に照らし，悪意の場合と同視し，Yらは表明保証責任を免れると解する余地があるというべきであると判示したが，本件においては，Yらに重過失は存在しないと認定した。

イ　情報開示に関する表明保証条項に関する裁判例

　M&A契約において，売主または発行会社が，対象会社の個別事項に関する表

明保証に加え，対象会社に関する重要な情報はすべて買主または引受人に開示されており，その内容が真実かつ正確である旨等を表明保証するケースがある。かかる表明保証の違反の有無の判断については，東京地判平成25・1・28判時2193号38頁[81]（後記裁判例参照）において，買主側において作成した法的監査報告書に記載されているか否かではなく，買主の閲覧に供したか否かが判断基準とされている。

　一般的には，この裁判例で問題になった株式譲渡契約書に記載されている，「重要な情報はすべて開示済みであり，開示した資料の内容が真実かつ正確である」旨の表明保証（完全開示に関する表明保証ともいう）は買主または引受人にとって有利な表明保証であるといえる。しかしながら，実務的には，時間的制約等の観点から，買主または引受人の側が閲覧に供された資料のすべてを閲覧できない，あるいは閲覧できたとしても検討できない場合がある。このような場合には，前記のような表明保証を契約書に規定したとしても，誤りのない資料が開示されている以上は，買主または引受人の側は検討できなかった資料に記載されていた事象に関して売主または対象会社に表明保証に基づいて責任追及することはできない。買主または引受人としては，検討できなかった資料に存在するリスクに関して責任追及するためには，個別の事象に関して売主または対象会社に表明保証させる必要がある。

　また，この裁判例では，デューディリジェンスで何が開示されたのか，何が回答されたのかが問題となっており，これらを記録として残しておくことの重要性も示唆するものであるといえる。近時は，簡易な形式でデューディリジェンスの結果が報告されることもあるが，そのような場合には少なくとも報告書外で資料等の開示・回答の状況が記録として残っていることが必要であると考えられる。

　さらに，デューディリジェンスの委託を受ける専門家の立場からすれば，この裁判例は，開示された資料のうち，何を検討し，何を検討しないことにする

---

(81)　同裁判例の評釈については，前掲注(67)参照。

のかを，当事者と明確に合意しておくことの重要性も示唆するものであるといえる。

● 東京地判平成25・1・28判時2193号38頁

【事案の概要】

　Xら（売主）およびY社（買主）は，Y社がXらからA社の発行済株式の一部（本株式）を譲り受ける取引にあたり，Xらは契約締結日および本株式の譲渡日において，A社に関する重要な情報をすべてY社に開示しており，その内容が真実かつ正確であること等を表明保証する旨の規定を含む株式譲渡契約（本件契約）を締結し，XらはY社に株券等を交付したが，Y社が代金の一部を支払わなかったことから，Xが，Y社に対して本件契約に基づく売買代金の残代金等の支払を求めた事案である。Y社は，Xらは当時A社が締結していた各デリバティブ取引のうち一部についてしか情報を開示しておらず，表明保証違反があった等と主張して，残代金等の支払義務の存否を争った。

【判決の要旨】

　Xらによる表明保証違反の有無について，傍論ではあるが，①Xらは各デリバティブ取引の契約書や一覧表，同取引が記録された通帳等をY社担当者の閲覧に供しており，②法的監査報告書には時間的制約により網羅的な監査が実行できなかったとの記載があることからすると，法的監査報告書に同取引の一部に関する記載がなかったからといってただちに当該情報の開示がなかったと断ずることはできない等と判示し，Xらによる表明保証違反を否定した。

ウ　表明保証違反に基づく補償の範囲に関する裁判例

　表明保証違反が認められる場合，表明保証違反に基づく補償の対象となる損害の範囲が問題となる。特に，補償条項において，売主の表明保証違反により買主に生じた損害を売主が補償するものと規定した場合，対象会社に生じた損害（対象会社の資産減少，負債増加）は，買主に生じた損害として補償の対象となるかどうかが問題となることがある。この点，対象会社に生じた損害や出損額

を買主の損害と認定する裁判例も存在するものの(82)，必ずしも対象会社に生じた損害と同額が買主の損害として認められるとは限られないと考えられることから，実務的には，対象会社に生じた損害も買主に生じた損害とみなす旨を規定することが少なくない(83)。

また，東京地判平成27・6・22判時2275号68頁は，必要な行政当局の許認可を適法に取得している旨の表明保証条項への違反に基づく補償請求の範囲について，補償の範囲は表明保証の内容を実現(本件では法令違反の状態を解消)するために必要な限度にとどまると解すべきと述べた上で，消防法違反の状態を解消できるより安価な方法があり，買主が採用した自動供給・廃液システム化を採用することが必要かつ合理的といえる特段の事情もない以上，当該自動システム化の工事費等については表明保証の対象範囲に含まれず，より安価な方法を採用した場合に生じる費用相当額のみを補償すれば足りると判示した。契約締結時において表明保証の内容として想定された状態に原状回復する場合のコストが補償の金額とされており，表明保証のリスク分配機能に照らせば妥当な判決であると思われる。もっとも，具体的に表明保証違反のリスクが見込まれている状況下で，原状回復に際して想定される方法が複数あり，当該方法をめぐって争いとなるおそれがある場合には，原状回復を行う場合における方法や決め方等をあらかじめ合意しておくということも，紛争を未然に防ぐという観点からは一考の価値があると思われる。

---

(82) たとえば，東京地判平成18・1・17判時1920号136頁（対象会社において必要な貸倒引当金の計上が行われていなかった事案において，対象会社の簿価純資産額を基準として対象会社株式の譲渡価格が決定されたと認定し，簿価純資産額の目減り分を買主に生じた損害である旨判示した），東京地判平成19・7・26判タ1268号192頁（店舗の閉鎖に係る中途解約違約金相当額を買主の損害と認定した），東京地判平成23・4・15LLI/DB06630215（対象会社が支払った代金の額および不存在であった売掛債権の額を買主の損害と認定した。なお，DCF法に基づく株式価値評価額の下落分が損害であるとの買主の主張に対しては，DCF法による算定結果を参考として，交渉等を踏まえて譲渡価額が決定されたことを認定した上で，DCF法による算定結果の差異が論理必然的に株式譲渡価格に影響を与える旨合意した事実は認められない旨判示し，当該主張を排斥した），東京地判平成24・1・27判時2156号71頁（対象会社の不良在庫の価値相当額および消防法違反を治癒するための工事費用を買主の損害として認定した）。
(83) 森・濱田松本法律事務所編「M&A法大系」（有斐閣，2016年）246頁〔桑原聡子＝塩田尚也執筆部分〕。

540 ■ 第13章 資本・業務提携に際して留意すべき裁判例

⑥ 上場協力義務に関する裁判例

　株主間契約，合弁契約においては，株主の上場協力義務が定められるケースが少なくない。もっとも，東京地判平成25・2・15判タ1412号228頁[84]（後記裁判例参照）では，契約上の義務規定の内容が抽象的であるとして，義務の具体的な内容が確定していなかったものと認定されている。実務上，株式上場には，上場申請時における金融商品取引所規則の内容やその運用，主幹事証券会社の助言等を踏まえ，さまざまな事項についての調整が必要となるため，株主間契約締結時点において，株主が上場に向けて行うべき行為を具体的に特定することは困難であり，抽象的な努力義務や協力義務の形で規定せざるを得ないことが少なくない。上記裁判例を踏まえれば，かかる上場に関する協力義務については，当事者の意図を明確にする観点から，法的拘束力を有し，当該義務の違反はコールオプションの行使事由や損害賠償の原因ともなることを確認的に明示しておくことが考えられる[85]。法的拘束力が否定される場合でも，契約相手方に上場に向けて協力するよう要請する事実上の根拠にはなり得るため，かかる条項も全く無意味というわけではないと思われる。

●東京地判平成25・2・15判タ1412号228頁

【事案の概要】

　X2は，Yに対して，その保有するX1社の株式の一部を譲渡するとともに，Yとの間で「X2らおよびYは，協力して，X1社が可及的速やかにその株式を公開できるよう支援する」との条項を含む株主間契約および「Yは，法令，取引所

---

[84] 本村健ほか「株主間契約等に規定された上場を支援する旨の規定について，法的拘束力を有しないとし，上場協力義務違反を理由とする請求が棄却された事例」商事2076号（2015年）63頁，伊達隆彦「株主間契約における上場に向けた協力義務の法的拘束力」西村あさひ法律事務所M&Aニューズレター2015年9月号（http://www.jurists.co.jp/ja/topics/docs/newsletter_201509_ma.pdf）。

[85] 前掲注[84]・伊達。

が要求する以下の項目について，X1社の公開基準を満たすことを確約する」との条項を含む覚書を締結したが，その後，Yがこれらの条項に違反したとして，Yに対して，株主間契約に基づきYが保有するX1社株式等の引渡し等を求めた事案である。

【判決の要旨】

上記条項の法的拘束力について，上場の時期・市場等も特定されておらず，契約締結当時において協力義務の具体的な内容は確定していなかったこと，株主間契約は資本提携により事業上の協力関係を築く点に主たる目的があって締結されたものであり，株式上場を主たる目的とするものとはいえないこと等を認定し，これらの条項の文言のみならず，合意成立の経緯，成立時点およびその後の状況等を総合考慮すれば，これらの条項に規定された上場協力義務については，法的拘束力を有しているとは解せられないと判示した。

7 提携過程で開示された情報と不正競争防止法の営業秘密に関する裁判例

　資本・業務提携の検討の過程においては，秘密保持契約を締結した上で，事前に会社の情報を開示することが一般的である。そして，資本・業務提携が実現した場合には，当該過程において開示された情報の取扱いについて紛争が生じることはそれほどないものと思われる。

　もっとも，資本・業務提携が実現しなかった場合においては，その検討の過程において開示した会社の情報の取扱いをめぐって紛争に発展することが少なくない。

　たとえば，資本提携の交渉の相手方が，交渉の決裂後に，当該交渉の過程において提供した情報を用いて同様の事業を行ったことが，不正競争防止法上の営業秘密の不正使用等に該当すると争われた裁判例として，東京地判平成18・3・30判時1958号115頁（後記裁判例(a)）が存在する。

　このように，企業が，資本・業務提携の可能性を検討する等して情報を開示する立場にある場合には，前記のような紛争を未然に防ぐため，あらかじめ，秘密保持契約書において，(i)資本・業務提携後，または交渉が決裂した場合は当該決裂後の秘密情報の使用を禁じ，秘密情報記録媒体の返還・廃棄処分方法について規定するとともに，(ii)独自開発情報であっても秘密保持義務の対象とするか，独自開発情報を秘密保持義務の例外とする場合には独自開発情報に該当するための要件（当該秘密情報に関与できる従業員を限定列挙するとともに，当該従業員が関与した場合には独自開発ではないものとみなすこと，使用できる場所を限定するとともに，当該場所で開発された場合には独自開発ではないものとみなすこと，情報受領から一定年数以内での開発は独自開発ではないものとみなすこと）等を

規定しておくことが考えられる[86]。

　また，知財高判平成24・12・12LEX/DB25445135（後記裁判例(b)）においては，そもそもデューディリジェンスの実施が営業秘密の詐取にあたるとして，民法上の損害賠償請求権の一要件である違法性が争われたが，デューディリジェンスが実施された時点では，業務提携の中止を決定していたものではないことを理由に，営業秘密を詐取したものとはいえないとして，違法性が否定されている。相手方から情報を受け取った後に，資本・業務提携の交渉の中止を決定するようなことは十分にあり得るところ，そのような場合に相手方からその営業秘密を詐取した等と主張されないようにするためには，当該情報の受領時期と，交渉の中止に向けた検討の過程を記録に残しておく等して，紛争に備えておくことが望ましいと考えられる[87]。

(a)　東京地判平成18・3・30判時1958号115頁

【事案の概要】

　X社が，Y1社との資本提携交渉に関して，直収電話サービスに関する営業秘密をY1社等に開示したところ，Y1社らが同営業秘密をY1社の完全子会社Y2社に不正に開示し，当該子会社が同営業秘密を不正に使用して同様の電話サービスを提供しているとして，不正競争防止法に基づき，Y1社に対して営業秘密の開示の差止めを，Y2社に対して当該サービスの販売差止めを求めた事案である。

---

[86]　三好豊「秘密情報をめぐる企業間の新たな紛争類型と契約による予防」ジュリ1308号（2006年）183頁。

[87]　その他，東京地判平成27・9・3 LEX/DB25447456では，X社とY社との間において，業務提携の検討と並行してY社の試薬の商品化等についてノウハウ提供等をX社に委託する業務委託契約を締結していたが，委託契約期間中にY社が行った医薬品製造業の許可申請等について，Y社はX社から違法に持ち出した資料を用いて当該申請等を行ったとして，X社がY社に対して債務不履行または不正競争防止法に基づく損害賠償請求および資料の返還を求めた事案について，①当該資料は委託業務の遂行の過程でY社が入手したものであり違法な持ち出し行為はなかったこと，②Y社は，X社が企業提携に消極的な姿勢を示したことから自ら製造業を行う方針を採っており，当該資料を使用して許可申請を行った事実はなかったと認定した。

【判決の要旨】

Y1社らの営業秘密の不正開示行為等について、X社が主張する営業秘密の中には、秘密管理性の要件を充足し、保護すべき営業秘密もあるものの、Y1社とY2社の取締役が共通であることをもってただちに不正開示行為があったと認めることができないことは当然である等として、Y1社らによる不正開示行為等は存在しないと認定した。

(b) 知財高判平成24・12・12LEX/DB25445135

【事案の概要】

X社は、Y社から、衛星通信事業に関する業務提携等の申入れを受け、業務提携等の可能性の検討等のため、デューディリジェンス（本件DD）に係る資料を提出したが、その後Y社は、業務提携の最終合意書の締結を中止し、さらに、他社と合弁会社を設立して当該事業に参入すると発表した。X社は、Y社に対し、Y社は本件DDにより営業秘密を詐取し、自らの営業活動に使用した等と主張して、不正競争防止法に基づいて損害賠償を請求した。これに対し、Y社は、X社から本件DD実施の了解を得るために他社との合弁会社設立について説明すべき義務はなく、本件DDを実施して情報を取得した行為について不法行為は成立しない等と主張し、損害賠償義務の存否を争った。

【判決の要旨】

本件DDの違法性について、本件DDが実施された時点では、Y社は、X社との業務提携等を検討していたのであって、その中止を決定していたものではないとして、本件DDがX社の営業秘密を詐取したものであるとは認められないと判示した。

8

１つの包括的な契約の一部または は複数の契約のうちの１つに債 務不履行があった場合における 契約の全体またはほかの契約の 解除の可否に関する裁判例

　現代社会においては，さまざまなサービスや財貨を組み合わせて提供することが少なくない。このような場合には，法的には，(i)それらのサービス等の提供すべてを対象として１つの包括的な契約を締結する場合と，(ii)各種サービス等の提供の１つまたは一部ごとに複数の契約を締結した上で，契約の効力発生時や終了時を関連づける場合とがあり得る。

　このような場合において，しばしば，(i)１つの包括的な契約の一部につき債務不履行・解除事由が生じたときに，契約全体を失効させるべきなのか，あるいは，(ii)複数の契約の一部について債務不履行・解除事由が生じた場合にほかの契約の効力も失効させるべきなのかということが問題となる。

　このうち，前者の(i)に関する裁判例として，最判昭和36・11・21民集15巻10号2507頁[88]（後記裁判例(a)）は，一方当事者が契約の主たる目的の達成に必須でない付随的義務の履行を怠ったにすぎないような場合には，特段の事情の存しない限り，相手方は当該契約を解除することができないと判示している。また，

---

[88]　同判例の評釈として，枡田文郎「いわゆる附随的義務の不履行と契約の解除」最判解民昭和36年度400頁，渡辺達徳「付随的債務の不履行と解除」別冊ジュリ196号（2009年）90頁。

最判昭和43・2・23民集22巻2号281頁[89]（後記裁判例(b)）は，外見上は契約の付随的な約款であり，契約の主たる目的の達成に必須でなくても，その不履行が契約締結の目的の達成に重大な影響を与えるものであるときは，契約の要素たる債務であり，当該不履行を理由として契約を解除することができるものと判示している[90]。

次に，後者の(ii)に関する裁判例として，最判平成8・11・12判時1585号21頁[91]（後記裁判例(c)）は，同一当事者間の債権債務関係が，形式的には複数の契約であっても，その目的が相互に密接に関連づけられていて，社会通念上，いずれかの契約が履行されるだけでは契約を締結した目的が全体としては達成されないと認められる場合には，一方の契約上の債務不履行を理由に，その債権者が法定解除権の行使としてあわせてほかの契約も解除することができる旨を判示した。

---

[89] 同判例の評釈として，鈴木重信「土地の売買契約において付随的約款で定められている義務の不履行を理由として契約解除が認められた事例」最判解民昭和43年度46頁。

[90] そのほか，最判昭和42・4・6民集21巻3号533頁（畑を宅地に転用するための農地の売買契約がなされ，売主が，買主に知事に対する許可申請手続に必要な書類を交付したのに，買主が特段の事情もなく許可申請手続をしなかった事案において，当該申請手続の懈怠により，契約をした目的を達し得ないことから，これを理由として契約を解除することができると判示した），最判平成11・11・30判時1701号69頁（ゴルフ場の付帯施設であるホテル等の未整備等を理由に，会員が，ゴルフクラブ入会契約を解除した事案において，ゴルフプレーを行うことと直接関係のない施設を提供することは，入会契約の要素たる債務とはなり得ず，特段の事情がない限り，当該債務不履行を理由として入会契約を解除することは許されないとしつつ，①会員が，入会契約を締結するにあたり，高級ホテルが建設されるというパンフレットの記載を重視した可能性があること，②実際に提供された施設では，会員が入会契約を締結した目的を達成できない可能性があること等の事実は，ホテル等の施設の提供が入会契約上の債務の重要な部分を構成するか否かを判断するにあたって考慮される必要があるとして，原判決を，当該事実の存否について審理を尽くさなかった違法があるとして破棄した）等も存在する。

[91] 同判例の評釈として，「(1)同一当事者間で締結された2個以上の契約のうち1の契約の債務不履行を理由に他の契約を解除することのできる場合，(2)いわゆるリゾートマンションの売買契約と同時にスポーツクラブ会員権契約が締結された場合にその要素たる債務である屋内プールの完成の遅延を理由として買主が右売買契約を民法541条により解除することができるとされた事例」の記事名で近藤崇晴・最判解民平成8年度950頁，河上正二・判時1628号（1998年）175頁および渡辺達徳・法学新報104巻4＝5号（1998年）161頁，池田真朗「リゾートマンションの売買契約と同時に締結されたスポーツクラブ会員権契約の債務不履行と売買契約の解除」NBL617号（1997年）64頁，原啓一郎「同一当事者間で締結された二個以上の契約のうち一の契約における債務の不履行を理由に他の契約を解除することができるとされた事例」判タ臨時増刊978号（1998年）70頁，北村實「複数契約の一部不履行による契約の解除」法時69巻12号（1997年）103頁，久保宏之「複数契約上の債務不履行と契約解除」別冊ジュリ196号（2009年）92頁。

このように，判例上，一定の場合に，１つの包括的な契約の一部または複数の契約のうちの１つに債務不履行があった場合に，契約の全体またはほかの契約を解除することも認められている。しかしながら，解除することができるか否かについては，不履行となった債務と契約の目的の関係や，債権債務の相互の関連性等，実質的な判断を伴うものであるため，資本・業務提携契約の検討の際には，法律関係の明確性の観点から，契約の一部につき債務不履行があった場合に契約のほかの部分の取扱いをどのようにするか，あるいは，複数の契約の一部につき債務不履行があった場合におけるほかの条項の取扱いをどのようにするかを明確にしておくことが望ましい（実務的には資本提携契約と業務提携契約を締結しているような場合において，業務提携契約において義務違反があり，当該義務違反に基づいて解除が行われた場合，資本提携を強制的に解消することができるかというような形で問題になることが多い）。

(a) 最判昭和36・11・21民集15巻10号2507頁

【事案の概要】

Y→A→Xと甲土地を売却し，Y，AおよびXは，いわゆる中間省略の登記により，Yから直接Xに所有権移転登記手続を行う旨の合意（本件売買契約）をした。Yは，売却後，Aのために当該土地に係る公租公課を納付したため，Aに対してその償還を求めたが，Aがこれに応じなかったことから，Aに対して，租税負担義務の不履行を理由として本件売買契約を解除する旨の意思表示を行った。これに対し，Xは，Yに対して，甲土地の所有権確認と所有権移転登記を訴求した事案である。

【判決の要旨】

租税負担義務の不履行を理由に売買契約を解除することの可否について，法律が債務の不履行による契約の解除を認める趣旨は，契約の要素をなす債務の履行がないために，当該契約をなした目的を達することができない場合を救済するためであり，当事者が契約をなした主たる目的の達成に必須的でない付随的義務の履行を怠ったにすぎないような場合には，特段の事情の存しない限り，

相手方は当該契約を解除することができないものと解するのが相当であると判示した上で，租税負担義務は本件売買契約の目的達成に必須的ではない付随的義務にすぎず，特段の事情の認められない本件においては，当該義務の不履行を原因とする本件売買契約の解除は無効であるとした原判決は正当であるとした。

(b)　最判昭和43・2・23民集22巻2号281頁

【事案の概要】

　Xは，Yに対し，甲土地を売却した。その際，代金を分割払いとし，当該代金完済と同時に所有権移転登記を行うこと，および，代金完済まではYは当該土地上に建物その他の工作物を築造してはならない旨を合意したが，Yは，Xの承諾なくXの委任状を偽造し，所有権移転の本登記を行い，さらに，前記約定に反して無断で建物の新築工事をした。Xは，当該Yの行為は信義則に反するとして，Yに対し，売買契約解除の意思表示を行った上で，所有権に基づく所有権移転本登記の抹消等を求めた。

【判決の要旨】

　代金完済まで当該土地上に建物その他の工作物を築造してはならない旨の合意（約款）に違反したことを理由に売買契約を解除することの可否について，当該特別の約款は，外見上は売買契約の付随的な約款とされており，売買契約締結の目的には必要不可欠なものではないが，Xにとっては代金の完全な支払の確保のために重要な意義をもつものであって，Yもこの趣旨の下に合意したことが窺われることからすれば，当該特別の約款の不履行は契約締結の目的の達成に重大な影響を与えるものであるから，このような約款の債務は売買契約の要素たる債務にあたり，売主は，当該債務の不履行を理由として，売買契約を解除することができると解するのが相当であると判示した。

(c) 最判平成8・11・12判時1585号21頁

【事案の概要】

　Xは，Y社からマンションの一区分（本件不動産）を買い受ける（本件売買契約）と同時に，スポーツクラブ（本クラブ）の会員権を購入した（本件会員権契約）。本件売買契約，本クラブの会則等によれば，当該マンションの区分権を購入するときは必ず本クラブに入会しなければならない等とされていた。Xらは，Y社に対し，本クラブの屋内プール完成の遅延を理由として，本件売買契約および本件会員権契約を解除する旨の意思表示をし，売買代金等の返還を請求した。Y社は，本件売買契約と本件会員権契約は相互に別個，独立したものであり，仮に本件会員権契約に債務不履行があるとしても，本件売買契約を解除することはできない等と争った。

【判決の要旨】

　屋内プールの未完成を理由に本件売買契約を解除することの可否について，同一当事者間の債権債務関係がその形式は2個以上の契約から成る場合であっても，それらの目的とするところが相互に密接に関連付けられていて，社会通念上，いずれかの契約が履行されるだけでは契約を締結した目的が全体としては達成されないと認められる場合には，一方の契約上の債務不履行を理由に，その債権者が法定解除権の行使としてあわせてほかの契約も解除することができるものと解するのが相当であると判示した上で，本件においては，本件不動産は，スポーツ施設を利用することを主要な目的としたいわゆるリゾートマンションであること等から，本件会員権契約の要素たる債務の履行遅滞により，本件売買契約を締結した目的を達成することができなくなったものというべきであるから，本件売買契約においてその目的が表示されていたかどうかにかかわらず，当該履行遅滞を理由として本件売買契約を解除することができると解するのが相当であると判示した。

≪編著者略歴≫

太田　洋（おおた　よう）

弁護士（西村あさひ法律事務所パートナー）・ニューヨーク州弁護士

1991年東京大学法学部卒業，1993年司法修習修了(45期)，2000年ハーバード大学ロースクール卒業(LL. M.)，2001年～2002年法務省民事局付，2013年～2016年東京大学大学院法学政治学研究科教授

【主な著書】

『M&A・企業組織再編のスキームと税務〔第3版〕～M&Aを巡る戦略的税務プランニングの最先端～』（共編著，大蔵財務協会，2016年），『新株予約権ハンドブック〔第3版〕』（共編著，商事法務，2015年），『平成26年会社法改正と実務対応〔改訂版〕』（共編著，商事法務，2015年），『論点体系　金融商品取引法［1］・［2］』（共編著，第一法規，2014年），『M&A法務の最先端』（共編著，商事法務，2010年）等

森本　大介（もりもと　だいすけ）

弁護士（西村あさひ法律事務所パートナー）・ニューヨーク州弁護士

2000年東京大学法学部卒業，2001年司法修習修了(54期)，2005年九州大学ビジネススクール客員助教授，2007年ノースウエスタン大学ロースクール卒業(LL. M.)，2007年～2008年カークランド・アンド・エリス法律事務所（シカゴ・ロサンゼルス）勤務

【主な著書】

『実務に効く　企業犯罪とコンプライアンス判例精選』（共著，有斐閣，2016年），『秘密保持契約の実務』（共編著，中央経済社，2016年），『危機管理法大全』（共著，商事法務，2016年），「自社株公開買付けと他社株公開買付けの価格差組合せ取引の検討－増進会出版社による栄光ホールディングスの完全子会社化事例を踏まえて－」旬刊商事法務2077号（共著，2015年），『平成26年会社法改正と実務対応〔改訂版〕』（共著，商事法務，2015年），『資本・業務提携の実務』（共著，中央経済社，2014年），『実例解説 企業不祥事対応－これだけは知っておきたい法律実務〔第2版〕』（共著，経団連出版，2014年），「グループ管理規程見直しのポイント－会社法改正を見据えて－」ビジネス法務2013年2月号（共著，2012年）ほか多数

石川　智也（いしかわ　のりや）

　　　　　　　（第1章，第2章，第5章，第7章，第9章，第10章，第12章，第13章担当）

弁護士（西村あさひ法律事務所）

2005年東京大学法学部卒業，2006年司法修習修了(59期)，2015年バージニア大学ロースクール卒業(LL. M.)，2015年10月よりミュンヘン知的財産法センタ　留学中

【主な著書】

『秘密保持契約の実務』（共編著，中央経済社，2016年），『M&A・企業組織再編のスキームと税務〔第3版〕』（共著，大蔵財務協会，2016年），「株式対価型組織再編における株式買取請求権」『実務に効く M&A・組織再編判例精選』（共著，有斐閣，2013年），「林原グループの更生計画案策定とその前提としてのスポンサー選定そのほかの諸問題」金融法務事情1952号（共著，2012年），『会社法実務解説』（共著，有斐閣，2011年），『M&A法務の最先端』（共著，商事法務，2010年）ほか多数

≪著者略歴≫

濃川　耕平（こいかわ　こうへい）　　　　　　　　　　　　　　　　（第6章担当）
弁護士（西村あさひ法律事務所パートナー）
2000年東京大学法学部卒業，2001年司法修習修了(54期)，2007年バージニア大学ロースクール卒業（LL. M.），2007年～2008年ノートン・ローズ・フルブライト法律事務所（ロンドン）勤務
【主な著書】
『新株予約権ハンドブック〔第3版〕』（共著，商事法務，2015年），『論点大系　金融商品取引法[2]』（共著，第一法規，2014年），「コミットメント型ライツ・オファリングの実務における法的留意点」旬刊商事法務2011号（共著，2013年），『ファイナンス法大全アップデート』（共著，商事法務，2006年）

山中　政人（やまなか　まさと）　　　　　　　　　　　　　　（第6章，第11章担当）
弁護士（西村あさひ法律事務所シンガポール事務所パートナー）
2002年慶應義塾大学法学部卒業，2002年司法修習修了(55期)，2002年～2004年三井安田法律事務所，2004年～2007年リンクレーターズ外国法共同事業法律事務所，2007年～2008年三宅坂総合法律事務所，2011年～2012年ノートン・ローズ・フルブライト法律事務所（香港）勤務，2012年西村あさひ法律事務所シンガポール事務所勤務，2013年西村あさひ法律事務所シンガポール事務所共同代表
【主な著書】
『日本企業のためのシンガポール進出戦略ガイドQ&A』（共編著，中央経済社，2014年），『上場会社のための第三者割当の実務Q&A』（共著，商事法務，2011年），「第三者割当の有利発行適法性意見制度と実務対応　Ⅰ～Ⅶ」旬刊商事法務1872号，1873号，1875号，1879号，1880号，1884号，1886号（共著，2009年）等

土肥　慎司（どひ　しんじ）　　　　　　　　　　　　　　　　（第3章，第4章担当）
弁護士（西村あさひ法律事務所カウンセル）・ニューヨーク州弁護士
2002年東京大学法学部卒業，2003年司法修習修了(56期)，2011年カリフォルニア大学バークレー校ロースクール卒業（LL. M.），2011年～2012年ロープス・アンド・グレイ法律事務所（ボストン）勤務
【主な著書】
『Practical law Corporate Governance and Directors' Duties Global Guide 2015/16 (Japan Chapter), Practical law Corporate Governance and Directors' Duties Global Guide 2015/16』（共著，2016），「MBOにおける取締役の善管注意義務」ビジネス法務2007年6月号（共著，2007年），「会社法法務省令で明らかになったM&A最新実務」ビジネス法務2006年8月号（共著，2006年），「柔軟になったM&Aスケジュール」ビジネス法務2006年8月号（共著，2006年）等

沼田　知之（ぬまた　ともゆき）　　　　　　　　　　　　　　　（第 8 章，第 9 章担当）
弁護士（西村あさひ法律事務所）
2004年東京大学法学部卒業，2006年東京大学法科大学院修了，2007年司法修習修了（新60期）
【主な著書】
『危機管理法大全』（共著，商事法務，2016年），「米国反トラスト法の国際的適用範囲をめぐ
る民事訴訟の動向」NBL1054号（2015年），『インサイダー取引規制の実務』（共著，商事法
務，2014年），「金融商品取引法の課徴金制度における偽陽性と上位規範の活用による解決」
旬刊商事法務1992号（共著，2013年），「事業者の行為と他事業者の排除との因果関係
（JASRAC 事件）」ジュリスト1445号（2012年），『判例　米国・EU 競争法』（共著，商事法
務，2011年），『The Public Competition Enforcement Review-Fourth Edition-（Japan
Chapter）』（共著，Law Business Research, 2011）等

眞榮城　大介（まえしろ　だいすけ）　　　　　　　　　　　　　　　（第11章担当）
弁護士（西村あさひ法律事務所）・シンガポール外国法弁護士
2006年専修大学法学部卒業，2007年司法修習終了（60期），2013年〜2014年レーン・パウエル
法律事務所（ポートランド）勤務，2014年西村あさひ法律事務所シンガポール事務所勤務

吉本　智郎（よしもと　ともろう）　　　　　　　　　　　　　　　　（第11章担当）
弁護士（西村あさひ法律事務所）・シンガポール外国法弁護士
2005年東京大学法学部卒業，2007年司法修習終了（60期）
【主な著書】
「トラブル事例に見るアジア新興国企業との業務委託契約」Business Law Journal 2016年 4
月号（共著，2016年），『日本企業のためのシンガポール進出戦略ガイド Q&A』（共著，中央
経済社，2014年）

早川　皓太郎（はやかわ　こうたろう）　　　　　　　　　　　　　　（第11章担当）
弁護士（西村あさひ法律事務所）・シンガポール外国法弁護士
2005年東京大学法学部卒業，2007年東京大学法科大学院修了，2008年司法修習修了（新61
期），2015年ニューヨーク大学ロースクール（LL. M. in International Business Regulation,
Litigation and Arbitration）卒業，2015年西村あさひ法律事務所シンガポール事務所勤務
【主な著書】
『国際仲裁と企業戦略』（共著，有斐閣，2014年），「福岡魚市場株主代表訴訟事件控訴審判決
の解説−子会社管理・救済における親会社取締役の責任−」旬刊商事法務1970号（共著，2012
年）等

高山　陽太郎（たかやま　ようたろう）　　　　　　　　　　　　　　（第 3 章担当）
弁護士（西村あさひ法律事務所）
2006年早稲田大学法学部卒業，2008年東京大学法科大学院修了，2009年司法修習修了（新62
期）
【主な著書】
『和文・英文対照モデル就業規則〔第 2 版〕』（共著，中央経済社，2014年）

安井　桂大（やすい　けいた）　　　　　　　　　　　　　　（第2章，第12章担当）
弁護士（西村あさひ法律事務所）
2009年東京大学法科大学院修了，2010年司法修習修了（新63期），2016年金融庁総務企画局企業開示課専門官
【主な著書】
「自社株公開買付けと他社株公開買付けの価格差組合せ取引の検討－増進会出版社による栄光ホールディングスの完全子会社化事例を踏まえて－」旬刊商事法務2077号（共著，2015年），「組織再編の差止請求およびキャッシュ・アウトの差止請求に関する実務上の論点〔上〕〔下〕」金融・商事判例1471号，1472号（共著，2015年），『『社外取締役』設置の検討ポイント」旬刊経理情報1361号（共著，2013年），『会社法改正要綱の論点と実務対応』（共著，商事法務，2013年），「MAC条項を巡る実務対応に関する一考察〔上〕〔下〕」金融・商事判例1380号（共著，2011年），1381号（共著，2012年）等

村田　智美（むらた　ともみ）　　　　　　　　　　　　　　　　（第4章担当）
弁護士（西村あさひ法律事務所）
2007年東京大学法学部卒業，2009年東京大学法科大学院修了，2010年司法修習修了（新63期）
【主な著書】
『和文・英文対照モデル就業規則〔第2版〕』（共著，中央経済社，2014年）

松原　由佳（まつばら　ゆか）　　　　　　　　　　　　　　　（第10章担当）
弁護士（西村あさひ法律事務所）
2007年慶應義塾大学法学部卒業，2009年東京大学法科大学院修了，2010年司法修習修了（新63期）
【主な著書】
『債権管理・保全・回収の手引き』（共著，商事法務，2016年），『事業再生の迅速化』（共著，商事法務，2014年），「万策尽きた融資先への最後の処方箋～発つ鳥の跡を濁さぬ姿を見送るために～」銀行法務21　765号（共著，2013年）等

黒田　はるひ（くろだ　はるひ）　　　　　　　　　　　　　　（第11章担当）
弁護士（本間合同法律事務所）
2010年慶應義塾大学法学部卒業，2011年司法修習修了（64期），2011年～2016年西村あさひ法律事務所勤務
【主な著書】
『消費者集団訴訟特例法の概要と企業の実務対応』（共著，商事法務，2015年），『和文・英文対照モデル就業規則〔第2版〕』（共著，中央経済社，2014年），『Q&A 一般社団法人の各種書類作成実務　経済団体連絡会ひな型準拠』（共著，経団連出版，2013年）

峯﨑　雄大（みねざき　ゆうた）　　　　　　　　　　　（第 2 章，第 5 章担当）
弁護士（西村あさひ法律事務所）
2009年東京大学法学部卒業，2011年東京大学法科大学院修了，2012年司法修習修了（新65期）
【主な著書】
『新株予約権ハンドブック〔第 3 版〕』（共著，商事法務，2015年）

伊豆　明彦（いず　あきひこ）　　　　　　　　　　　　　（第 7 章担当）
弁護士（西村あさひ法律事務所）
2011年学習院大学法学部卒業，2013年東京大学法科大学院修了，2014年司法修習修了（67期）

資本・業務提携の実務（第 2 版）

2014年12月20日　第 1 版第 1 刷発行
2015年 3 月20日　第 1 版第 2 刷発行
2016年10月 1 日　第 2 版第 1 刷発行

編著者　太　　田　　　　洋
　　　　森　本　大　介
　　　　石　川　智　也

発行者　山　本　　　継

発行所　㈱中央経済社

発売元　㈱中央経済グループ
　　　　パブリッシング

〒101-0051　東京都千代田区神田神保町1-31-2
電話 03（3293）3371（編集代表）
　　 03（3293）3381（営業代表）
http://www.chuokeizai.co.jp/

© 2016
Printed in Japan

印刷／昭和情報プロセス㈱
製本／誠　製　本　㈱

＊頁の「欠落」や「順序違い」などがありましたらお取り替えいた
　しますので発売元までご送付ください。（送料小社負担）

ISBN978-4-502-19711-6　C3032

JCOPY〈出版者著作権管理機構委託出版物〉本書を無断で複写複製（コピー）することは、
著作権法上の例外を除き、禁じられています。本書をコピーされる場合は事前に出版者
著作権管理機構（JCOPY）の許諾を受けてください。
JCOPY〈http://www.jcopy.or.jp　eメール：info@jcopy.or.jp　電話：03-3513-6969〉